国家社科基金
GUOJIA SHEKE JIJIN HOUQI ZIZHU XIANGMU
后期资助项目

资本生产过程的数学分析

Mathematical Analyses of
the Production Process of Capital

沈民鸣　著

中国人民大学出版社
·北京·

国家社科基金后期资助项目
出版说明

后期资助项目是国家社科基金设立的一类重要项目，旨在鼓励广大社科研究者潜心治学，支持基础研究多出优秀成果。它是经过严格评审，从接近完成的科研成果中遴选立项的。为扩大后期资助项目的影响，更好地推动学术发展，促进成果转化，全国哲学社会科学工作办公室按照"统一设计、统一标识、统一版式、形成系列"的总体要求，组织出版国家社科基金后期资助项目成果。

全国哲学社会科学工作办公室

序　言

《资本论》是马克思毕生研究政治经济学的伟大成果，是一部具有划时代意义的系统极其严密的巨著。他在这部著作中，以辩证唯物主义和历史唯物主义的方法，研究了资本主义生产方式以及与它相适应的生产关系和交换关系，考察和揭示了资本主义社会的经济运动规律和资本主义生产方式产生、发展和灭亡的历史规律，不仅解决或基本解决了古典政治经济学无法解决的两个重大矛盾，而且为科学社会主义奠定了理论基础。

马克思在《资本论》（第一卷）中，考察了资本的直接生产过程中的各种矛盾、各种经济变量之间的关系和运动规律。

在古典政治经济学中，有两个重大矛盾始终无法解决。第一个矛盾是价值增殖规律与价值规律的矛盾，即剩余价值与等价交换的矛盾；第二个矛盾是平均利润规律与价值规律的矛盾，即等量资本得到等量利润与等量劳动创造等量价值的矛盾。

在《资本论》（第一卷）中，马克思区分了商品的两个因素——价值实体与价值量，提出了劳动具有二重性，分析了价值形式、资本流通与商品流通的区别，区分了劳动与劳动力，发现了资本家生产剩余价值的秘密，创立了自己的剩余价值理论，从而解决了资本总公式的矛盾，即彻底地解决了价值增殖规律与价值规律的矛盾。马克思分析了绝对剩余价值生产与相对剩余价值生产。他不仅发现了剩余价值如何从资本中产生，而且发现了资本如何从剩余价值中产生，创立了自己的资本积累理论和工资理论。在此基础上分析了资本主义积累的一般规律和资本主义积累的历史趋势。

马克思不仅考察资本的生产过程的本质，而且考察反映本质的数量关系。他用数例等形式阐述了多种经济变量之间的数量关系。如果用数学公式或数学模型的形式表达这些数量关系，建立相应的马克思经济数学模型体系，那么，不仅可以更简洁、更准确地表示马克思的经济思想，更深刻地认识马克思的劳动价值理论，而且便于用马克思的经济理论公式或数学模型对经济现象进行定量分析，为经济决策提供依据。本书以数学公式、数学模型、表格和图形的形式，表示《资本论》（第一卷）中的各种数量关系。

《资本论》是一个结构完整和逻辑严谨的理论体系，不是简单的数理分析。其中，既有数量关系，也有逻辑关系；既有数理逻辑关系，也有其他形式的逻辑关系，更有反映历史发展过程的辩证逻辑关系。这些复杂的系统的关系，不能全部用数学公式或数学模型的形式准确地表示。为了保持叙述过程和逻辑关系的完整性、严密性和系统性，忠实地反映马克思的理论体系和经济思想，本书参照《资本论》（第一卷）的系统和内容，重点考察其中的经济变量的数量关系，同时，也对经济变量的质的关系进行简要的考察、分析和阐述。

对于《资本论》（第一卷）中存在数量关系的部分，用数学公式、数学模型、表格和图形等形式系统地表示。对于不存在数量关系的部分，或无法用数学形式表示的部分，以尽可能简要的文字表示主要内容，难以用简洁的和准确的语言表述马克思的经济思想的地方，引用马克思的原文，以保持内容的针对性、连续性、完整性和系统性。

按照这种方式叙述，必然会遇到一个无法回避的矛盾：如果严格地按照《资本论》（第一卷）的目录划分篇章，那么，虽然便于读者将本书内容与《资本论》原文进行对比，但是，各章的篇幅差距悬殊，有些没有数量分析的章的篇幅只有一两页。如果不按照《资本论》（第一卷）的目录划分篇章，那么，虽然读者进行对比稍微困难，但是，各章的篇幅比较均衡。为此，将《资本论》（第一卷）的篇改变为本书的章，将《资本论》（第一卷）的章改变为本书的节。这样，各章都有数量分析的内容，可以达到各章的篇幅基本均衡的目的。

本书考察和分析的内容包括：复杂劳动与简单劳动的折算比例关系；不同复杂程度的劳动的概率密度分布问题；复杂劳动与所谓"人力资本"的关系问题；以双重数学方式表示价值形式；从时间、空间和生产关系方面考察劳动、劳动力、劳动强度的联系与区别；必要劳动强度、剩余劳动强度、活劳动强度、物化转移劳动强度、总劳动强度与时间的关系；必要劳动、剩余劳动、活劳动与时间的关系；马克思关于每时每刻都形成剩余价值的观点与超过一定时间才开始生产剩余价值的观点等价的证明；关于西尼耳的"最后一小时"的观点存在四方面的重大错误（商品价值概念的错误、重复计算的错误、混淆剩余价值的真正来源的错误、关于剩余价值与流动资本的关系的错误）的分析；西尼耳的"最后一小时"观点不成立的系统的证明；劳动生产率、劳动强度、工作日的变化对劳动力价值和剩余价值的影响；对额外劳动时间支付额外报酬条件下的剩余价值、计时工资与劳动时间的关系；计件工资与劳动生产率的关系；多次扩大再生产条件下的资本、剩余价值、产品价值、累计的剩余价值构成的时间序列转化为等比数列；累计的剩余价值总和转化为等比数列之和；工人通过罢工能够实现的工资提高的界限的数学分析等。

万事开头难。马克思认为，《资本论》（第一卷）第一章分析商品的部分，是最难理解的。同样，本书第一章分析商品的价值形式或交换价值的部分，是最难用数学方式表示的。商品既有使用价值，也有价值。李嘉图正确地指出："使用价值无法用任何已知的标准加以衡量，不同的人对它有不同的估价。"[①] 他批评萨伊的太阳与空气等自然要素也创造商品价值的错误观点，批评萨伊忽视使用价值与交换价值的区别的错误观点。他提出："这种种要素在生产中有时代替人类的劳动，有时在生产中和人类协同发生作用。不过这些自然要素尽管会大大增加商品的使用价值，但是从来不会使商品增加萨伊先生所说的交换价值。如果一个人由于机器或自然哲学知识的帮助可以驾驭自然要素来完成以往由人完成的工作，这种工作的交换价值就会因之而降低。"[②]

既然商品的使用价值无法衡量，那么，不同商品的使用价值就没有等同性和可通约性，无法互相比较，只能比较不同商品的价值。

本书从质与量两方面分别考察商品的价值形式。从质的方面考察，不能用一种商品的价值表示另一种商品的价值，也不能用一种商品的使用价值表示自身的价值，否则就是循环定义，只能用一种商品的使用价值表示另一种商品的价值。在《资本论》中，用等式右边的商品的使用价值表示等式左边的商品的价值。但是，这种公式不能构成通常的数学形式的等式。在数学中，等式两边的变量的量纲或单位必须相同，而价值形式的等式两边的量纲或单位不同。从量的方面考察，价值形式所反映的交换关系可以用等式表示，因为等式左右两边的互相交换的商品都是耗费一般人类劳动生产的，等式右边的商品既有使用价值也有价值，等式左右两边的互相交换的商品的价值量相等，价值的量纲或单位也相同。

① 李嘉图. 政治经济学及赋税原理. 北京：商务印书馆，1962：368.
② 李嘉图. 政治经济学及赋税原理. 北京：商务印书馆，1962：243.

　　本书通过定义两种不同含义的生产中耗费的全部劳动、生产中使用并且通过多次生产过程其价值逐渐转移到产品中的物化劳动、通过一次生产过程其价值全部转移到产品中的耗费的物化劳动、耗费的必要劳动、耗费的剩余劳动、耗费的活劳动的方式，以及生产过程中断时资本家出售已经生产的产品、剩余的生产资料和剩余的劳动力的方式，分析生产过程中生产资料的使用价值和价值、转移到产品中的生产资料价值、劳动力、劳动力价值、劳动力能够创造的价值、不变资本中的固定资本价值、不变资本中的流动资本价值、必要劳动创造的价值、剩余劳动创造的价值、活劳动创造的价值、产品价值的变化。

　　在此基础上提出，从时间、空间和生产关系方面来看，劳动、劳动力、劳动强度是既有联系又有区别的变量；劳动强度是劳动对时间的一阶导数；劳动是劳动强度对时间的定积分；在生产过程中，生产资料的使用价值、生产资料的价值、劳动力、劳动力价值（指生产过程中断时剩余的劳动力出售时的价值）、劳动力能够创造的价值不断减少，转移到产品中的生产资料价值、活劳动创造的价值、产品价值不断增加。

　　本书分析了必要劳动强度、剩余劳动强度、活劳动强度、物化转移劳动强度、总劳动强度与时间的函数关系；分析了必要劳动、剩余劳动、活劳动与时间的函数关系。

　　本书通过两种不同的被积函数（两种不同的劳动强度），在两种不同的积分上下限范围内对时间的定积分，即不同形式的定积分，都可以表示同一剩余劳动（图 3 - 13）的方式，以及通过生产过程结束时剩余劳动创造的价值与生产过程开始时的劳动力价值之比等于剩余劳动时间与必要劳动时间之比（图 3 - 20）的方式，证明了马克思关于雇佣劳动者每时每刻的劳动都形成剩余价值的观点与超过必要劳动时间才开始生产剩余价值的观点不仅不矛盾，而且等价。事实上，这是马克思本人的观点（《马克思恩格斯全集》，中文一版，第 23 卷，第 604～605 页）。每时每刻的劳动都生产剩余价值的观点便于解释计时工资和计件工资。采用计时工资和计件工资方式，即使劳动时间少于一个工作日的必要劳动时间，也能为资本家生产剩余价值。因为每小时的劳动和生产每件产品的劳动中都包括剩余劳动。本书证明西尼耳"最后一小时"的观点存在四方面的重大错误。

　　本书分析生产过程中各种经济变量如何由量的变化的积累实现质的转变的过程，如何由资本的变化转变为剩余价值的变化，以及如何由剩余价值的变化转变为资本的变化的过程，从而实现对资本的否定之否定。

　　本书分析了劳动生产率、劳动强度、工作日的变化对劳动力价值和剩余价值的影响；分析了对额外劳动时间支付额外报酬条件下的剩余价值、计时工资与劳动时间的关系；分析了计件工资与劳动生产率的关系；考察了多次扩大再生产条件下的资本、剩余价值、产品价值、累计的剩余价值构成的时间序列如何转化为等比数列；考察了累计的剩余价值总和如何转化为等比数列之和；证明虽然工人通过罢工的方式能够在一定限度内提高工资，但是，工人不仅不能摆脱资本家的剥削，而且工资提高率受劳动生产率提高率的制约，证明工资提高率不能超过劳动生产率提高率。

图 3-13、图 3-15 和图 3-17 表示的各种形式的劳动强度随时间变化的关系；图 3-14、图 3-16 和图 3-18 表示的活劳动的不同组成部分创造的价值与转移到产品中的物化劳动的价值随时间变化的关系，即凝结在产品中的劳动随时间变化的关系；图 3-19 和图 3-20 表示的劳动力价值、劳动力能够创造的价值、活劳动创造的价值、剩余劳动力价值－新价值、剩余价值随时间变化的关系；(3-41) 式、(3-42) 式关于每时每刻的劳动都形成剩余价值与超过必要劳动时间开始生产剩余价值等价的马克思的观点的证明；(7-35) 式表示的资本积累量与工人创造的剩余价值中用于追加资本的比例、剩余价值、剩余价值率、可变资本、预付资本成正比，与资本有机构成成反比的关系等，均未见其他学者提出过。

本书重点考察生产过程中与资本有关的各种变量的连续变化关系。其他学者重点考察流通过程中的商品交换关系，对于生产过程通常只考虑生产前后资本价值的变化，对于生产过程中与资本有关的各种变量的连续变化的考察，在其他学者的论著中尚未见到。

资本主义生产方式的产生、发展、繁荣与衰亡的过程，是一个不以人的意志为转移的自然历史过程。马克思的《资本论》对资本主义生产方式及其运动规律进行了最全面最深刻的考察。本书仅对《资本论》(第一卷)中的各种经济变量之间的数量关系进行考察。

如果生产一种商品的劳动时间确定，劳动生产率变化，那么，这种商品的价值不变，使用价值或数量变化。商品的价值与劳动生产率无关，完全由生产中耗费的社会必要劳动决定，是劳动时间的单调递增的线性函数。商品的使用价值或数量不仅与耗费的劳动有关，而且与劳动生产率有关，不一定是劳动时间的单调递增的线性函数。因此，商品的价值与使用价值的关系不一定是单调递增的线性关系。在劳动生产率变化的条件下，商品价格与使用价值或商品数量的关系是单调递增的线性关系，与这种商品价值的关系一般不是单调递增的线性关系。这种现象掩盖了商品价格由价值决定也就是由劳动决定的本质。社会总产品的总价格等于总价值。总价值由总劳动决定，与资源约束条件无关，与劳动生产率无关，与剩余价值分配无关，也与商品需求者的主观心理评价无关。

在受资源约束和劳动生产率降低的条件下，剩余价值分配与不同商品的交换比例，仅由最差生产条件下最后增加的劳动决定，还是由包括最后增加的劳动的生产中耗费的全部劳动决定，这个问题对于劳动价值论非常重要。要科学地回答这个问题，必须在劳动价值论的基础上进行边际分析。这种分析超出《资本论》（第一卷）对资本的生产过程的考察范围，属于《资本论》（第三卷）对资本主义生产的总过程的考察范围。对于资源约束与劳动生产率变化条件下的商品生产、剩余价值分配和商品交换等问题，将在后续著作中考察。

马克思认为，"一种科学只有在成功地运用数学时，才算达到了真正完善的地步。"① 他在给恩格斯的一封信中指出，"我不止一次地想计算出这些作为不规则曲线的升和降，并曾想用数学方式从中得出危机的主要规律（而且现在我还认为，如有足够的经过检验的材料，这是可能的）。"② 可见，马克思重视在政治经济学中运用数学方法。

我相信本书中对于资本生产过程的数学分析，是对马克思经济思想的数学解释和发展，而不是背离他的思想。对于资本的生产过程中经济关系中量的分析，有助于对经济关系中质的关系的理解，但是，不能取代对经济关系中质的关系的分析。希望这些数学公式和数学模型有助于加深读者对马克思经济思想的理解。

　　　　　　　　　　　　　　　　　　　　　　　　沈民鸣

---

① 苏共中央马克思列宁主义研究院. 回忆马克思恩格斯. 北京：人民出版社，1957：73.
② 马克思恩格斯全集：第33卷. 中文1版. 北京：人民出版社，1973：87.

目　录

第一章　商品和货币的数学分析 ……………………………………………… 1

　　第一节　商品的数学分析 ……………………………………………… 1

　　第二节　交换过程的数学分析 ………………………………………… 63

　　第三节　货币或商品流通的数学分析 ………………………………… 68

第二章　货币转化为资本的数学分析 …………………………………… 84

　　第一节　资本的总公式 ………………………………………………… 84

　　第二节　总公式的矛盾 ………………………………………………… 86

　　第三节　劳动力的买和卖 ……………………………………………… 87

　　第四节　劳动与劳动力关系的数学分析 ……………………………… 90

第三章　绝对剩余价值的生产的数学分析 …………………………… 106

　　第一节　劳动过程和价值增殖过程 …………………………………… 106

　　第二节　不变资本和可变资本的数学分析 ………………………… 109

　　第三节　剩余价值率的数学分析 ……………………………………… 149

　　第四节　工作日 ………………………………………………………… 232

　　第五节　剩余价值率和剩余价值量的数学分析 ……………………… 235

第四章　相对剩余价值的生产的数学分析 …………………………… 238

　　第一节　相对剩余价值的概念与数学分析 ………………………… 238

　　第二节　协作 …………………………………………………………… 251

　　第三节　分工和工场手工业 ………………………………………… 253

　　第四节　机器和大工业 ………………………………………………… 257

第五章　绝对剩余价值和相对剩余价值的生产的数学分析 ………… 265

　　第一节　绝对剩余价值和相对剩余价值 …………………………… 265

　　第二节　劳动力价格和剩余价值的量的变化的数学分析 ………… 266

　　第三节　剩余价值率的各种公式的数学分析 ……………………… 285

第四节　剩余价值的生产与分配、资本的直接生产
　　　　　　过程与总过程 …………………………………………… 288
第六章　工资的数学分析 …………………………………………… 293
　第一节　劳动力的价值或价格转化为工资的数学分析 ………… 293
　第二节　计时工资的数学分析 …………………………………… 297
　第三节　计件工资的数学分析 …………………………………… 306
　第四节　工资的国民差异 ………………………………………… 315
第七章　资本的积累过程的数学分析 ……………………………… 317
　第一节　简单再生产的数学分析 ………………………………… 318
　第二节　剩余价值转化为资本的数学分析 ……………………… 324
　第三节　资本主义积累的一般规律的数学分析 ………………… 341
　第四节　所谓原始积累 …………………………………………… 360
　第五节　现代殖民理论 …………………………………………… 364

人名索引 ……………………………………………………………… 367
文献索引 ……………………………………………………………… 370
后　记 ………………………………………………………………… 374

第一章　商品和货币的数学分析

第一节　商品的数学分析

一、商品的两个因素：使用价值和价值（价值实体，价值量）

（一）使用价值和价值

资本主义生产是人类社会发展过程中的一种重要的生产方式。马克思对资本主义生产方式的考察是几千年来人类探索商品生产和商品交换规律的最重要的组成部分。他对资本主义生产方式的考察是从分析商品开始的。他认为，"资本主义生产方式占统治地位的社会的财富，表现为'庞大的商品堆积'，单个的商品表现为这种财富的元素形式。因此，我们的研究就从分析商品开始。"①

商品是用于交换的劳动的产品。任何商品都具有两方面的属性：自然属性与社会属性。

从自然属性来看，商品可以满足人的某种需要，即具有使用价值。人类为了生存，需要衣食住行等各种生活条件。满足这些生活条件，需要各种产品。在自给自足的自然经济生产阶段，每个经济单位生产本经济单位的生活需要的产品。随着生产力发展和分工发展，每个经济单位生产超过本经济单位的生活需要的产品，用于交换其他经济单位生产的不同产品。在商品交换占统治地位的时期，每个经济单位或企业只生产一种或几种产品，有些经济单位或企业不生产生活必需品，但是，它们的需求是多方面的，要通过商品交换的方式满足这些需求。不同种类的商品具有不同用途，满足人的不同的需要，也就是具有不同的使用价值。例如，衣服可以

---

① 马克思恩格斯全集：第 23 卷. 中文 1 版. 北京：人民出版社，1972：47.

御寒，食物可以充饥，房子可以居住。

马克思认为，"商品首先是一个外界的对象，一个靠自己的属性来满足人的某种需要的物。这种需要的性质如何，例如是由胃产生还是由幻想产生，是与问题无关的。这里的问题也不在于物怎样来满足人的需要，是作为生活资料即消费品来直接满足，还是作为生产资料来间接满足。"①

不同数量的商品对人的需求的满足程度不同。要反映商品的数量，就要有相应的计量单位。具有不同使用价值的不同种类的商品的计量单位不同。马克思认为，"每一种有用物，如铁、纸等等，都可以从质和量两个角度来考察。每一种这样的物都是许多属性的总和，因此可以在不同的方面有用。发现这些不同的方面，从而发现物的多种使用方式，是历史的事情。为有用物的量找到社会尺度，也是这样。商品尺度之所以不同，部分是由于被计量的物的性质不同，部分是由于约定俗成。"②

商品的使用价值构成商品的价值实体和财富的物质内容。商品的价值实体或财富的物质内容，构成不同商品交换的物质基础。马克思认为，"物的有用性使物成为使用价值。但这种有用性不是悬在空中的。它决定于商品体的属性，离开了商品体就不存在。因此，商品体本身，例如铁、小麦、金钢石等等，就是使用价值，或财物。商品体的这种性质，同人取得它的使用属性所耗费的劳动的多少没有关系。在考察使用价值时，总是以它们有一定的量为前提，如几打表，几码布，几吨铁等等。商品的使用价值为商品学这门学科提供材料。使用价值只是在使用或消费中得到实现。不论财富的社会形式如何，使用价值总是构成财富的物质内容。在我们所要考察的社会形式中，使用价值同时又是交换价值的物质承担者。"③

商品不仅具有自然属性，而且具有社会属性。

从自然属性来看，任何商品都是用于满足人类某种需要的劳动产品，即具有某种使用价值。人类的不同的需要不能互相代替，也不能互相比较。人类的不同的需要，由不同种类的商品来满足。不同种类的商品要通过商品交换得到。要交换不同种类的商品，就要对这些商品进行比较。不同种类的商品的使用价值不同，满足的需求不同。因此，不同种类的商品的使用价值不具有等同性与可通约性，不能互相比较。

从社会属性来看，一种商品可以用于交换他人生产的不同商品，即具有交换价值。

①　马克思恩格斯全集：第 23 卷. 中文 1 版. 北京：人民出版社，1972：47 - 48.
②　马克思恩格斯全集：第 23 卷. 中文 1 版. 北京：人民出版社，1972：48.
③　马克思恩格斯全集：第 23 卷. 中文 1 版. 北京：人民出版社，1972：48.

马克思认为，"交换价值首先表现为一种使用价值同另一种使用价值相交换的量的关系或比例，这个比例随着时间和地点的不同而不断改变。因此，交换价值好象是一种偶然的、纯粹相对的东西，也就是说，商品固有的、内在的交换价值似乎是一个形容语的矛盾。"①

任何两种商品，例如，小麦和铁，无论二者按照什么比例进行交换，都可以用一个等式表示：一定量小麦等于若干量铁，例如，1夸特小麦＝a量铁。这个等式说明，在互相交换的两种不同商品中，即在1夸特小麦和a量铁中，必然存在一种等量的共同的东西。两种商品中的这种共同的东西都等于第三种东西。第三种东西既不是第一种东西，也不是第二种东西。同理，其他商品的交换价值也要化成这种共同的东西。每种商品代表这种共同的东西的一定的量。这种共同的东西（第三种东西）不可能是商品本身的几何的、物理的、化学的属性，也不可能是商品本身的其他的天然属性。各种商品中这种共同的东西，抽去了商品的使用价值。在商品交换过程中，如果比例适当，那么，一种商品的使用价值就与其他任何一种商品的使用价值完全相等。

两种互相交换的不同商品中，这种等量的共同的第三种东西，就是亚里士多德所说的，互相交换的不同商品中，共同具有的"可通约性"和"等同性"的东西。由于亚里士多德生活在2300年前的奴隶制时代，历史的局限性使他无法认识到商品中具有的"可通约性"和"等同性"的东西是什么。

马克思认为，"作为使用价值，商品首先有质的差别；作为交换价值，商品只能有量的差别，因而不包含任何一个使用价值的原子。如果把商品体的使用价值撇开，商品体就只剩下一个属性，即劳动产品这个属性。……随着劳动产品的有用性质的消失，体现在劳动产品中的各种劳动的有用性质也消失了，因而这些劳动的各种具体形式也消失了。各种劳动不再有什么差别，全都化为相同的人类劳动，抽象人类劳动。现在我们来考察劳动产品剩下来的东西。它们剩下的只是同一的幽灵般的对象性，只是无差别的人类劳动的单纯凝结，即不管以哪种形式进行的人类劳动力耗费的单纯凝结。这些物现在只是表示，在它们的生产上耗费了人类劳动力，积累了人类劳动。这些物，作为它们共有的这个社会实体的结晶，就是价值——商品价值。"②

---

①　马克思恩格斯全集：第23卷. 中文1版. 北京：人民出版社，1972：49.

②　马克思恩格斯全集：第23卷. 中文1版. 北京：人民出版社，1972：50-51.

　　使用价值是商品的自然属性，反映人与自然之间的关系。不仅商品有这种属性，很多其他有用的物品也有这种属性。价值是商品的社会属性，反映人与人之间的社会关系。只有商品才有这种属性。价值是商品最本质的属性。正因为如此，马克思在分析商品属性的过程中，虽然也研究使用价值，但是重点研究商品最本质的因素——价值。

　　商品的使用价值与价值存在对立统一的关系。

　　首先，使用价值是价值的物质承担者。一种没有使用价值的物品，不会有人耗费劳动去生产，也就没有价值；一种物品有使用价值，但是不需要耗费劳动生产就能得到，这种物品就没有价值，就不是商品，例如，空气。任何一种商品必须同时具有使用价值和价值两种属性。二者互为条件、互相依存，具有统一性。

　　其次，生产者生产商品不是为了自己得到使用价值，而是为了得到价值。为了得到价值，必须将商品的使用价值让渡给他人。商品的购买者为了得到商品的使用价值，必须支付这个商品的价值。无论商品的生产者还是使用者，不能既占有商品的使用价值，又占有商品的价值。商品的使用价值与价值之间存在矛盾，具有对立性。这种矛盾只有通过商品交换才能解决。

　　商品中具有的"可通约性"和"等同性"的价值实体是劳动。劳动过程或生产过程总要持续一定时间，因此，"劳动本身的量是用劳动的持续时间来计量，而劳动时间又是用一定的时间单位如小时、日等作尺度。"[①]

　　每个劳动者的劳动能力不同，形成价值实体的劳动，不是每个劳动者的劳动，而是相同的人类劳动，是社会平均劳动或社会必要劳动。商品的价值量由生产商品的社会必要劳动时间决定，"社会必要劳动时间是在现有的社会正常的生产条件下，在社会平均的劳动熟练程度和劳动强度下制造某种使用价值所需要的劳动时间。"[②]

　　如果一个人越懒惰，劳动越不熟练，那么，他生产商品耗费的时间越多。但是，他生产的商品的价值不变。这个使用价值的价值量不是由他个人耗费的劳动决定，而是由社会必要劳动量，或生产使用价值的社会必要劳动时间决定。

　　生产商品耗费的劳动时间或劳动量与劳动生产率有关，马克思认为，"劳动生产力越高，生产一种物品所需要的劳动时间就越少，凝结在该物

　　① 马克思恩格斯全集：第 23 卷. 中文 1 版. 北京：人民出版社，1972：51 - 52.
　　② 马克思恩格斯全集：第 23 卷. 中文 1 版. 北京：人民出版社，1972：52.

品中的劳动量就越小，该物品的价值就越小。相反地，劳动生产力越低，生产一种物品的必要劳动时间就越多，该物品的价值就越大。可见，商品的价值量与体现在商品中的劳动的量成正比，与这一劳动的生产力成反比。"①

每个生产者生产商品的效率不同。既然劳动产品是无差别的人类劳动的凝结，耗费了人类劳动力，积累了人类劳动，那么，这种商品的价值，不是由某一个生产者的生产效率决定，而是由全体生产者的平均的生产效率决定，也就是由生产这种物品所耗费的全部社会劳动时间决定。一个社会生产某种物品的劳动生产力，是指这个社会生产该单位物品所耗费的劳动时间。

显然，在劳动生产力确定的条件下，无论生产哪种物品或商品，生产的物品的数量越多，耗费的劳动就越多，商品的价值就越大。对于任何一种物品的生产来说，生产一定数量的物品所耗费的社会平均劳动时间、生产的物品的数量、生产单位物品所耗费的社会平均劳动时间的关系，可以表示为：

$$l_i = q_i l_{ai} \qquad\qquad (1-1)$$

式中，l_i 为生产一定数量的第 i 种物品所耗费的社会平均劳动时间，q_i 为生产第 i 种物品的数量，l_{ai} 为生产单位第 i 种物品所耗费的社会平均劳动时间或社会必要劳动时间。

由（1-1）式可以看出，在劳动生产率确定的条件下，如果生产的商品的数量越多，生产单位第 i 种物品所耗费的社会必要劳动时间越多，那么，耗费的劳动越多，所生产的商品的价值就越大。在劳动生产力变化的条件下，生产一定数量的物品所耗费的社会平均劳动时间 l_i 不仅与生产第 i 种物品的数量 q_i 有关，而且与生产单位第 i 种物品所耗费的社会平均劳动时间 l_{ai} 有关。

由（1-1）式可以得到，生产单位第 i 种物品所耗费的社会平均劳动时间或社会必要劳动时间为

$$l_{ai} = \frac{l_i}{q_i} \qquad\qquad (1-2)$$

在劳动生产率变化的条件下，生产单位第 i 种物品所耗费的社会平均劳动时间或社会必要劳动时间 l_{ai}，与生产一定数量的物品所耗费的社会平

① 马克思恩格斯全集：第 23 卷. 中文 1 版. 北京：人民出版社，1972：53-54.

均劳动时间 l_i 成正比,与生产第 i 种物品的数量 q_i 成反比。生产单位第 i 种物品所耗费的社会平均劳动时间或社会必要劳动时间,就是单位这种商品的价值。

(二)劳动生产力与劳动生产率

劳动生产力(the productiveness of labour)有多种含义,既可以是生产能力,也可以是生产效率。劳动生产率——即生产效率——是指单位劳动时间生产某种产品的数量,或生产单位某种产品耗费的劳动。生产能力不仅包括生产效率,而且包括生产规模。外延扩大再生产扩大了生产规模,但是,生产效率没有提高。因此,在外延扩大再生产中,劳动生产力提高,但是,劳动生产率不变。

马克思认为,"劳动生产力是由多种情况决定的,其中包括:工人的平均熟练程度,科学的发展水平和它在工艺上应用的程度,生产过程的社会结合,生产资料的规模和效能,以及自然条件。"[①] 显然,马克思在谈到劳动生产力时,虽然包括生产规模,但是,主要是指生产效率。值得注意的是,在《资本论》英文版中,劳动生产力或劳动生产率是同一个词,即"the productiveness of labour",在《资本论》中文第一版的不同篇章中,按照论述的内容不同,分别译为劳动生产力和劳动生产率。

生产商品的使用价值的最基本的因素是劳动、资本和土地。这三个因素都影响劳动生产率。劳动对劳动生产率的影响,不仅表现为工人的平均熟练程度、生产过程的社会结合(劳动分工),而且表现为劳动强度和劳动的复杂程度对劳动生产率的影响。劳动强度越高,劳动的复杂程度越高,在单位时间内生产的产品数量越多,劳动生产率就越高。不同强度的劳动和不同复杂程度的劳动,只有折算为中等强度的劳动和简单劳动,才能比较和相加。资本对劳动生产率的影响,表现为生产资料的效能或资本有机构成对劳动生产率的影响。生产资料的效能越高或资本有机构成越高,劳动生产率就越高。土地对劳动生产率的影响,表现为自然条件对劳动生产率的影响。以谷物生产为例,土地越肥沃,耗费同样劳动生产的谷物越多,劳动生产率就越高。在下面的考察中,将分别分析这些因素对劳动生产率的影响。

(三)劳动生产率、耗费的劳动、社会必要劳动

生产单位不同种类的产品耗费的劳动不同。不同的生产者生产同一种产品的劳动生产率不同。

---

① 马克思恩格斯全集:第 23 卷. 中文 1 版. 北京:人民出版社,1972:53.

如果有 n 种商品，生产第 i 种商品的生产者有 m_j 个，那么，第 j 个生产者生产第 i 种商品的劳动生产率为

$$p_{lij} = \frac{q_{ij}}{l_{ij}} \tag{1-3}$$

式中，p_{lij} 表示第 j 个生产者生产第 i 种商品的劳动生产率，$i=1$，2，3，$\cdots$，n，$j=1$，2，3，$\cdots$，m_i；q_{ij} 表示第 j 个生产者生产第 i 种商品的数量；l_{ij} 表示第 j 个生产者生产第 i 种商品耗费的劳动（用劳动时间表示）。

显然，第 j 个生产者生产第 i 种商品的劳动生产率，与第 j 个生产者生产第 i 种商品的数量成正比例，与第 j 个生产者生产第 i 种商品耗费的劳动成反比例。

全社会生产第 i 种商品的数量为

$$q_i = \sum_{j=1}^{m_i} q_{ij} \tag{1-4}$$

式中，q_i 表示全社会生产第 i 种商品的数量。

全社会生产第 i 种商品耗费的劳动为

$$l_i = \sum_{j=1}^{m_i} l_{ij} \tag{1-5}$$

式中，l_i 表示全社会生产第 i 种商品耗费的劳动。

全社会生产第 i 种商品的劳动生产率为

$$p_{li} = \frac{q_i}{l_i} = \frac{\sum_{j=1}^{m_i} q_{ij}}{\sum_{j=1}^{m_i} l_{ij}} \tag{1-6}$$

式中，p_{li} 表示全社会生产第 i 种商品的劳动生产率。

显然，全社会生产第 i 种商品的劳动生产率，与全社会生产第 i 种商品的数量成正比例，与全社会生产第 i 种商品耗费的劳动成反比例。

由（1-2）式和（1-6）式，生产单位第 i 种商品的社会必要劳动时间可以表示为

$$l_{ai} = \frac{l_i}{q_i} = \frac{1}{p_{li}} \tag{1-7}$$

（1-7）式表示，生产单位第 i 种商品的社会必要劳动时间，与生产第 i 种商品的劳动生产率成反比例。

值得注意的是，（1-3）式、（1-5）式、（1-6）式中的 l_{ij} 表示第 j 个生产者生产第 i 种商品耗费的劳动时间是第 j 个生产者的个别劳动时间，（1-1）式、（1-2）式、（1-7）式中的 l_{ai} 表示生产第 i 种商品耗费的劳动时间是社会必要劳动时间。生产单位第 i 种商品的社会必要劳动时间等于生产单位第 i 种商品的个别劳动时间的平均值。

同样值得注意的是，不同生产者生产第 i 种商品耗费的劳动时间可以相加，生产不同种类的商品耗费的劳动时间也可以相加，不同生产者生产的第 i 种商品的数量可以相加，但是，全社会生产的不同种类的商品的数量不能相加。这是因为，不同种类的商品的单位不同、使用价值不同，不具有可通约性，无法相加。

（四）劳动生产率的变化对社会必要劳动时间与价值的影响

1. 全社会生产第 i 种商品的劳动生产率对社会必要劳动时间的影响

如果全社会生产第 i 种商品的劳动生产率变化，那么，由（1-7）式，生产单位第 i 种商品的社会必要劳动时间 l_{ai} 对时间 t 的一阶导数，可以表示为

$$\frac{\mathrm{d}l_{ai}}{\mathrm{d}t} = \frac{\mathrm{d}}{\mathrm{d}t}\left(\frac{1}{p_{li}}\right) = -\frac{1}{p_{li}^2}\frac{\mathrm{d}p_{li}}{\mathrm{d}t} \tag{1-8}$$

（1-8）式表示，随着全社会生产第 i 种商品的劳动生产率提高，生产单位第 i 种商品的社会必要劳动时间减少。

值得注意的是，无论劳动生产率如何变化，在相同时间内生产的商品的价值量都不变，变化的是单位商品的价值量。

2. 第 i 种商品的个别劳动生产率对第 i 种商品的个别价值的影响

第 j 个生产者生产第 i 种商品的劳动生产率为第 j 个生产者的个别劳动生产率。

第 j 个生产者生产单位第 i 种商品所耗费的个别劳动时间，就是单位这种商品的个别价值。即

$$v_{ij} = \frac{l_{ij}}{q_{ij}} = \frac{1}{p_{lij}} \tag{1-9}$$

式中，v_{ij} 表示第 j 个生产者生产的单位第 i 种商品的个别价值。

（1-9）式表示，第 j 个生产者生产的单位第 i 种商品的个别价值与第 j 个生产者生产第 i 种商品的个别劳动生产率成反比例。

如果第 j 个生产者生产第 i 种商品的个别劳动生产率变化，那么，由（1-9）式，第 j 个生产者生产的单位第 i 种商品的个别价值 v_{ij} 对时间 t

的一阶导数，可以表示为

$$\frac{\mathrm{d}v_{ij}}{\mathrm{d}t} = \frac{\mathrm{d}}{\mathrm{d}t}\left(\frac{1}{p_{lij}}\right) = -\frac{1}{p_{lij}^2}\frac{\mathrm{d}p_{lij}}{\mathrm{d}t} \qquad (1-10)$$

（1-10）式表示，随着第 j 个生产者生产第 i 种商品的个别劳动生产率提高，第 j 个生产者生产的单位第 i 种商品的个别价值降低。

3. 全社会生产第 i 种商品的劳动生产率对第 i 种商品的价值的影响

全社会生产第 i 种商品的劳动生产率为这种商品的社会平均劳动生产率。

全社会生产单位第 i 种商品所耗费的社会必要劳动时间，就是单位这种商品的价值。即

$$v_i = l_{ai} = \frac{l_i}{q_i} = \frac{1}{p_{li}} \qquad (1-11)$$

式中，v_i 表示单位第 i 种商品的价值。

（1-11）式表示，单位第 i 种商品的价值与全社会生产第 i 种商品的劳动生产率成反比例。

如果全社会生产第 i 种商品的劳动生产率变化，那么，由（1-11）式，单位第 i 种商品的价值 v_i 对时间 t 的一阶导数，可以表示为

$$\frac{\mathrm{d}v_i}{\mathrm{d}t} = \frac{\mathrm{d}}{\mathrm{d}t}\left(\frac{1}{p_{li}}\right) = -\frac{1}{p_{li}^2}\frac{\mathrm{d}p_{li}}{\mathrm{d}t} \qquad (1-12)$$

（1-12）式表示，随着全社会生产第 i 种商品的劳动生产率提高，单位第 i 种商品的价值降低。

（五）不同的私人劳动产品相对立成为商品

商品生产和商品交换的前提是：不同产品的生产实行社会分工，由不同的所有者分别生产，每个所有者生产对其他所有者有使用价值的产品，并通过交换得到其他所有者生产的对自己有使用价值的产品。马克思认为，"要生产商品，他不仅要生产使用价值，而且要为别人生产使用价值，即生产社会的使用价值。"[①]

二、体现在商品中的劳动的二重性

（一）具体劳动与抽象劳动

商品具有二重性：使用价值和交换价值。既然商品是由人类的劳动生

---

① 马克思恩格斯全集：第 23 卷. 中文 1 版. 北京：人民出版社，1972：54.

产的，那么，生产商品的劳动也必然具有二重性。商品中包含的劳动的二重性，是理解政治经济学的枢纽。

人类的生存需要多种具有不同使用价值的产品。这些产品只能由各种不同形式的有目的的劳动来生产。这些劳动就是具体劳动。人类生存需要的具有不同使用价值的产品，既可以由消费者本人生产或本经济单位生产，也可以由其他生产者生产，然后，每个消费者通过商品交换得到自己或本经济单位所需要的劳动产品，也就是实行劳动分工。显然，实行劳动分工能够提高生产效率。

马克思认为，"每个商品的使用价值都包含着一定的有目的的生产活动，或有用劳动。各种使用价值如果不包含不同质的有用劳动，就不能作为商品互相对立。在产品普遍采取商品形式的社会里，也就是在商品生产者的社会里，作为独立生产者的私事而各自独立进行的各种有用劳动的这种质的区别，发展成一个多支的体系，发展成社会分工。"①

他还认为，"上衣、麻布以及任何一种不是天然存在的物质财富要素，总是必须通过某种专门的、使特殊的自然物质适合于特殊的人类需要的、有目的的生产活动创造出来。因此，劳动作为使用价值的创造者，作为有用劳动，是不以一切社会形式为转移的人类生存条件，是人和自然之间的物质变换即人类生活得以实现的永恒的自然必然性。"②

值得注意的是，劳动并不是产品的使用价值的唯一源泉。生产产品不仅与劳动有关，而且与自然因素有关，不仅生产的商品体是自然物质与劳动两种要素的结合，而且在生产过程中还要依靠自然力。正如马克思所指出的，"上衣、麻布等等使用价值，简言之，种种商品体，是自然物质和劳动这两种要素的结合。如果把上衣、麻布等等包含的各种不同的有用劳动的总和除外，总还剩有一种不借人力而天然存在的物质基质。人在生产中只能象自然本身那样发挥作用，就是说，只能改变物质的形态。不仅如此，他在这种改变形态的劳动中还要经常依靠自然力的帮助。因此，劳动并不是它所生产的使用价值即物质财富的唯一源泉。正象威廉·配第所说，劳动是财富之父，土地是财富之母。"③

既然人类的生存需要多种不同使用价值的产品，这些产品由不同生产者按照对自己最有利的社会分工分别生产，那么，各种不同产品必须通过交换才能实现。生产者关心的是，产品按照什么比例交换。要确定产品的

---

① 马克思恩格斯全集：第 23 卷. 中文 1 版. 北京：人民出版社，1972：55 - 56.
② 马克思恩格斯全集：第 23 卷. 中文 1 版. 北京：人民出版社，1972：56.
③ 马克思恩格斯全集：第 23 卷. 中文 1 版. 北京：人民出版社，1972：56 - 57.

交换比例，就要对各种不同具体劳动进行比较，就要确定不同产品中具有等同性的价值实体。

马克思认为，"如果把生产活动的特定性质撇开，从而把劳动的有用性质撇开，生产活动就只剩下一点：它是人类劳动力的耗费。尽管缝和织是不同质的生产活动，但二者都是人的脑、肌肉、神经、手等等的生产耗费，从这个意义上说，二者都是人类劳动。这只是耗费人类劳动力的两种不同的形式。当然，人类劳动力本身必须已有一定的发展，才能以这种或那种形式耗费。但是，商品价值体现的是人类劳动本身，是一般人类劳动的耗费。"①

（二）劳动强度与劳动的复杂性的影响

马克思所说的"一般人类劳动"是指全部人类的劳动力的耗费。在不同的生产活动中，各种劳动的强度不同，高强度劳动相当于多倍的中等强度的劳动。

在单位时间内耗费更多体力和脑力的劳动是高强度劳动。不同的具体劳动耗费的体力和脑力不同。某些劳动要求工人在相同时间内耗费更多体力，例如，铸造、锻压、焊接、炼钢、轧钢、采掘等劳动在单位时间内耗费更多体力；研究、设计等劳动在单位时间内耗费更多脑力。

雇佣劳动者在高强度劳动之后，需要更多休息时间用于恢复体力和脑力。因此，高强度劳动等于多倍的中等强度劳动，等于更多倍的低强度劳动。

在不同的生产活动中，不仅劳动的强度不同，而且劳动的复杂程度也不同。按照劳动的复杂程度不同，可以分为简单劳动和复杂劳动。什么样的劳动是简单劳动？什么样的劳动是复杂劳动？复杂劳动相当于多少倍的简单劳动？下面对这些问题进行分析。

三、简单劳动与复杂劳动

（一）简单劳动与复杂劳动的基本定义

商品价值体现一般人类劳动的耗费。单位时间的劳动创造的价值，不仅与劳动强度有关，而且与劳动的复杂程度有关。

对于中等体力的劳动者来说，每天能够从事高强度劳动的时间，比每天能够从事中等强度劳动的时间短。因此，一定时间高强度的劳动，等于更多时间中等强度的劳动，也就是说，单位时间高强度劳动创造的价值，

---

① 马克思恩格斯全集：第 23 卷. 中文 1 版. 北京：人民出版社，1972：57.

等于多倍中等强度劳动创造的价值。

按照劳动的复杂程度不同，劳动可以区分为简单劳动与复杂劳动。单位时间复杂劳动创造的价值，等于多倍简单劳动创造的价值。

马克思认为，简单劳动是"每个没有任何专长的普通人的机体平均具有的简单劳动力的耗费。**简单平均劳动**虽然在不同的国家和不同的文化时代具有不同的性质，但在一定的社会里是一定的。"① 与简单劳动相对应，"比较复杂的劳动只是**自乘的**或不如说**多倍的**简单劳动，因此，少量的复杂劳动等于多量的简单劳动。"②

如何确定与划分复杂劳动和简单劳动，某种复杂劳动如何简化为简单劳动，相当于多少倍简单劳动，都是极为复杂的问题。这些问题不仅取决于二者之间的逻辑关系，而且与历史因素有关。在马克思看来，"经验证明，这种简化是经常进行的。一个商品可能是最复杂的劳动的产品，但是它的**价值**使它与简单劳动的产品相等，因而本身只表示一定量的简单劳动。各种劳动化为当作它们的计量单位的简单劳动的不同比例，是在生产者背后由社会过程决定的，因而在他们看来，似乎是由习惯确定的。为了简便起见，我们以后把各种劳动力直接当作简单劳动力，这样就省去了简化的麻烦。"③

必须注意的是，马克思特别对这段话做了一个简短的注释："读者应当注意，这里指的不是工人得到的一个工作日的工资或价值，而是指工人的一个工作日物化成的商品价值。在我们叙述的这个阶段，工资这个范畴根本还不存在。"④ 这就是说，不能用雇佣劳动者得到工资的比例作为复杂劳动化为简单劳动的比例，这个比例是由一个工作日物化成的商品价值的比例决定的，即由一个工作日各种劳动创造的商品使用价值数量的比例决定的。工资是劳动力的价值，而劳动本身没有价值。

恩格斯在《反杜林论》中提出："一小时复杂劳动的产品同一小时简单劳动的产品相比，是一种价值高出两倍或三倍的商品。复杂劳动的产品的价值通过这种比较表现为一定量的简单劳动；但是复杂劳动的这种简化是由生产者背后的社会过程完成的，在这里，在阐述价值论时，对这一过程只能加以确定，还不能予以说明。"⑤ 恩格斯进一步指出："杜林先生没

———————————

① 马克思恩格斯全集：第 23 卷. 中文 1 版. 北京：人民出版社，1972：57 - 58.
② 马克思恩格斯全集：第 23 卷. 中文 1 版. 北京：人民出版社，1972：58.
③ 马克思恩格斯全集：第 23 卷. 中文 1 版. 北京：人民出版社，1972：58.
④ 马克思恩格斯全集：第 23 卷. 中文 1 版. 北京：人民出版社，1972：58 页脚注.
⑤ 马克思恩格斯全集：第 20 卷. 中文 1 版. 北京：人民出版社，1971：215.

有能力把价值由劳动来决定和价值由工资来决定这两种情况加以区别"①。

考察复杂劳动和简单劳动的关系，是一个由简单到复杂、由片面到全面、由浅显到深入的渐进的认识过程，是一系列连续不断的否定之否定的认识过程。

在认识复杂劳动和简单劳动的关系的最初阶段，可以将不需要经过学习就能从事的劳动或大部分雇佣劳动者从事的劳动看作简单劳动，将需要经过较长时间的学习才能从事的劳动或少量雇佣劳动者才能从事的劳动看作复杂劳动。马克思在《资本论》中提到多种劳动，例如，生产小麦、茶叶、咖啡、麻布、上衣、金、铁、钟表等产品的劳动。在这些生产劳动中，种植小麦、茶叶、咖啡的劳动属于最简单的劳动，纺织麻布和制造上衣的劳动复杂一些，冶炼金和铁的劳动更复杂，制造钟表的劳动最复杂。

在认识复杂劳动和简单劳动的关系的中级阶段和较高级阶段，随着从考察资本的生产过程，转变为考察资本的流通过程，再转变为考察资本主义生产总过程，对复杂劳动和简单劳动的关系的认识将逐步深入。

（二）简单劳动与复杂劳动的基本特征与变化的历史

简单劳动与复杂劳动是相对的，而不是绝对不变的。既然复杂劳动相当于多倍的简单劳动，那么，要确定复杂劳动，就要先确定简单劳动。

在《资本论》中，马克思认为简单劳动有两个基本特征：第一个特征是"没有任何专长的普通人的机体平均具有的简单劳动力的耗费"②，第二个特征是大部分劳动者从事的劳动（详见《资本论》（第一卷）第五章的注释③）。

从现象来看，这两个基本特征不完全一致，存在矛盾。

在马克思生活的时代，"没有任何专长"和"除自己的普通劳动拿不出任何别的东西来换取食物的一个庞大阶级"（这里指工人阶级中从事简单劳动的阶层，从事较高级劳动和熟练劳动的工资较高的"复杂劳动者"被列为中等阶级）"占人口的大多数"，简单劳动者占雇佣劳动者的比例远远超过80%。没有任何专长的简单劳动者就是大部分雇佣劳动者，简单劳动就是大部分雇佣劳动者从事的生产活动。二者是一致的。

随着生产力发展，资本有机构成不断提高，生产力不断提高，对劳动者的知识与技能的要求不断提高。大部分雇佣劳动者从事的劳动，不再是

① 马克思恩格斯全集：第 20 卷. 中文 1 版. 北京：人民出版社，1971：219.
② 马克思恩格斯全集：第 23 卷. 中文 1 版. 北京：人民出版社，1972：57-58.
③ 马克思恩格斯全集：第 23 卷. 中文 1 版. 北京：人民出版社，1972：224 页脚注.

没有任何专长、只具有普通人的机体能够胜任的劳动。在这种条件下，简单劳动是"没有任何专长的普通人的机体"的耗费，还是大部分雇佣劳动者在生产过程中的体力和脑力的耗费？

用前者定义简单劳动的优点是：计算方法简单和明确，在劳动过程中只耗费雇佣劳动者本人的体力和脑力，只耗费雇佣劳动者本人直接劳动的时间。缺点是：随着生产力不断发展，这部分简单劳动者占雇佣劳动者的比例越来越低，如果普及义务教育，那么，这样定义的简单劳动逐渐接近于 0，占总劳动的比例也逐渐接近于 0，复杂劳动也将逐渐失去比较的基础。

用后者定义简单劳动的优点是：无论生产力如何发展，简单劳动者总可以占雇佣劳动者的大多数，例如超过 80%，简单劳动也占总劳动的大部分。缺点是：这样定义的简单劳动中，不仅包括劳动者的活劳动，而且包括劳动者本人学习期间的时间耗费和他人的劳动耗费（例如：教师的劳动，提供教学条件所需物质资料的生产者的劳动），不仅计算复杂，而且具有不完全确定性。要计算全体简单劳动者本人学习时间的耗费和他人劳动的耗费，就要先确定简单劳动者的最长学习时间。要确定简单劳动者的最长学习时间，就要先确定简单劳动者占雇佣劳动者的比例。按照简单劳动者占雇佣劳动者的不同比例确定简单劳动者的不同的最长学习时间，从而得到劳动者本人学习时间的耗费和他人劳动的耗费，必然得到不同的简单劳动的定义和不同的复杂劳动的定义。随着社会生产力的发展，这个比例不断变化，在不同国家的不同发展阶段，这个比例不同。这样定义的简单劳动是该比例的函数。

尽管用后者定义简单劳动计算复杂，并且具有不完全确定性，但是，仍然比前者好。

从本质来看，这两个基本特征的关系是对立统一关系。

经济学的概念都属于历史范畴，例如：劳动、价值、资本、剩余价值、平均利润等。资本主义生产方式的本质特征是雇佣劳动生产。资本、剩余价值、平均利润、生产价格等范畴是资本主义生产方式特有的。

商品生产和商品交换的出现远早于资本主义社会，早在原始社会末期和奴隶社会就出现了。在资本主义生产方式出现之前，商品就是按照其价值交换的。

人类要生存就要劳动。自从有了人类就有劳动。劳动的出现远早于阶级社会。因此，在历史上，劳动的出现早于价值，价值的出现早于资本、剩余价值、平均利润。劳动是最基本的。由劳动确定商品价值，由价值决定平均利润和生产价格，不仅符合逻辑，而且与历史发展一致。

在不同时代，"没有任何专长的普通人"的内涵不同，也就是简单劳动的内涵不同。在大部分劳动者没有接受过教育的历史时期，"没有任何专长的普通人"是指没有上过学的劳动者。在大部分劳动者接受过六年教育的历史时期，"没有任何专长的普通人"是指只接受过不超过六年教育的劳动者。在大部分劳动者接受过九年教育的历史时期，"没有任何专长的普通人"是指只接受过不超过九年教育的劳动者。在大部分劳动者接受过十二年教育的历史时期，"没有任何专长的普通人"是指只接受过不超过十二年教育的劳动者。因此，简单劳动是一个历史范畴。同理，复杂劳动也是一个历史范畴。随着劳动者平均受教育年限的不断提高，过去的一部分复杂劳动转变为现在的简单劳动，现在的一部分复杂劳动将来会转变为简单劳动。

为了简单起见，这里所说的劳动者平均受教育年限，是指在学校学习的时间。如果更精确地考察，那么，还应考虑劳动者在学龄前的学习、劳动过程中的学习、劳动之余的学习或继续教育。

雇佣劳动者的专长是一个历史范畴，随着生产力的发展不断变化。在马克思生活的时代与之前的几千年中，"没有任何专长的普通人"或绝大部分劳动者没有接受过教育或只接受过很少的学校教育。马克思认为，"要改变一般的人的本性，使它获得一定劳动部门的技能和技巧，成为发达的和专门的劳动力，就要有一定的教育或训练，而这就得花费或多或少的商品等价物。劳动力的教育费随着劳动力性质的复杂程度而不同。因此，这种教育费——对于普通劳动力来说是微乎其微的——包括在生产劳动力所耗费的价值总和中。"[①] "没有任何专长" "没有上过学" 和 "大部分劳动者" 这几个基本特征几乎完全一致。随着生产力发展，对劳动者的知识和技能的要求不断提高，"没有任何专长的普通人"或绝大部分劳动者受教育年限逐渐增长，他们从事的劳动就是简单劳动。马克思将简单劳动进一步解释为"在不同的国家和不同的文化时代具有不同的性质"[②]。因此，从本质来看，这两种确定简单劳动的方式的关系是对立统一关系，二者的矛盾是可以解决的。这样，简单劳动的内涵与外延随着时代的发展不断发展和变化。在生产力发展的不同历史时期，简单劳动和复杂劳动都有不同的内涵与外延。只能用逻辑与历史相一致的观点来确定简单劳动，

---

① 马克思恩格斯全集：第23卷. 中文1版. 北京：人民出版社，1972：195.
② 马克思恩格斯全集：第23卷. 中文1版. 北京：人民出版社，1972：58.

从而分析复杂劳动与简单劳动的关系。

（三）劳动的复杂程度与学习时间决定了复杂劳动

马克思认为，"比社会平均劳动较高级较复杂的劳动，是这样一种劳动力的表现，这种劳动力比普通劳动力需要较高的教育费用，它的生产要花费较多的劳动时间，因此它具有较高的价值。既然这种劳动力的价值较高，它也就表现为较高级的劳动，也就在同样长的时间内物化为较多的价值。"①

恩格斯提出，"怎样解决关于对复杂劳动支付较高工资的全部重要问题呢？在私人生产者的社会里，训练有学识的劳动者的费用是由私人或其家庭负担的，所以有学识的劳动力的较高的价格也首先归私人所有：熟练的奴隶卖得贵些，熟练的雇佣工人得到较高的工资。在按社会主义原则组织起来的社会里，这种费用是由社会来负担的，所以复杂劳动所创造的成果，即比较大的价值也归社会所有。工人本身没有任何额外的要求。"②这就是说，工资的比例的数量不能直接决定劳动的复杂程度，即不能直接决定复杂劳动与简单劳动的比例。从事同样复杂的劳动，教育费用由工人负担与由社会负担，工人得到的工资不同。

虽然不能将从事较复杂劳动与从事较简单劳动的工人的工资比例直接作为复杂劳动化为简单劳动的比例，但是，复杂劳动是有学识的劳动力的表现，有学识的劳动力的形成取决于受教育程度。在工人或其家庭负担教育费用的条件下，劳动的复杂程度与较高的教育费用正相关，也就是与工人的学习时间正相关，与工人学习中耗费他人的劳动正相关。

生产不同产品的劳动的复杂程度不同，例如，生产钟表的劳动的复杂程度高于生产镰刀的劳动的复杂程度；后者高于生产谷物的劳动的复杂程度。复杂劳动指接受较多教育或训练才能掌握所需生产技能的劳动。

复杂劳动既可以是生产不同种类商品的劳动，也可以是生产同种商品的劳动。同一种产品可以由复杂程度不同的劳动来生产。例如，谷物既可以通过刀耕火种的方式生产，也可以通过借助畜力的方式生产，还可以通过使用机器的方式生产。生产同种产品的不同生产方式的劳动的复杂程度不同。通过不同生产方式生产同种产品，生产效率不同，劳动的复杂程度也不同。那些只有接受较多教育或训练才能掌握其生产技能的生产同种产品的劳动，也是一种复杂劳动。

---

① 马克思恩格斯全集：第 23 卷. 中文 1 版. 北京：人民出版社，1972：223.

② 马克思恩格斯全集：第 20 卷. 中文 1 版. 北京：人民出版社，1971：219.

随着生产力的发展，落后的生产方式被逐渐淘汰，不同生产方式并存的现象逐渐减少。因此，这里分析的简单劳动与复杂劳动，主要是指生产不同产品的复杂程度不同的劳动。尽管简单劳动与复杂劳动都是历史范畴，很难严格地区分简单劳动与复杂劳动，但是，在一定社会与一定历史时期，简单劳动与复杂劳动的界限是客观存在的。

大部分劳动者从事的劳动是一个时代的简单劳动。

复杂劳动与简单劳动的比较，从而复杂劳动产品与简单劳动产品的交换比例的确定，要考虑多种影响因素。其中，最主要的影响因素是劳动者本人的学习时间和学习过程中耗费的其他劳动者的劳动。

（四）最简单劳动与最简单劳动能力形成的条件

在资本主义生产发展的早期阶段，例如，配第生活的时代和斯密生活的时代，大多数劳动者从事的简单劳动，不需要学习专门的知识与技能，只要有最基本的体力与脑力就可以胜任。在现代资本主义发展阶段，大多数劳动者从事的简单劳动需要学习一些专门的知识与技能才能胜任。但是，仍然有极少数的生产劳动不需要学习与训练就能胜任，例如，利用人力搬运原材料和产品的劳动，人工收获蔬菜和水果的劳动等。为了便于分析，将这种劳动称为最简单劳动，以区别于这个时代的大多数劳动者从事的简单劳动。最简单劳动能力形成的条件，是拥有维持这种雇佣劳动者及其家庭成员的生存的最基本的生活消费资料。

在劳动力买卖与商品交换过程中，最简单劳动成为各种不同复杂程度的劳动进行比较的基础。少量的简单劳动相当于多量的最简单劳动，更少量的复杂劳动相当于多量的最简单劳动。在此基础上，确定复杂劳动和简单劳动的换算比例关系。

（五）简单劳动能力与复杂劳动能力形成的条件

1. 形成劳动能力的条件

在现代资本主义生产中，无论雇佣劳动者从事简单劳动还是从事复杂劳动，为了形成劳动能力，都必须学习文化知识与劳动技能。差别仅在于雇佣劳动者的学习时间不同，学习过程中耗费本人和他人的劳动不同。

第一，人一生中能够从事学习和进行生产劳动的总时间是有限的，学习时间越多，能够进行生产劳动的时间越少，反之亦然。复杂劳动比简单劳动需要的学习时间多，能够进行生产劳动的时间少。

第二，学习过程中不仅耗费本人的时间，而且耗费他人的时间和劳动，例如，耗费教师、图书馆工作人员、实验室工作人员、行政人员的时间和劳动。他们和他们的家属的生存要耗费生活资料。这些生活资料是劳动的产品。学习知识与技术需要教室、图书馆、实验室、图书资料、实验仪器等物质条件，这些物质也是劳动的产品。

虽然教师与教学辅助人员的教育活动，以及劳动者本人的学习活动，不是生产劳动，但是与生产劳动一样，都要耗费脑力和体力。这些教育活动与学习活动是雇佣劳动者形成劳动能力的必要条件，是不可缺少的非生产劳动。复杂劳动中不仅凝结了更多相当于劳动者本人的学习活动的非生产劳动、教师与教学辅助人员的非生产劳动，而且凝结了更多补偿教学过程中耗费的教室、图书馆、实验室、图书资料、实验仪器的生产劳动。

2. 得到社会承认的简单劳动

复杂劳动、简单劳动、最简单劳动的折算比例，取决于每种劳动得到社会承认的程度。复杂劳动得到社会承认的程度高，简单劳动得到社会承认的程度低，最简单劳动得到社会承认的程度最低。

得到社会承认的简单劳动为

$$l_{sa} = l_{sw} + l_{sl} + l_{st} + l_{ss} + l_{sm} \qquad (1-13)$$

式中，l_{sa} 表示从事简单劳动的雇佣劳动者一生得到社会承认的简单劳动；l_{sw} 表示从事简单劳动的雇佣劳动者一生的劳动（按照劳动累积的时间衡量）；l_{sl} 表示从事简单劳动的雇佣劳动者一生进行学习的非生产劳动（按照学习累积的时间衡量）；l_{st} 表示从事简单劳动的雇佣劳动者为形成简单劳动力而耗费的教师的劳动；l_{ss} 表示从事简单劳动的雇佣劳动者为形成简单劳动力而耗费的图书馆工作人员与实验室工作人员等教学辅助人员的劳动；l_{sm} 表示从事简单劳动的雇佣劳动者为形成简单劳动力而耗费的凝结在教学必需的各种物质资料中的劳动，例如，凝结在生产耗费的教室、图书馆、实验室、图书资料、实验仪器等物质资料中的劳动。

从事简单劳动的雇佣劳动者一生的工作或劳动 l_{sw}，不包含他人的劳动，仅由雇佣劳动者本人一生实际耗费的劳动时间决定。从事简单劳动的雇佣劳动者一生得到社会承认的简单劳动 l_{sa}，不仅由包括雇佣劳动者本人一生实际耗费的劳动时间决定，而且包含他人的劳动，从而由耗费的与雇佣劳动者的学习和劳动有关的全部劳动共同决定。

值得注意的是，（1-13）式反映包括生产劳动和非生产劳动的各种劳动的数量关系，但是，这些劳动不是同一时间的。雇佣劳动者进行学习的非生产劳动 l_{sl}、耗费的教师的劳动 l_{st}、耗费的图书馆工作人员与实验室工作人员等教学辅助人员的劳动 l_{ss}、耗费的凝结在教学必需的各种物质资

料中的劳动 l_{sm} 在生产过程开始之前已经完成。从事简单劳动的雇佣劳动者一生的工作或劳动 l_{sw} 发生在生产过程中。得到社会承认的简单劳动 l_{sa}，反映生产过程之后的流通过程中交易各方对雇佣劳动者的劳动的承认程度。

3. 得到社会承认的复杂劳动

得到社会承认的复杂劳动为

$$l_{ca} = l_{cw} + l_{cl} + l_{ct} + l_{cs} + l_{cm} \tag{1-14}$$

式中，l_{ca} 表示从事复杂劳动的雇佣劳动者一生得到社会承认的复杂劳动，l_{cw} 表示从事复杂劳动的雇佣劳动者一生的工作或劳动（按照工作或劳动累积的时间衡量），l_{cl} 表示从事复杂劳动的雇佣劳动者一生进行学习的非生产劳动（按照学习累积的时间衡量），l_{ct} 表示从事复杂劳动的雇佣劳动者为形成复杂劳动力而耗费的教师的劳动，l_{cs} 表示从事复杂劳动的雇佣劳动者为形成复杂劳动力而耗费的图书馆工作人员与实验室工作人员等教学辅助人员的劳动，l_{cm} 表示从事复杂劳动的雇佣劳动者为形成复杂劳动力而耗费的凝结在教学必需的各种物质资料中的劳动。

从事复杂劳动的雇佣劳动者一生的工作或劳动 l_{cw}，不包含他人的劳动，仅由雇佣劳动者本人一生实际耗费的劳动时间决定。从事复杂劳动的雇佣劳动者一生得到社会承认的复杂劳动 l_{ca}，不仅由包括雇佣劳动者本人一生实际耗费的劳动时间决定，而且包含他人的劳动，从而由耗费的与雇佣劳动者的学习和劳动有关的全部劳动共同决定。

值得注意的是，与（1-13）式类似，（1-14）式中的各种劳动也不是同一时间的。

（六）学习活动与耗费他人劳动的关系

为了形成劳动能力而耗费他人的劳动，包括教师的劳动、教学辅助人员的劳动、耗费的凝结在教学必需的各种物质资料中的劳动，都与劳动者的学习时间有关。劳动者进行学习的非生产劳动越多，学习时间越长，耗费他人的劳动就越多。耗费他人的劳动是劳动者进行学习的非生产劳动的单调递增的非线性函数。

从事简单劳动的雇佣劳动者耗费他人劳动的总和与雇佣劳动者进行学习的非生产劳动的关系为

$$l_{sos} = l_{st} + l_{ss} + l_{sm} = f_1(l_{sl}) \tag{1-15}$$

式中，l_{sos} 表示从事简单劳动的雇佣劳动者耗费他人劳动的总和。

从事复杂劳动的雇佣劳动者耗费他人劳动的总和与雇佣劳动者进行学

习的非生产劳动的关系为

$$l_{cos} = l_{ct} + l_{cs} + l_{cm} = f_2(l_{cl}) \tag{1-16}$$

式中，l_{cos} 表示从事复杂劳动的雇佣劳动者耗费他人劳动的总和。

如果用统一的符号表示简单劳动与复杂劳动的各种变量，简单劳动与复杂劳动的区别仅在于量的不同，用 l_l 表示从事简单劳动与复杂劳动的雇佣劳动者本人进行学习的非生产劳动，用 l_{os} 表示从事简单劳动与复杂劳动的雇佣劳动者耗费他人劳动的总和，那么，耗费他人劳动的总和与雇佣劳动者进行学习的非生产劳动的关系，可以表示为

$$l_{os} = l_t + l_s + l_m = f(l_l) \tag{1-17}$$

式中，l_{os} 表示雇佣劳动者耗费他人劳动的总和，l_t 表示雇佣劳动者为形成劳动力而耗费的教师的劳动，l_s 表示雇佣劳动者为形成劳动力而耗费的图书馆工作人员与实验室工作人员等教学辅助人员的劳动，l_m 表示雇佣劳动者为形成劳动力而耗费的凝结在教学必需的各种物质资料中的劳动，l_l 表示雇佣劳动者一生进行学习的非生产劳动。

在一般情况下，教师与教学辅助人员的教育活动时间，以及补偿教学过程中耗费的教室、图书馆、实验室、图书资料、实验仪器的价值的生产劳动时间的总和，正比于雇佣劳动者学习的时间。随着雇佣劳动者学习时间的延长，耗费他人劳动的总和不仅增加，而且更快地增加。例如，耗费他人劳动的总和为雇佣劳动者一生进行学习的非生产劳动的单调递增的以自然对数为底的指数函数。即

$$l_{os} = l_{l0}(e^{kl_l} - 1) \tag{1-18}$$

式中，l_{l0} 表示雇佣劳动者一生进行学习的非生产劳动趋向于 0 的条件下的数值，k 是与耗费他人劳动的程度有关的系数。

在不同国家和不同时代，耗费他人劳动的程度不同。

（七）得到社会承认的复杂劳动与得到社会承认的简单劳动的比例

由（1-13）式，得到社会承认的简单劳动与最简单劳动的比例可以表示为

$$\frac{l_{sa}}{l_{ms}} = \frac{l_{sw} + l_{sl} + l_{st} + l_{ss} + l_{sm}}{l_{ms}} = \frac{l_{sw} + l_{sl} + l_{sos}}{l_{ms}} \tag{1-19}$$

式中，l_{ms} 表示最简单劳动，即不需要学习与训练、只要有最基本的体力与脑力就可以胜任的劳动。

由（1-14）式，得到社会承认的复杂劳动与最简单劳动的比例可以

表示为

$$\frac{l_{ca}}{l_{ms}} = \frac{l_{cw} + l_{cl} + l_{ct} + l_{cs} + l_{cm}}{l_{ms}} = \frac{l_{cw} + l_{cl} + l_{cos}}{l_{ms}} \tag{1-20}$$

由（1-19）式、（1-20）式，得到社会承认的复杂劳动与得到社会承认的简单劳动的比例可以表示为

$$r_{csa} = \frac{l_{ca}}{l_{sa}} = \frac{\dfrac{l_{ca}}{l_{ms}}}{\dfrac{l_{sa}}{l_{ms}}} = \frac{l_{cw} + l_{cl} + l_{ct} + l_{cs} + l_{cm}}{l_{sw} + l_{sl} + l_{st} + l_{ss} + l_{sm}} = \frac{l_{cw} + l_{cl} + l_{cos}}{l_{sw} + l_{sl} + l_{sos}}$$

$$\tag{1-21}$$

式中，r_{csa} 表示得到社会承认的复杂劳动与得到社会承认的简单劳动的比例，即复杂劳动和简单劳动的折算比例。

由（1-21）式可以看出，复杂劳动和简单劳动的折算比例，取决于社会对复杂劳动和简单劳动的承认的程度。该比例不仅由从事复杂劳动的雇佣劳动者与从事简单劳动的雇佣劳动者的学习时间和劳动时间决定，而且由他们在学习期间耗费他人的劳动决定。

考虑到学习活动与生产劳动都要耗费脑力和体力。一生中学习时间与劳动时间的总和大致是确定的。从事复杂劳动的雇佣劳动者的学习时间与劳动时间的总和，与从事简单劳动的雇佣劳动者的学习时间与劳动时间的总和的差别很小，在理论上可视为相同。复杂劳动和简单劳动的折算比例，主要取决于在学习期间耗费他人的劳动的差别。

（八）复杂劳动创造的价值取决于耗费的劳动，还是取决于交换的劳动产品数量

社会总产品的价值等于全社会转移到产品中的耗费的生产资料价值与活劳动创造的新价值的总和。

复杂劳动能力的形成要耗费各种形式的劳动，包括生产劳动和非生产劳动。雇佣劳动者本人的学习活动、教师和教学辅助人员的教育活动是非生产劳动。补偿损耗的教室、图书馆、实验室、图书资料、实验仪器等教学设施要耗费生产劳动。

流通过程中复杂劳动的产品与简单劳动的产品的交换比例，应该等于（1-21）式表示的复杂劳动和简单劳动的折算比例，或社会对复杂劳动和简单劳动的承认的程度之比。

在现实经济活动中，复杂劳动和简单劳动的折算比例不一定严格地等

于（1-21）式表示的比例。某些产品，特别是高技术产品，必须使用复杂劳动生产。某些产品既可以由简单劳动生产，也可以由复杂劳动生产。在由简单劳动和复杂劳动共同生产同种产品的条件下，如果复杂劳动的生产率高于（1-21）式决定的比例，也就是高于耗费的劳动决定的比例，那么，复杂劳动交换的产品数量多于（1-21）式决定的比例，学习知识与技术成为合算的事情，有利于鼓励劳动者学习从事复杂劳动的知识与技术；相反，则不利于鼓励劳动者学习从事复杂劳动的知识与技术。在长期的市场竞争过程中，生产的产品数量的比例逐渐接近（1-21）式决定的比例。

在一定的生产力水平下，生产过程中耗费的复杂劳动和简单劳动的比例是确定的。复杂劳动不是越多越好，而是必须与生产力发展水平相适应。

复杂劳动创造的价值取决于耗费的劳动，不取决于交换的劳动产品数量。

四、雇佣劳动者的学习时间为连续变量条件下不同复杂程度的劳动的概率密度

（一）大量雇佣劳动者的学习时间与耗费他人的劳动形成的序列与数例

马克思认为，"各种劳动化为当作它们的计量单位的简单劳动的不同比例"[①]，那么，从事复杂劳动的雇佣劳动者耗费的学习时间和耗费他人的劳动与相应的时间，就是不同的。

在现实经济活动中，雇佣劳动者的学习活动主要在学校进行，例如，小学、初中、高中、大学本科、硕士研究生、博士研究生阶段。考虑到不同劳动者在小学之前（学龄前）的教育不同，在同等学习时间的条件下耗费他人的劳动不同，也就是教育条件不同，大量雇佣劳动者本人耗费的学习时间形成一个连续序列，而不是一个阶梯序列；雇佣劳动者本人耗费的学习时间与耗费他人的劳动和相应的时间的总和也形成一个连续序列，这个序列是雇佣劳动者本人耗费的学习时间的序列的函数。

如果雇佣劳动者一生进行学习的非生产劳动趋向于 0 时 $l_{l0}=1$（在这种条件下，$l_{l0}=l_{ms}$，即相当于最简单劳动），与耗费他人劳动的程度有关的系数 $k=0.25$，雇佣劳动者一生进行学习的非生产劳动 $l_1=0$，1，2，…，20，一生的生产劳动 $l_w=40$，39，38，…，20，那么，由（1-18）

---

① 马克思恩格斯全集：第 23 卷. 中文 1 版. 北京：人民出版社，1972：58.

式，雇佣劳动者一生的生产劳动 l_w、耗费他人劳动的总和 l_{os} 与雇佣劳动者一生进行学习的非生产劳动 l_1 的关系，可以用表 1-1 表示。

表 1-1　　　雇佣劳动者一生的生产劳动 l_w、耗费他人劳动的总和
l_{os} 与雇佣劳动者一生进行学习的非生产劳动 l_1 的关系

雇佣劳动者一生进行学习的非生产劳动 l_1	雇佣劳动者一生的生产劳动 l_w	耗费他人劳动的总和 l_{os}
0	40	0. 000 000 000
1	39	0. 284 025 417
2	38	0. 648 721 271
3	37	1. 117 000 017
4	36	1. 718 281 828
5	35	2. 490 342 957
6	34	3. 481 689 070
7	33	4. 754 602 676
8	32	6. 389 056 099
9	31	8. 487 735 836
10	30	11. 182 493 961
11	29	14. 642 631 884
12	28	19. 085 536 923
13	27	24. 790 339 917
14	26	32. 115 451 959
15	25	41. 521 082 000
16	24	53. 598 150 033
17	23	69. 105 412 347
18	22	89. 017 131 301
19	21	114. 584 284 527
20	20	147. 413 159 103

表 1-1 表示的耗费他人劳动的总和 l_{os} 与雇佣劳动者一生进行学习的非生产劳动 l_1 的关系，可以用图 1-1 表示。

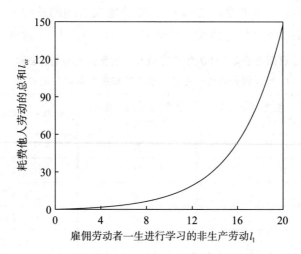

图 1-1　耗费他人劳动的总和 l_{os} 与雇佣劳动者
一生进行学习的非生产劳动 l_1 的关系

由表 1-1 和图 1-1 可以看出，耗费他人劳动的总和 l_{os} 是雇佣劳动者一生进行学习的非生产劳动 l_1 的过原点的单调递增的以自然对数为底的指数函数。

在本例中，如果以雇佣劳动者一生进行学习的非生产劳动 $l_1 = 9$（即学习 9 年）作为简单劳动的代表，以雇佣劳动者一生进行学习的非生产劳动 $l_1 = 20$（即学习 20 年）作为复杂劳动的代表，那么，由（1-18）式、（1-19）式，得到社会承认的简单劳动与最简单劳动的比例为 1.212 193 396；由（1-18）式、（1-20）式，得到社会承认的复杂劳动与最简单劳动的比例为 4.685 328 978；由（1-21）式，复杂劳动和简单劳动的折算比例 r_{csa} 为 3.865 166 23，即复杂劳动相当于简单劳动的 3.865 166 23 倍。

（二）大量雇佣劳动者的学习时间形成不同复杂程度的劳动的概率密度与数例

在雇佣劳动者的不同学习时间段，雇佣劳动者耗费的学习时间的概率密度不同。

通常，极少数雇佣劳动者的学习时间趋向于 0；大量从事简单劳动的雇佣劳动者的学习时间比较少，集中在某一区间，概率密度比较大；少量从事复杂劳动的雇佣劳动者的学习时间比较多，分布于比较分散的区间，概率密度比较小。

不同复杂程度的劳动的概率密度是雇佣劳动者一生进行学习的非生产

劳动的函数，也就是雇佣劳动者耗费的学习时间的函数。在不同国家、不同地区、不同发展阶段，不同复杂程度的劳动的概率密度服从不同的分布函数。例如，不同复杂程度的劳动的概率密度 $f(l_1)$ 服从瑞利分布（Rayleigh Distribution），即

$$f(l_l) = \frac{l_l}{\sigma^2} e^{\frac{l_l^2}{2\sigma^2}} \Big|_{l_l>0} \qquad (1-22)$$

式中，$f(l_1)$ 表示不同复杂程度的劳动的概率密度，σ 表示雇佣劳动者一生进行学习的非生产劳动 l_1 的标准差。

如果不同复杂程度的劳动的概率密度 $f(l_1)$ 服从瑞利分布，标准差 $\sigma=5$，雇佣劳动者一生进行学习的非生产劳动（雇佣劳动者的学习时间）$l_1=0$，1，2，…，20，那么，由（1-22）式，不同复杂程度的劳动的概率密度 $f(l_1)$ 与雇佣劳动者一生进行学习的非生产劳动 l_1 的关系，可以用表1-2表示。

表 1-2　　　　　　不同复杂程度的劳动的概率密度 $f(l_1)$ 与雇佣
劳动者一生进行学习的非生产劳动 l_1 的关系

雇佣劳动者一生进行学习的非生产劳动 l_1	不同复杂程度的劳动的概率密度 $f(l_1)$	雇佣劳动者一生进行学习的非生产劳动 l_1	不同复杂程度的劳动的概率密度 $f(l_1)$
0	0.000 000 000	11	0.039 125 512
1	0.039 207 947	12	0.026 944 686
2	0.073 849 308	13	0.017 704 676
3	0.100 232 425	14	0.011 111 013
4	0.116 183 846	15	0.006 665 398
5	0.121 306 132	16	0.003 824 655
6	0.116 820 541	17	0.002 100 326
7	0.105 087 108	18	0.001 104 344
8	0.088 971 936	19	0.000 556 170
9	0.071 243 532	20	0.000 268 370
10	0.054 134 113		

表1-2表示的不同复杂程度的劳动的概率密度 $f(l_1)$ 与雇佣劳动者一生进行学习的非生产劳动 l_1 的关系，可以用图1-2表示。

由表1-2和图1-2可以看出，不同复杂程度的劳动的概率密度 $f(l_1)$ 是雇佣劳动者一生进行学习的非生产劳动 l_1 的服从瑞利分布的非线性函数。

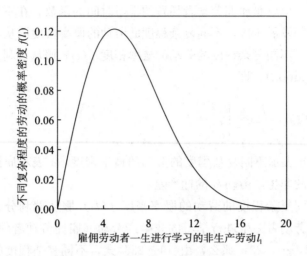

图 1 - 2　不同复杂程度的劳动的概率密度 $f(l_1)$ 与雇佣

劳动者一生进行学习的非生产劳动 l_1 的关系

在本例中，不同复杂程度的劳动的数学期望为

$$E(l_l) = \int_{-\infty}^{\infty} l_l f(l_l) \mathrm{d} l_l = \int_0^{\infty} \frac{l_l^2}{\sigma^2} \mathrm{e}^{-\frac{l_l^2}{2\sigma^2}} \mathrm{d} l_l$$

$$= -\int_0^{\infty} l_l \mathrm{d}(\mathrm{e}^{-\frac{l_l^2}{2\sigma^2}}) = \sqrt{\frac{\pi}{2}} \sigma \approx 6.266\ 570\ 687 \tag{1-23}$$

不同复杂程度的劳动的方差为

$$D(l_l) = E(l_l^2) - [E(l_l)]^2 = \int_0^{\infty} \frac{l_l^3}{\sigma^2} \mathrm{e}^{-\frac{l_l^2}{2\sigma^2}} \mathrm{d} l_l$$

$$= \frac{4-\pi}{2} \sigma^2 \approx 10.730\ 091\ 83 \tag{1-24}$$

五、不同复杂程度的劳动之和、简单劳动与复杂劳动的确定

（一）不同复杂程度的劳动之和与数例

不同复杂程度的劳动之和为服从某种概率分布的不同复杂程度的劳动的定积分。如果不同复杂程度的劳动的概率密度服从瑞利分布，那么，不同复杂程度的劳动之和等于概率密度 $f(l_1)$ 服从瑞利分布的不同复杂程度的劳动的定积分。即

$$l_{ls} = \int_{l_{l1}}^{l_{l2}} f(l_l) \mathrm{d} l_l = \int_{l_{l1}}^{l_{l2}} \frac{l_l}{\sigma^2} \mathrm{e}^{-\frac{l_l^2}{2\sigma^2}} \mathrm{d} l_l \tag{1-25}$$

式中，l_{ls}表示不同复杂程度的劳动之和，l_{l1}和l_{l2}分别表示定积分的下限和上限。

按照上面的数例，由（1-25）式，不同复杂程度的劳动之和l_{ls}与雇佣劳动者一生进行学习的非生产劳动l_1的关系，可以用表1-3表示。

表1-3　　　　　　　　不同复杂程度的劳动之和l_{ls}与雇佣劳动
者一生进行学习的非生产劳动l_1的关系

雇佣劳动者一生进行学习的非生产劳动 l_1	不同复杂程度的劳动之和 l_{ls}	雇佣劳动者一生进行学习的非生产劳动 l_1	不同复杂程度的劳动之和 l_{ls}
0	0.000 000 000	11	0.912 989 942
1	0.021 759 757	12	0.945 170 231
2	0.080 568 633	13	0.966 797 908
3	0.169 725 895	14	0.980 676 598
4	0.279 635 535	15	0.989 187 977
5	0.399 501 313	16	0.994 180 035
6	0.519 048 298	17	0.996 981 880
7	0.629 897 912	18	0.998 487 461
8	0.726 363 504	19	0.999 262 344
9	0.805 615 367	20	0.999 644 454
10	0.867 324 555		

表1-3表示的不同复杂程度的劳动之和l_{ls}与雇佣劳动者一生进行学习的非生产劳动l_1的关系，可以用图1-3表示。

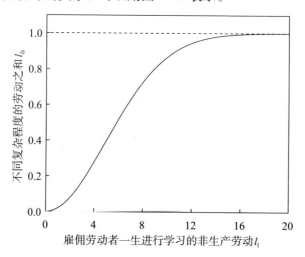

图1-3　不同复杂程度的劳动之和l_{ls}与雇佣劳动者
一生进行学习的非生产劳动l_1的关系

由表 1-3 和图 1-3 可以看出，不同复杂程度的劳动之和 l_{ls} 是雇佣劳动者一生进行学习的非生产劳动 l_1 的过原点的单调递增的非线性函数。

（二）不同复杂程度的劳动的概率密度条件下简单劳动与复杂劳动的确定

劳动的复杂程度是一个与学习时间有关的连续变量。需要的学习时间越长，劳动越复杂。劳动的复杂程度是相对的。通常，简单劳动占总劳动的大部分，复杂劳动占总劳动的小部分，总劳动为 100%。可以规定简单劳动占总劳动的某一比例来确定简单劳动与复杂劳动的界限，例如，简单劳动占总劳动的 80%（或 80%以上），其余为复杂劳动；也可以规定学习时间（即雇佣劳动者一生进行学习的非生产劳动）来确定简单劳动与复杂劳动的界限，例如，学习一定年限以下能够从事的劳动为简单劳动，其余为复杂劳动。

按照上面的数例，由（1-25）式、表 1-3 和图 1-3 可以看出，如果将雇佣劳动者一生进行学习的非生产劳动 $0 < l_1 < 9$（即学习 0～9 年，没有考虑学龄前教育）规定为简单劳动，将雇佣劳动者一生进行学习的非生产劳动 $9 < l_1 < 20$（即学习 9～20 年，没有考虑学龄前教育）规定为复杂劳动，那么，简单劳动占总劳动的 0.805 901 902 或 80.590 190 2%，复杂劳动占总劳动的 0.194 098 098 或 19.409 809 8%。

值得注意的是，这里的简单劳动与复杂劳动已经经过折算。复杂劳动已经视为倍增的简单劳动。

同样值得注意的是，不同复杂程度的劳动的概率密度服从瑞利分布是一种极为特殊的情况，在不同国家、不同地区、不同历史时期，不同复杂程度的劳动的概率密度服从不同的概率分布。复杂劳动转变为简单劳动的计算，是一个非常复杂的问题，需要进行专门的考察。

考虑到不同复杂程度的劳动的概率密度为连续函数，如果雇佣劳动者一生进行学习的非生产劳动 l_1 趋向于 0，那么，最简单劳动占总劳动的比例也趋向于 0。这说明，在生产对劳动力的受教育程度提高的当代，最简单劳动仅仅作为简单劳动与复杂劳动比较的基准，最简单劳动在总劳动中所占的比例可以忽略。

（三）对复杂劳动和简单劳动的关系的认识过程

不同生产部门的劳动的复杂程度不同，产品价值实现的程度不同，社会对不同生产部门的劳动的承认程度不同，也就是对复杂劳动的承认程度不同。

在认识复杂劳动和简单劳动的关系的最初阶段，只考察在资本的生产过程中耗费的劳动对商品价值的决定，没有考察生产的商品与社会需求是否完全一致，能否按照其价值实现，即没有考察资本的流通过程对产品价值实现的影响。事实上假设生产与需求完全相适应。

如果考察资本的流通过程对产品价值实现的影响，那么，社会劳动（包括凝结在耗费的生产资料中的死劳动和耗费的活劳动，活劳动中包括必要劳动和剩余劳动）必须按照一定比例分配到不同生产部类或不同生产部门，否则，有些生产部类或生产部门的产品不能按照耗费的劳动实现其价值。不同生产部类或不同生产部门使用的社会劳动量不同，使用的复杂劳动和简单劳动的比例也不同。有些生产部门使用较多简单劳动，有些生产部门使用较多复杂劳动。随着生产力的发展，各生产部门使用的社会劳动在总劳动中的比例不断变化，复杂劳动和简单劳动的比例不断变化。将各生产部门的不同的复杂劳动折算成简单劳动之后，不同生产部门耗费的社会劳动必须满足再生产条件。对复杂劳动和简单劳动的认识，必须与资本的运动过程相适应，必须与再生产条件的要求相适应。

如果考察资本主义生产总过程，那么，在考察劳动创造产品价值和剩余价值的基础上，考察剩余价值的各种具体形式，并考察资本和土地等因素对产品价值实现和剩余价值分配的影响。

六、复杂劳动与所谓"人力资本"

（一）人力资本的假象的形成

形成复杂劳动的能力，不仅耗费劳动者本人进行学习和教师等人从事教育的非生产劳动，而且耗费补偿损耗的教学设施的生产劳动。凝结在复杂劳动能力中的这些劳动，无论生产劳动还是非生产劳动，都是过去的劳动。在复杂劳动开始前这些劳动已经耗费了。这种情况与凝结在生产资料中的过去的劳动相似。正因为如此，有些资产阶级经济学家将从事复杂劳动的能力看作劳动者的一种"资本"——人力资本。

这是一种假象。将从事复杂劳动的能力看作人力资本的观点，是一种错误的观点。

要将简单劳动的能力转变为复杂劳动的能力，只能通过学习。在复杂劳动者的学习期间，要耗费他人的劳动。要获得他人的劳动成果，必须通过交换。在不同的资本主义国家，在不同的历史时期，交换的具体形式不同。在一般条件下，学习者为获得相应的学习条件要支付等价物，也就是支付学费。有些国家实行免费教育，初等教育免费，中等教育免费，甚至高等教育免费。学习者不必缴纳学费。可以将这些情况看作一种对劳动者的赠与。无论通过何种方式获得学习从事复杂劳动的学习条件，无论学习者本人是否缴纳学费，劳动者获得从事复杂劳动的知识与技术后，都可以将这种劳动能力看作自己的商品，都能够在相同的劳动时间中得到比简单劳动更高的工资。

因为国家资助学费的形式与赠与商品的形式相同，接受他人赠与的商品可以转化为自己的资本，所以，从事复杂劳动的能力不仅被很多经济学家看作"人力资本"，而且被很多从事复杂劳动的雇佣劳动者看作自己的"人力资本"。

（二）为什么人力资本的观点是错误的

有些经济学家将复杂劳动看作"人力资本"。他们认为，既然复杂劳动可以看作多倍的简单劳动，复杂劳动的工资高于简单劳动的工资，那么，复杂劳动的工资高于简单劳动的工资的部分，可以看作一种资本的"利润"，从而，从事复杂劳动的劳动者的劳动技能可以看作一种特殊的资本——人力资本。

但是，这种观念是错误的，是资本主义思维方式错乱到极点的反映。这是因为：

第一，资本是带来剩余价值的价值。资本家本人无须学习与劳动即可占有雇佣劳动者的剩余劳动创造的剩余价值。但是，从事复杂劳动的雇佣劳动者必须通过自己的学习与劳动才能得到复杂劳动的工资（其数量相当于资本家的可变资本），同时，还要为资本家创造剩余价值。如果不学习，不劳动，不为资本家创造剩余价值，就不可能得到复杂劳动的工资。

第二，资本家本人无须劳动，他的资本可以通过剩余价值资本化自行增殖。但是，从事复杂劳动的雇佣劳动者的知识与技能不仅不会自行增加，而且如果不继续学习，那么，随着科学与技术的不断发展，他原有的劳动技能会逐渐过时与落后，他就不能再得到复杂劳动的工资。

第三，资本可以不断增殖。但是，从事复杂劳动的人会逐渐衰老甚至死亡，他的劳动技能会随之消失。

第四，资本可以作为一种财产转让、赠与或继承。但是，劳动技能依附于劳动者，不能作为财产转让、赠与或继承。

第五，如果一个雇佣劳动者自己支付学费，通过学习获得从事复杂劳动的能力，那么，他得到的高于简单劳动工资的部分，只是收回他过去支付的学费和补偿他在学习期间的非生产劳动（本人的学习活动），并没有为这个工人带来价值增殖。

现在，有些国家免除一部分学费。从现象来看，似乎减少了工人的支出，变相提高了工资。从事复杂劳动的雇佣劳动者由于免除学费而得到的复杂劳动工资的部分，似乎成为他的"人力资本"。这是一种假象。在同等生产力水平和工人同等生活水平的条件下，与劳动者支付学费的国家相比，在由财政支付学费的国家中，资本家少支付一部分复杂劳动的工资，从事复杂劳动的雇佣劳动者并没有得到所谓的"人力资本"和相应的"利润"。相当于学费的财政支出即来自税收。这部分税费来自资本家减少的工资。从本质来看，由国家支付学费与由劳动者支付学费，只是改变了转移支付方式，工人的生活水平是一样的，并没有改变真正的可变资本。

值得指出的是，从现象来看，资本家减少的工资转变为一部分税费，再转变为财政支出中的学费的转移支付方式，似乎降低了工资，并提高了资本有机构成和剩余价值率。从本质来看，虽然资本有机构成提高和剩余价值率提高是总趋势，但是，以这种方式表现出来的"提高"是一种假象。工资降低也是一种假象，从本质来看，真正的工资并没有改变。

因此，复杂劳动不仅不具有资本的属性，不是一种资本，而且是与资本相对立的劳动。将复杂劳动看作"人力资本"的观点，"人人都是资本家"和"资本永恒"的观点，都是由资本主义思维方式产生的错误观点。

（三）形成人力资本错误观点的其他原因

将从事复杂劳动的能力视为"人力资本"的错误观点，除了上述原因，还有两个重要的原因：一个原因是混淆了使用价值与价值，另一个原因是混淆了生产价格与价值。

生产较多商品或较多使用价值需要耗费较多劳动。在相同的劳动时间中，复杂劳动能够比简单劳动生产更多的产品或使用价值，创造更多价值。资本家混淆了使用价值与价值。有些资产阶级经济学家将复杂劳动比简单劳动多生产的产品或使用价值，视为"人力资本"产生的"利润"。

劳动力与生产资料都是决定生产力的因素。使用生产力高的机器需要具有较高的生产技能。在同样的劳动能力的条件下，生产力高的机器生产更多产品；在同样的机器的条件下，复杂劳动比简单劳动生产更多产品。在资本家的观念中，将复杂劳动与生产力高的机器视为等价，也就是将复杂劳动与资本视为等价。

生产力与使用价值有关，与具体劳动有关，但是，与价值无关，与抽象劳动无关。当生产力提高后，同样时间内的劳动生产的产品数量或使用价值增加，但是，价值不变，单位产品的价值下降。正如马克思所指出的："生产力的变化本身丝毫也不会影响表现为价值的劳动。既然生产力属于劳动的具体有用形式，它自然不再同抽去了具体有用形式的劳动有关。因此，不管生产力发生了什么变化，同一劳动在同样的时间内提供的价值量总是相同的。但它在同样的时间内提供的使用价值量会是不同的：生产力提高时就多些，生产力降低时就少些。因此，那种能提高劳动成效从而增加劳动所提供的使用价值量的生产力变化，如果会缩减生产这个使用价值量所必需的劳动时间的总和，就会减少这个增大的总量的价值量。反之亦然。"①

虽然复杂劳动力价值高于简单劳动力价值，但是，复杂劳动只会为资本家创造更多剩余价值，不会为劳动者本人创造超过复杂劳动力价值的额外价值。

在资本主义生产中，劳动的产品表现为资本的产品，所有资本家都要得到平均利润。生产不同产品的各部门的资本有机构成不同，使用的机器不同，劳动的复杂程度不同，在产品实现过程中和剩余价值分配过程中，生产价格偏离其价值的程度不同，每个部门得到的剩余价值与这个部门的雇佣劳动者创造的剩余价值不同。

资本有机构成高的部门使用的劳动更复杂，被社会承认的生产价格高于其价值。资本家混淆生产价格与价值，混淆生产价格形式的利润、生产的剩余价值和得到的剩余价值，并认为多得到的剩余价值来自他的资本和复杂劳动，从而产生"人力资本"的幻觉。

混淆使用价值与价值、混淆生产价格与价值，是资产阶级经济学典型的传统的错误观点，也是资本主义思维方式错乱的表现。

七、价值形式或交换价值

商品是满足人们的需要的劳动产品。一方面，商品具有使用价值，另一方面，商品具有交换价值或价值。

马克思认为，"商品是以铁、麻布、小麦等等使用价值或商品体的形式出现的。这是它们的日常的自然形式。但它们所以是商品，只因为它们是二重物，既是使用物品又是价值承担者。因此，它们表现为商品或具有商品的形式，只是由于它们具有二重的形式，即自然形式和价值形式。……同商品体的可感觉的粗糙的对象性正好相反，在商品体的价值对象性中连一个自然物质原子也没有。因此，每一个商品不管你怎样颠来倒去，它作为价值物总是不可捉摸的。但是如果我们记住，商品只有作为同一的社会单位即人类劳动的表现才具有价值对象性，因而它们的价值对象

---

① 马克思恩格斯全集：第 23 卷. 中文 1 版. 北京：人民出版社，1972：59 - 60.

性纯粹是社会的，那末不用说，价值对象性只能在商品同商品的社会关系中表现出来。我们实际上也是从商品的交换价值或交换关系出发，才探索到隐藏在其中的商品价值。"①

在资本主义经济活动中，产品交换都是通过以货币为中介的商品交换实现的。商品的价值形式表现为货币形式。货币形式具有神秘性。为了消除货币形式的这种神秘性，马克思提出："我们要做资产阶级经济学从来没有打算做的事情：指明这种货币形式的起源，就是说，探讨商品价值关系中包含的价值表现，怎样从最简单的最不显眼的样子一直发展到炫目的货币形式。这样，货币的谜就会随着消失。"②

显然，最简单的价值关系是两种不同的商品的价值关系。两个商品的价值关系为一个商品提供了最简单的价值表现。

（一）简单的、个别的或偶然的价值形式

1. 商品的简单的、个别的或偶然的价值形式

马克思认为，简单的、个别的或偶然的价值形式为："x 量商品 A＝y 量商品 B，或 x 量商品 A 值 y 量商品 B。（20 码麻布＝1 件上衣，或 20 码麻布值 1 件上衣。）"③

简单的、个别的或偶然的价值形式的公式，可以表示为

$$x \text{ 量商品 A} = y \text{ 量商品 B} \tag{1-26}$$

或

$$20 \text{ 码麻布} = 1 \text{ 件上衣} \tag{1-27}$$

2. 价值表现的两极，相对价值形式和等价形式

商品的简单的、个别的或偶然的价值形式是最基本的价值形式，是分析其他各种价值形式的基础。马克思认为，"一切价值形式的秘密都隐藏在这个简单的价值形式中。"④

（1-26）式或（1-27）式是商品价值的定义公式，等式左边的商品与等式右边的商品起着不同的作用。马克思指出："我们例子中的麻布和上衣，在这里显然起着两种不同的作用。麻布通过上衣表现自己的价值，上衣则成为这种价值表现的材料。前一个商品起主动作用，后一个商品起被动作用。前一个商品的价值表现为相对价值，或者说，处于相对价值形

---

① 马克思恩格斯全集：第 23 卷. 中文 1 版. 北京：人民出版社，1972：61.
② 马克思恩格斯全集：第 23 卷. 中文 1 版. 北京：人民出版社，1972：61.
③ 马克思恩格斯全集：第 23 卷. 中文 1 版. 北京：人民出版社，1972：62.
④ 马克思恩格斯全集：第 23 卷. 中文 1 版. 北京：人民出版社，1972：62.

式。后一个商品起等价物的作用，或者说，处于等价形式。……麻布的价值只能相对地表现出来，即通过另一个商品表现出来。因此，麻布的相对价值形式要求有另一个与麻布相对立的商品处于等价形式。另一方面，这另一个充当等价物的商品不能同时处于相对价值形式。它不表现自己的价值。它只是为别一个商品的价值表现提供材料。"①

在（1－27）式中，麻布是价值被表现的商品，上衣是表现价值的商品。

商品 A 和商品 B 的地位可以互易。如果不是相对地表现麻布的价值，而是相对地表现上衣的价值，那么，必须把等式倒过来，将"20 码麻布＝1 件上衣"或"20 码麻布值 1 件上衣"转变为"1 件上衣＝20 码麻布"或"1 件上衣值 20 码麻布"。一旦这样做，成为等价物的就是麻布，而不是上衣了。这样，上衣成为价值被表现的商品，麻布成为表现价值的商品。

但是，"同一个商品在同一个价值表现中，不能同时具有两种形式。不仅如此，这两种形式是作为两极互相排斥的。一个商品究竟是处于相对价值形式，还是处于与之对立的等价形式，完全取决于它当时在价值表现中所处的地位，就是说，取决于它是价值被表现的商品，还是表现价值的商品。"②

3. 相对价值形式

（a）相对价值形式的内容

马克思认为，"要发现一个商品的简单价值表现怎样隐藏在两个商品的价值关系中，首先必须完全撇开这个价值关系的量的方面来考察这个关系。人们通常的做法正好相反，他们在价值关系中只看到两种商品的一定量彼此相等的比例。他们忽略了，不同物的量只有化为同一单位后，才能在量上互相比较。不同物的量只有作为同一单位的表现，才是同名称的，因而是可通约的。"③

在"20 码麻布＝1 件上衣"所表示的价值形式中，麻布和上衣作为价值量是同一性质的物。麻布＝上衣是这一等式的基础。但是，在这个价值形式的关系中，"这两个被看作质上等同的商品所起的作用是不同的。只有麻布的价值得到表现。是怎样表现的呢？是通过同上衣的关系，把上衣当作它的'等价物'，或与它'能交换的东西'。在这个关系中，上衣是价

①　马克思恩格斯全集：第 23 卷. 中文 1 版. 北京：人民出版社，1972：62－63.

②　马克思恩格斯全集：第 23 卷. 中文 1 版. 北京：人民出版社，1972：63.

③　马克思恩格斯全集：第 23 卷. 中文 1 版. 北京：人民出版社，1972：63.

值的存在形式，是价值物，因为只有作为价值物，它才是与麻布相同的。另一方面，麻布自身的价值显示出来了，或得到了独立的表现，因为麻布只有作为价值才能把上衣当作等值的东西，或与它能交换的东西。"①

马克思认为，"一个商品的价值性质通过该商品与另一个商品的关系而显露出来。例如当上衣作为价值物被看作与麻布相等时，前者包含的劳动就被看作与后者包含的劳动相等。固然，缝上衣的劳动是一种与织麻布的劳动不同的具体劳动。但是，把缝看作与织相等，实际上就是把缝化为两种劳动中确实等同的东西，化为它们的人类劳动的共同性质。通过这种间接的办法还说明，织就它织出价值而论，也和缝毫无区别，所以是抽象人类劳动。只有不同种商品的等价表现才使形成价值的劳动的这种特殊性质显示出来，因为这种等价表现实际上是把不同种商品所包含的不同种劳动化为它们的共同东西，化为一般人类劳动。"②

在（1-27）式反映的价值关系中，上衣形式起着价值形式的作用。麻布的价值表现在上衣的物体上，一个商品的价值表现在另一个商品的使用价值上。因此，"通过价值关系，商品 B 的自然形式成了商品 A 的价值形式，或者说，商品 B 的物体成了反映商品 A 的价值的镜子。商品 A 同作为价值体，作为人类劳动的化身的商品 B 发生关系，就使 B 的使用价值成为表现 A 自己价值的材料。在商品 B 的使用价值上这样表现出来的商品 A 的价值，具有相对价值形式。"③

（b）相对价值形式的量的规定性

马克思认为，"凡是价值要被表现的商品，都是一定量的使用物品，如 15 舍费耳小麦、100 磅咖啡等等。这一定量的商品包含着一定量的人类劳动。因而，价值形式不只是要表现价值，而且要表现一定量的价值，即价值量。因此，在商品 A 和商品 B 如麻布和上衣的价值关系中，上衣这种商品不仅作为一般价值体被看作在质上同麻布相等，而且是作为一定量的价值体或等价物如 1 件上衣被看作同一定量的麻布如 20 码麻布相等。"④

在（1-27）式中，"20 码麻布＝1 件上衣"这一等式的前提是：1 件上衣与 20 码麻布包含同样多的价值实体。这就是说，在生产这两个商品量的过程中，耗费了同样多的劳动或等量的劳动时间。

① 马克思恩格斯全集：第 23 卷. 中文 1 版. 北京：人民出版社，1972：64.
② 马克思恩格斯全集：第 23 卷. 中文 1 版. 北京：人民出版社，1972：64-65.
③ 马克思恩格斯全集：第 23 卷. 中文 1 版. 北京：人民出版社，1972：67.
④ 马克思恩格斯全集：第 23 卷. 中文 1 版. 北京：人民出版社，1972：67.

　　如果麻布的价值起了变化，上衣的价值不变，例如，由于种植亚麻的土地肥力下降，生产麻布的必要劳动时间增加一倍，那么，麻布的价值也就增大一倍，（1－27）式表示的价值关系，由 20 码麻布＝1 件上衣转变为 20 码麻布＝2 件上衣，现在生产 1 件上衣耗费的劳动为生产 20 码麻布耗费的劳动的一半。如果由于织机改良，生产麻布的必要劳动时间减少一半，上衣的价值不变，那么，麻布的价值就减低一半，（1－27）式表示的价值关系，由 20 码麻布＝1 件上衣转变为 20 码麻布＝1/2 件上衣，现在生产 1 件上衣耗费的劳动为生产 20 码麻布的劳动的 2 倍。

　　如果麻布的价值不变，上衣的价值起了变化，例如，由于羊毛歉收，生产上衣的必要劳动时间增加一倍，（1－27）式表示的价值关系，由 20 码麻布＝1 件上衣转变为 20 码麻布＝1/2 件上衣。如果上衣的价值减少一半，那么，（1－27）式表示的价值关系，由 20 码麻布＝1 件上衣转变为 20 码麻布＝2 件上衣。

　　如果生产麻布与上衣的必要劳动按照同一比例变化，那么，"20 码麻布＝1 件上衣"反映的价值关系不变。

　　4. 等价形式

　　马克思认为，"我们说过，当商品 A（麻布）通过不同种商品 B（上衣）的使用价值表现自己的价值时，它就使商品 B 取得一种特殊的价值形式，即等价形式。商品麻布显示出它自身的价值，是通过上衣没有取得与自己的物体形式不同的价值形式而与它相等。这样，麻布表现出它自身具有价值，实际上是通过上衣能与它直接交换。因此，一个商品的等价形式就是它能与另一个商品直接交换的形式。"[①]

　　在（1－27）式中，上衣这种商品起着等价物的作用，作为使用价值的上衣与麻布对立时充当价值体。等价形式的第一个特点是：使用价值成为价值的表现形式。

　　马克思认为，"任何商品都不能把自己当作等价物来同自己发生关系，因而也不能用它自己的自然外形来表现它自己的价值，所以它必须把另一商品当作等价物来同它发生关系，或者使另一商品的自然外形成为它自己的价值形式。"[②]

　　他进一步提出："一种商品例如麻布的相对价值形式，把自己的价值表现为一种与自己的物体和物体属性完全不同的东西，例如表现为与上衣

①　马克思恩格斯全集：第 23 卷. 中文 1 版. 北京：人民出版社，1972：70.
②　马克思恩格斯全集：第 23 卷. 中文 1 版. 北京：人民出版社，1972：71.

相同的东西，因此，这个表现本身就说明其中隐藏着某种社会关系。等价形式却相反。等价形式恰恰在于：商品体例如上衣这个物本身就表现价值，因而天然就具有价值形式。……充当等价物的商品的物体总是当作抽象人类劳动的化身，同时又总是某种有用的、具体的劳动的产品。因此，这种具体劳动就成为抽象人类劳动的表现。"①

缝这种制造上衣的具体劳动有人类劳动的一般属性，用于表现抽象人类劳动。因此，等价形式的第二个特点是：具体劳动成为抽象人类劳动的表现形式。

缝上衣这种具体劳动是一种私人劳动，表现为与别种商品直接交换的社会形式的劳动。因此，等价形式的第三个特点是：私人劳动成为它的对立面的形式，即成为直接社会形式的劳动。

古希腊思想家亚里士多德最早提出，两种互相交换的不同商品在本质上必须相同，如果没有本质的等同性，那么，两种商品就不能作为可通约的量发生关系。生活在奴隶社会的亚里士多德，受到历史的局限，无法分析价值形式，更不可能发现商品中具有等同性和可通约的实体是什么。

马克思认为，"价值表现的秘密，即一切劳动由于而且只是由于都是一般人类劳动而具有的等同性和同等意义，只有在人类平等概念已经成为国民的牢固的成见的时候，才能揭示出来。而这只有在这样的社会里才有可能，在那里，商品形式成为劳动产品的一般形式，从而人们彼此作为商品所有者的关系成为占统治地位的社会关系。亚里士多德在商品的价值表现中发现了等同关系，正是在这里闪耀出他的天才的光辉。只是他所处的社会的历史限制，使他不能发现这种等同关系'实际上'是什么。"②

生产不同种类产品的劳动的复杂程度不同。例如，生产铁或金的劳动比生产麻布或上衣的劳动更复杂，生产麻布或上衣的劳动比生产小麦的劳动更复杂。由复杂劳动转变为简单劳动的计算非常复杂，为了便于考察不同复杂程度的劳动生产的不同产品之间的交换比例，从而考察不同商品的价值量和交换比例，假设如果没有特别说明，那么，这里所说的无差别的一般人类劳动都是指简单劳动。即使某种产品是由复杂劳动生产的，生产这种商品耗费的劳动量也是指通过计算已经由复杂劳动转变为简单劳动的数量。

5. 简单价值形式的总体

马克思认为，"一个商品的简单价值形式包含在它与一个不同种商品

①　马克思恩格斯全集：第 23 卷. 中文 1 版. 北京：人民出版社，1972：72.

②　马克思恩格斯全集：第 23 卷. 中文 1 版. 北京：人民出版社，1972：74 - 75.

的价值关系或交换关系中。商品 A 的价值，通过商品 B 能与商品 A 直接交换而在质上得到表现，通过一定量的商品 B 能与既定量的商品 A 交换而在量上得到表现。……价值要被表现的商品只是直接当作使用价值，而另一个表现价值的商品只是直接当作交换价值。所以，一个商品的简单的价值形式，就是该商品中所包含的使用价值和价值的对立的简单表现形式。"[①]

考察商品的简单的、个别的或偶然的价值形式，可以从质与量两方面进行。（1－26）式或（1－27）式不仅反映简单的、个别的或偶然的价值形式的质的关系，而且反映简单的、个别的或偶然的价值形式的量的关系。

从质的方面考察，（1－26）式或（1－27）式表示的价值形式是逻辑关系中的定义公式，是用等式右边的商品的使用价值表示等式左边的商品的价值。但是，这个公式不能构成数学形式的等式，因为在数学中，等式两边的量纲必须相同，而（1－26）式中左边的 x 量商品 A 处于相对价值形式，右边的 y 量商品 B 处于等价形式，二者的量纲不同。在本例中，（1－27）式中左边的 20 码麻布处于相对价值形式，右边的 1 件上衣处于等价形式，二者的量纲不同。（1－26）式或（1－27）式是单向的等式，只能用等式右边的商品的使用价值表现等式左边的商品的价值，而不能相反。

从量的方面考察，（1－26）式或（1－27）式表示的价值形式所反映的交换关系可以表示为

$$q_{xa}v_a = c_{ab}q_{yb}u_b \tag{1－28}$$

式中，v_a 表示单位 A 种商品的价值，例如，1 码麻布的价值；u_b 表示单位 B 种商品的使用价值，例如，1 件上衣的使用价值；q_{xa} 表示 A 种商品的数量为 x，例如，20 码麻布；q_{yb} 表示 B 种商品的数量为 y，例如，1 件上衣；c_{ab} 表示单位 B 种商品的使用价值所表示的 A 种商品的价值，例如，单位上衣的使用价值所表示的麻布的价值。

虽然不同种类的商品的使用价值不具有等同性，不能互相比较，但是，不同数量商品的使用价值满足人的需求的程度不同，生产不同数量的商品耗费的劳动量不同，在劳动生产力确定的条件下，一种商品的使用价值的数量与生产这种商品耗费的劳动成正比，生产不同种类的商品耗费的

①　马克思恩格斯全集：第 23 卷. 中文 1 版. 北京：人民出版社，1972：75－76.

劳动具有等同性，能够互相比较。因此，一方面，x 量 A 种商品的价值，可以用 y 量 B 种商品的使用价值来表示，反映二者的质的关系；另一方面，如果生产 x 量 A 种商品耗费的劳动与生产 y 量 B 种商品耗费的劳动相等，也就是 x 量 A 种商品的价值与 y 量 B 种商品的价值相等，那么，可以用（1-28）式表示这两种商品的价值量相等的关系，反映二者的量的关系。

显然，（1-28）式中的系数 c_{ab} 的作用，是将等式右边的商品的使用价值 $q_{yb}u_b$ 与等式左边的商品的价值 $q_{xa}v_a$ 联系起来。系数 c_{ab} 是一个有量纲的系数。

（1-28）式是双向的等式，只表示等式左边和等式右边的商品的价值量相等。（1-28）式中两边的价值的量纲或单位相同，构成数学形式的等式。值得注意的是，（1-28）式仅仅表示（1-26）式或（1-27）式所反映的交换关系中的量的关系，不能表示用等式右边处于等价形式的商品的使用价值表现等式左边处于相对价值形式的商品的价值的质的关系。

简单价值形式是不充分的，只是一种胚胎形式，要通过一系列的形态变化才能成熟为价格形式。首先，商品的个别的价值表现要转化为一个不断延长的价值表现的系列。

6. 商品的简单价值形式是一个与历史条件有关的经济范畴

马克思认为，"在一切社会状态下，劳动产品都是使用物品，但只是历史上一定的发展时代，也就是使生产一个使用物所耗费的劳动表现为该物的'对象的'属性即它的价值的时代，才使劳动产品转化为商品。由此可见，商品的简单价值形式同时又是劳动产品的简单商品形式，因此，商品形式的发展是同价值形式的发展一致的。"[①]

商品的简单价值形式是一个与历史条件有关的经济范畴。

一方面，商品的简单价值形式是商品的价值形式发展过程中最初的最基本的阶段，以后还要依次经历商品的价值形式发展的各种较高级阶段；另一方面，在商品的价值形式发展到其他较高级阶段之前，商品的简单价值形式阶段本身也是一个发展的历史过程。在不同历史时期，不同商品的劳动生产率的提高程度不同。如果麻布的劳动生产率提高的比例与上衣的劳动生产率提高的比例不同，那么，一件上衣的使用价值所表示的麻布的价值不同。

在（1-27）式中，如果麻布的劳动生产率提高的比例高于上衣的劳

---

① 马克思恩格斯全集：第 23 卷. 中文 1 版. 北京：人民出版社，1972：76.

动生产率提高的比例，例如，在一定劳动时间内（例如 8 小时），过去一个普通劳动者能够生产一件上衣，现在能够生产两件上衣，过去一个普通劳动者能够生产 20 码麻布，现在能够生产 60 码麻布，那么，一件上衣的使用价值所表示的麻布的价值，不再是 20 码麻布的价值，而是 30 码麻布的价值。反之亦然。

早在两千三百多年前，亚里士多德已经认识到，互相交换的商品必须具有等同性。他天才地提出"没有等同性，就不能交换，没有可通约性，就不能等同"[①] 的光辉思想。由于他所处的时代使他缺乏价值概念，无法认识到商品中具有等同性的实体是什么，更不能认识这种等同的东西是一般人类劳动。

两千年后，17 世纪资本主义工场手工业的发展，使得英国古典经济学家奠基人威廉·配第有可能认识互相交换的不同商品中具有等同性和可通约的实体。他发现，劳动是价值的源泉，生产商品耗费的劳动决定商品的价值。他提出："所有物品都是由两种自然单位——即土地和劳动——来评定价值，换句话说，我们应该说一艘船或一件上衣值若干面积的土地和若干数量的劳动。理由是，船和上衣都是土地和投在土地上的人类劳动所创造的。"[②] 他不仅认为劳动创造价值，而且认为土地也创造价值的观点是错误的。虽然他没有说明，应该把劳动还原为土地，还是把土地还原为劳动，但是，他倾向于劳动决定价值。

因为配第最早发现了互相交换的商品中具有等同性和可通约性的实体是劳动，所以，马克思认为配第是"政治经济学之父，在某种程度上也可以说是统计学的创始人"[③]。

生活在资本主义生产发展早期阶段的配第，受到历史的局限，没有认识到创造价值的劳动是抽象劳动，也没有认识到商品价值取决于生产商品所耗费的社会必要劳动时间。他既没有从商品的价格中抽象出交换价值，也没有从交换价值中抽象出价值。他没有认识到，具体劳动创造商品的使用价值，抽象劳动创造商品的价值，他甚至认为，生产金银的劳动创造价值，生产其他商品的劳动创造使用价值。他不理解抽象劳动与具体劳动的

---

① 马克思恩格斯全集：第 23 卷. 中文 1 版. 北京：人民出版社，1972：74. 原注释为：马克思引自亚里士多德的著作《尼科马赫伦理学》（《Ethica Nicomachea》），载于伊曼努尔·贝克尔编《亚里士多德全集》1837 年牛津版第 9 卷第 99、100 页。（《Aristotelis opera ex recensione Immanuelis Bekkeri》. Tomus Ⅸ. Oxonii，1837，p. 99，100）。国际通用码：1133b，18 - 21。

② 配第. 赋税论 献给英明人士 货币略论. 北京：商务印书馆，1978：42.

③ 马克思恩格斯全集：第 23 卷. 中文 1 版. 北京：人民出版社，1972：302.

区别，混淆了价值与使用价值。

生活在 18 世纪资本主义工场手工业时期的英国古典经济学家亚当·斯密，认识到创造价值的是一般社会劳动。一方面，他区分了商品的使用价值与交换价值；另一方面，他又经常混淆商品的使用价值、交换价值与价值。他提出："价值一词有二个不同的意义。它有时表示特定物品的效用，有时又表示由于占有某物而取得的对他种货物的购买力。前者可叫做使用价值，后者可叫做交换价值。使用价值很大的东西，往往具有极小的交换价值，甚或没有；反之，交换价值很大的东西，往往具有极小的使用价值，甚或没有。例如，水的用途最大，但我们不能以水购买任何物品，也不会拿任何物品与水交换。反之，金钢钻虽几乎无使用价值可言，但须有大量其他货物才能与之交换。"①

虽然斯密从商品的价格中抽象出交换价值，但是，他没有认识到，使用价值是交换价值与价值的物质承担者。他的使用价值的大小不能决定交换价值的大小的观点是正确的，但是，他的没有使用价值的产品可以具有交换价值的观点是错误的。

斯密经常混淆价值与生产价格。在他所处的时代，考察价值转化为生产价格的历史前提尚未充分具备。

生活在 18 世纪末 19 世纪初的最优秀的英国古典经济学家李嘉图，始终坚持劳动价值论。他不仅继承了斯密对使用价值与交换价值的区分，而且提出："使用价值无法用任何已知的标准加以衡量，不同的人对它有不同的估价"②。他的观点比斯密的观点要深刻得多。他认为，"一种商品如果全然没有用处，或者说，如果无论从哪一方面说都无益于我们欲望的满足，那就无论怎样稀少，也无论获得时需要费多少劳动，总不会具有交换价值"③。他不仅批评了斯密的没有使用价值的产品可以有交换价值的错误观点，而且认识到商品的使用价值是交换价值的物质承担者，但是，他没有从交换价值中抽象出价值。

马克思认为，"李嘉图的研究方法，一方面具有科学的合理性和巨大的历史价值，另一方面，它在科学上的缺陷也是很明显的"④。

李嘉图提出："说到商品、商品的交换价值以及规定商品相对价格的规律时，我们总是指数量可以由人类劳动增加、生产可以不受限制地进行

①　斯密. 国民财富的性质和原因的研究：上卷. 北京：商务印书馆，1972：25.
②　李嘉图. 政治经济学及赋税原理. 北京：商务印书馆，1962：368.
③　李嘉图. 政治经济学及赋税原理. 北京：商务印书馆，1962：7.
④　马克思恩格斯全集：第 26 卷Ⅱ. 中文 1 版. 北京：人民出版社，1973：183.

竞争的商品。"① 马克思对李嘉图的这种观点给予高度评价，马克思认为，李嘉图已经认识到："价值规律的充分发展，要以大工业生产和自由竞争的社会，即现代资产阶级社会为前提。"② "作为古典政治经济学的完成者，李嘉图把交换价值决定于劳动时间这一规定作了最透彻的表述和发挥"③。尽管李嘉图的理论存在各种缺陷，但是，他的观点达到了资产阶级古典政治经济学所能达到的顶峰。

李嘉图关于不同商品的使用价值无法比较的观点，对于考察商品的价值形式非常重要。既然不同商品的使用价值无法互相比较，那么，能够互相比较的只有不同商品的价值。既不能用一种商品的使用价值表示自身的价值，也不能用一种商品的价值表示另一种商品的价值，只能用一种商品的使用价值表示另一种商品的价值。

如果以一种商品的使用价值作为标准，那么，在不同时期，在（1-26）式表示的简单的、个别的或偶然的价值形式的公式中，一定量商品 B 的使用价值（y 量商品 B 的使用价值）所表示的商品 A 的价值不同，商品 A 的价值不再是一个常数，而是一个变量，这个变量是时间的函数，也就是说，x 是一个变量，是时间的函数，即

$$x = x(t) \tag{1-29}$$

如果以一种商品的价值作为标准，那么，在不同时期，在（1-26）式表示的简单的、个别的或偶然的价值形式的公式中，用于表示一定量商品 A 的价值（x 量商品 A 的价值）的商品 B 的使用价值不同，商品 B 的使用价值不再是一个常数，而是一个变量，这个变量是时间的函数，也就是说，y 是一个变量，是时间的函数，即

$$y = y(t) \tag{1-30}$$

如果在不同时期互相交换的两种不同商品的劳动生产率提高的比例不同，或一种商品的劳动生产率提高，另一种商品的劳动生产率不变，那么，（1-28）式中的变量不可能都是固定不变的常数。

在一种商品的劳动生产率提高、另一种商品的劳动生产率不变的条件下，在（1-28）式中，如果单位 B 种商品的使用价值 u_b、B 种商品的数量 q_{yb} 与 B 种商品的使用价值 $q_{yb}u_b$ 是确定的（例如，1 件上衣的使用价值

①　李嘉图. 政治经济学及赋税原理. 北京：商务印书馆，1962：8.
②　马克思恩格斯全集：第 13 卷. 中文 1 版. 北京：人民出版社，1962：50.
③　马克思恩格斯全集：第 13 卷. 中文 1 版. 北京：人民出版社，1962：51.

是确定的），那么，它表示的单位 A 种商品的价值 v_a、A 种商品的数量 q_{xa} 与 A 种商品的价值 $v_a q_{xa}$ 是变化的（例如，单位麻布的价值、麻布的数量与麻布的价值是变化的），从而单位 B 种商品的使用价值所表示的 A 种商品的价值 c_{ab} 是变化的（例如，单位上衣的使用价值所表示的麻布的价值是变化的）。这些变量都是时间的函数。

特别是，单位 B 种商品的使用价值所表示的 A 种商品的价值 c_{ab} 是时间的函数，即

$$c_{ab} = c_{ab}(t) \tag{1-31}$$

如果单位 A 种商品的价值 v_a、A 种商品的数量 q_{xa} 与 A 种商品的价值 $v_a q_{xa}$ 是确定的（例如，单位麻布的价值、麻布的数量与麻布的价值是确定的），那么，表示它的价值的单位 B 种商品的使用价值 u_b、B 种商品的数量 q_{yb} 与 B 种商品的使用价值 $q_{yb} u_b$ 是变化的（例如，单位上衣的价值、上衣的数量与上衣的价值是变化的），从而单位 B 种商品的使用价值所表示的 A 种商品的价值 c_{ab} 是变化的（例如，单位上衣的使用价值所表示的麻布的价值是变化的）。这些变量是时间的函数。

只有在两种不同商品的劳动生产率提高比例相同的条件下，（1-26）式中右边处于等价形式的 y 量商品 B 的使用价值与它表示的左边处于相对价值形式的 x 量商品 A 的价值的比例才不变；（1-27）式中右边处于等价形式的 1 件上衣的使用价值与它表示的左边处于相对价值形式的 20 码麻布的价值的比例才不变；（1-28）式中的单位 B 种商品的使用价值与它表示的 A 种商品的价值的比例 c_{ab} 才不变。值得注意的是，各种不同商品的劳动生产率提高比例相同只是一种特例，这种情况是不稳定的。

只有在同一历史时期，（1-26）式中右边处于等价形式的 y 量商品 B 的使用价值与它表示的左边处于相对价值形式的 x 量商品 A 的价值的比例才是完全确定的；（1-27）式中右边处于等价形式的 1 件上衣的使用价值与它表示的左边处于相对价值形式的 20 码麻布的价值的比例才是完全确定的；（1-28）式中的单位 B 种商品的使用价值与它表示的 A 种商品的价值的比例 c_{ab} 才是完全确定的。

因此，商品的简单价值形式是一个与历史条件有关的经济范畴。

（二）总和的或扩大的价值形式

1. 商品的总和的或扩大的价值形式

马克思认为，总和的或扩大的价值形式为"z 量商品 A＝u 量商品 B，

或＝v 量商品 C，或＝w 量商品 D，或＝x 量商品 E，或＝其他（20 码麻布＝1 件上衣，或＝10 磅茶叶，或＝40 磅咖啡，或＝1 夸特小麦，或＝2 盎斯金，或＝1/2 吨铁，或＝其他）"①。

总和的或扩大的价值形式的公式可以表示为

$$
z \text{ 量商品 A} \begin{cases} =u \text{ 量商品 B} \\ \text{或} =v \text{ 量商品 C} \\ \text{或} =w \text{ 量商品 D} \\ \text{或} =x \text{ 量商品 E} \\ \text{或} =\text{其他} \end{cases} \tag{1-32}
$$

或

$$
20 \text{ 码麻布} \begin{cases} =1 \text{ 件上衣} \\ \text{或} =10 \text{ 磅茶叶} \\ \text{或} =40 \text{ 磅咖啡} \\ \text{或} =1 \text{ 夸特小麦} \\ \text{或} =2 \text{ 盎司金} \\ \text{或} =1/2 \text{ 吨铁} \\ \text{或} =\text{其他} \end{cases} \tag{1-33}
$$

2. 扩大的相对价值形式

马克思认为，"现在，一种商品例如麻布的价值表现在商品世界的其他无数的元素上。每一种其他的商品体都成为反映麻布价值的镜子。这样，这个价值本身才真正表现为无差别的人类劳动的凝结。因为形成这个价值的劳动现在十分清楚地表现为这样一种劳动，其他任何一种人类劳动都与之等同，而不管其他任何一种劳动具有怎样的自然形式，即不管它是物化在上衣、小麦、铁或金等等之中。因此，现在麻布通过自己的价值形式，不再是只同另一种商品发生社会关系，而是同整个商品世界发生社会关系。作为商品，它是这个世界的一个公民。同时，商品价值表现的无限的系列表明，商品价值是同它借以表现的使用价值的特殊形式没有关系的。"②

由简单的、个别的或偶然的价值形式发展到扩大的相对价值形式，在（1-32）式或（1-33）式中，等式右边处于等价形式的商品，由一种商品发展为多种商品。一种商品（例如，麻布）的价值，可以由无限

---

① 马克思恩格斯全集：第 23 卷. 中文 1 版. 北京：人民出版社，1972：77.
② 马克思恩格斯全集：第 23 卷. 中文 1 版. 北京：人民出版社，1972：78.

多种商品的使用价值来表示。这种商品的价值表现为无差别的人类劳动的凝结。

3. 特殊等价形式

在麻布的价值表现中，上衣、茶叶、咖啡、小麦、金、铁或其他各种商品都充当等价物，从而充当价值体。每一种充当等价物的商品的一定的自然形式都成为一个特殊的等价形式，与其他多种特殊的等价形式并列。这些多种不同的商品中包含的多种多样的具体的、有用的劳动，是一般人类劳动的多种的特殊的实现形式或表现形式。

考察商品的总和的或扩大的价值形式，可以从质与量两方面进行。(1-32) 式或 (1-33) 式不仅反映总和的或扩大的价值形式的质的关系，而且反映总和的或扩大的价值形式的量的关系。

从质的方面考察，(1-32) 式或 (1-33) 式表示的价值形式，是逻辑关系中的定义公式，是用等式右边的多种商品的使用价值表示等式左边的一种商品的价值。但是，这个公式不能构成数学形式的等式，因为等式两边的量纲不同。

(1-32) 式中左边的 z 量商品 A 处于相对价值形式，右边的 u 量商品 B，或 v 量商品 C，或 w 量商品 D，或 x 量商品 E，或其他商品处于等价形式，等式两边的量纲不同。在本例中，(1-33) 式中左边的 20 码麻布处于相对价值形式，右边的 1 件上衣或其他多种商品处于等价形式，等式两边的量纲不同。数学中的等式两边的量纲必须相同。因此，(1-32) 式或 (1-33) 式是逻辑关系中的定义公式，而不是数学形式的等式。

从量的方面考察，(1-32) 式或 (1-33) 式表示的价值形式所反映的交换关系可以表示为

$$q_{za}v_a \begin{cases} = c_{ab}q_{ub}u_b \\ = c_{ac}q_{vc}u_c \\ = c_{ad}q_{wd}u_d \\ = c_{ae}q_{xe}u_e \\ = c_{af}q_{yf}u_f \\ = c_{ag}q_{zg}u_g \\ = 其他 \end{cases} \quad (1-34)$$

式中，v_a 表示单位 A 种商品的价值，例如，1 码麻布的价值；u_b 表示单位 B 种商品的使用价值，例如，1 件上衣的使用价值；u_c 表示单位 C 种商品的使用价值，例如，1 磅茶叶的使用价值；u_d 表示单位 D 种商品的使用价值，例如，1 磅咖啡的使用价值；u_e 表示单位 E 种商品的使用价值，

例如，1 夸特小麦的使用价值；u_f 表示单位 F 种商品的使用价值，例如，1 盎司金的使用价值；u_g 表示单位 G 种商品的使用价值，例如，1 吨铁的使用价值；q_{za} 表示 A 种商品的数量为 z，例如，20 码麻布；q_{ub} 表示 B 种商品的数量为 u，例如，1 件上衣；q_{vc} 表示 C 种商品的数量为 v，例如，10 磅茶叶；q_{wd} 表示 D 种商品的数量为 w，例如，40 磅咖啡；q_{xe} 表示 E 种商品的数量为 x，例如，1 夸特小麦；q_{yf} 表示 F 种商品的数量为 y，例如，2 盎司金；q_{zg} 表示 G 种商品的数量为 z，例如，1/2 吨铁；c_{ab} 表示单位 B 种商品的使用价值所表示的 A 种商品的价值，例如，单位上衣的使用价值所表示的麻布的价值；c_{ac} 表示单位 C 种商品的使用价值所表示的 A 种商品的价值，例如，单位茶叶的使用价值所表示的麻布的价值；c_{ad} 表示单位 D 种商品的使用价值所表示的 A 种商品的价值，例如，单位咖啡的使用价值所表示的麻布的价值；c_{ae} 表示单位 E 种商品的使用价值所表示的 A 种商品的价值，例如，单位小麦的使用价值所表示的麻布的价值；c_{af} 表示单位 F 种商品的使用价值所表示的 A 种商品的价值，例如，单位金的使用价值所表示的麻布的价值；c_{ag} 表示单位 G 种商品的使用价值所表示的 A 种商品的价值，例如，单位铁的使用价值所表示的麻布的价值。

显然，从量的方面考察，（1-34）式的右边所表示的具有各种使用价值的其他商品的数量，可以无限增加。

在一般情况下，（1-34）式表示的交换关系可以表示为

$$q_{za}v_a = c_{ai}q_{ui}u_i \qquad (1-35)$$

式中，v_a 表示单位 A 种商品的价值，例如，1 码麻布的价值；u_i 表示单位第 i 种商品的使用价值，$i=1$，2，3，$\cdots$，n，这里的下标 i 表示商品的种类；q_{za} 表示 A 种商品的数量为 z，例如，20 码麻布；q_{ui} 表示第 i 种商品的数量为 u；c_{ai} 表示单位第 i 种商品的使用价值所表示的 A 种商品的价值，例如，1 件上衣的使用价值所表示的麻布的价值。

显然，（1-35）式中的系数 c_{ai}（$i=1$，2，3，$\cdots$，n）的作用，是将等式右边的商品的使用价值 $q_{ui}u_i$ 与等式左边的商品的价值 $q_{za}v_a$ 联系起来。系数 c_{ai} 是一个有量纲的系数。

（1-35）式中两边的量纲相同，构成数学形式的等式。值得注意的是，（1-35）式仅仅表示（1-32）式或（1-33）式中右边的多种商品与左边的一种商品的交换关系中的量的关系，不能表示用等式右边处于等价形式的多种商品的使用价值表现等式左边处于相对价值形式的一种商品的

价值的质的关系。

从现象看，（1-32）式表示的价值形式与（1-26）式表示的价值形式的区别，或（1-33）式表示的价值形式与（1-27）式表示的价值形式的区别，仅仅是等式右边由一种商品的使用价值转变为多种商品的使用价值。但是，从本质看，从（1-26）式表示的简单的、个别的或偶然的价值形式，过渡到（1-32）式表示的总和的或扩大的价值形式，以数例表示为从（1-27）式表示的简单的、个别的或偶然的价值形式，过渡到（1-33）式表示的总和的或扩大的价值形式，价值形式发生了本质的变化。

4. 商品的总和的或扩大的价值形式是一个与历史条件有关的经济范畴

商品的总和的或扩大的价值形式是一个与历史条件有关的经济范畴。一方面，商品的总和的或扩大的价值形式是商品的价值形式发展过程中的第二个阶段，以前经历过商品的简单的、个别的或偶然的价值形式，以后还要依次经历商品的价值形式发展的更高级阶段。另一方面，商品的总和的或扩大的价值形式阶段本身也是一个发展的历史过程。

在分别用多种商品的使用价值表示一种商品的价值的条件下，在（1-32）式、（1-33）式、（1-34）式、（1-35）式中，不仅等式右边处于等价形式的多种商品的劳动生产率提高的比例不同，而且这些等式右边处于等价形式的多种商品的劳动生产率提高的比例，不同于等式左边处于相对价值形式的商品的劳动生产率提高的比例。

在（1-32）式中，不仅等式右边处于等价形式的商品 B、商品 C、商品 D、商品 E 或其他商品的劳动生产率提高的比例不同，而且这些等式右边处于等价形式的商品 B、商品 C、商品 D、商品 E 或其他商品的劳动生产率提高的比例，不同于等式左边处于相对价值形式的商品 A 的劳动生产率提高的比例。

如果不同时期互相交换的多种不同商品的劳动生产率提高的比例不同，那么，（1-32）式、（1-33）式、（1-34）式、（1-35）式中的变量不可能都是固定不变的常数。

在一般情况下，在（1-35）式中，单位第 i 种商品（例如，上衣、茶叶、咖啡、小麦、金、铁或其他商品）的使用价值所表示的 A 种商品（例如，麻布）的价值 c_{ai} 不再是常数，而是变量，是时间的函数，即

$$c_{ai} = c_{ai}(t) \qquad\qquad (1-36)$$

只有在多种不同商品的劳动生产率提高比例相同的条件下，（1-32）式或（1-34）式中，等式右边处于等价形式的商品 B、商品 C、商品 D、商品 E 或其他商品的使用价值与它们表示的等式左边处于相对价值形式的商品 A 的价值的比例才不变；（1-33）式中，等式右边处于等价形式的上衣、茶叶、咖啡、小麦、金、铁或其他商品的使用价值与它们表示的等式左边处于相对价值形式的 20 码麻布的价值的比例才不变；（1-35）式中，等式右边处于等价形式的第 i 种商品的使用价值与它们表示的等式左边处于相对价值形式的 A 种商品的价值的比例才不变。值得注意的是，各种不同商品的劳动生产率提高比例相同只是一种特例，这种情况是不稳定的。

只有在同一历史时期，（1-32）式或（1-34）式中，等式右边处于等价形式的商品 B、商品 C、商品 D、商品 E 或其他商品的使用价值与它们表示的等式左边处于相对价值形式的商品 A 的价值的比例才是完全确定的；（1-33）式中，等式右边处于等价形式的上衣、茶叶、咖啡、小麦、金、铁或其他商品的使用价值与它们表示的等式左边处于相对价值形式的 20 码麻布的价值的比例才是完全确定的；（1-35）式中，等式右边处于等价形式的第 i 种商品的使用价值与它们表示的等式左边处于相对价值形式的 A 种商品的价值的比例才是完全确定的。

因此，商品的总和的或扩大的价值形式是一个与历史条件有关的经济范畴。

5. 总和的或扩大的价值形式的缺点

总和的或扩大的价值形式存在自身的缺点。这些缺点是：

第一，商品的相对价值表现是未完成的。每当出现一种新的商品，提供一种新的价值表现的材料，价值等式的锁链就会延长。

第二，每一种商品的相对价值都表现在这个无限扩大的形式中，都是一个不同于其他商品的相对价值形式的无穷扩大的价值表现系列。每一种特殊的商品等价物包含的一定的、具体的、有用的劳动，都只是人类劳动的不充分的表现形式。人类劳动在这些特殊表现形式的总和中，还没有获得统一的表现形式。

要克服总和的或扩大的价值形式的缺点，就要将这个系列倒转过来，这样，就发展到一般价值形式。

（三）一般价值形式

1. 商品的一般价值形式

商品的一般价值形式的公式可以表示为

$$
\left.\begin{array}{l}
1\text{ 件上衣} = \\
10\text{ 磅茶叶} = \\
40\text{ 磅咖啡} = \\
1\text{ 夸特小麦} = \\
2\text{ 盎斯金} = \\
1/2\text{ 吨铁} = \\
x\text{ 量商品 A} = \\
\text{其他商品} =
\end{array}\right\} 20\text{ 码麻布}^{①}
\tag{1-37}
$$

2. 价值形式的变化了的性质

从商品的总和的或扩大的价值形式转变到商品的一般价值形式，虽然只是等式的左右互易，但是，价值形式的性质发生了根本的、重大的变化。

马克思认为，在商品的一般价值形式中，"商品价值的表现：1. 是简单的，因为都是表现在唯一的商品上；2. 是统一的，因为都是表现在同一的商品上。它们的价值形式是简单的和共同的，因而是一般的。第一种形式和第二种形式二者都只是使一种商品的价值表现为一种与它自身的使用价值或商品体不同的东西。"②

第一种价值形式，只在最初交换阶段，某种劳动产品通过偶然的交换而转化为商品的阶段出现。第二种价值形式，在每一种商品的价值表现中，其他一切商品都以等价物的形式出现。在扩大的价值形式中，某种劳动产品不再通过偶然的交换，而是通过经常地与其他不同的商品交换的过程中出现。

一般价值形式使得商品的价值表现在从商品世界中分离出来的同一种商品的使用价值上，例如，在（1-37）式中，表现在麻布的使用价值上。

马克思认为，"每个商品的价值作为与麻布等同的东西，现在不仅与它自身的使用价值相区别，而且与一切使用价值相区别，正因为这样才表现为它和一切商品共有的东西。因此，只有这种形式才真正使商品作为价值互相发生关系，或者使它们互相表现为交换价值。……一般价值形式的出现只是商品世界共同活动的结果。一种商品所以获得一般的价值表现，只是因为其他一切商品同时也用同一个等价物来表现自己的价值，而每一

---

① 马克思恩格斯全集：第 23 卷. 中文 1 版. 北京：人民出版社，1972：80.
② 马克思恩格斯全集：第 23 卷. 中文 1 版. 北京：人民出版社，1972：81.

种新出现的商品都要这样做。"①

在商品的一般价值形式中，被排挤出商品世界的等价物商品（例如，麻布）获得了一般等价物的性质。麻布的物体形式被当作一切人类劳动的可以看得见的化身。织，这种生产麻布的私人劳动，处于与其他一切劳动等同的形式，将一切劳动产品表现为无差别的人类劳动的凝结物的一般价值形式。

3. 相对价值形式和等价形式的发展关系

马克思认为，"等价形式的发展程度是同相对价值形式的发展程度相适应的。但是必须指出，等价形式的发展只是相对价值形式发展的表现和结果。"②

他还认为，"一种特殊的商品获得一般等价形式，是因为其他一切商品使它成为它们统一的、一般的价值形式的材料。价值形式发展到什么程度，它的两极即相对价值形式和等价形式之间的对立，也就发展到什么程度。……要表现一般等价物的相对价值，我们就必须把第三种形式倒过来。一般等价物没有与其他商品共同的相对价值形式，它的价值相对地表现在其他一切商品体的无限的系列上。因此，扩大的相对价值形式，即第二种形式，现在表现为等价物商品特有的相对价值形式。"③

因此，在（1－37）式表示的商品的一般价值形式中，充当一般等价物的商品（例如，麻布）不能有商品世界的统一的、一般的相对价值形式。

考察商品的一般价值形式，可以从质与量两方面进行。（1－37）式不仅反映一般价值形式的质的关系，而且反映一般价值形式的量的关系。

从质的方面考察，（1－37）式表示的价值形式，是逻辑关系中的定义公式，不是数学形式的等式。1 件上衣或多种其他商品处于相对价值形式，20 码麻布这一种商品处于等价形式，等式两边的量纲不同。数学中的等式两边的量纲必须相同。该式是用等式右边的商品麻布的使用价值表示等式左边的多种其他商品的价值。因此，该式是逻辑关系中的定义公式。

从量的方面考察，（1－37）式表示的价值形式所反映的交换关系可以表示为

① 马克思恩格斯全集：第 23 卷. 中文 1 版. 北京：人民出版社，1972：81－82.
② 马克思恩格斯全集：第 23 卷. 中文 1 版. 北京：人民出版社，1972：83.
③ 马克思恩格斯全集：第 23 卷. 中文 1 版. 北京：人民出版社，1972：83，85.

$$
\left.
\begin{aligned}
q_b v_b &= \\
q_c v_c &= \\
q_d v_d &= \\
q_e v_e &= \\
q_f v_f &= \\
q_g v_g &= \\
q_h v_h &= \\
\text{其他} &=
\end{aligned}
\right\} c_{oa} q_a u_a
\tag{1-38}
$$

式中，u_a 表示单位 A 种商品的使用价值，例如，1 码麻布的使用价值；v_b 表示单位 B 种商品的价值，例如，1 件上衣的价值；v_c 表示单位 C 种商品的价值，例如，1 磅茶叶的价值；v_d 表示单位 D 种商品的价值，例如，1 磅咖啡的价值；v_e 表示单位 E 种商品的价值，例如，1 夸特小麦的价值；v_f 表示单位 F 种商品的价值，例如，1 盎司金的价值；v_g 表示单位 G 种商品的价值，例如，1 吨铁的价值；v_h 表示单位 H 种商品的价值；q_a 表示 A 种商品的数量，例如，20 码麻布；q_b 表示 B 种商品的数量，例如，1 件上衣；q_c 表示 C 种商品的数量，例如，10 磅茶叶；q_d 表示 D 种商品的数量，例如，40 磅咖啡；q_e 表示 E 种商品的数量，例如，1 夸特小麦；q_f 表示 F 种商品的数量，例如，2 盎司金；q_g 表示 G 种商品的数量，例如，1/2 吨铁；q_h 表示 H 种商品的数量；c_{oa} 表示单位 A 种商品的使用价值所表示的其他商品的价值，例如，1 码麻布的使用价值所表示的上衣的价值。

在这里，麻布在其他商品的价值表现中充当等价物。无数种其他商品的价值表现在同一种商品——麻布的使用价值上。各种商品与麻布发生关系，从而可以相互比较。

在一般情况下，（1-38）式表示的交换关系可以表示为

$$
q_i v_i = c_{oa} q_a u_a
\tag{1-39}
$$

式中，u_a 表示单位 A 种商品的使用价值，例如，1 码麻布的使用价值；v_i 表示单位第 i 种商品的价值，例如，1 件上衣的价值，$i=1,2,3,\cdots,n$；q_a 表示 A 种商品的数量，例如，20 码麻布；q_i 表示第 i 种商品的数量，例如，1 件上衣；c_{oa} 表示单位 A 种商品的使用价值所表示的其他商品的价值，例如，1 码麻布的使用价值所表示的上衣的价值。

显然，（1-39）式中的系数 c_{oa}（$i=1,2,3,\cdots,n$）的作用，是将等式右边的商品的使用价值 $q_a u_a$ 与等式左边的商品的价值 $q_i v_i$ 联系起来。

系数 $c_{\alpha\alpha}$ 是一个有量纲的系数。

（1-39）式中两边的量纲相同，构成数学形式的等式。值得注意的是，（1-39）式仅仅表示（1-37）式或（1-38）式中等式右边的一种商品与等式左边的多种商品的交换关系中的量的关系，不能表示用等式右边处于等价形式的一种商品的使用价值表现等式左边处于相对价值形式的多种商品的价值的质的关系。

从现象看，（1-37）式表示的价值形式与（1-33）式表示的价值形式的区别，或（1-38）式表示的价值形式与（1-34）式表示的价值形式的区别，或（1-39）式表示的价值形式与（1-35）式表示的价值形式的区别，仅仅是等式的左边与右边互易。但是，从本质看，从（1-33）式表示的总和的或扩大的价值形式过渡到（1-37）式表示的一般价值形式，或从（1-34）式表示的总和的或扩大的价值形式过渡到（1-38）式表示的一般价值形式，或从（1-35）式表示的总和的或扩大的价值形式过渡到（1-39）式表示的一般价值形式，发生了本质的变化。处于等价形式的商品为一种商品，用这种商品的使用价值统一地表现其他各种商品的价值。任何商品的交换只要经历两次交换过程就可以完成。首先，将这种商品与处于等价形式的商品交换，然后，将等价物与需要的其他商品交换。

值得指出的是，在人类经济活动的长期发展过程中，在不同地区、不同国家、不同发展阶段，充当等价物的商品不同，例如，在游牧民族中，羊曾经充当等价物；在农耕民族中，谷物曾经充当等价物。在同一个地区或同一个国家的不同发展阶段，充当等价物的商品也不同，例如，在中国历史上，某种贝壳、谷物、铜、银、金曾经充当过等价物。

4. 商品的一般价值形式是一个与历史条件有关的经济范畴

一方面，一般价值形式是商品的价值形式发展过程中的第三个阶段，以前经历过商品的简单的、个别的或偶然的价值形式，以及商品的总和的或扩大的价值形式，以后还要经历商品的货币价值形式发展阶段。另一方面，一般价值形式阶段本身也是一个发展的历史过程。

在用一种商品的使用价值表示多种商品的价值的条件下，在（1-37）式、（1-38）式、（1-39）式中，不仅等式左边处于相对价值形式的多种商品的劳动生产率提高的比例互不相同，而且这些多种商品的劳动生产率提高的比例，不同于等式右边处于等价形式的商品的劳动生产率提高的比例。

例如，在（1-37）式中，不仅等式左边处于相对价值形式的上衣、茶叶、咖啡、小麦、金、铁或其他商品的劳动生产率提高的比例不同，而且这些商品的劳动生产率的提高比例，不同于等式右边处于等价形式的麻布的劳动生产率提高的比例。

在（1-38）式中，不仅等式左边处于相对价值形式的商品 B、商品 C、商品 D、商品 E、商品 F、商品 G、商品 H 或其他商品的劳动生产率提高的比例不同，而且这些等式左边处于相对价值形式的多种商品的劳动生产率提高的比例，不同于等式右边处于等价形式的商品 A 的劳动生产率提高的比例。

如果在不同时期互相交换的多种不同商品的劳动生产率提高的比例不同，那么，（1-37）式、（1-38）式、（1-39）式中的变量不可能都是固定不变的常数。

在一般情况下，在（1-38）式中，单位第 i 种商品（例如，上衣、茶叶、咖啡、小麦、金、铁或其他商品）的价值 v_b、v_c、v_d、v_e、v_f、v_g、v_h 不再是常数，第 i 种商品的数量 q_a、q_b、q_c、q_d、q_e、q_f、q_g、q_h 不再是常数，而是时间的函数。同时，单位 A 种商品的使用价值所表示的其他商品的价值 c_{oa} 也不再是常数，而是变量，是时间的函数，即

$$c_{oa} = c_{oa}(t) \tag{1-40}$$

只有在各种不同商品的劳动生产率提高比例相同的条件下，（1-37）式中，等式左边处于相对价值形式的上衣、茶叶、咖啡、小麦、金、铁或其他商品的劳动生产率提高的比例才不变，等式右边处于等价形式的麻布的使用价值与它表示的等式左边处于相对价值形式的多种商品的价值的比例才不变；（1-38）式或（1-39）式中，等式左边处于相对价值形式的商品 B、商品 C、商品 D、商品 E、商品 F、商品 G、商品 H 或其他商品的劳动生产率提高的比例才不变，等式右边处于等价形式的商品 A 的使用价值与它表示的等式左边处于相对价值形式的多种商品的价值的比例才不变。值得注意的是，各种不同商品的劳动生产率提高比例相同只是一种特例，这种情况是不稳定的。

只有在同一历史时期，（1-37）式中，等式右边处于等价形式的 20 码麻布的使用价值与它表示的等式左边处于相对价值形式的上衣、茶叶、咖啡、小麦、金、铁或其他商品的价值的比例才是完全确定的；（1-38）式或（1 39）式中，等式右边处于等价形式的商品 A 的使用价值与它表示的等式左边处于相对价值形式的第 i 种商品（例如，商品 B、商品 C、商品 D、商品 E、商品 F、商品 G、商品 H 或其他商品）的价值的比例 C_{oa} 才是完全确定的。

因此，商品的一般价值形式是一个与历史条件有关的经济范畴。

5. 从一般价值形式到货币形式的过渡

马克思认为，"一般等价形式是价值的一种形式。因此，它可以属于任何一种商品。另一方面，一种商品处于一般等价形式（第三种形式），是因为而且只是因为它被其他一切商品当作等价物排挤出来。这种排挤最终限制在一种特殊的商品上，从这个时候起，商品世界的统一的相对价值形式才获得客观的固定性和一般的社会效力。"[1]

在历史发展过程中，在不同国家、不同地区、不同历史时期，起一般等价物作用的商品不同。在同一个国家或地区的不同历史时期，一般等价物是变化的。在世界历史的长期发展过程中，金银等贵金属最终夺得了一般等价物的特权地位。这样，商品的一般等价形式就转变为商品的货币形式。

（四）货币形式

1. 商品的货币形式

商品的货币形式的公式可以表示为

$$\left.\begin{array}{r}20\ 码麻布 = \\ 1\ 件上衣 = \\ 10\ 磅茶叶 = \\ 40\ 磅咖啡 = \\ 1\ 夸特小麦 = \\ 1/2\ 吨铁 = \\ x\ 量商品\ A = \end{array}\right\} 2\ 盎斯金^{②} \qquad (1-41)$$

考察商品的货币形式，可以从质与量两方面进行。（1-41）式不仅反映货币形式的质的关系，而且反映货币形式的量的关系。

从质的方面考察，（1-41）式表示的价值形式，是逻辑关系中的定义公式，不是数学形式的等式。2 盎司金处于等价形式，20 码麻布或其他商品处于相对价值形式，等式两边的量纲不同。数学中的等式两边的量纲必须相同。该式是用等式右边的商品金的使用价值表示等式左边的多种其他商品的价值。因此，该式是逻辑关系中的定义公式。

从量的方面考察，（1-41）式表示的价值形式所反映的交换关系可以表示为

① 马克思恩格斯全集：第 23 卷. 中文 1 版. 北京：人民出版社，1972：85.
② 马克思恩格斯全集：第 23 卷. 中文 1 版. 北京：人民出版社，1972：86.

$$
\left.\begin{array}{r}
q_b v_b = \\
q_c v_c = \\
q_d v_d = \\
q_e v_e = \\
q_f v_f = \\
q_g v_g = \\
q_h v_h =
\end{array}\right\} c_{og} q_{gold} u_{gold}
\qquad (1-42)
$$

式中，u_{gold} 表示单位商品金的使用价值，例如，1 盎司金的使用价值；v_b 表示单位 B 种商品的价值，例如，1 码麻布的价值；v_c 表示单位 C 种商品的价值，例如，1 件上衣的价值；v_d 表示单位 D 种商品的价值，例如，1 磅茶叶的价值；v_e 表示单位 E 种商品的价值，例如，1 磅咖啡的价值；v_f 表示单位 F 种商品的价值，例如，1 夸特小麦的价值；v_g 表示单位 G 种商品的价值，例如，1 吨铁的价值；v_h 表示单位 H 种商品的价值；q_{gold} 表示金的数量，例如，2 盎司金；q_b 表示 B 种商品的数量，例如，20 码麻布；q_c 表示 C 种商品的数量，例如，1 件上衣；q_d 表示 D 种商品的数量，例如，10 磅茶叶；q_e 表示 E 种商品的数量，例如，40 磅咖啡；q_f 表示 F 种商品的数量，例如，1 夸特小麦；q_g 表示 G 种商品的数量，例如，1/2 吨铁；q_h 表示 H 种商品的数量；c_{og} 表示单位商品金的使用价值所表示的其他商品的价值，例如，1 盎司金的使用价值所表示的麻布的价值。

在这里，金在其他商品的价值表现中固定地充当一般等价物。无数种其他商品的价值表现在同一种商品——金的使用价值上。各种商品与金发生关系，从而可以相互比较。

在一般情况下，（1-42）式表示的交换关系可以表示为

$$
q_i v_i = c_{og} q_{gold} u_{gold}
\qquad (1-43)
$$

式中，v_i 表示单位第 i 种商品的价值，例如，1 码麻布的价值，$i=1$，2，3，…，n；q_i 表示第 i 种商品的数量，例如，20 码麻布。

从（1-37）式表示的一般价值形式过渡到（1-41）式表示的货币形式，或从（1-38）式表示的一般价值形式过渡到（1-42）式表示的货币形式，或从（1-39）式表示的一般价值形式过渡到（1-43）式表示的货币形式，只是一般等价物的形式发生了变化，金代替麻布取得了一般等价物形式，并没有发生本质的变化。

在从第一种形式过渡到第二种形式的过程中，以及在从第二种形式过渡到第三种形式的过程中，价值形式都发生了本质的变化。但是，在从第

三种形式过渡到第四种形式的过程中，价值形式没有发生本质的变化。第四种形式与第三种形式的区别，只是用金代替麻布成为一般等价物。唯一的进步是，社会的习惯同金的特殊的自然形式结合在一起。

马克思认为，"理解货币形式的困难，无非是理解一般等价形式，从而理解一般价值形式即第三种形式的困难。第三种形式倒转过来，就化为第二种形式，即扩大的价值形式，而第二种形式的构成要素是第一种形式：20 码麻布＝1 件上衣，或者 x 量商品 A－y 量商品 B。因此，简单的商品形式是货币形式的胚胎。"①

2. 商品的货币形式是一个与历史条件有关的经济范畴

一方面，货币形式是商品的价值形式发展过程中的第四个阶段，以前经历过商品的简单的、个别的或偶然的价值形式，商品的总和的或扩大的价值形式，商品的一般价值形式的发展阶段。另一方面，货币形式阶段本身也是一个发展的历史过程。

在用商品金的使用价值表示多种商品的价值的条件下，在（1-41）式、（1-42）式、（1-43）式中，不仅等式左边处于相对价值形式的多种商品的劳动生产率提高的比例互不相同，而且这些多种商品的劳动生产率提高的比例，不同于等式右边处于等价形式的商品金的劳动生产率提高的比例。

例如，在（1-41）式中，不仅等式左边处于相对价值形式的麻布、上衣、茶叶、咖啡、小麦、铁或其他商品的劳动生产率提高的比例不同，而且这些商品的劳动生产率提高的比例，不同于等式右边处于等价形式的金的劳动生产率提高的比例。

在（1-42）式中，不仅等式左边处于相对价值形式的商品 B、商品 C、商品 D、商品 E、商品 F、商品 G、商品 H 或其他商品的劳动生产率提高的比例不同，而且这些等式左边处于相对价值形式的多种商品的劳动生产率提高的比例，不同于等式右边处于等价形式的商品金的劳动生产率提高的比例。

如果在不同时期互相交换的多种不同商品的劳动生产率提高的比例不同，那么，（1-41）式、（1-42）式、（1-43）式中的变量不可能都是固定不变的常数。

在一般情况下，在（1-38）式中，单位第 i 种商品（例如，麻布、上衣、茶叶、咖啡、小麦、铁或其他商品）的价值 v_b、v_c、v_d、v_e、v_f、

①　马克思恩格斯全集：第 23 卷. 中文 1 版. 北京：人民出版社，1972：87.

v_g、v_h 不再是常数，第 i 种商品的数量 q_a、q_b、q_c、q_d、q_e、q_f、q_g、q_h 不再是常数，而是时间的函数。同时，单位商品金的使用价值所表示的其他商品的价值 c_{og} 也不再是常数，而是变量，是时间的函数，即

$$c_{og} = c_{og}(t) \tag{1-44}$$

只有在各种不同商品的劳动生产率提高比例相同的条件下，（1-41）式中，等式左边处于相对价值形式的麻布、上衣、茶叶、咖啡、小麦、铁或其他商品的劳动生产率提高的比例才不变，等式右边处于等价形式的金的使用价值与它表示的等式左边处于相对价值形式的多种商品的价值的比例才不变；（1-42）式或（1-43）式中，等式左边处于相对价值形式的商品 B、商品 C、商品 D、商品 E、商品 F、商品 G、商品 H 或其他商品的劳动生产率提高的比例才不变，等式右边处于等价形式的金的使用价值与它表示的等式左边处于相对价值形式的多种商品的价值的比例才不变。值得注意的是，各种不同商品的劳动生产率提高比例相同只是一种特例，这种情况是不稳定的。

只有在同一历史时期，（1-41）式中，等式右边处于等价形式的 2 盎司金的使用价值与它表示的等式左边处于相对价值形式的麻布、上衣、茶叶、咖啡、小麦、铁或其他商品的价值的比例才是完全确定的；（1-42）式或（1-43）式中，等式右边处于等价形式的金 A 的使用价值与它表示的等式左边处于相对价值形式的第 i 种商品（例如，商品 B、商品 C、商品 D、商品 E、商品 F、商品 G、商品 H 或其他商品）的价值的比例 c_{og} 才是完全确定的。

因此，商品的货币形式是一个与历史条件有关的经济范畴。

八、劳动、劳动生产率、资源约束与价值

（一）不受资源约束条件下的产品价值

产品价值为一般人类劳动的凝结。生产过程中耗费单位劳动生产的产品数量是这种产品的劳动生产率。一种产品的劳动生产率与多种因素有关，不仅与机器设备等劳动工具的效率有关，与劳动者的知识、技术等劳动能力有关，而且与是否受到资源条件的约束有关。

资源约束可以分为对生产过程的资源约束与对流通过程的资源约束。

对生产过程的资源约束是指随着生产规模扩大，一种或多种生产资料的资源条件导致生产单位产品耗费的劳动增加。例如，由于矿产资源逐渐枯竭，开采单位矿产品耗费的劳动增加。又例如，原有的肥沃程度的耕地

已经用于生产谷物，必须在生产率降低的条件下在原有土地上生产增加的谷物，或在更贫瘠的土地上生产增加的谷物。

对流通过程的资源约束，是指随着生产规模扩大，一种或多种影响市场的资源条件导致产品价值不能顺利实现。例如，市场对某种产品的需求降低，低于生产的产品数量，产品价格降低。

不受资源约束条件下的生产，是指劳动生产率不受各种资源限制与影响的条件下的生产。例如，除了农产品、矿产品与水力发电等依赖资源条件的生产以外的其他工业产品的生产。生产这些工业产品所耗费的劳动不受或很少受各种资源限制与影响。在土地资源与矿产资源减少的条件下，生产单位这些工业产品所耗费的劳动不变或基本不变。可以将这些工业产品称为一般工业产品。不受资源约束条件下的一种产品的价值，等于生产这种产品的中等生产率水平的劳动创造的价值。具体地说，一种产品的价值总和，取决于生产这种产品耗费的劳动总和，单位产品的价值，取决于生产这种产品耗费的劳动总和与这种产品总产量之比。

不受资源约束条件下的劳动生产率，一方面，与机器设备加工的效率有关，另一方面，与劳动者的生产知识和技术有关。

（二）资源约束不能改变总产品价值，只能改变剩余价值分配

在受资源约束的条件下，生产单位产品耗费的劳动发生变化，即劳动生产率发生变化。例如，在农业生产中，劳动生产率与土地的肥沃程度有关，如果社会对谷物的需求增加，原有的肥沃程度的土地已经得到充分利用，无法得到更多原有的肥沃程度的土地，那么，只能在原有土地上耗费更多劳动生产单位谷物，或在更差土地上耗费更多劳动生产增加的谷物。

这就是说，在某些土地上生产单位谷物耗费的劳动多，即劳动生产率低；在另一些土地上生产单位谷物耗费的劳动少，即劳动生产率高；在同一块土地上，产量较低的条件下生产单位谷物耗费的劳动少，超过一定产量之后生产单位谷物耗费的劳动增加，即随着产量增加，劳动生产率下降。

在谷物生产率降低的条件下，最后投入的资本必须得到平均利润，否则，资本家不会将自己的资本投入劳动生产率降低的生产活动。

在商品交换过程中，无论在什么条件下生产，具有同样使用价值的产品得到的社会承认相同，价格相同。如果在最差生产条件下最后增加的劳动或相应的资本得到平均利润，由这种条件下耗费的劳动决定谷物价格，那么，在较好生产条件下生产的谷物价格超过其价值，得到的利润超过平均利润。这部分超额利润必然以级差地租形式被土地所有者占有。

在矿产品生产中，矿产资源的品位、储量、埋藏深度、运输距离等因素，影响生产单位产品耗费的劳动。这种影响与谷物生产相似。矿产品生产与谷物生产的不同之处在于，耕地可以无限期地用于谷物生产，但是，矿产资源的储量总有枯竭的时候。因此，生产矿产品的资本家向矿产资源所有者缴纳的租金，与生产谷物的资本家向耕地所有者缴纳的级差地租的内涵不完全相同。严格地说，矿产资源的租金不仅包括级差地租，而且包括消耗矿产资源的储量的价格。工业生产部门的水力发电与农业生产部门的谷物生产的情况类似，这两种土地都可以永远利用，不存在资源枯竭的问题。

如果劳动时间相同，那么，在有利的资源条件下生产的商品价值与不利的资源条件下生产的商品价值相同，在有利的资源条件下耗费同样劳动生产的商品数量或使用价值，超过在不利的资源条件下生产的商品数量或使用价值，多出的产品或相应的剩余价值必然被资源条件的所有者占有。使用他人的资源条件进行生产的资本家，得到并且只得到平均利润。

值得注意的是，在不受资源约束、劳动生产率不变的条件下，一种商品的价值与生产这种商品耗费的劳动成正比（商品价值为劳动量或劳动时间的单调递增的线性函数），这种商品的数量或使用价值也与生产这种商品耗费的劳动成正比。因此，商品价值与这种商品的使用价值或数量成正比。在这种条件下，同种商品的价值与价格成正比，这种商品的使用价值或数量也与价格成正比。

在受到资源约束、劳动生产率变化的条件下，一种商品的价值与生产这种商品耗费的劳动仍然成正比，价值仍然为劳动量或劳动时间的单调递增的线性函数。但是，这种商品的使用价值或数量不仅与耗费的劳动有关，而且与劳动生产率有关，不一定是劳动时间的单调递增的线性函数。因此，商品价值与使用价值的关系不一定是单调递增的线性关系。在这种条件下，一种商品的价格与这种商品的使用价值或数量的关系是单调递增的线性关系，与这种商品的价值的关系一般不是单调递增的线性关系。如果不是考察一种产品，而是考察全社会的总产品，那么，全社会总产品的总价格等于总价值。总产品的总价值或总价格与资源约束条件无关，与劳动生产率无关，也与剩余价值分配无关。

无论是否受资源约束，也无论劳动生产率高低，总产品的价值只能由耗费的总劳动决定，而不是由资源条件决定，不是由劳动生产率决定，不是由产品的交换比例决定，更不是由商品需求者的主观心理评价决定。在生产过程中耗费的总劳动确定的条件下，不同生产部门的资本构成的差异和各种资源约束条件的差异只影响各种产品的劳动生产率，不影响总产品的总价值，从而不影响总价格。受资源约束影响引起的劳动生产率降低，既不能改变总产品的价值，也不能改变总剩余价值，只能改变总剩余价值在不同部门的资本家和土地所有者之间的分配。考察受资源约束条件下的产品价格、平均利润率、利润和地租，必须考察二元价值转形①，甚至考察三元价值转形。

在受资源约束和劳动生产率变化的条件下，例如，在更差的土地上生产增加的谷物导致劳动生产率下降，不同产品的交换比例仅由最差生产条件下最后增加的劳动决定，还是由包括最后增加的劳动的生产过程中耗费的全部劳动决定，这个问题极其重要。要科学地回答这个问题，必须进行更深入的分析，即进行劳动价值论的边际分析。

当然，这种分析超出《资本论》（第一卷）对资本的生产过程的考察范围，属于《资本论》（第三卷）对资本主义生产的总过程的考察范围。限于篇幅，这里无法对受资源约束与劳动生产率变化条件下的商品生产、剩余价值分配和商品交换等问题进行深入的考察，将在《二元价值转形》的后续著作中对此进行详细的考察。

九、商品的拜物教性质及其秘密

当劳动产品采取商品形式时，就具有谜一般的性质。

马克思认为，"商品就它是使用价值来说，不论从它靠自己的属性来满足人的需要这个角度来考察，或者从它作为人类劳动的产品才具有这些属性这个角度来考察，都没有什么神秘的地方。……可见，商品的神秘性质不是来源于商品的使用价值。同样，这种神秘性质也不是来源于价值规定的内容。因为，第一，不管有用劳动或生产活动怎样不同，它们都是人体的机能，而每一种这样的机能不管内容和形式如何，实质上都是人的脑、神经、肌肉、感官等等的耗费。这是一个生理学上的真理。第二，说到作为决定价值量的基础的东西，即这种耗费的持续时间或劳动量，那末，劳动的量可以十分明显地同劳动的质区别开来。"②

既然商品的神秘性质既不来源于商品的使用价值，也不来源于商品的价值，那么，这种神秘性质究竟来自何处？显然，来自商品形式本身。

马克思指出："人类劳动的等同性，取得了劳动产品的等同的价值对

---

① 参见沈民鸣. 二元价值转形：第一、二、三卷. 北京：中国人民大学出版社，2015.
② 马克思恩格斯全集：第 23 卷. 中文 1 版. 北京：人民出版社，1972：87 - 88.

象性这种物的形式；用劳动的持续时间来计量的人类劳动力的耗费，取得了劳动产品的价值量的形式；最后，劳动的那些社会规定借以实现的生产者的关系，取得了劳动产品的社会关系的形式。可见，商品形式的奥秘不过在于：商品形式在人们面前把人们本身劳动的社会性质反映成劳动产品本身的物的性质，反映成这些物的天然的社会属性，从而把生产者同总劳动的社会关系反映成存在于生产者之外的物与物之间的社会关系。由于这种转换，劳动产品成了商品，成了可感觉而又超感觉的物或社会的物。……我把这叫做拜物教。劳动产品一旦作为商品来生产，就带上拜物教性质，因此拜物教是同商品生产分不开的。商品世界的这种拜物教性质，象以上分析已经表明的，是来源于生产商品的劳动所特有的社会性质。"①

具有各种使用价值的劳动产品成为商品。这些商品是私人劳动的产品。这些私人劳动的总和构成社会总劳动。每个生产者只能通过交换他们的劳动产品，才与其他生产者发生关系，私人劳动的特殊的社会性质在这种交换中才表现出来。

马克思进一步指出：这些私人劳动的社会关系，"不是表现为人们在自己劳动中的直接的社会关系，而是表现为人们之间的物的关系和物之间的社会关系。……劳动产品分裂为有用物和价值物，实际上只是发生在交换已经十分广泛和十分重要的时候，那时有用物是为了交换而生产的，因而物的价值性质还在生产时就被注意到了。从那时起，生产者的私人劳动真正取得了二重的社会性质。一方面，生产者的私人劳动必须作为一定的有用劳动来满足一定的社会需要，从而证明它们是总劳动的一部分，是自然形成的社会分工体系的一部分。另一方面，只有在每一种特殊的有用的私人劳动可以同任何另一种有用的私人劳动相交换从而相等时，生产者的私人劳动才能满足生产者本人的多种需要。完全不同的劳动所以能够相等，只是因为它们的实际差别已被抽去，它们已被化成它们作为人类劳动力的耗费、作为抽象的人类劳动所具有的共同性质。"②

每个生产者最关心的问题，是自己的产品能换取多少别人的产品。在长期交换过程中，由于习惯，各种产品的交换比例逐渐达到一定的稳定的比例。这些比例好像是由劳动产品的本性产生的。

马克思认为，"价值量不以交换者的意志、设想和活动为转移而不断

①　马克思恩格斯全集：第23卷. 中文1版. 北京：人民出版社，1972：88-89.
②　马克思恩格斯全集：第23卷. 中文1版. 北京：人民出版社，1972：90.

地变动着。在交换者看来，他们本身的社会运动具有物的运动形式。不是他们控制这一运动，而是他们受这一运动控制。要有十分发达的商品生产，才能从经验本身得出科学的认识，理解到彼此独立进行的、但作为自然形成的社会分工部分而互相全面依赖的私人劳动，不断地被化为它们的社会的比例尺度，这是因为在私人劳动产品的偶然的不断变动的交换关系中，生产这些产品的社会必要劳动时间作为起调节作用的自然规律强制地为自己开辟道路……价值量由劳动时间决定是一个隐藏在商品相对价值的表面运动后面的秘密。这个秘密的发现，消除了劳动产品的价值量纯粹是偶然决定的这种假象，但是决没有消除这种决定所采取的物的形式。……因此，一旦我们逃到其他的生产形式中去，商品世界的全部神秘性，在商品生产的基础上笼罩着劳动产品的一切魔法妖术，就立刻消失了。"①

　　例如，农民家庭为了自身的生活需要，按照性别年龄上的差异与随季节而改变的劳动的自然条件，在家庭成员内实行自然分工，生产粮食、牲畜、纱、麻布、衣服等产品。这些家庭劳动的不同产品不是互相作为商品发生关系。每个劳动力都作为家庭共同劳动力的器官而发挥作用。这种生产不是商品生产。

　　又例如，如果有一个自由人联合体，这个联合体的成员用共同的生产资料进行劳动，自觉地把每个劳动力当作一个社会劳动力来使用。这个联合体的总产品是社会的产品。总产品的一部分重新用作生产资料，这些生产资料依旧是社会的。总产品的另一部分作为生活资料由联合体成员消费。每个成员得到的生活资料的份额，完全由他的劳动时间决定。在这个联合体中，劳动时间起双重作用。一方面，劳动时间的社会的有计划的分配，调节各种劳动职能同各种需要的比例。另一方面，劳动时间是计量每个生产者在共同劳动中占有份额的尺度，也是计量每个生产者在共同产品的个人消费部分中占有份额的尺度。在这个联合体中，人们同他们的劳动与劳动产品的社会关系是简单明了的。这种生产也不是商品生产。

　　商品形式的神秘性质，具有宗教中的拜物教性质。

　　马克思指出："只有当实际日常生活的关系，在人们面前表现为人与人之间和人与自然之间极明白而合理的关系的时候，现实世界的宗教反映才会消失。只有当社会生活过程即物质生产过程的形态，作为自由结合的人的产物，处于人的有意识有计划的控制之下的时候，它才会把

　　①　马克思恩格斯全集：第 23 卷. 中文 1 版. 北京：人民出版社，1972：91 - 93.

自己的神秘的纱幕揭掉。但是，这需要有一定的社会物质基础或一系列物质生存条件，而这些条件本身又是长期的、痛苦的历史发展的自然产物。"①

第二节　交换过程的数学分析

商品是用于交换的劳动的产品。商品具有满足直接需要和用于交换的两种不同的效用。

随着生产的发展，生产力提高，一些产品的数量超过生产者的生活需要，例如，狩猎得到的猎物超过自己的生活需要或耕种收获的谷物超过自己的生活需要。这些多余的产品对于生产者或商品所有者没有使用价值，但是，他们需要其他生产者生产的其他产品的使用价值，只能通过相互交换产品才能满足这种愿望。商品所有者只知道他不需要自己的产品的使用价值，需要他人的产品的使用价值，但是，他不知道他人是否需要自己的产品的使用价值，更不知道以何种比例相互交换产品。只有在交换过程中，才能检验其他商品所有者是否需要自己的产品的使用价值，愿意以何种比例交换双方的产品。

商品的使用价值包括两种属性：一种属性是商品的用途，即使用价值的质；一种属性是商品的数量，即使用价值的量。一个商品所有者在交换过程之前，知道自己准备出让的商品的用途和数量，即知道自己的商品的使用价值的质和量，也知道自己需要的商品的用途，即知道自己需要的商品的使用价值的质，但是，不知道通过交换过程能够得到多少自己需要的商品的数量，即不知道自己需要的商品的使用价值的量。在每次交换过程中，参与交换过程的双方都不知道能够交换到的对方的商品数量，即不知道不同商品的交换比例，只知道在什么比例范围内自己愿意参与交换。每一次商品交换过程都具有偶然性。

在第 i 次偶然的商品交换过程中，如果甲商品所有者用自己的 A 种商品与乙商品所有者的 B 种商品交换，那么，两种不同商品的交换比例为

$$k_{abi} = \frac{q_{ai}}{q_{bi}} \qquad\qquad (1-45)$$

---

① 马克思恩格斯全集：第 23 卷. 中文 1 版. 北京：人民出版社，1972：96 - 97.

式中，k_{abi} 为 A 种商品与 B 种商品的交换比例；q_{ai} 为 A 种商品的数量；q_{bi} 为 B 种商品的数量；i 为交换序列，$i=1，2，3，\cdots，n$。

A 种商品与 B 种商品各有本身的量纲或单位。因为 A 种商品的使用价值与 B 种商品的使用价值不同，所以，A 种商品的量纲或单位与 B 种商品的量纲或单位不同。两种不同商品的交换比例的量纲或单位，为 A 种商品的量纲或单位与 B 种商品的量纲或单位之比。

例如，如果甲商品所有者用自己的 20 码麻布与乙商品所有者的 1 件上衣交换，那么，A 种商品与 B 种商品的交换比例 $k_{abi}=20$（码麻布/件上衣）。

显然，第 i 次 A 种商品与 B 种商品的交换比例具有偶然性。第 i 次 A 种商品与 B 种商品的交换比例 k_{abi}，不仅是 A 种商品与 B 种商品的数量的函数，而且是 A 种商品的量纲或单位、B 种商品的量纲或单位、交换序列 i 的函数。即

$$k_{abi}=k_{abi}(q_{ai}，q_{ai}，i) \tag{1-46}$$

两种商品之间的稳定的交换比例是在多次交换过程中逐步形成的，是长期的商品交换历史发展的产物。

在多次交换过程中，A 种商品的总数量为

$$q_{sa}=\sum_{i=1}^{n}q_{ai} \tag{1-47}$$

式中，q_{sa} 为 A 种商品与 B 种商品交换过程中 A 种商品的总数量。

在多次交换过程中，B 种商品的总数量为

$$q_{sb}=\sum_{i=1}^{n}q_{bi} \tag{1-48}$$

式中，q_{sb} 为 A 种商品与 B 种商品交换过程中 B 种商品的总数量。

在多次交换过程中，A 种商品与 B 种商品的稳定的交换比例为

$$k_{ab}=\frac{q_{sa}}{q_{sb}}=\frac{\sum\limits_{i=1}^{n}q_{ai}}{\sum\limits_{i=1}^{n}q_{bi}} \tag{1-49}$$

式中，k_{ab} 为 A 种商品与 B 种商品的稳定的交换比例。

如果 A 种商品与 B 种商品的交换次数 n 趋向于无限大，那么，（1-49）式可以表示为

$$E(k_{ab}) = \lim_{n \to \infty} \frac{\sum\limits_{i=1}^{n} q_{ai}}{\sum\limits_{i=1}^{n} q_{bi}} = \frac{\lim\limits_{n \to \infty} \sum\limits_{i=1}^{n} q_{ai}}{\lim\limits_{n \to \infty} \sum\limits_{i=1}^{n} q_{bi}}$$

$$= \frac{\lim\limits_{n \to \infty} \left(\dfrac{1}{n} \sum\limits_{i=1}^{n} q_{ai} \right)}{\lim\limits_{n \to \infty} \left(\dfrac{1}{n} \sum\limits_{i=1}^{n} q_{bi} \right)} = \frac{E(q_{ai})}{E(q_{bi})} \qquad (1-50)$$

式中，$E(k_{ab})$ 为 k_{ab} 的数学期望，$E(q_{ai})$ 为 q_{ai} 的数学期望，$E(q_{bi})$ 为 q_{bi} 的数学期望。

数学期望是算术平均值的极限。

值得注意的是，因为在（1-50）式中交换次数 n 趋向于无限大，所以（1-50）式中的 $E(k_{ab})$ 比（1-49）式中有限交换次数条件下的 k_{ab} 具有更好的稳定性。

同样值得注意的是，A 种商品与 B 种商品的稳定的交换比例 k_{ab} 的稳定性是相对的，而不是绝对的。这种交换比例的相对稳定性，仅存在于同一个国家的同一个地区和相同的时间内。在同一个国家的不同地区或不同时间，在不同国家之间，两种商品的交换比例是经常变化的。

商品交换过程是双方共同一致的意志行为。如果只有一方同意，那么，他就无法让渡自己的商品，并占有别人的商品。

在商品交换过程中，双方都必须彼此承认对方是私有者，是自己的商品的所有者。对于交换过程中的每一方来说，"商品所有者的商品对他没有直接的使用价值。否则，他就不会把它拿到市场上去。他的商品对别人有使用价值。他的商品对他来说，直接有的只是这样的使用价值：它是交换价值的承担者，从而是交换手段。所以，他愿意让渡他的商品来换取那些使用价值为他所需要的商品。一切商品对它们的所有者是非使用价值，对它们的非所有者是使用价值。因此，商品必须全面转手。这种转手就形成商品交换，而商品交换使商品彼此作为价值发生关系并作为价值来实现。可见，商品在能够作为使用价值实现以前，必须先作为价值来实现。"[①] 这就是说，商品只有先作为价值来实现，先通过交换，从它们的原来的所有者手中转移到它们的原来的非所有者手中，也就是转移到新的所有者手中，然后商品的使用价值才能实现。

---

① 马克思恩格斯全集：第 23 卷. 中文 1 版. 北京：人民出版社，1972：103.

　　商品要作为价值来实现，要能够用于交换，必须对于交换的对方来说具有使用价值。马克思认为，"商品在能够作为价值实现以前，必须证明自己是使用价值，因为耗费在商品上的人类劳动，只有耗费在对别人有用的形式上，才能算数。但是，这种劳动对别人是否有用，它的产品是否能够满足别人的需要，只有在商品交换中才能得到证明。每一个商品所有者都只想让渡自己的商品，来换取别种具有能够满足他本人需要的使用价值的商品。就这一点说，交换对于他只是个人的过程。另一方面，他想把他的商品作为价值来实现，也就是通过他所中意的任何另一种具有同等价值的商品来实现，而不问他自己的商品对于这另一种商品的所有者是不是有使用价值。就这一点说，交换对于他是一般社会的过程。但是，同一过程不可能同时对于一切商品所有者只是个人的过程，同时又只是一般社会的过程。"①

　　对于每一个参与交换的商品所有者来说，他人的商品是他的商品的特殊等价物，而他的商品又是其他一切商品的一般等价物。如果每一个商品所有者都这样做，那么，就没有一种商品是一般等价物。因此，这些商品不是作为价值相等的产品相互联系，而是作为具有不同使用价值的产品彼此对立着。马克思认为，"只有社会的活动才能使一种特定的商品成为一般等价物。因此，其他一切商品的社会的行动使一种特定的商品分离出来，通过这种商品来全面表现它们的价值。于是这一商品的自然形式就成为社会公认的等价形式。由于这种社会过程，充当一般等价物就成为被分离出来的商品的特殊社会职能。这种商品就成为货币。"②

　　在交换过程中，虽然参与交换的商品的使用价值不同，但是，这些商品都是人类劳动的产品，各种不同的商品才能够彼此等同。商品的使用价值与商品的价值互相对立。

　　随着商品的使用价值与价值的对立的发展，为了便于交易，需要商品的使用价值与价值的对立在外部表现出来，要求商品价值有一个独立的形式，直至货币作为一般等价物从其他商品中分离出来为止。

　　在商品交换发展的最初阶段，用于交换的产品是超过生产者本人、其家庭成员和本经济单位的生活需要的产品。随着商品交换的发展，有一部分劳动产品是为了交换而生产的。商品交换越发展，为了交换而生产的劳动产品越多，在总产品中的比例就越高。"从那时起，一方面，物满足直接需要的效用和物用于交换的效用的分离固定下来了。它们的使用价值同它们的交换价值分离开来。另一方面，它们相交换的量的比例是由它们的生产本身决定的。习惯把它们作为价值量固定下来。"①

随着商品交换的不断发展，商品价值逐渐发展成为一般人类劳动的化身，货币形式逐渐转到天然适于执行一般等价物职能的商品身上。适于执行一般等价物职能的商品，或适宜作为货币的材料，必须具有多种属性：首先，生产单位重量的这种材料必须耗费大量劳动；其次，具有良好的化学稳定性；最后，该种材料必须是均质的并且适宜分割与融合。金和银等贵金属具有这种属性。无论世界各国的货币材料在历史上经历了怎样的发展过程，最终都采用金和银作为货币材料。因此，"金银天然不是货币，但货币天然是金银"②。

金和银等贵金属不仅适宜作为货币材料，而且有其他用途，例如，金可以镶牙，可以用作奢侈品的原料，在电子工业和航天产业中金和银是重要的导电材料，金是防腐蚀材料和保温材料等。

既然金或银作为货币，成为其他一切商品的一般等价物，其他一切商品都是货币的特殊等价物，那么，货币也是一种商品，货币同其他商品一样，其价值由生产这些商品需要的劳动时间决定。作为货币的金或银的价值，只能相对地通过多种其他商品来表现自己的价值量。生产多种其他商品耗费的劳动与生产金或银所耗费的劳动相同，这些商品就可以与作为货币的金或银互相交换。

马克思认为，"困难不在于了解货币是商品，而在于了解商品怎样、为什么、通过什么成为货币。"③

马克思之前的经济学家已经发现，货币是一般商品，金银在成为货币以前，作为金属就具有价值。马克思发现了商品拜物教的谜和货币拜物教的谜是如何产生的。他指出："当一般等价形式同一种特殊商品的自然形式结合在一起，即结晶为货币形式的时候，这种假象就完全形成了。一种商品成为货币，似乎不是因为其他商品都通过它来表现自己的价值，相反，似乎因为这种商品是货币，其他商品才都通过它来表现自己的价值。中介运动在它本身的结果中消失了，而且没有留下任何痕迹。……货币的魔术就是由此而来的。人们在自己的社会生产过程中的单纯原子般的关系，从而，人们自己的生产关系的不受他们控制和不以他们有意识的个人

---

①　马克思恩格斯全集：第 23 卷. 中文 1 版. 北京：人民出版社，1972：106.
②　马克思恩格斯全集：第 23 卷. 中文 1 版. 北京：人民出版社，1972：107.
③　马克思恩格斯全集：第 23 卷. 中文 1 版. 北京：人民出版社，1972：110.

活动为转移的物的形式，首先就是通过他们的劳动产品普遍采取商品形式这一点而表现出来。因此，货币拜物教的谜就是商品拜物教的谜"①。

第三节　货币或商品流通的数学分析

一、价值尺度

作为货币商品，金的第一个职能是为商品世界提供表现其价值的材料，也就是把各种商品价值表现为同名的量，它们的质相同，量可以比较。

马克思认为，"金执行一般的价值尺度的职能，并且首先只是由于这个职能，金这个特殊的等价商品才成为货币。商品并不是由于有了货币才可以通约。恰恰相反。因为一切商品作为价值都是物化的人类劳动，它们本身就可以通约，所以它们能共同用一个特殊的商品来计量自己的价值，这样，这个特殊的商品就成为它们共同的价值尺度或货币。货币作为价值尺度，是商品内在的价值尺度即劳动时间的必然表现形式。"②

有了金执行价值尺度的职能，商品的货币形式的公式，可以表示为 x 量商品 A$=y$ 量货币商品。这个公式可以用金的使用价值表示任何一种其他商品的价值。例如，要表示铁的价值，可以用 1 吨铁$=$2 盎司金这样一个等式来表示。铁通过金表现自己的价值，处于相对价值形式，金则成为这种价值表现的材料，处于等价形式。

商品的货币形式克服了总和的或扩大的价值形式的缺点，不需要再同其他商品的价值等式排列成一个未完成的、无限扩大的价值表现序列。在这里，商品的相对价值形式又呈现出商品最初的商品的简单的、个别的或偶然的相对价值形式的特征。无限多种商品都通过处于等价形式的金表现自己的相对价值形式。如果将商品的货币形式的公式左右颠倒，那么，可以看到作为货币的金的价值量表现在各式各样的商品上。

马克思认为，"作为价值尺度和作为价格标准，货币执行着两种完全不同的职能。作为人类劳动的社会化身，它是价值尺度；作为规定的金属重量，它是价格标准。作为价值尺度，它用来使形形色色的商品的价值变为价格，变为想象的金量；作为价格标准，它计量这些金量。价值尺度是

---

①　马克思恩格斯全集：第 23 卷. 中文 1 版. 北京：人民出版社，1972：111.

②　马克思恩格斯全集：第 23 卷. 中文 1 版. 北京：人民出版社，1972：112.

用来计量作为价值的商品，相反，价格标准是用一个金量计量各种不同的
金量，而不是用一个金量的重量计量另一个金量的价值。要使金充当价格标
准，必须把一定重量的金固定为计量单位。在这里，正如在其他一切同名量
的尺度规定中一样，尺度比例的固定性有决定的意义。因此，充当计量单位
的那个金量越是不变，价格标准就越是能更好地执行自己的职能。金能够充
当价值尺度，只是因为它本身是劳动产品，因而是潜在可变的价值。"①

　　如果不考察商品与货币的质的方面，只考察量的方面，那么，由
（1-32）式、（1-33）式，商品的价格等于单位商品的价值与单位货币的
价值之比。即

$$p_i = \frac{v_i}{c_{og} u_{gold}} \tag{1-51}$$

式中，p_i 表示第 i 种商品的价格，v_i 表示单位第 i 种商品的价值，c_{og} 表
示单位商品金的使用价值所表示的其他商品的价值，u_{gold} 表示单位商品金
的使用价值。

　　值得注意的是，（1-51）式中的分母是用单位金的使用价值表示的第
i 种商品的价值。金的使用价值能够用于表示其他商品（例如，第 i 种商
品）的价值，是因为金本身也是一种商品，生产金耗费了劳动，金有价
值，金的价值量与第 i 种商品的价值量相同。

　　如果不考虑价值形式，即不考虑哪种商品处于相对价值形式，哪种商
品处于等价形式，那么，（1-51）式中的分母可以表示为单位商品金的价
值，即

$$v_{gold} = c_{og} u_{gold} \tag{1-52}$$

式中，v_{gold} 表示单位商品金的价值。

　　由（1-51）式、（1-52）式，第 i 种商品的价格可以表示为

$$p_i = \frac{v_i}{v_{gold}} \tag{1-53}$$

式中，p_i 表示第 i 种商品的价格。

　　（1-53）式表示，第 i 种商品的价格与单位第 i 种商品的价值和单位货
币的价值有关。在第 i 种商品的计量单位和单位货币的计量单位确定的条件
下，第 i 种商品的价格等于单位第 i 种商品的价值与单位货币的价值之比。

---

① 马克思恩格斯全集：第 23 卷. 中文 1 版. 北京：人民出版社，1972：116.

为了便于读者理解《资本论》，在可能的情况下，本书的数例中的数值和单位，尽量与《资本论》的数例的数值和单位保持一致。

假设商品铁的计量单位为吨，货币的计量单位为盎司。如果单位金的价值 $v_{gold}=1$ 不变，单位铁的价值 $v_i=1$，0.98，0.96，…，0.6，那么，铁的价格 p_i 与单位铁的价值 v_i 的关系可以用表 1-4 表示。

表 1-4   **铁的价格 p_i 与单位铁的价值 v_i 的关系**

单位铁的价值 v_i	铁的价格 p_i	单位铁的价值 v_i	铁的价格 p_i
1.00	1.00	0.78	0.78
0.98	0.98	0.76	0.76
0.96	0.96	0.74	0.74
0.94	0.94	0.72	0.72
0.92	0.92	0.70	0.70
0.90	0.90	0.68	0.68
0.88	0.88	0.66	0.66
0.86	0.86	0.64	0.64
0.84	0.84	0.62	0.62
0.82	0.82	0.60	0.60
0.80	0.80		

铁的价格 p_i 与单位铁的价值 v_i 的关系，可以用图 1-4 表示。

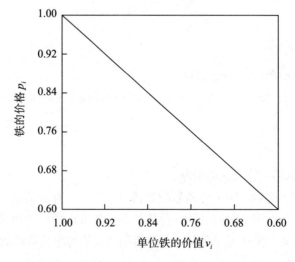

图 1-4   铁的价格 p_i 与单位铁的价值 v_i 的关系

由图 1-4 可以看出，随着单位铁的价值降低，铁的价格也降低。铁的价格 p_i 是单位铁的价值 v_i 的单调递增的线性函数。值得注意的是，在这里，横坐标表示的单位铁的价值不是递增，而是递减。这是因为，只要不是受到资源的约束，随着时间的推移，各种商品的劳动生产率都提高，从而单位各种商品的价值都降低。

如果单位铁的价值 $v_i=1$ 不变，单位金的价值 $v_{gold}=1$，0.999，0.998，…，0.5，那么，铁的价格 p_i 与单位金的价值 v_{gold} 的关系可以用表 1-5 表示。

表 1-5　　　　　　　铁的价格 p_i 与单位金的价值 v_{gold} 的关系

单位金的价值 v_{gold}	铁的价格 p_i	单位金的价值 v_{gold}	铁的价格 p_i
1.000	1.000 0	0.989	1.011 1
0.999	1.001 0	0.988	1.012 1
0.998	1.002 0	0.987	1.013 2
0.997	1.003 0	0.986	1.014 2
0.996	1.004 0	0.985	1.015 2
0.995	1.005 0	0.984	1.016 3
0.994	1.006 0	0.983	1.017 3
0.993	1.007 0	0.982	1.018 3
0.992	1.008 1	0.981	1.019 4
0.991	1.009 1	0.980	1.020 4
0.990	1.010 1		

铁的价格 p_i 与单位金的价值 v_{gold} 的关系，可以用图 1-5 表示。

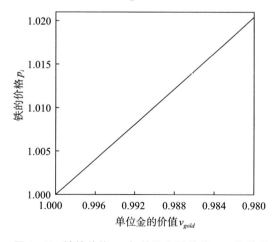

图 1-5　铁的价格 p_i 与单位金的价值 v_{gold} 的关系

由图 1-5 可以看出，随着单位金的价值降低，铁的价格提高。铁的价格 p_i 是单位金的价值 v_{gold} 的单调递减的倒数函数或双曲函数。值得注意的是，在这里，横坐标表示的单位金的价值不是递增，而是递减。这是因为，只要不是受到金的矿藏资源枯竭的约束，随着时间的推移，金的劳动生产率提高，从而单位金的价值降低。当然，作为货币材料金的劳动生产率的提高，比其他各种商品的劳动生产率的提高要慢得多。

值得注意的是，（1-53）式表示的第 i 种商品的价格，不仅与单位第 i 种商品的价值和单位货币的价值有关，而且与商品的单位和货币的单位有关。

如果生产 1 吨铁与生产 2 盎司金耗费的劳动相同，即这两种产品的价值量相同，那么，这两种产品可以交换。按照这个比例，生产 0.5 吨铁与生产 1 盎司金耗费的劳动相同。如果 1 盎司金表示 1 价格单位，那么，1 吨铁的价格为 2 价格单位，0.5 吨铁的价格为 1 价格单位。如果铁的计量单位由吨换成千克，那么，1 千克铁的价格为 0.002 价格单位。如果金的计量单位由盎司换成克，那么，1 吨铁的价格为 2×31.103 5 价格单位（1 金衡盎司＝31.103 5 克）。

由（1-53）式可以看出，第 i 种商品的价格，不仅与货币所交换的商品的劳动生产率有关，而且与货币的劳动生产率有关。货币本身也是一种商品。

单位第 i 种商品的价值与这种商品的劳动生产率成反比。即

$$v_i = \frac{1}{p_{li}} \tag{1-54}$$

式中，p_{li} 表示第 i 种商品的劳动生产率。

单位货币的价值与货币的劳动生产率成反比。即

$$v_{gold} = \frac{1}{p_{gold}} \tag{1-55}$$

式中，p_{gold} 表示货币的劳动生产率。

由（1-53）式、（1-54）式、（1-55）式，第 i 种商品的价格可以表示为

$$p_i = \frac{\dfrac{1}{p_{li}}}{\dfrac{1}{p_{gold}}} = \frac{p_{gold}}{p_{li}} \tag{1-56}$$

由（1-56）式可以看出，第 i 种商品的价格与货币的劳动生产率成正比例，与第 i 种商品的劳动生产率成反比例。

通常，在不考虑资源枯竭影响的条件下，非金银类商品的劳动生产率比货币材料的劳动生产率提高得更快。货币材料的劳动生产率很难提高。这是金银等贵金属能够成为货币材料的最重要的原因之一。

从价格形式来考察，如果商品的价值或价格在观念上转化成金量，那么，商品就用金标准的货币名称或法定的计算名称来表现自己值多少。

马克思认为，"价格是物化在商品内的劳动的货币名称。因此，商品同称为它的价格的那个货币量等价，不过是同义反复，因为一个商品的相对价值表现总是两个商品等价的表现。虽然价格作为商品价值量的指数，是商品同货币的交换比例的指数，但不能由此反过来说，商品同货币的交换比例的指数必然是商品价值量的指数"①。

虽然价格是商品价值量的指数，是商品与货币交换比例的指数，但是，商品按照价值交换与按照价格交换不完全一致。

马克思认为，"随着价值量转化为价格，这种必然的关系就表现为商品同在它之外存在的货币商品的交换比例。这种交换比例既可以表现商品的价值量，也可以表现比它大或小的量，在一定条件下，商品就是按这种较大或较小的量来让渡的。可见，价格和价值量之间的量的不一致的可能性，或者价格偏离价值量的可能性，已经包含在价格形式本身中。但这并不是这种形式的缺点，相反地，却使这种形式成为这样一种生产方式的适当形式，在这种生产方式下，规则只能作为没有规则性的盲目起作用的平均数规律来为自己开辟道路。价格形式不仅可能引起价值量和价格之间即价值量和它的货币表现之间的量的不一致，而且能够包藏一个质的矛盾，以致货币虽然只是商品的价值形式，但价格可以完全不是价值的表现。有些东西本身并不是商品，例如良心、名誉等等，但是也可以被它们的所有者出卖以换取金钱，并通过它们的价格，取得商品形式。因此，没有价值的东西在形式上可以具有价格。在这里，价格表现是虚幻的，就象数学中的某些数量一样。另一方面，虚幻的价格形式——如未开垦的土地的价格，这种土地没有价值，因为没有人类劳动物化在里面——又能掩盖实在的价值关系或由此派生的关系。"②

---

① 马克思恩格斯全集：第 23 卷. 中文 1 版. 北京：人民出版社，1972：119-120.

② 马克思恩格斯全集：第 23 卷. 中文 1 版. 北京：人民出版社，1972：120-121.

二、流通手段

（一）商品的形态变化

马克思认为，"商品的交换过程包含着矛盾的和互相排斥的关系。商品的发展并没有扬弃这些矛盾，而是创造这些矛盾能在其中运动的形式。"①

交换过程形成商品与货币的对立。这种对立表现为作为使用价值的商品与作为交换价值的货币的对立。虽然互相交换的商品都是使用价值与价值的统一，但是，商品总是表现为使用价值，与此相反，金充当价值化身、充当货币、充当交换价值。

劳动产品只有作为私人的劳动产品相对立时才成为商品。社会分工与不同所有权是商品交换的前提。社会分工使不同商品所有者的劳动成为只生产某一种产品的单方面的劳动，从而提高劳动生产率，但是，他的生活需要多种产品，只有通过商品交换才能得到其他商品所有者生产的不同使用价值的商品。从物质内容来说，商品交换是以一种商品的使用价值交换另一种商品的使用价值的运动过程。这个运动是社会劳动的物质变换过程，即 W—W。

当价值形式发展到货币形式的阶段以后，商品交换必须以货币为媒介，即商品—货币—商品，或 W—G—W。商品所有者只有将自己的商品换成货币，才取得一般的社会公认的等价形式，才能用得到的货币换取他人的另一种商品。

这个交换过程由两个阶段构成。第一个阶段是"商品—货币"或 W—G。马克思认为，"W—G。商品的第一形态变化或卖。商品价值从商品体跳到金体上，象我在别处说过的，是商品的惊险的跳跃。这个跳跃如果不成功，摔坏的不是商品，但一定是商品所有者。"② 对于商品生产者来说，这个阶段是他的产品和生产商品耗费的劳动能否得到社会承认的生死攸关的阶段。

商品所有者出售商品的过程，就是货币所有者购买商品的过程。商品所有者的卖就是货币所有者的买。原来的商品所有者通过第一个阶段，得到货币，转变为货币所有者。然后，他要经历第二个阶段——"货币—商品"或 G—W。他的第二个阶段，或最终的形态变化，就是其他商品所有

---

① 马克思恩格斯全集：第 23 卷. 中文 1 版. 北京：人民出版社，1972：122.

② 马克思恩格斯全集：第 23 卷. 中文 1 版. 北京：人民出版社，1972：124.

者的第一个阶段。

一方面，社会分工使商品生产者必然成为互相独立的私人生产者，使劳动产品转化为商品；另一方面，社会分工又使独立的私人生产者必须通过商品交换互相依赖。在交换过程中，每个商品生产者必须将自己生产的商品转化为货币，才能用得到的货币购买他需要的具有不同使用价值的其他商品。

在流通过程中，金执行货币的职能，总是代表实现的商品价格。对于每个商品所有者来说，金是他让渡的商品的转换形态，都是出售商品得到的等价物。金作为货币，蛹化为无差别的人类劳动的化身。

商品流通不仅在形式上不同于直接的产品交换，而且在实质上不同。这是因为货币作为中介。在直接的产品交换之后，流通过程就结束了。但是，在以货币为媒介的商品流通过程中，具有不同使用价值的商品换位之后，流通过程没有结束。货币并不从一个商品的形态变化的系列中退出来而消失，它不断作为中介参与其他商品的新的流通。

商品流通能够打破交换的时间、空间和个人的限制，是因为流通将用自己的劳动产品交换他人的劳动产品之间的同一性，分裂成卖和买的对立。以货币为媒介的商品流通的内部统一是运动于外部的对立中。这些对立包括商品的使用价值与价值的对立，私人劳动与社会劳动的对立，特殊的具体的劳动与抽象的一般的劳动的对立，物的人格化和人格的物化的对立等。因此，这些矛盾包含危机的可能性。

货币作为商品流通的媒介，取得了流通手段的职能。

(二) 货币的流通

劳动产品的物质变换过程是为买而卖，即 W—G—W。如果商品所有者出售了自己的商品，得到货币，暂时不购买其他商品，那么，这个物质变换过程还处于第一形态变化的阶段。如果用货币购买了其他商品，那么，这个物质变换过程就完成了第二形态变化。在商品流通过程中，货币不断地从一个商品所有者手中转入另一个商品所有者手中。货币流通的方向与货币所要交换的商品的流通方向相反。

马克思认为，"这个运动对商品来说包含两个对立的过程，但作为货币本身的运动却总是包含同一个过程，就是货币同一个又一个的商品变换位置。因此，商品流通的结果，即一种商品被另一种商品所代替，似乎并不是由商品本身的形式变换引起的，而是由货币作为流通手段的职能引起的，似乎正是作为流通手段的货币使本身不能运动的商品流通起来，使商品从把它们当作非使用价值的人手里转到把它们当作使用价值的人手里，并且总是朝着同货币本身运动相反的方向运动。货币不断使商品离开流通领域，同时不断去占据商品在流通中的位置，从而不断离开自己的起点。因此，虽然货币运动只是商品流通的表现，但看起来商品流通反而只是货币运动的结果。"[①]

在商品流通过程中，原来的商品通过两次形式变换，完成了物质变换过程，退出流通，同时，又有新的商品进入流通。但是，作为流通手段的货币却始终处于流通领域中。

流通过程需要的货币量，不仅取决于金作为价值尺度的职能，而且取决于金作为流通手段的职能。

金作为价值尺度的职能，是以自身的价值衡量所要交换的商品的价值的过程。金作为流通手段的职能，就是货币作为商品交换的媒介，不断与各种商品变换位置的过程。货币的流通方向与所要交换的商品的流通方向相反。因此，货币与多种商品的交换过程只能在时间上相继发生，不可能在空间上并行。同一货币在相同时间内的流通次数越多、作为媒介的次数越多，流通过程中需要的货币量越少；反之亦然。因此，金作为流通手段，流通过程需要的货币量与相同时间内的货币流通次数成反比。

（三）流通过程需要的金属货币量

流通过程中的全社会一定时期内生产商品的价值总额等于销售的各种商品的价值之和，即

$$v_{s1} = \sum_{i=1}^{m1} v_i \tag{1-57}$$

式中，v_{s1} 表示全社会一定时期内生产商品的价值总额；v_i 表示单位第 i 种商品的价值，$i=1, 2, \cdots, m_1$。共有 m_1 种商品。

在（1-57）式中，实际上假设生产的商品都能按照其价值出售，即假设全社会一定时期内生产商品的价值总额等于全社会一定时期内销售商品的价值总额。

由（1-57）式，流通过程需要的金属货币量可以表示为

$$m_{g1} = \frac{\sum\limits_{i=1}^{m1} v_i}{n v_{gold}} = \frac{v_{s1}}{n v_{gold}} \tag{1-58}$$

①　马克思恩格斯全集：第 23 卷. 中文 1 版. 北京：人民出版社，1972：135.

式中，m_{g1} 表示流通中需要的金属货币量，n 表示一定时期内货币平均周转次数。

由（1-53）式、（1-57）式、（1-58）式，商品价值总额与单位货币价值之比可以用商品价格总额表示，即

$$p_{s1} = \frac{v_{s1}}{v_{gold}} = \frac{\sum_{i=1}^{m1} v_i}{v_{gold}} = \sum_{i=1}^{m1} p_i \qquad (1-59)$$

式中，p_{s1} 表示全社会一定时期内生产商品的价格总额。

由（1-59）式可以看出，商品价值总额与单位商品金的价值可以用商品价格总额表示。

由（1-53）式、（1-58）式、（1-59）式，流通过程需要的金属货币量又可以表示为

$$m_{g1} = \frac{v_{s1}}{n v_{gold}} = \frac{\sum_{i=1}^{m1} v_i}{n v_{gold}} = \frac{p_{s1}}{n} = \frac{\sum_{i=1}^{m1} p_i}{n} \qquad (1-60)$$

由（1-60）式可以看出，如果一定时期内货币平均周转次数增加，那么，流通过程需要的金属货币量减少。

一定时期内执行流通手段职能的货币的总量，取决于流通中的商品价格总额和流通速度。商品价格总额决定于每种商品的价格和数量。每种商品的价格、每种商品的数量、商品流通速度或货币的流通速度，这三个因素共同决定流通过程需要的金属货币量。

（四）铸币、价值符号

在流通过程中，精确地称量金的质量或重量很困难，精确地检验金的成色更困难。为了便于交易，货币的铸币形式从货币作为流通手段的职能中产生。铸币有双重作用。一方面，铸币使得流通过程便于进行；另一方面，铸币成为商品价格中或货币名称中想象地表现出来的金量，流通过程中不可避免的铸币的磨损，导致铸币的含金量同它名义上的含金量分离。磨损的铸币同足值的铸币一样可以承担流通媒介的作用。铸造货币是国家的职责，不负责任地铸造含金量不足的货币和重量不足的货币，加剧了铸币的含金量同它的名义含金量的分离。

这样，在货币流通过程中隐藏着用其他材料代替金作为价值符号执行铸币的职能的可能性。既然金的铸币存在同它的价值实体分离了，那么，不仅银币和铜币可以作为记号代替金币发挥作用，而且任何一种没有价值

的东西都可以代替金币发挥作用，例如，纸币。

三、纸币发行量与商品价格

（一）流通中需要的金属货币量

金属货币的基本职能是价值尺度和流通手段。在流通过程中，由于铸币磨损，不足值货币和足值货币一样参与流通，金属货币的流通手段职能可以用价值符号代替。纸币就是这种价值符号。纸币是由国家发行的强制流通的信用货币。纸币的信用以国家的信用为基础。

马克思认为，"正如本来意义的纸币是从货币作为流通手段的职能中产生出来一样，信用货币的自然根源是货币作为支付手段的职能。"[1]

如果发行的纸币数量超过了流通过程中需要的金属货币量的限度，那么，不仅发行者的信用扫地，而且将出现货币贬值，物价上涨，即出现通货膨胀。因为纸币只代表由商品世界的内在规律决定的那个金量。

一种纸币在一国范围内可以流通。越出国界是否可以流通，取决于他国的参与流通的商品所有者是否承认这种纸币的信用。

（二）纸币发行量与商品价格指数

如果流通中的货币完全由纸币代替金属货币，那么，商品的价格指数 p_i 与纸币发行量 m_p 的关系为

$$r_{pi} = \frac{m_p}{m_{g1}} \tag{1-61}$$

式中，r_{pi} 表示商品的价格指数，m_p 表示纸币发行量。

显然，商品的价格指数 r_{pi} 与纸币发行量 m_p 成正比，与流通中需要的金属货币量 m_{g1} 成反比。

（三）纸币代替金属货币执行流通手段职能的必然性

（1）可以减少金属货币磨损造成的损失。

（2）可以减少检验金属货币的质量和成色的劳动。

（3）可以突破金属货币数量对生产规模的限制。

如果完全由金属货币执行流通手段职能，那么，流通中需要的金属货币量等于流通中实际存在的金属货币量，即

$$m_{g1} = m_{g2} \tag{1-62}$$

式中，m_{g2} 表示流通中实际存在的金属货币量。

---

① 马克思恩格斯全集：第 23 卷. 中文 1 版. 北京：人民出版社，1972：146.

流通中需要的金属货币量由（1－58）式或（1－60）式表示。值得指出的是，流通中需要的金属货币量 m_{g1} 不一定等于流通中实际存在的金属货币量 m_{g2}。

全社会一定时期内生产商品的价值总额

$$v_{s1} = nm_{g1}v_{gold} = nm_{g2}v_{gold} \tag{1-63}$$

如果用全社会一定时期内生产商品的价值总额表示生产规模，那么，生产规模受到流通中实际存在的金属货币量的限制。如果纸币完全代替金属货币量参与流通，那么，流通中需要的金属货币量可以大于流通中实际存在的金属货币量，即

$$m_{g1} > m_{g2} \tag{1-64}$$

因此

$$v_{s1} = nm_{g1}v_{gold} > nm_{g2}v_{gold} \tag{1-65}$$

可见，生产规模可以扩大，并且突破流通中实际存在的金属货币量对生产规模的限制。

如果纸币发行量超过流通中需要的金属货币量，即

$$m_p > m_{g1} \tag{1-66}$$

那么，商品的价格指数

$$r_{pi} > 1 \tag{1-67}$$

商品的价格指数大于1，表示商品的价格高于其价值。

如果纸币发行量超过流通中需要的金属货币量，不断增加，并且纸币发行量与流通中需要的金属货币量的比例不断扩大，那么，价格指数就不断提高，出现严重的通货膨胀，纸币将严重地贬值。

四、货币

马克思认为，"作为价值尺度并因而以自身或通过代表作为流通手段来执行职能的商品，是货币。因此，金（或银）是货币。金作为货币执行职能，一方面是在这样的场合：它必须以其金体（或银体）出现，因而作为货币商品出现，就是说，它不象在充当价值尺度时那样纯粹是观念的，也不象在充当流通手段时那样可以用别的东西来代表；另一方面是在这样的场合：它的职能——不论由它亲自执行，还是由它的代表执行——使它固定成为唯一的价值形态，成为交换价值的唯一适当的存在，而与其他一

切仅仅作为使用价值的商品相对立。"①

（一）货币贮藏

当商品流通中断，一部分商品所有者出卖自己的商品之后，把第一形态变化中得到的金保留在自己手中，不再购买其他商品所有者的商品，货币金就成为贮藏货币。原来的商品所有者出售商品后转变成货币贮藏者。

金在流通过程中的特殊地位，决定了贮藏货币的欲望被激发出来。现在，出售自己的商品的目的，不再是为了购买其他商品，而是为了贮藏货币，货币在物质变换中从单纯的媒介转变为目的本身。商品转换形态受到阻碍。只有金银等具有很高价值的贵金属才能作为贮藏货币。贮藏的金银成为财富的社会表现。信用货币没有价值，不能作为贮藏货币。

马克思认为，"自从有可能把商品当作交换价值来保持，或把交换价值当作商品来保持以来，求金欲就产生了。随着商品流通的扩展，货币——财富的随时可用的绝对社会形式——的权力也日益增大。"②

因为金银是一切商品的一般等价形式，是人类劳动的社会化身，能够直接转化成任何商品，所以，贮藏货币的欲望是无止境的。要把金作为贮藏货币保存起来，必须停止金的流通，停止它作为购买手段转化为生活消费品。

（二）支付手段

生产不同商品需要的时间不同。有些商品的生产与季节有关，例如，农产品生产。有些商品的生产地点与销售地点不同。有些商品的购买时间与支付时间不同。在这些情况下，货币具有支付手段的职能。

马克思认为，"由于商品的形态变化或商品的价值形式的发展在这里起了变化，货币也就取得了另一种职能。货币成了支付手段。"③

随着货币成为支付手段和信用的发展，商品流通过程中，等价的商品与货币不再同时出现在买卖过程的两极上。在有些交易中，卖方的商品已经出售，但是买方还没有支付；在有些交易中，买方已经按照契约支付，但是卖方的商品还没有转移到买方手中。

关于一定时期内流通过程中需要的货币量，马克思认为，"这个总额就等于待实现的商品价格总额加上到期的支付总额，减去彼此抵销的支付，最后减去同一货币交替地时而充当流通手段、时而充当支付手段的流通次数。"④

---

①　马克思恩格斯全集：第 23 卷. 中文 1 版. 北京：人民出版社，1972：149 - 150.

②　马克思恩格斯全集：第 23 卷. 中文 1 版. 北京：人民出版社，1972：151.

③　马克思恩格斯全集：第 23 卷. 中文 1 版. 北京：人民出版社，1972：155.

④　马克思恩格斯全集：第 23 卷. 中文 1 版. 北京：人民出版社，1972：159.

考虑到有些商品的生产时间与销售时间不同，有些商品的购买时间与支付时间不同等因素，在一定时期内生产的商品的价值可以不等于一定时期内销售的商品的价值，在一定时期内生产的商品的价格可以不等于一定时期内销售的商品的价格。

值得注意的是，有些交易中商品与货币同时出现在买卖过程的两极；有些交易采用赊售方式。在赊售中，买卖双方约定的赊售商品的金额不同、支付期限不同，这些赊售商品的金额之和与支付期限的平均值，构成一定时期内赊售商品的价格总额。所谓"一定时期"，可以是一天、一周、一月、一季度或一年，如果没有特别的说明，那么，通常是指一年。

一定时期内待售商品（goods for sale）的价格总额可以表示为

$$p_{ss} = \sum_{i=1}^{m_s} p_{si} \tag{1-68}$$

式中，p_{ss} 表示一定时期内待售商品的价格总额；p_{si} 表示一定时期内第 i 种待售商品的价格，$i=1, 2, \cdots, m_s$。共有 m_s 种待售商品。

值得注意的是，（1-68）式中的 p_{ss} 的定义与（1-59）式中的 p_{s1} 的定义不同。（1-59）式中的 p_{s1} 表示的既是全社会一定时期内生产商品的价格总额，也是全社会一定时期内销售商品的价格总额。（1-68）式中的 p_{ss} 表示一定时期内待售商品的价格总额，也就是一定时期内生产的商品的价格总额，但是，不表示这些商品在支付货币的条件下销售，也可以是赊售。

一定时期内赊售商品（sell goods on credit）的价格总额可以表示为

$$p_{sc} = \sum_{j=1}^{m_c} p_{cj} \tag{1-69}$$

式中，p_{sc} 表示一定时期内赊售商品的价格总额；p_{cj} 表示一定时期内第 j 种赊售商品的价格，$j=1, 2, \cdots, m_c$。共有 m_c 种赊售商品。

一定时期内到期支付（expiry payment）总额可以表示为

$$p_{se} = \sum_{k=1}^{m_e} p_{ek} \tag{1-70}$$

式中，p_{se} 表示一定时期内到期支付总额；p_{ek} 表示一定时期内第 k 笔到期支付，$k=1, 2, \cdots, m_e$。共有 m_e 笔到期支付。

一定时期内互相抵消的支付（offset payment）总额可以表示为

$$p_{so} = \sum_{l=1}^{m_o} p_{ol} \tag{1-71}$$

式中，p_{so}表示一定时期内互相抵消的支付总额；p_{ol}表示一定时期内第l笔互相抵消的支付，$l=1,2,\cdots,m_o$。共有m_o笔互相抵消的支付。

考虑这些因素之后，（1-60）式表示的一定时期内流通过程中需要的货币量应该修改为

$$m_{g1} = \frac{p_{ss} - p_{sc} + p_{se} - p_{so}}{n}$$

$$= \frac{\sum_{i=1}^{m_s} p_{si} - \sum_{j=1}^{m_c} p_{cj} + \sum_{k=1}^{m_e} p_{ek} - \sum_{l=1}^{m_o} p_{ol}}{n} \tag{1-72}$$

式中，m_{g1}表示一定时期内流通过程中需要的货币量。

由（1-72）式可以看出，一定时期内待售商品的价格总额与到期支付总额越多，流通过程中需要的货币量越多；一定时期内赊售商品的价格总额与互相抵消的支付总额越多，流通过程中需要的货币量越少；一定时期内货币周转次数n越多，流通过程中需要的货币量越少。

值得注意的是，（1-72）式中的m_{g1}与（1-58）式、（1-60）式中的m_{g1}，都是流通过程中需要的金属货币量，既不表示流通过程中实际存在的金属货币量m_{g2}，也不表示流通过程中的货币都是金属货币。事实上，（1-72）式已经涉及信用，其中的货币既可以是金属货币，也可以是信用货币。

同样值得注意的是，在（1-72）式中，一定时期内流通的货币量和流通的商品量也不再相符。随着赊售和信用的发展，作为支付手段，一方面，货币流通代表的可能是已经退出流通的商品，商品流通所需的货币等价物可能在交易后的未来出现；另一方面，每天应该发生的支付与同一天到期的支付不相同。

马克思认为，"信用货币是直接从货币作为支付手段的职能中产生的，而由出售商品得到的债券本身又因债权的转移而流通。另一方面，随着信用事业的扩大，货币作为支付手段的职能也在扩大。作为支付手段的货币取得了它特有的各种存在形式，并以这些形式占据了大规模交易的领域，而金银铸币则主要被挤到小额贸易的领域之内。"[1]

每个国家都规定了总的支付期限。通常，支付期限与生产的自然周期有关，例如，农业生产中的赋税与地租按年支付。支付手段量与支付期限成正比。要具备支付手段，就要积累货币。支付期限越长，积累的到期支

---

[1]　马克思恩格斯全集：第23卷. 中文1版. 北京：人民出版社，1972：160.

付总额越多，需要积累的货币就越多。随着资本主义生产发展，作为致富形式的货币贮藏逐渐消失，作为支付手段准备金形式的货币贮藏逐渐增长。

（三）世界货币

当某种货币超越国界，在世界贸易中充当价值尺度时，该货币就成为世界货币。世界货币执行支付手段、购买手段、社会财富的化身等职能。其中，最主要的职能是平衡国际贸易的差额。

货币贮藏的职能不仅来自国内贸易中货币作为流通手段和支付手段的职能，而且来自国际贸易中作为世界货币的职能。作为国际贸易中的世界货币只能是金属货币，即金银。

第二章　货币转化为资本的数学分析

第一节　资本的总公式

前面关于商品和货币的考察是为了考察资本的流通过程奠定基础。

马克思认为，"商品流通是资本的起点。商品生产和发达的商品流通，即贸易，是资本产生的历史前提。世界贸易和世界市场在十六世纪揭开了资本的近代生活史。如果撇开商品流通的物质内容，撇开各种使用价值的交换，只考察这一过程所造成的经济形式，我们就会发现，货币是这一过程的最后产物。商品流通的这个最后产物是资本的最初的表现形式。资本在历史上起初到处是以货币形式，作为货币财产，作为商人资本和高利贷资本，与地产相对立。然而，为了认识货币是资本的最初的表现形式，不必回顾资本产生的历史。这个历史每天都在我们眼前重演。现在每一个新资本最初仍然是作为货币出现在舞台上，也就是出现在市场上——商品市场、劳动市场或货币市场上，经过一定的过程，这个货币就转化为资本。作为货币的货币和作为资本的货币的区别，首先只是在于它们具有不同的流通形式。"①

作为资本的货币和作为商品流通媒介的货币的区别，首先表现为它们的流通形式不同。商品流通的形式是 W—G—W，首先商品转化为货币，其次，货币转化为商品。商品流通是为买而卖。资本流通的形式是 G—W—G，首先，货币转化为商品，其次，商品转化为货币。资本流通是为卖而买。

在商品流通过程中，最初的商品所有者卖出商品，得到货币，再用得到的货币购买另一种商品，同一货币参与两次交换过程，其结果是：最初

---

① 马克思恩格斯全集：第 23 卷. 中文 1 版. 北京：人民出版社，1972：167 - 168.

的商品所有者得到另一种商品的不同的使用价值。虽然卖出的商品的价值与买入的商品的价值相同，但是使用价值不同，因此，这个流通过程是有意义的。

在资本流通过程中，最初的货币所有者买入商品，然后再卖出商品，重新得到货币。卖出商品得到的货币的质与买入商品付出的货币的质完全相同，如果重新得到的货币的量与付出的货币的量也相同，那么，资本流通过程只是兜个圈子，是同样大的货币价值相交换，这个流通过程就是没有任何意义的。要使这种流通过程有意义，必须比原来预付的货币额多一个增殖额。马克思将这个增殖额称为剩余价值。正是这种运动使货币转化为资本。

商品流通形式与资本流通形式的共同点是，这两种循环都分成 W—G（卖）与 G—W（买）两个对立阶段。在每一个阶段上，都是商品与货币互相对立，都是买者和卖者互相对立。每一种循环都同样是买和卖两个对立阶段的统一。每一种循环都有三个当事人：一个当事人只卖，一个当事人只买，一个当事人既买又卖。不同点是：W—G—W 和 G—W—G 这两种循环的流通次序相反。在商品流通过程中，运动的起点是商品，起媒介作用的是货币，运动的终点是商品，同一货币两次变换位置，最终目的是满足消费需要。在资本流通过程中，运动的起点是货币，起媒介作用的是商品，运动的终点是货币，商品两次变换位置，最终目的是实现价值增殖。

因此，有意义的资本流通形式，或者资本流通过程的完整形式，应该是 G—W—G′。其中，$G′=G+\Delta G$，$G′>G$，或 $\Delta G>0$。这个货币的增殖部分 ΔG 就是剩余价值。在资本流通形式中，资本交替采取货币形式和商品形式，增加着自己的量，其价值量自行增殖。资本会产仔、会生金蛋。

资本流通在不同场合可以表现为不同的具体形式。在生息资本的场合，G—W—G 的资本流通，简单地表现为没有中介的结果，G—G，表现货币自行增殖，表现为一定量的货币的价值产生出比本身价值更大的价值。

因此，G—W—G 形式的资本流通公式，是直接在流通领域内表现出来的资本的总公式。

第二节　总公式的矛盾

资本流通公式 G—W—G 包括两个流通过程：G—W 和 W—G。第一个流通过程是货币资本的所有者用他的货币购买商品，购买之后，他转变为商品所有者；第二个流通过程是他出售自己的商品，再次得到货币。这两个流通过程都是等价交换的过程，不可能产生多余的价值，也就是不可能产生剩余价值。

马克思认为，"假如互相交换的是交换价值相等的商品，或交换价值相等的商品和货币，就是说，是等价物，那末很明显，任何人从流通中取出的价值，都不会大于他投入流通的价值。在这种情形下，就不会有剩余价值形成。"①

如果流通过程是不等价交换，例如，一个卖者加价 10％卖出他的商品，他拿到货币后成为买者。第三个商品所有者作为卖者与他交换，也可以把商品加价 10％卖给他。结果是每个商品所有者以都高于自己的商品价值的 10％互相出卖商品，商品间的价值比例不变。这样，哪一个商品所有者都得不到多余的价值。

因此，马克思认为，"剩余价值的形成，从而货币的转化为资本，既不能用卖者高于商品价值出卖商品来说明，也不能用买者低于商品价值购买商品来说明。"②

马克思还认为，"一个国家的整个资本家阶级不能靠欺骗自己来发财致富。可见，无论怎样颠来倒去，结果都是一样。如果是等价物交换，不产生剩余价值；如果是非等价物交换，也不产生剩余价值。流通或商品交换不创造价值。"③

在流通以外，商品所有者只能与自己的商品发生关系，也不能使价值增殖。资本不能从流通中产生，又不能不从流通中产生。这就是资本总公式的矛盾。

---

① 马克思恩格斯全集：第 23 卷. 中文 1 版. 北京：人民出版社，1972：182.
② 马克思恩格斯全集：第 23 卷. 中文 1 版. 北京：人民出版社，1972：183.
③ 马克思恩格斯全集：第 23 卷. 中文 1 版. 北京：人民出版社，1972：185 - 186.

第三节　劳动力的买和卖

资本流通的两个交换过程都是等价交换过程，不可能产生价值增殖。增殖的价值只能在商品的使用价值中产生，即在商品的使用过程中产生。货币所有者必须在流通过程中购买到一种特殊的商品，它的使用就是劳动的物化，是价值的创造，劳动创造的价值大于购买这种商品支付的价值。这种特殊商品是劳动能力或劳动力，是人在生产某种商品的使用价值时运用的体力和脑力的总和。

劳动力的所有者要能够将自己的劳动能力作为商品出卖，必须具备一定的条件。他必须是自由的人，才能够在法律上以平等的身份与货币所有者发生关系。他只能将自己的劳动力出卖一定时间，而不是一次全部出售，否则他就变成奴隶，就从商品所有者变成商品。除了劳动力以外，劳动力所有者没有其他可供出售的劳动物化在内的商品，即没有生产资料和生活资料，只能依靠出卖他的活的身体中的劳动力维持生存。工人的自由表现为两方面：一方面，工人有权将自己的劳动力当作商品出售，另一方面，他自由得一无所有，既没有实现自己的劳动力所需要的生产资料，也没有维持生存所需要的生活资料。

资本家要能够进行资本主义生产，必须拥有生产资料和用于交换工人的劳动力的生活资料。生产过程不仅需要生产资料，而且需要劳动力。生产过程是劳动力与生产资料结合的过程。生产资料与劳动力的分离，是一切私有制生产的基本条件，也是资本主义生产的基本条件。一方面是货币所有者或商品所有者，另一方面是只有劳动力的工人。这种条件的形成，不是自然界造成的，而是长期的历史发展的结果，是多次经济变革的产物，是旧的社会生产形态灭亡的产物。

仅有生产资料与劳动力的分离，还不具备资本存在的全部历史条件。货币所有者，也就是生产资料和生活资料的所有者，必须在市场上遇到出卖自己劳动力的自由工人，必须购买到劳动力这个特殊商品，资本才产生，资本主义生产才能进行。

各种商品的价值都由生产和再生产这种商品所必需的劳动时间决定。劳动力商品的价值也不例外，同样由生产和再生产这种商品所必需的劳动时间决定。工人要维持自己和家庭成员的生存，需要一定数量的生活资料。生产这些生活资料所需要的劳动时间，或这些生活资料的价值，就是劳动力商品的价值。

　　马克思认为，"劳动力的发挥即劳动，耗费人的一定量的肌肉、神经、脑等等，这些消耗必须重新得到补偿。支出增多，收入也得增多。劳动力所有者今天进行了劳动，他应当明天也能够在同样的精力和健康条件下重复同样的过程。因此，生活资料的总和应当足以使劳动者个体能够在正常生活状况下维持自己。由于一个国家的气候和其他自然特点不同，食物、衣服、取暖、居住等等自然需要也就不同。另一方面，所谓必不可少的需要的范围，和满足这些需要的方式一样，本身是历史的产物，因此多半取决于一个国家的文化水平，其中主要取决于自由工人阶级是在什么条件下形成的，从而它有哪些习惯和生活要求。因此，和其他商品不同，劳动力的价值规定包含着一个历史的和道德的因素。但是，在一定的国家，在一定的时期，必要生活资料的平均范围是一定的。"①

　　马克思还认为，"劳动力所有者是会死的。……因损耗和死亡而退出市场的劳动力，至少要不断由同样数目的新劳动力来补充。因此，生产劳动力所必需的生活资料的总和，要包括工人的补充者即工人子女的生活资料，只有这样，这种特殊商品所有者的种族才能在商品市场上永远延续下去。要改变一般的人的本性，使它获得一定劳动部门的技能和技巧，成为发达的和专门的劳动力，就要有一定的教育或训练，而这就得花费或多或少的商品等价物。劳动力的教育费随着劳动力性质的复杂程度而不同。因此，这种教育费——对于普通劳动力来说是微乎其微的——包括在生产劳动力所耗费的价值总和中。"②

　　这些耗费的生活资料的价值总和，共同构成劳动力商品的价值。劳动力商品的价值，由生产和再生产劳动力所需要的社会必要劳动时间决定。

　　劳动力价值包括四个组成部分：（1）劳动者本人的衣、食、住、行条件所需要的生活资料价值，这是劳动者个体能够在正常的生活状况下维持自己生存的条件；（2）养育父母所需要的生活资料价值，这是劳动者的道德责任和社会责任；（3）劳动者的子女所需要的生活资料价值，这是劳动力这种特殊商品所有者的种族能在商品市场上永远延续下去的条件；（4）劳动者的教育和训练费用，这是使劳动者获得一定劳动部门的技能和知识，成为发达的和专门的劳动力的条件。

　　假设劳动者本人的衣、食、住、行条件所需要的生活资料价值为 v_{1j}，

---

① 马克思恩格斯全集：第23卷. 中文1版. 北京：人民出版社，1972：194.
② 马克思恩格斯全集：第23卷. 中文1版. 北京：人民出版社，1972：194-195.

（$j=1$，2，$\cdots$，n，不同的 j 表示不同的生活资料）；劳动者的父母所需要的生活资料价值为 v_{2j}；劳动者的子女所需要的生活资料价值为 v_{3j}；劳动者的教育和训练费用为 v_{4k}（$k=1$，2，$\cdots$，m，不同的 k 表示教育和训练费用的不同组成部分）。劳动力价值由这四个组成部分共同构成，即

$$v = \sum_{j=1}^{n} v_{1j} + \sum_{j=1}^{n} v_{2j} + \sum_{j=1}^{n} v_{3j} + \sum_{k=1}^{m} v_{4k}$$
$$= \sum_{j=1}^{n} (v_{1j} + v_{2j} + v_{3j}) + \sum_{k=1}^{m} v_{4k} \qquad (2-1)$$

生产劳动力所需要的生活资料数量或商品量，等于每天、每星期、每季度所需要的商品量的平均值。即

$$q_a = \frac{Q_s}{q_y} = \frac{q_y A + q_w B + q_q C}{q_y} = \frac{365A + 52B + 4C}{365} \qquad (2-2)$$

式中，q_a 为生产劳动力每天平均需要的商品量，Q_s 为生产劳动力每年需要的总商品量，A 为生产劳动力每天需要的商品量，B 为生产劳动力每星期需要的商品量，C 为生产劳动力每季度需要的商品量，q_y 为每年的天数，q_w 为每年的星期数，q_q 为每年的季度数。

如果生产劳动力每天平均需要的商品要耗费 6 小时社会劳动，工人每天劳动 12 小时，那么，每天物化在劳动力中的社会平均劳动就是半天。这个劳动量构成劳动力的日价值。资本家支付相当于这个价值或价格的货币来购买劳动力。

虽然每个国家的工人每天平均需要的必要生活资料的数量与历史的和道德的因素有关，但是有一个最低限度。如果工人每天得不到最低限度的生活资料，那么，就不能更新他的生命过程，无法维持劳动力的生产和再生产。如果劳动力的价格降到这个最低限度，那么，劳动力只能在萎缩的状态下维持和发挥作用。每种商品的价值应该由生产标准质量的这种商品需要的劳动时间决定。

因为在劳动力进入流通以前，生产劳动力已经耗费了一定数量的社会劳动，所以，劳动力这种特殊商品的价值已经确定。劳动力的转让在劳动力的使用之前，二者在时间上是分开的。虽然在资本主义生产方式占统治地位的国家里，在按照购买劳动力的契约所规定的时间发挥作用以后，例如在每周的周末或每月的月末，才给劳动力支付报酬，也就是说，是在工人得到资本家支付的劳动力价格以前，已经让资本家消费他的劳动力，是工人给资本家以信贷，但是，仍然要假定，工人每次出卖自己的劳动力时

立即得到了契约所规定的劳动力的价格。劳动力的使用过程就是商品和剩余价值的生产过程。如同其他商品的消费一样，劳动力的消费，是在流通领域以外的生产过程中进行的。在生产过程中，不仅可以看到资本是怎样进行生产的，还可以看到资本是怎样被生产出来的。

在资本流通的两个不同的阶段，G—W 阶段和 W—G 阶段，资本家在第一个流通阶段购买到的商品，与第二个流通阶段他准备出售的商品，不仅价值不同，而且使用价值也不同。资本家购买的商品，不仅包括生产资料，而且包括劳动力。在生产过程中，不仅生产出使用价值不同于资本家购买的商品的使用价值的新产品，而且实现了价值增殖。

在工人按照自由和平等的方式向资本家出售了自己的劳动力之后，在随后的劳动过程中，只能任由资本家宰割。

劳动力成为商品，资本家一方要具备一个条件，即资本家手中有足够的货币资本，能够提供足够的生产资料和用于交换劳动力的生活资料。

马克思认为，"有了商品流通和货币流通，决不是就具备了资本存在的历史条件。只有当生产资料和生活资料的所有者在市场上找到出卖自己劳动力的自由工人的时候，资本才产生"①。

只有劳动力成为商品，才能解决资本总公式的矛盾，才能解决剩余价值的来源。因此，分析劳动力成为商品的条件，分析劳动和劳动力之间的联系和区别，对马克思的劳动价值论具有重大的意义。

第四节　劳动与劳动力关系的数学分析

能不能区分劳动和劳动力，是一门经济学能否成为科学的必要条件之一。非马克思主义经济学混淆了劳动和劳动力，是非马克思主义经济学不能成为科学的重要原因之一。马克思发现了劳动力商品，严格区分了劳动和劳动力，解决了资本总公式的矛盾，解决了剩余价值的来源问题，也就是解决了古典政治经济学始终没有解决的两个难题之一，为他的经济理论奠定了基础。

列宁认为，"剩余价值学说是马克思经济理论的基石。"② 因此，分析劳动和劳动力的联系与区别，在马克思的劳动价值理论中具有重要作用。

①　马克思恩格斯全集：第 23 卷. 中文 1 版. 北京：人民出版社，1972：193.

②　列宁全集：第 23 卷. 北京：人民出版社，1990：46.

这里分析劳动和劳动力的数学关系，证明劳动和劳动力是有内在联系的两个不同变量，分别是时间的不同形式的函数，劳动是劳动力的函数，二者不在同一空间，从而证明马克思的劳动价值论是正确的。

一、资本总公式的矛盾

资本流通公式是：货币—商品—货币（G—W—G）。"G—W—G 循环是从货币一极出发，最后又返回同一极。因此，这一循环的动机和决定目的是交换价值本身。"① 由于起点和终点都是货币，"因此，G—W—G 过程所以有内容，不是因为两极有质的区别（二者都是货币），而只是因为它们有量的不同。最后从流通中取出的货币，多于起初投入的货币。……因此，这个过程的完整形式是 G—W—G′。"② 其中 G′＝G＋ΔG，预付货币的增加额 ΔG 是剩余价值。

资本总公式中存在矛盾。由于 G—W 和 W—G′ 是买和卖两个交换过程，按照价值规律，应该等价交换，不能产生多余的价值。即使是不等价交换，也不能产生多余的价值。假如 A 非常狡猾，在交换中总是使另一方 B 受骗，这只是改变价值总量在 A 和 B 之间的分配，因为"流通中的价值总量不管其分配情况怎样变化都不会增大"③。马克思认为，"如果是等价物交换，不产生剩余价值；如果是非等价物交换，也不产生剩余价值。"④ 因为，"一个国家的整个资本家阶级不能靠欺骗自己来发财致富。"⑤ 这样就产生了一个矛盾：在流通过程中不能产生剩余价值，在流通以外，商品所有者只同他自己的商品发生关系，也不能产生剩余价值；没有剩余价值，资本主义生产无法进行，但是，资本主义生产不仅存在，而且还在发展。那么剩余价值来自何处？

关键在于要找到一种特殊商品——劳动力，劳动力的使用就是劳动，劳动可以产生比劳动力价值更大的价值。马克思认为，"要从商品的使用上取得价值，我们的货币所有者就必须幸运地在流通领域内即在市场上发现这样一种商品，它的使用价值本身具有成为价值源泉的特殊属性，因此，它的实际使用本身就是劳动的物化，从而是价值的创造。货币所有者

① 马克思恩格斯全集：第 23 卷. 中文 1 版. 北京：人民出版社，1972：171.
② 马克思恩格斯全集：第 23 卷. 中文 1 版. 北京：人民出版社，1972：172.
③ 马克思恩格斯全集：第 23 卷. 中文 1 版. 北京：人民出版社，1972：185.
④ 马克思恩格斯全集：第 23 卷. 中文 1 版. 北京：人民出版社，1972：186.
⑤ 马克思恩格斯全集：第 23 卷. 中文 1 版. 北京：人民出版社，1972：185－186.

在市场上找到了这种特殊商品，这就是劳动能力或劳动力。"①

二、劳动力和劳动的关系

马克思认为，"我们把劳动力或劳动能力，理解为人的身体即活的人体中存在的、每当人生产某种使用价值时就运用的体力和智力的总和。"②可见，劳动力是一种潜在的能力，因而是一种存量。

劳动力的使用就是劳动。劳动有两重含义：一方面，劳动是一种生产活动；另一方面，劳动是一种生产过程。劳动作为一种生产活动，有一定的劳动强度（intensity of labour），也就是在单位时间内消耗一定量的体力和脑力。因此，劳动是一种流量。生产劳动的目的，是通过劳动生产出具有使用价值和价值的产品。劳动作为一种生产过程，产生劳动成果，劳动成果的积累与从劳动过程开始直到所考察时刻的全部劳动有关，因此，劳动过程产生的劳动成果是一种存量。

劳动力的转让，与劳动力的使用，即劳动，在时间上是分开的。"和其他任何商品的价值一样，它的价值在它进入流通以前就已确定，因为在劳动力的生产上已经耗费了一定量的社会劳动，但它的使用价值只是在以后的力的表现中才实现。"③

显然，劳动力和劳动是两种完全不同的经济概念和经济变量。在非马克思主义经济学中，没有劳动力和劳动的区别，也就是说，混淆了劳动力和劳动这两种完全不同的经济概念。因此，非马克思主义经济学不是科学。

任何社会的生产活动都是劳动与生产资料结合的过程。结合方式不同构成不同的生产方式。在任何生产方式下，劳动力与生产资料都是生产要素，是劳动不可缺少的条件。

资本主义生产方式是雇佣劳动。这种生产方式以劳动条件的分离为前提。工人有劳动力，没有生产资料。资本家有生产资料，不劳动。只有通过雇佣劳动的生产方式，劳动才能和生产资料结合，实现价值增殖，从而解决资本总公式的矛盾。

资本家购买的是劳动力而不是劳动。劳动力的价值由生产和再生产这种特殊物品所必需的劳动时间决定的，即生产衣食住行所需生活资料的劳

①　马克思恩格斯全集：第 23 卷. 中文 1 版. 北京：人民出版社，1972：190.
②　马克思恩格斯全集：第 23 卷. 中文 1 版. 北京：人民出版社，1972：190.
③　马克思恩格斯全集：第 23 卷. 中文 1 版. 北京：人民出版社，1972：197.

动时间。

劳动不是商品，没有价值。因为：（1）商品必须在出卖之前就存在，但是资本家在购买劳动力的时候，劳动还没有开始。（2）商品的价值由生产商品的社会必要劳动时间决定，如果劳动是商品，它的价值由劳动时间决定，是同义反复。（3）如果资本家购买的劳动是商品，按照等价交换的原则，资本家应该将劳动创造的全部价值作为劳动报酬支付给工人，这样资本家就得不到剩余价值。资本主义生产方式不可能存在。如果资本家以低于劳动的价值购买劳动，就违背了商品交换的一般规律。因此，无论等价交换还是不等价交换，劳动都不可能是商品。

只有区分劳动和劳动力，才能解决资本总公式的矛盾，才能解决剩余价值的来源。因此，分析劳动和劳动力的联系和区别，对马克思的劳动价值论具有重大的意义。

三、劳动力与时间的关系

这里，从数学角度分析劳动和劳动力的联系与区别。

劳动力（labour-power）是人的劳动能力（capacity for labour），是人的体力（labour of the hand）和脑力（labour of the head）的总和。劳动力是时间的函数，既可以是时间的线性函数，也可以是时间的非线性函数。在最简单的情况下，劳动力是时间的线性函数。

（一）一次劳动过程中劳动力与时间的关系

假设劳动能力用 a_l 表示，全部劳动能力 a_{lf} 表示，劳动开始时刻用 t_1 表示，劳动结束时刻用 t_2 表示。在劳动过程中，劳动能力 a_l 从全部劳动能力 a_{lf} 逐渐线性地下降至零。在劳动结束后，劳动能力为 0。这种劳动力 a_l 与时间 t 的关系，可以用分段函数表示：

$$a_l = \begin{cases} a_{lf} \quad\cdots\cdots\cdots\cdots\cdots\cdots t < t_1 \\ \dfrac{t_2-t}{t_2-t_1} a_{lf} \cdots\cdots\cdots t_1 \leqslant t \leqslant t_2 \\ 0 \quad\cdots\cdots\cdots\cdots\cdots\cdots t > t_2 \end{cases} \qquad (2-3)$$

式中，a_l 为不同时刻的劳动能力；a_{lf} 为全部劳动能力，即劳动开始前的劳动能力；t_1 为劳动开始时刻；t_2 为劳动结束时刻。

假设雇佣劳动者的全部劳动能力 $a_{lf}=1$，每天劳动 8 小时，劳动开始时刻为 t_1，劳动结束时刻为 t_2。如果劳动开始之前的时间 $t=-2$，-1.5，-1，-0.5，0，劳动力 $a_l=a_{lf}=1$；劳动时间 $t=0$，0.5，1，…，8，劳

动力 a_l = 1，0.937 5，0.875，…，0；劳动结束之后的时间 t = 8，8.5，9，…，10，劳动力 a_l = 0，0，0，…，0，那么，由（2-3）式，劳动力 a_l 与时间 t 的关系，可以用表 2-1 表示。

表 2-1   劳动力 a_l 与时间 t 的关系

时间 t	劳动力 a_l $t < t_1$	劳动力 a_l $t_1 \leqslant t \leqslant t_2$	劳动力 a_l $t > t_2$
−2.0	1.000 0		
−1.5	1.000 0		
−1.0	1.000 0		
−0.5	1.000 0		
0.0	1.000 0	1.000 0	
0.5		0.937 5	
1.0		0.875 0	
1.5		0.812 5	
2.0		0.750 0	
2.5		0.687 5	
3.0		0.625 0	
3.5		0.562 5	
4.0		0.500 0	
4.5		0.437 5	
5.0		0.375 0	
5.5		0.312 5	
6.0		0.250 0	
6.5		0.187 5	
7.0		0.125 0	
7.5		0.062 5	
8.0		0.000 0	0.000 0
8.5			0.000 0
9.0			0.000 0
9.5			0.000 0
10.0			0.000 0

表 2-1 表示的劳动力 a_l 与时间 t 的关系，可以用图 2-1 表示。

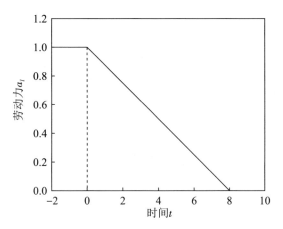

图 2-1 劳动力 a_l 与时间 t 的关系

由图 2-1 可以看出，劳动力 a_l 与时间 t 的关系为分段函数关系。在劳动开始前，$t<t_1=0$，劳动力 $a_l=a_{lf}=1$，即劳动力 a_l 等于全部劳动能力 a_{lf}。在劳动过程中，$t_1<t<t_2=8$，劳动力 a_l 从全部劳动能力 a_{lf} 逐渐地、线性地下降至 0。在劳动结束后，$t_2<t<10$，劳动力 $a_l=0$。其中，$t=t_1$ 为劳动开始时刻，$t=t_2$ 为劳动结束时刻。

由图 2-1 和（2-3）式可以看出，劳动者必须吃饭和休息才能恢复体力和脑力，才能进行第二天的劳动。劳动力的恢复需要一定数量的生活资料。资本家要用必要生活资料与工人的劳动力交换，也就是资本家必须支付可变资本。劳动力的恢复需要一定时间。工作日的长度要受到道德的、法律的、习惯的限制，受到工人与资本家力量对比的限制，还受到生理条件的限制。

此外，在雇佣劳动者往返于家与工厂之间的路途上，必须耗费体力和脑力，必须耗费相应的路途时间，有时还要耗费相应的路途费用。即使忽略路途上耗费的体力、脑力和路费，路途上耗费的时间也无法忽略。虽然雇佣劳动者在路途上耗费体力和脑力对于剩余价值生产来说是必需的，但是，路途上耗费的时间既不能纳入劳动时间，也不能纳入休息时间。因为雇佣劳动者在路途上耗费的时间中没有进行生产劳动，没有为资本家创造剩余价值，所以，路途时间不能纳入劳动时间。因为雇佣劳动者在路途上耗费的时间中没有恢复体力和脑力，所以，路途时间也不能纳入休息时间。

值得注意的是，在表 2-1、图 2-1 和（2-3）式中，既没有明确地表示劳动力恢复的过程，也没有明确地表示路途上耗费的时间，没有区分这两段对于工人来说完全不同的时间。要考察劳动力恢复的过程和路途上耗费的时间，必须扩展考察的时间范围。

（二）多次劳动过程中劳动力与时间的关系

这里忽略路途上耗费的体力、脑力和路费，将劳动力恢复时间和路途时间纳入考察的范围。

假设劳动能力（简称"劳动力"）用 a_l 表示，全部劳动能力用 a_{lf} 表示，劳动开始时刻分别用 t_0、t_4 表示，劳动结束时刻分别用 t_1、t_5 表示，休息开始时刻分别用 t_2、t_6 表示，休息结束时刻分别用 t_3、t_7 表示，路途开始时刻分别用 t_1、t_3、t_5、t_7 表示，路途结束时刻分别用 t_2、t_4、t_6、t_8 表示。劳动力 a_l 与时间 t 的关系，可以用连续的周期性分段函数表示：

$$a_l = \begin{cases} \dfrac{t_1-t}{t_1-t_0}a_{lf}\cdots\cdots\cdots t_0 \leqslant t \leqslant t_1 \\[2mm] 0\cdots\cdots\cdots\cdots\cdots\cdots t_1 < t < t_2 \\[2mm] \dfrac{t-t_2}{t_3-t_2}a_{lf}\cdots\cdots\cdots t_2 \leqslant t \leqslant t_3 \\[2mm] a_{lf}\cdots\cdots\cdots\cdots\cdots t_3 < t < t_4 \\[2mm] \dfrac{t_5-t}{t_5-t_4}a_{lf}\cdots\cdots\cdots t_4 \leqslant t \leqslant t_5 \\[2mm] 0\cdots\cdots\cdots\cdots\cdots\cdots t_5 < t < t_6 \\[2mm] \dfrac{t-t_6}{t_7-t_6}a_{lf}\cdots\cdots\cdots t_6 \leqslant t \leqslant t_7 \\[2mm] a_{lf}\cdots\cdots\cdots\cdots\cdots t_7 < t < t_8 \end{cases} \qquad (2-4)$$

在（2-4）式中，有 2 段劳动时间、2 段休息时间、4 段路途时间。值得注意的是，虽然（2-4）式表示的劳动力 a_l 与时间 t 的关系是连续函数，但是，其导数不是连续函数。

如果雇佣劳动者每天劳动 8 小时，从家到工厂和从工厂回家的路途时间均为 2 小时，恢复体力和脑力的休息时间为 12 小时，雇佣劳动者的全部劳动能力 $a_{lf}=1$，第一次劳动开始时刻为 $t_0=0$，时间 $t=0,1,2,\cdots,$ 48，那么，由（2-4）式，劳动力 a_l 与时间 t 的关系，可以用表 2-2 表示。

表 2-2　　　　　　　　劳动力 a_l 与时间 t 的关系

时间 t	劳动力 a_l	时间 t	劳动力 a_l
0	1.000 000 00	25	0.875 000 00

续表

时间 t	劳动力 a_l	时间 t	劳动力 a_l
1	0.875 000 00	26	0.750 000 00
2	0.750 000 00	27	0.625 000 00
3	0.625 000 00	28	0.500 000 00
4	0.500 000 00	29	0.375 000 00
5	0.375 000 00	30	0.250 000 00
6	0.250 000 00	31	0.125 000 00
7	0.125 000 00	32	0.000 000 00
8	0.000 000 00	33	0.000 000 00
9	0.000 000 00	34	0.000 000 00
10	0.000 000 00	35	0.083 333 33
11	0.083 333 33	36	0.166 666 67
12	0.166 666 67	37	0.250 000 00
13	0.250 000 00	38	0.333 333 33
14	0.333 333 33	39	0.416 666 67
15	0.416 666 67	40	0.500 000 00
16	0.500 000 00	41	0.583 333 33
17	0.583 333 33	42	0.666 666 67
18	0.666 666 67	43	0.750 000 00
19	0.750 000 00	44	0.833 333 33
20	0.833 333 33	45	0.916 666 67
21	0.916 666 67	46	1.000 000 00
22	1.000 000 00	47	1.000 000 00
23	1.000 000 00	48	1.000 000 00
24	1.000 000 00		

　　（2-4）式表示的连续的周期性分段函数有 8 段。考虑到用 9 列表格表示劳动力 a_l 与时间 t 的关系过于烦琐，表 2-2 用简化的方法表示（2-4）式的 8 段连续的周期性分段函数，将劳动力 a_l 表示为一列。

　　表 2-2 表示的劳动力 a_l 与时间 t 的关系，可以用图 2-2 表示。

　　由图 2-2 可以看出，在每次劳动开始前，劳动力 $a_l = a_{lf} = 1$。在每

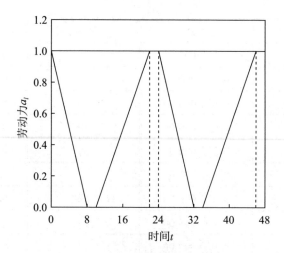

图 2-2　劳动力 a_l 与时间 t 的关系

次劳动结束后，劳动力 $a_l=0$。按照假设条件，忽略路途上耗费的体力和脑力，在路途上劳动力 a_l 不变。在劳动时间内，劳动力 a_l 从 a_{lf} 开始，线性降低至 0。在休息时间内，劳动力 a_l 从 0 开始，线性提高至 $a_{lf}=1$。劳动力 a_l 与时间 t 的关系，为连续的周期性分段函数关系。

值得注意的是，因为忽略了路途上耗费的体力、脑力和路费，只将劳动力恢复时间和路途时间纳入考察的范围，所以，在表 2-2、图 2-2 和 (2-4) 式中，仍然没有全面地考察往返于家与工厂之间的路途上耗费的体力、脑力、路途时间和路费对于雇佣劳动者的影响。要全面地考察这种影响，必须在考察资本主义地租的过程中，全面地考察其中的一个分支——考虑垄断住宅地租的三元价值转形——才能解释路途上耗费的体力、脑力、路途时间和路费对于雇佣劳动者的影响。

四、劳动强度与时间的关系

在资本主义生产方式条件下，劳动不仅生产出具有使用价值和价值的商品，还要实现价值增殖，即获得剩余价值。从再生产的角度看，就是再生产出资本主义生产关系。

劳动过程，一方面是物质财富的生产过程，包括新价值的形成过程和旧价值的转移过程，另一方面是劳动能力的消耗过程。

在劳动过程中，劳动作为一种生产活动，必须保持一定的强度。劳动强度 i_l（intensity of labour）是指单位劳动时间内，劳动能力 a_l 的消耗程度。考虑到劳动强度不能为负值，劳动时间内的劳动强度 i_{laf} 为

$$i_{laf} = -b \lim_{\Delta \to 0} \frac{\Delta a_l}{\Delta t} = -b \frac{\mathrm{d}a_l}{\mathrm{d}t} \tag{2-5}$$

式中，b（$b > 0$）为劳动能力消耗系数。

引入这个系数，是因为对于劳动者来说，劳动力是他的体力和脑力的总和，是存在于他体内的劳动能力；劳动强度是劳动的紧张程度，反映劳动者运用劳动工具对劳动对象进行加工的活动的紧张程度，是资本家对工人的劳动能力的运用和支配，这个活动在他体外。二者不在同一空间，必须进行空间变换，才能产生二者之间的相互联系。引入劳动能力消耗系数，就是进行这种空间变换。

（2-5）式中的劳动力，既可以为时间的非线性函数，也可以为时间的线性函数。最简单的情况是劳动力为时间的线性函数。由于在劳动开始时刻之前和劳动结束时刻之后，劳动力为常数值，所以劳动强度为零。在劳动过程中，如果劳动力是时间的线性函数，那么，劳动强度 i_{laf} 为常数。

如果劳动力是如（2-3）式表示的时间的线性函数，那么，由（2-3）式、（2-5）式，可以得到劳动强度 i_{la} 为

$$i_{la} = \begin{cases} 0 \dots\dots\dots\dots\dots\dots\dots\dots\dots\dots\dots\dots\dots t < t_1 \\ i_{laf} = -b \dfrac{\mathrm{d}a_l}{\mathrm{d}t} = \dfrac{ba_{lf}}{t_2 - t_1} \dots\dots\dots t_1 \leqslant t \leqslant t_2 \\ 0 \dots\dots\dots\dots\dots\dots\dots\dots\dots\dots\dots\dots\dots t > t_2 \end{cases} \tag{2-6}$$

（2-6）式表示的劳动强度 i_{la} 是时间 t 的非连续型分段函数。除了劳动开始时刻 t_1 和劳动结束时刻 t_2 两个间断点之外，处处可以求导。

值得注意的是，虽然（2-3）式表示的劳动力 a_l 与时间 t 的关系是连续函数，但是，其导数不是连续函数。

如果劳动力是如（2-3）式表示的时间的线性函数，劳动开始时刻 $t_1 = 0$，劳动结束时刻 $t_2 = 8$，时间 $t = -2, -1.5, -1, \cdots, 10$，雇佣劳动者的全部劳动能力 $a_{lf} = 1$，劳动能力消耗系数 $b = 8$，那么，由（2-6）式，劳动时间内的劳动强度 $i_{laf} = 1$，包括劳动开始时刻之前、劳动时间内、劳动结束时刻之后的劳动强度 i_{la} 与时间 t 的关系，可以用表 2-3 表示。

表 2-3　　　　　　　　　劳动强度 i_{la} 与时间 t 的关系

时间 t	劳动强度 i_{la} $t < t_1$	劳动强度 i_{la} $t_1 \leqslant t \leqslant t_2$	劳动强度 i_{la} $t > t_2$
-2.0	0		

续表

时间 t	劳动强度 i_{la} $t < t_1$	劳动强度 i_{la} $t_1 \leqslant t \leqslant t_2$	劳动强度 i_{la} $t > t_2$
-1.5	0		
-1.0	0		
-0.5	0		
0.0	0	1	
0.5		1	
1.0		1	
1.5		1	
2.0		1	
2.5		1	
3.0		1	
3.5		1	
4.0		1	
4.5		1	
5.0		1	
5.5		1	
6.0		1	
6.5		1	
7.0		1	
7.5		1	
8.0		1	0
8.5			0
9.0			0
9.5			0
10.0			0

表 2-3 表示的劳动强度 i_{la} 与时间 t 的关系，可以用图 2-3 表示。

由图 2-3 可以看出，在劳动开始前和劳动结束后，劳动强度 $i_{la} = 0$；在劳动时间内，劳动强度 $i_{la} = 1$，即劳动时间内的劳动强度 $i_{laf} = 1$。劳动强度 i_{la} 与时间 t 的关系是非连续型分段函数关系。因为还没有考察生产过程中生产资料的耗费，所以，这里提到的劳动强度 i_{la} 是指活劳动强度。

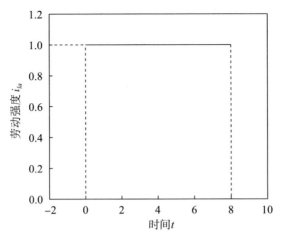

图 2-3　劳动强度 i_{la} 与时间 t 的关系

在生产过程中，不仅耗费雇佣劳动者的体力和脑力，即耗费活劳动，而且耗费生产资料，即耗费死劳动（物化劳动）。随着劳动过程的进行，物化劳动与活劳动以相同的比例被耗费。

如果不仅考虑生产过程中活劳动的耗费，而且考虑生产过程中生产资料的耗费，那么，相应的劳动强度为 i_l。如果不考虑物化劳动转移强度 i_c，那么，劳动强度 i_{la} 就是劳动强度 i_l。

五、劳动与时间的关系

劳动作为一种生产过程，产生劳动成果，劳动成果的积累不仅与劳动持续的时间有关，而且与劳动强度有关。劳动是劳动强度的函数，活劳动 l_a 也是劳动强度 i_{la} 的函数，即

$$l_a = l_a(i_{la}) \tag{2-7}$$

具体地说，活劳动是劳动强度对时间的定积分。由于劳动强度是时间的函数，所以活劳动也是时间的函数。

在劳动过程之前，活劳动与时间的关系为

$$l_a = \int_0^{t_{1-}} i_{la}(t)\,\mathrm{d}t = 0 \tag{2-8}$$

在劳动过程之中，如果劳动力是时间的线性函数，那么，活劳动与时间的关系为

$$l_a = \int_{t_1}^t i_{la}(t)\,\mathrm{d}t = \int_{t_1}^t \left(-b\,\frac{\mathrm{d}a_l}{\mathrm{d}t}\right)\mathrm{d}t$$

$$= \int_{t_1}^t \frac{ba_{lf}}{t_2-t_1}\,\mathrm{d}t = \frac{ba_{lf}(t-t_1)}{t_2-t_1} = (t-t_1)i_{laf} \tag{2-9}$$

在本次劳动过程结束时，$t = t_2$，因此

$$l_a = (t_2 - t_1)i_{laf} \tag{2-10}$$

在劳动过程之后，活劳动与时间的关系为

$$l_a = \int_{t_{2+}}^t i_{la}(t)\,\mathrm{d}t = 0 \tag{2-11}$$

由 (2-8) 式、(2-9) 式、(2-10) 式、(2-11) 式，活劳动与时间的关系可以表示为

$$l_a = \begin{cases} 0\dots\dots\dots\dots\dots\dots\dots\dots\dots\dots\dots\dots\dots t < t_1 \\ \dfrac{ba_{lf}(t-t_1)}{t_2-t_1} = (t-t_1)i_{laf}\dots\dots\dots t_1 \leqslant t \leqslant t_2 \\ 0\dots\dots\dots\dots\dots\dots\dots\dots\dots\dots\dots\dots\dots t > t_2 \end{cases} \tag{2-12}$$

其中，在劳动过程结束后或劳动过程之后，劳动成果的积累应该达到最大值。但是，此时已经退出生产过程，劳动产品进入流通过程，流通过程不在讨论的范围内，这里只讨论与劳动直接有关的生产过程。因此，活劳动重新变为 0，直到下一次劳动过程的开始。

如果劳动力是如 (2-9) 式表示的时间的线性函数，劳动开始时刻 $t_1 = 0$，劳动结束时刻 $t_2 = 8$，时间 $t = -2, -1.5, -1, \dots, 10$，雇佣劳动者的全部劳动能力 $a_{lf} = 1$，劳动能力消耗系数 $b = 8$，那么，由 (2-12) 式，活劳动 l_a 与时间 t 的关系，可以用图 2-4 表示。

表 2-4　　　　　　　　　　活劳动 l_a 与时间 t 的关系

时间 t	活劳动 l_a $t < t_1$	活劳动 l_a $t_1 \leqslant t \leqslant t_2$	活劳动 l_a $t > t_2$
−2.0	0.0		
−1.5	0.0		
−1.0	0.0		
−0.5	0.0		
0.0	0.0	0.0	

续表

时间 t	活劳动 l_a $t<t_1$	活劳动 l_a $t_1 \leqslant t \leqslant t_2$	活劳动 l_a $t>t_2$
0.5		0.5	
1.0		1.0	
1.5		1.5	
2.0		2.0	
2.5		2.5	
3.0		3.0	
3.5		3.5	
4.0		4.0	
4.5		4.5	
5.0		5.0	
5.5		5.5	
6.0		6.0	
6.5		6.5	
7.0		7.0	
7.5		7.5	
8.0		8.0	0.0
8.5			0.0
9.0			0.0
9.5			0.0
10.0			0.0

　　表 2-4 表示的活劳动 l_a 与时间 t 的关系，可以用图 2-4 表示。

　　由图 2-4 可以看出，在劳动开始前和劳动结束后，没有劳动，活劳动 $l_a=0$；在劳动时间内，活劳动 l_a 与时间 t 的关系，为单调递增的线性函数关系。当 $t=0$ 时，活劳动 $l_a=0$；当 $t=8$ 时，活劳动 $l_a=8$。当 $t=0$ 时，活劳动 l_a 由 8 向下阶跃至 0。

　　如果不考虑凝结在产品中的物化劳动，那么，这里所说的劳动，就是指活劳动。

　　由（2-7）式、（2-9）式、（2-12）式可知，劳动是劳动强度的函数。

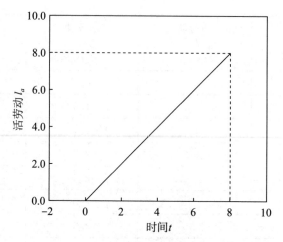

图 2-4　活劳动 l_a 与时间 t 的关系

由（2-5）式、（2-6）式可知，劳动强度是劳动力的函数。由（2-3）式、（2-4）式可知，劳动力是时间的函数。因此，劳动是时间的复合函数，即

$$l_a = l_a(i_{la}) = l_a(i_{la}(a_l)) = l_a(i_{la}(a_l(t))) \tag{2-13}$$

也可以表示为

$$l_a = f_1(t) \tag{2-14}$$

同时，劳动是劳动力的复合函数，即

$$l_a = l_a(i_{la}) = l_a(i_{la}(a_l)) \tag{2-15}$$

也可以表示为

$$l_a = f_2(a_l) \tag{2-16}$$

六、从时间、空间和生产关系方面看劳动、
劳动力、劳动强度的联系与区别

综上所述，劳动过程是劳动力逐渐耗费的过程，是活劳动和物化劳动逐渐凝结到产品中的过程，也是商品价值形成的过程。劳动力是雇佣劳动者创造商品的使用价值和价值的能力，是雇佣劳动者的体力和脑力的总和。劳动力价值是雇佣劳动者需要的生活资料的价值。雇佣劳动者创造的价值大于劳动力价值。

劳动和劳动力是对立统一的关系。二者既有联系又有区别。

从时间上看，劳动力、劳动强度和劳动分别是时间的不同形式的函数，劳动是劳动强度的函数，劳动强度是劳动力的函数，劳动力是时间的函数；劳动是劳动力的函数，是时间的复合函数。在生产过程开始之前，雇佣劳动者就有劳动能力，他才能将这种能力作为一种特殊的商品出售给雇用他的资本家。在生产过程中，随着劳动过程的进行，劳动力不断被耗费，到劳动过程结束时，劳动力下降为 0。劳动只发生在生产过程中，劳动过程持续不断进行，劳动强度不变。在生产过程以外没有劳动，也不存在相应的劳动强度。

从空间上看，雇佣劳动者创造商品的价值的能力或劳动力存在于劳动者体内；劳动活动或劳动过程存在于体外，存在于劳动者使用劳动工具作用于劳动对象的生产过程中，二者不在同一空间。

可见，无论从时间上看还是从空间上看，劳动力和劳动都是不同的经济变量。

此外，在任何生产方式的条件下，劳动者都有从事生产活动的体力和脑力，劳动能力是人的自然属性。雇佣劳动反映资本主义生产关系，反映人的社会属性。

因此，劳动和劳动力是两个既有联系又有区别的经济变量。

非马克思主义经济学混淆了劳动和劳动力，无法正确解释价值和剩余价值的来源。这是非马克思主义经济学不能成为科学的重要原因之一。

马克思发现了劳动力这个特殊商品，严格区分了劳动和劳动力，解决了资本总公式的矛盾。这个矛盾是资产阶级古典政治经济学始终无法解决的两大难题之一。在此基础上，马克思建立起他的剩余价值理论、科学的劳动价值论以及整个经济学大厦。

第三章　绝对剩余价值的生产的数学分析

第一节　劳动过程和价值增殖过程

一、劳动过程

（一）一切社会形式所共有的劳动过程

劳动过程是人类为了从自然界获得生存需要的资料进行的有目的的活动。劳动过程需要具备三个简单要素：劳动本身、劳动对象和劳动资料。其中，劳动是最重要的一个要素。

马克思认为，"劳动首先是人和自然之间的过程，是人以自身的活动来引起、调整和控制人和自然之间的物质变换的过程。人自身作为一种自然力与自然物质相对立。……劳动过程结束时得到的结果，在这个过程开始时就已经在劳动者的表象中存在着，即已经观念地存在着。他不仅使自然物发生形式变化，同时他还在自然物中实现自己的目的，这个目的是他所知道的，是作为规律决定着他的活动的方式和方法的，他必须使他的意志服从这个目的。"①

劳动过程不能只依靠劳动单独进行，必须对自然物质进行加工和变换。这种自然物质就是劳动对象。劳动对象有两种不同的类型：天然存在的劳动对象和经过劳动加工的劳动对象。天然存在的劳动对象，是通过人的劳动同土地脱离直接联系的东西。例如，捕获的鱼、采摘的果实、砍伐的树木、开采的矿石等。另外一些劳动对象，是被过去的人类劳动加工过的，称为原料。例如，开采出来正在洗的矿石、用于磨面的小麦等。

劳动资料也有两种不同的类型：第一种劳动资料，是劳动者借助其直

---

① 马克思恩格斯全集：第 23 卷. 中文 1 版. 北京：人民出版社，1972：201 - 202.

接作用于劳动对象的物质，例如，工具、机器等；第二种劳动资料，是虽然不直接作用于劳动对象，但是对于生产过程必不可少的物质，没有这些劳动资料，劳动过程将无法进行或者只能不完全地进行，例如，厂房、仓库、运河、道路、桥梁、码头等。

马克思认为，"劳动资料是劳动者置于自己和劳动对象之间、用来把自己的活动传导到劳动对象上去的物或物的综合体。劳动者利用物的机械的、物理的和化学的属性，以便把这些物当作发挥力量的手段，依照自己的目的作用于其他的物。"①

他还认为，"在劳动过程中，人的活动借助劳动资料使劳动对象发生预定的变化。过程消失在产品中。它的产品是使用价值，是经过形式变化而适合人的需要的自然物质。劳动与劳动对象结合在一起。劳动物化了，而对象被加工了。在劳动者方面曾以动的形式表现出来的东西，现在在产品方面作为静的属性，以存在的形式表现出来。劳动者纺纱，产品就是纺成品。如果整个过程从其结果的角度，从产品的角度加以考察，那末劳动资料和劳动对象表现为生产资料，劳动本身则表现为生产劳动。"②

（二）资本主义的劳动过程

资本主义生产方式的劳动过程是资本家消费劳动力的过程。这个过程不仅具有一切社会形式所共有的劳动过程的共同特征，而且还有两个不同于其他生产方式的特征：第一，资本家支配与监督工人劳动；第二，工人的劳动属于资本家。

工人从他出卖了自己的劳动力的使用价值、进入工厂的时候，劳动力的使用就属于资本家。不仅劳动过程由资本家支配，而且劳动产品归资本家所有。

二、价值增殖过程

在资本主义的劳动过程中，资本家不仅用工人的劳动生产新产品，而且要实现价值增殖的目的。资本家生产具有某种使用价值的产品，但他并不关心这种产品的使用价值。他生产使用价值的原因在于，使用价值是交换价值的物质基础。他真正关心的是生产剩余价值。

商品生产过程是劳动过程与价值形成过程的统一。

从价值形成过程来看，商品的价值由生产该商品的过程中耗费的社会

---

① 马克思恩格斯全集：第 23 卷. 中文 1 版. 北京：人民出版社，1972：203.
② 马克思恩格斯全集：第 23 卷. 中文 1 版. 北京：人民出版社，1972：205.

必要劳动时间决定，也就是由物化在该商品的使用价值中的劳动量决定。按照雇佣劳动方式生产的商品的价值，同样如此。以生产棉纱为例。纺纱不仅要耗费纺纱工人的活劳动，而且要耗费棉花，磨损纱锭。生产棉花和纱锭也需要耗费劳动。在生产过程中，凝结在耗费的棉花和磨损的纱锭中的过去的劳动，与纺纱工人的活劳动结合在一起，形成生产棉纱的劳动。耗费的棉花的价值、磨损的纱锭的价值，与纺纱工人的活劳动创造的价值，共同构成棉纱的价值。

商品价值的构成与生产何种使用价值无关。无论生产棉纱，还是生产煤炭，都一样。假定工人每日的生活资料需要耗费 6 小时劳动来生产，劳动力的日价值就等于 6 小时劳动创造的价值。资本家按照劳动力的日价值购买了劳动力，劳动力的使用即一天的劳动就属于资本家所有。资本家要求工人每天劳动 12 小时生产商品。多出的 6 小时劳动创造的价值就是剩余价值，被资本家无偿占有。这样，资本家的货币就转化为资本。

资本家按照等价交换的规律，对他购买的各种商品——棉花、纱锭和劳动力——都按照其价值支付，却在资本流通过程中得到比他投入流通过程更多的货币。

价值增殖以流通为媒介，以购买到劳动力为条件。价值增殖不是在流通中进行的，而是在生产领域中进行的。流通过程只是为价值增殖过程做准备，并且实现已经增殖的商品价值。价值增殖过程是超过一定点而延长的价值形成过程。如果劳动过程只持续到新产品的价值正好等于在生产开始时资本家投入的价值，那么，这种价值形成过程就是单纯的价值形成过程。如果价值形成过程超过这一点，那么，就成为价值增殖过程。

马克思认为，"作为劳动过程和价值形成过程的统一，生产过程是商品生产过程；作为劳动过程和价值增殖过程的统一，生产过程是资本主义生产过程，是商品生产的资本主义形式。"[①]

生产不同种类的商品要耗费不同复杂程度的劳动。例如，生产钟表的劳动比打铁的劳动复杂。生产能够从事复杂劳动的劳动力要耗费更多劳动时间，这种劳动力的价值就比较高。

马克思认为，"比社会平均劳动较高级较复杂的劳动，是这样一种劳动力的表现，这种劳动力比普通劳动力需要较高的教育费用，它的生产要花费较多的劳动时间，因此它具有较高的价值。既然这种劳动力的价值较

---

① 马克思恩格斯全集：第 23 卷. 中文 1 版. 北京：人民出版社，1972：223.

高，它也就表现为较高级的劳动，也就在同样长的时间内物化为较多的价值。"①

在价值增殖过程中，资本家购买的劳动力是只能从事简单劳动的劳动力，还是能够从事复杂劳动的劳动力，并不影响我们的考察。正如马克思所说，"资本家占有的劳动是简单的、社会平均劳动，还是较复杂的、比重较高的劳动，是毫无关系的。"②

对于只能从事简单劳动的劳动力，资本家按照较低的劳动力价值支付较低的工资；对于能够从事复杂劳动的劳动力，资本家按照较高的劳动力价值支付较高的工资。无论哪种情况，工人的劳动时间都必须超过必要劳动时间，都必须为资本家创造剩余价值。

一日较高级劳动化为多日简单劳动或社会平均劳动。如果假定雇佣劳动者从事简单的社会平均劳动，那么，就能省去多余的换算，使分析简化。

第二节　不变资本和可变资本的数学分析

一、不变资本

（一）生产资料的使用价值和价值，不变资本

在劳动过程中要耗费生产资料和劳动，工人的劳动加于劳动对象上，生产出新的产品，在劳动力耗费的同时，劳动对象的价值转移到产品的价值中。在产品价值的形成上，这两种不同的因素起着完全不同的作用。

马克思认为，"工人把一定量的劳动——撇开他的劳动所具有的特定的内容、目的和技术性质——加到劳动对象上，也就把新价值加到劳动对象上。另一方面我们发现，被消耗的生产资料的价值又成了产品价值的组成部分，例如，棉花和纱锭的价值包含在棉纱的价值中。可见，生产资料的价值由于转移到产品上而被保存下来。……这种结果的二重性只能用他的劳动本身的二重性来解释。在同一时间内，劳动就一种属性来说必然创造价值，就另一种属性来说必然保存或转移价值。"③

---

① 马克思恩格斯全集：第23卷. 中文1版. 北京：人民出版社，1972：223.
② 马克思恩格斯全集：第23卷. 中文1版. 北京：人民出版社，1972：223.
③ 马克思恩格斯全集：第23卷. 中文1版. 北京：人民出版社，1972：225.

工人劳动的抽象的一般的属性，是作为人类劳动力的耗费，将新价值加到生产资料的旧价值上；而具体的特殊的有用的属性，是作为生产过程，将生产资料的旧价值转移到产品上，保存在产品中。由此产生了劳动的结果的二重性。在同一不可分割的生产过程中，劳动保存价值的属性与创造价值的属性在本质上不同。随着生产过程的进行，耗费的生产资料、耗费的工人的劳动、保存在产品中的旧价值或转移到产品中的价值、耗费工人的劳动创造的价值、产品的数量和价值等比例地增加。

马克思认为，"只要使用价值是有目的地用来生产新的使用价值，制造被用掉的使用价值所必要的劳动时间，就成为制造新的使用价值所必要的劳动时间的一部分，也就是说，这部分劳动时间从被用掉的生产资料转移到新产品上去。可见，工人保存被用掉的生产资料的价值，或者说，把它们作为价值组成部分转移到产品上去，并不是由于他们加进一般劳动，而是由于这种追加劳动的特殊的有用性质，由于它的特殊的生产形式。劳动作为这种有目的的生产活动，纺纱、织布、打铁，只要同生产资料接触，就使它们复活，赋予它们活力，使它们成为劳动过程的因素，并且同它们结合为产品。"①

工人的劳动在创造新价值的同时，将耗费的生产资料的旧价值保存在产品的价值中。工人的劳动创造的新价值取决于耗费的劳动时间，创造的新价值的数量与劳动生产率无关，无论劳动生产率如何变化，同样的劳动时间中创造的新价值同样多。

马克思认为，"生产资料在丧失自己的使用价值的同时并不丧失价值，因为它们通过劳动过程失掉自己原来的使用价值形态，实际上只是为了在产品上获得另一种使用价值形态。虽然价值存在于某种使用价值中是很重要的，但是商品的形态变化表明，它存在于哪一种使用价值中是没有关系的。由此可见，在劳动过程中，只有生产资料失掉它的独立的使用价值同时也失掉它的交换价值，价值才从生产资料转移到产品上。生产资料转给产品的价值只是它作为生产资料而失掉的价值。"②

在生产过程中，虽然机器、厂房和仓库等生产资料，以及作为动力而燃烧的煤、耗费的电力、维持机器耗费的润滑油等生产资料，随着其使用价值逐渐损耗，其价值也逐渐耗费了，但是，耗费的生产资料价值在产品价值中逐渐再现，或者说耗费的生产资料价值逐渐转移到产品价值中，相

　① 马克思恩格斯全集：第23卷. 中文1版. 北京：人民出版社，1972：226.
　② 马克思恩格斯全集：第23卷. 中文1版. 北京：人民出版社，1972：229.

应地，逐渐生产出一种或多种新产品的使用价值。

（二）工人的劳动耗费的生产资料数量与生产的产品数量

1. 工人的劳动生产的产品数量与劳动时间的关系

工人的劳动耗费的生产资料数量与生产新产品的劳动生产率（labor productivity）有关。劳动生产率是指生产效率（production efficiency），即单位劳动时间生产的产品数量。因为单位劳动时间生产的产品数量与单位劳动时间耗费的生产资料的数量成正比，所以，工人的劳动耗费的生产资料数量，也取决于劳动生产率。

在生产过程中，工人的劳动生产的产品数量可以表示为

$$q_w = p_w t \tag{3-1}$$

式中，q_w 为产品数量，p_w 为单位劳动时间生产的产品数量，t 为劳动时间。

2. 工人的劳动耗费的生产资料数量与劳动时间的关系

在生产过程中，工人的劳动耗费的生产资料数量可以表示为

$$q_c = p_c t \tag{3-2}$$

式中，q_c 为耗费的生产资料数量，p_c 为单位劳动时间耗费的生产资料数量。

3. 产品数量与单位劳动时间耗费的生产资料的数量的关系

由（3-1）式、（3-2）式，单位劳动时间生产的产品数量与单位劳动时间耗费的生产资料数量成正比，即

$$p_w = k_{wc} p_c \tag{3-3}$$

式中，k_{wc} 为耗费单位生产资料数量生产的产品数量。

由（3-1）式、（3-2）式、（3-3）式，工人的劳动生产的产品数量又可以表示为

$$q_w = p_w t = p_w \frac{q_c}{p_c} = k_{wc} q_c \tag{3-4}$$

由（3-4）式可以看出，单位劳动时间生产的产品数量与单位劳动时间耗费的生产资料的数量成正比。二者之比就是耗费单位生产资料数量生产的产品数量 k_{wc}。在生产力水平确定的条件下，该比例为一个常数。这一比例也等于一定时间内生产的产品数量与同一时间内耗费的生产资料数量之比。

因此，在生产新产品的劳动生产率不变的条件下，产品数量与耗费的生产资料的数量成正比。

4. 单位劳动时间耗费的生产资料的数量与劳动生产率的关系

如果生产技术不变，那么，生产单位产品耗费的原料数量不变，产品数量与耗费的原料数量成正比。如果生产技术改进，那么，生产单位产品耗费的原料数量减少，产品数量与耗费的原料数量同方向增加，但是，不是完全成正比。

值得注意的是，产品数量与耗费的厂房和仓库等生产资料的数量不一定成正比。厂房和仓库等生产资料的耗费与使用的时间有关。如果劳动生产率提高，在同样的劳动时间内能够生产更多产品，而耗费的厂房和仓库等生产资料的数量相同，那么，产品数量与耗费的厂房和仓库等生产资料的数量就不成正比。

如果耗费的厂房和仓库等生产资料可以忽略，生产过程中生产棉纱产生的"飞花"损失也可以忽略，那么，产品数量与耗费的生产资料的数量就成正比。

由（3-4）式，在生产新产品的劳动生产率不变，耗费的厂房和仓库等生产资料可以忽略，生产过程中生产棉纱产生的"飞花"损失也可以忽略的条件下，耗费的生产资料的数量与生产新产品的劳动生产率的关系可以表示为

$$q_c = \frac{q_w}{k_{wx}} = \frac{p_w t}{k_{wx}} \qquad\qquad (3-5)$$

由（3-5）式可以看出，在这种条件下，耗费的生产资料的数量与生产新产品的劳动生产率成正比，也与产品数量成正比。以下考察在这种条件下进行。

（三）工人的劳动耗费的生产资料旧价值与转移到新产品中的价值

工人的劳动一方面耗费生产资料的旧价值，另一方面将生产资料的旧价值保存到新产品中，也就是将生产资料的旧价值转移到新产品的价值中。工人的劳动耗费的生产资料旧价值与转移到新产品中的价值，与生产新产品的劳动生产率有关。在生产过程中，不变资本的价值不变，转移到新产品中的价值等于耗费的生产资料旧价值。

1. 在生产生产资料的劳动生产率不变的条件下，工人的劳动耗费的生产资料的旧价值与转移到新产品中的价值，与生产新产品的劳动生产率成正比

由（3-4）式、（3-5）式可以看出，在一定时间内生产的产品数量与同一时间内耗费的生产资料的数量成正比。单位劳动时间生产的产品数量就是劳动生产率。因此，工人在单位劳动时间内或在一定时间内耗费的

生产资料的价值，也与生产新产品的劳动生产率有关。

如果生产生产资料的劳动生产率不变，那么，工人的劳动耗费的生产资料的价值与生产新产品的劳动生产率成正比。生产新产品的劳动生产率越高，工人的劳动耗费的生产资料的价值越多。

工人的劳动耗费的生产资料的价值与耗费的生产资料数量成正比。由（3-4）式可以看出，单位劳动时间生产的产品数量与单位劳动时间耗费的生产资料的数量成正比。二者之比就是耗费单位生产资料数量生产的产品数量 k_{wc}。

由（3-1）式、（3-4）式、（3-5）式，工人的劳动耗费的生产资料的价值可以表示为

$$c_w = p_{vq} q_c = p_{vq} \frac{q_w}{k_{ux}} = \frac{p_{vq} p_w t}{k_{ux}} \qquad (3-6)$$

式中，c_w 为工人的劳动耗费的生产资料的价值，简称耗费的生产资料价值；p_{vq} 为单位数量的生产资料价值。

在生产生产资料的劳动生产率不变的条件下，单位数量的生产资料价值 p_{vq} 为一个常数。在生产新产品的劳动生产率提高的条件下，耗费单位生产资料数量生产的产品数量 k_{ux} 的增长幅度低于生产的产品数量 p_w 的增长幅度。耗费单位生产资料数量生产的产品数量 k_{ux} 的增长幅度与生产的产品数量 p_w 的增长幅度的差别，取决于原料等生产资料与厂房等生产资料的比例。如果厂房等生产资料在生产资料总和中占的比例很小，并且原料等生产资料的浪费也很少，那么，耗费单位生产资料数量生产的产品数量 k_{ux} 可以看作一个常数。

在这种条件下，由（3-6）式可以看出，工人的劳动耗费的生产资料的价值，与单位劳动时间生产的产品数量 p_w 成正比，与劳动时间 t 成正比。

因为单位劳动时间生产的产品数量就是劳动生产率，所以，在生产生产资料的劳动生产率不变的条件下，工人的劳动耗费的生产资料的价值与生产新产品的劳动生产率成正比。

2. 马克思关于在生产生产资料的劳动生产率不变的条件下，工人的劳动生产的产品的数量、耗费的生产资料的数量、耗费的生产资料的价值与生产新产品的劳动生产率的关系的数例

马克思以一个数例说明，在生产生产资料的劳动生产率提高的条件下，工人的劳动耗费的生产资料的数量、耗费的生产资料的价值与生产新产品的劳动生产率的关系。

他举例道："假定由于某种发明，纺纱工人 6 小时纺的棉花同过去 36 小时纺的棉花一样多。作为有目的的有用的生产活动，他的劳动的能力增加为 6 倍。他的劳动的产品也增加为 6 倍，从 6 磅棉纱增加到 36 磅棉纱。但是，现在 36 磅棉花吸收的劳动时间只和过去 6 磅棉花吸收的劳动时间一样多。加在每磅棉花上的新劳动比用旧方法时少 $\frac{5}{6}$，因此，加进的价值也只是过去的 $\frac{1}{6}$。另一方面，现在在产品 36 磅棉纱中包含 6 倍的棉花价值。纺纱 6 小时，保存并转移到产品上去的原料价值是过去的 6 倍，虽然加到同量原料上的新价值小 $\frac{5}{6}$。这说明，在同一不可分割的过程中，劳动保存价值的属性和创造价值的属性在本质上是不同的。纺同量的棉花所必要的劳动时间越多，加到棉花上的新价值就越大；在同一劳动时间内纺的棉花磅数越多，保存在产品内的旧价值就越大。"[①]

由马克思的数例可以看出，在生产生产资料的劳动生产率不变的条件下，如果生产新产品的劳动生产率提高到原来的劳动生产率的 6 倍，那么，工人的劳动生产的产品的数量增加为原来的 6 倍，从 6 磅棉纱增加到 36 磅棉纱，与（3－1）式表示的工人的劳动生产的产品数量与劳动生产率的关系一致；耗费的生产资料的数量也增加为原来的 6 倍，从耗费 6 磅棉花增加到耗费 36 磅棉花（马克思假设生产过程中耗费的棉花全部生产了棉纱，没有由于"飞花"造成的损耗），与（3－5）式表示的单位劳动时间耗费的生产资料的数量与生产新产品的劳动生产率的关系一致。

由马克思的数例还可以看出，因为生产新产品的劳动生产率提高到原来的劳动生产率的 6 倍，耗费的生产资料（棉花）的数量增加为原来的 6 倍，所以，耗费同样多的活劳动，保存并转移到产品上去的原料价值（即棉花的旧价值）是过去的 6 倍。现在 36 磅棉花吸收的劳动时间与过去 6 磅棉花吸收的劳动时间一样多，每磅棉花上的新劳动只是过去的 $\frac{1}{6}$，加到同量原料上的新价值只是过去的 $\frac{1}{6}$。

3. 在生产生产资料的劳动生产率不变的条件下，工人的劳动生产的产品的数量与生产新产品的劳动生产率的关系的数例

在马克思的数例中，纺纱工人过去劳动 6 小时，生产了 6 磅棉纱，由

---

① 马克思恩格斯全集：第 23 卷. 中文 1 版. 北京：人民出版社，1972：227.

（3-1）式，纺纱工人生产新产品（棉纱）的劳动生产率（即单位劳动时间生产的产品数量）p_w 为 1 磅棉纱/小时。如果纺纱工人的劳动时间 $t=6$ 小时，生产新产品的劳动生产率（即单位劳动时间生产的产品数量）$p_w=1$，1.5，2，…，12（磅棉纱/小时），那么，在生产生产资料的劳动生产率不变的条件下，由（3-1）式，产品数量 q_w 与生产新产品的劳动生产率 p_w 的关系，可以用表 3-1 表示。

表 3-1　　　　　　**产品数量 q_w 与生产新产品的劳动生产率 p_w 的关系**

生产新产品的劳动生产率 p_w （磅棉纱/小时）	产品数量 q_w （磅棉纱）	生产新产品的劳动生产率 p_w （磅棉纱/小时）	产品数量 q_w （磅棉纱）
1.0	6	7.0	42
1.5	9	7.5	45
2.0	12	8.0	48
2.5	15	8.5	51
3.0	18	9.0	54
3.5	21	9.5	57
4.0	24	10.0	60
4.5	27	10.5	63
5.0	30	11.0	66
5.5	33	11.5	69
6.0	36	12.0	72
6.5	39		

表 3-1 表示的产品数量 q_w 与生产新产品的劳动生产率 p_w 的关系，可以用图 3-1 表示。

在图 3-1 中，当纺纱工人的劳动时间 $t=6$ 小时，生产新产品的劳动生产率 $p_w=1$ 磅棉纱/小时，产品数量 $q_w=6$ 磅棉纱，是马克思的数例中的纺纱工人过去生产棉纱的劳动生产率所生产的产品数量；当纺纱工人劳动 6 小时，生产新产品的劳动生产率 $p_w=6$ 磅棉纱/小时，产品数量 $q_w=36$ 磅棉纱，是马克思的数例中的纺纱工人现在生产棉纱的劳动生产率所生产的产品数量。

如果生产新产品的劳动生产率 p_w 分别为 8、10、12（磅棉纱/小时），那么，在生产生产资料的劳动生产率不变的条件下，纺纱工人生产的产品

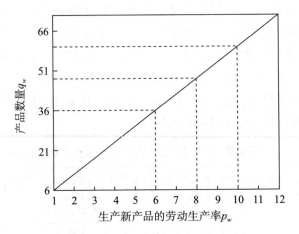

图 3 - 1　产品数量 q_w 与生产新产品的劳动生产率 p_w 的关系

数量 q_w 分别为 48、60、72（磅棉纱）。

　　由图 3 - 1 可以看出，产品数量为生产新产品的劳动生产率的单调递增的线性函数。

　　4. 在生产生产资料的劳动生产率不变的条件下，工人的劳动耗费的生产资料的数量与生产新产品的劳动生产率的关系的数例

　　在马克思的数例中，纺纱工人过去劳动 6 小时，耗费 6 磅棉花，生产了 6 磅棉纱，由（3 - 1）式，纺纱工人生产新产品的劳动生产率（即单位劳动时间生产的产品数量）p_w 为 1 磅棉纱/小时；由（3 - 5）式，耗费单位生产资料数量生产的产品数量 $k_{wc}=1$ 磅棉纱/磅棉花。

　　如果纺纱工人的劳动时间 $t=6$ 小时，耗费单位生产资料数量生产的产品数量 k_{wc} 为 1 磅棉纱/磅棉花，生产新产品的劳动生产率（即单位劳动时间生产的产品数量）$p_w=1$，1.5，2，…，12（磅棉纱/小时），那么，在生产生产资料的劳动生产率不变的条件下，由（3 - 5）式，耗费的生产资料数量 q_c 与生产新产品的劳动生产率 p_w 的关系，可以用表 3 - 2 表示。

表 3 - 2　　耗费的生产资料数量 q_c 与生产新产品的劳动生产率 p_w 的关系

生产新产品的劳动生产率 p_w（磅棉纱/小时）	耗费的生产资料数量 q_c（磅棉花）	生产新产品的劳动生产率 p_w（磅棉纱/小时）	耗费的生产资料数量 q_c（磅棉花）
1.0	6	7.0	42
1.5	9	7.5	45

续表

生产新产品的 劳动生产率 p_w （磅棉纱/小时）	耗费的生产资料数量 q_c （磅棉花）	生产新产品的 劳动生产率 p_w （磅棉纱/小时）	耗费的生产资料数量 q_c （磅棉花）
2.0	12	8.0	48
2.5	15	8.5	51
3.0	18	9.0	54
3.5	21	9.5	57
4.0	24	10.0	60
4.5	27	10.5	63
5.0	30	11.0	66
5.5	33	11.5	69
6.0	36	12.0	72
6.5	39		

表 3-2 表示的耗费的生产资料数量 q_c 与生产新产品的劳动生产率 p_w 的关系，可以用图 3-2 表示。

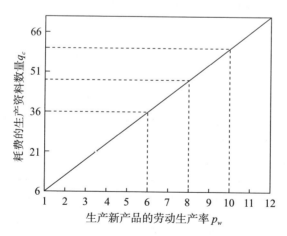

图 3-2 耗费的生产资料数量 q_c 与生产新产品的劳动生产率 p_w 的关系

在图 3-2 中，当纺纱工人的劳动时间 $t=6$ 小时，耗费单位生产资料数量生产的产品数量 $k_{wc}=1$ 磅棉纱/磅棉花，生产新产品的劳动生产率 $p_w=1$ 磅棉纱/小时，耗费的生产资料数量 $q_c=6$ 磅棉花，是马克思的数例中的纺纱工人过去生产棉纱的劳动生产率所耗费的生产资料数量；当纺纱工人劳动 6 小时，耗费单位生产资料数量生产的产品数量 k_{wx}＝1 磅棉纱/磅棉花，生产新产品的劳动生产率 p_w＝6 磅棉纱/小时，耗费的生产资料数量 q_c＝36 磅棉花，是马克思的数例中的纺纱工人现在生产棉纱的劳动生产率所耗费的生产资料数量。

如果生产新产品的劳动生产率 p_w 分别为 8、10、12（磅棉纱/小时），那么，在生产生产资料的劳动生产率不变的条件下，纺纱工人耗费的生产资料数量 q_c 分别为 48、60、72（磅棉花）。

由图 3-2 可以看出，耗费的生产资料数量为生产新产品的劳动生产率的单调递增的线性函数。

5. 在生产生产资料的劳动生产率不变的条件下，工人的劳动耗费的生产资料的价值与生产新产品的劳动生产率的关系的数例

在马克思的数例中，纺纱工人过去劳动 6 小时，耗费 6 磅棉花，纺纱工人生产新产品（棉纱）的劳动生产率（即单位劳动时间生产的产品数量）p_w 为 1 磅棉纱/小时，那么，由（3-5）式，耗费单位生产资料数量生产的产品数量 k_{wx}＝1 磅棉纱/磅棉花。为了更直观地表示生产资料的价值，有时马克思用生产资料的价格表示生产资料的价值。如果 1 磅棉花的价值或价格为 0.5 先令，即单位数量的生产资料价值 p_{vq}＝0.5 先令/磅棉花，那么，由（3-6）式，耗费的生产资料价值或价格 c_w＝3 先令。

如果纺纱工人的劳动时间 t＝6 小时，单位数量的生产资料价值 p_{vq}＝0.5 先令/磅棉花，耗费单位生产资料数量生产的产品数量 k_{wx}＝1 磅棉纱/磅棉花，生产新产品的劳动生产率（即单位劳动时间生产的产品数量）p_w＝1，1.5，2，…，12（磅棉纱/小时），那么，在生产生产资料的劳动生产率不变的条件下，由（3-6）式，耗费的生产资料价值 c_w 与生产新产品的劳动生产率 p_w 的关系，可以用表 3-3 表示。

表 3-3　　耗费的生产资料价值 c_w 与生产新产品的劳动生产率 p_w 的关系

生产新产品的劳动生产率 p_w（磅棉纱/小时）	耗费的生产资料价值 c_w（先令）	生产新产品的劳动生产率 p_w（磅棉纱/小时）	耗费的生产资料价值 c_w（先令）
1.0	3.0	7.0	21.0
1.5	4.5	7.5	22.5
2.0	6.0	8.0	24.0
2.5	7.5	8.5	25.5

续表

生产新产品的劳动生产率 p_w（磅棉纱/小时）	耗费的生产资料价值 c_w（先令）	生产新产品的劳动生产率 p_w（磅棉纱/小时）	耗费的生产资料价值 c_w（先令）
3.0	9.0	9.0	27.0
3.5	10.5	9.5	28.5
4.0	12.0	10.0	30.0
4.5	13.5	10.5	31.5
5.0	15.0	11.0	33.0
5.5	16.5	11.5	34.5
6.0	18.0	12.0	36.0
6.5	19.5		

表 3-3 表示的耗费的生产资料价值 c_w 与生产新产品的劳动生产率 p_w 的关系，可以用图 3-3 表示。

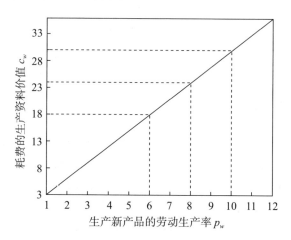

图 3-3　耗费的生产资料价值 c_w 与生产新产品的劳动生产率 p_w 的关系

在图 3-3 中，假设 1 磅棉花的价值或价格为 0.5 先令，当纺纱工人的劳动时间 $t＝6$ 小时，单位数量的生产资料价值 $p_{vq}＝0.5$ 先令/磅棉花，耗费单位生产资料数量生产的产品数量 $k_{wc}＝1$ 磅棉纱/磅棉花，耗费的生产资料价值 $c_w＝3$ 先令，是马克思的数例中纺纱工人过去生产棉纱耗费的生产资料价值；生产新产品的劳动生产率 $p_w＝6$ 磅棉纱/小时，耗费的生

产资料价值 $c_w = 18$ 先令，是马克思的数例中的纺纱工人现在生产棉纱耗费的生产资料价值。

如果生产新产品的劳动生产率 p_w 分别为 8、10、12（磅棉纱/小时），那么，在生产生产资料的劳动生产率不变的条件下，耗费的生产资料价值 c_w 分别为 24、30、36（先令）。

由图 3-3 可以看出，耗费的生产资料价值为生产新产品的劳动生产率的单调递增的线性函数。

值得指出的是，耗费的生产资料价值 c_w 应该由生产生产资料耗费的劳动决定，也就是用生产生产资料耗费的劳动时间表示。在表 3-3 和图 3-3 中，耗费的生产资料价值 c_w 用货币单位先令表示，这是因为在经济活动中，耗费的生产资料的交易价值或价格，不仅受生产生产资料耗费的劳动的影响，而且受供求关系等多种因素的影响。马克思在计算棉花价值时，考虑了棉花的交易价值变化的影响。作为生产资料组成部分的棉花的交易价值的变化，受到多种因素的影响，但是，决定性的因素是生产棉花的劳动生产率变化，也就是生产生产资料的劳动生产率变化。通常是生产生产资料的劳动生产率提高。

6. 在不同的生产生产资料的劳动生产率的条件下，工人的劳动耗费的生产资料的价值与生产新产品的劳动生产率的关系的数例

随着资本主义生产的发展，不仅生产新产品的劳动生产率提高，而且生产生产资料的劳动生产率也提高。二者都对工人生产新产品的劳动耗费的生产资料的价值产生了影响。

马克思认为，"同原料的价值一样，已经用在生产过程中的劳动资料即机器等等的价值，也可以发生变化，因此它们转移到产品上去的那部分价值也会发生变化。例如，由于一种新发明，同种机器可由较少的劳动再生产出来，那末旧机器就要或多或少地贬值，因而转移到产品上去的价值也要相应地减少。但就是在这种情况下，价值变动也是在机器作为生产资料执行职能的生产过程以外发生的。机器在这个过程中转移的价值决不会大于它在这个过程之外所具有的价值。"[①]

如果生产新产品的劳动生产率与生产生产资料的劳动生产率都提高，那么，可以用两种方式表示工人的劳动耗费的生产资料的价值与劳动生产率的关系：

第一种表示方式：生产生产资料的劳动生产率分别采用不同的数值，

---

① 马克思恩格斯全集：第 23 卷. 中文 1 版. 北京：人民出版社，1972：237.

生产新产品的劳动生产率连续变化，在这种条件下，表示工人的劳动耗费的生产资料的价值与生产新产品的劳动生产率的关系。第二种表示方式：生产新产品的劳动生产率分别采用不同的数值，生产生产资料的劳动生产率连续变化，在这种条件下，表示工人的劳动耗费的生产资料的价值与生产耗费的生产资料的劳动生产率的关系。

这里用生产生产资料的劳动生产率分别采用不同的数值的方式，表示工人的劳动耗费的生产资料的价值与生产新产品的劳动生产率的关系。如果生产生产资料的劳动生产率不同，那么，凝结在同样数量的生产资料中的物化劳动不同，同样数量的生产资料的价值不同，工人生产新产品的劳动耗费的生产资料的价值就不同。

如果纺纱工人的劳动时间 $t=6$ 小时，单位数量的生产资料价值 $p_{vq}=$ 0.5，0.3，0.1（先令/磅棉花），耗费单位生产资料数量生产的产品数量 $k_{wx}=1$ 磅棉纱/磅棉花，生产新产品的劳动生产率（即单位劳动时间生产的产品数量）$p_w=1$，1.5，2，…，12（磅棉纱/小时），那么，在生产生产资料的劳动生产率不同的条件下，由（3－6）式，耗费的生产资料价值 c_w 与生产新产品的劳动生产率 p_w 的关系，可以用表 3－4 表示。

表 3－4 耗费的生产资料价值 c_w 与生产新产品的劳动生产率 p_w 的关系

生产新产品的劳动生产率 p_w （磅棉纱/小时）	耗费的生产资料价值 c_w （先令）		
	$p_{vq}=0.5$	$p_{vq}=0.3$	$p_{vq}=0.1$
1.0	3.0	1.8	0.6
1.5	4.5	2.7	0.9
2.0	6.0	3.6	1.2
2.5	7.5	4.5	1.5
3.0	9.0	5.4	1.8
3.5	10.5	6.3	2.1
4.0	12.0	7.2	2.4
4.5	13.5	8.1	2.7
5.0	15.0	9.0	3.0
5.5	16.5	9.9	3.3
6.0	18.0	10.8	3.6

续表

生产新产品的劳动生产率 p_w （磅棉纱/小时）	耗费的生产资料价值 c_w （先令）		
	$p_{vq}=0.5$	$p_{vq}=0.3$	$p_{vq}=0.1$
6.5	19.5	11.7	3.9
7.0	21.0	12.6	4.2
7.5	22.5	13.5	4.5
8.0	24.0	14.4	4.8
8.5	25.5	15.3	5.1
9.0	27.0	16.2	5.4
9.5	28.5	17.1	5.7
10.0	30.0	18.0	6.0
10.5	31.5	18.9	6.3
11.0	33.0	19.8	6.6
11.5	34.5	20.7	6.9
12.0	36.0	21.6	7.2

表 3-4 表示的耗费的生产资料价值 c_w 与生产新产品的劳动生产率 p_w 的关系，可以用图 3-4 表示。

在图 3-4 中，从上至下三条直线，分别表示单位数量的生产资料价

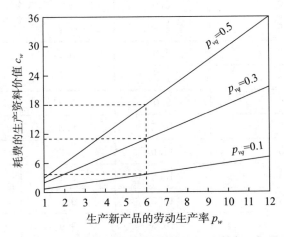

图 3-4 耗费的生产资料价值 c_w 与生产新产品的劳动生产率 p_w 的关系

值 $p_{vq}=0.5$，0.3，0.1（先令/磅棉花）的条件下，耗费的生产资料价值 c_w 与生产新产品的劳动生产率 p_w 的关系。当纺纱工人的劳动时间 $t=6$ 小时，单位数量的生产资料价值 $p_{vq}=0.5$，0.3，0.1（先令/磅棉花）对应的纵坐标，分别为耗费的生产资料价值 $c_w=18$，10.8，3.6（先令）。

由图 3-4 可以看出，无论生产生产资料的劳动生产率如何变化，也就是无论单位数量的生产资料价值 p_{vq} 为何数值，耗费的生产资料价值 c_w 都是生产新产品的劳动生产率 p_w 的单调递增的线性函数。在单位数量的生产资料价值 p_{vq} 分别采用不同数值的条件下，表示耗费的生产资料价值 c_w 与生产新产品的劳动生产率 p_w 的关系的图像，为一组不同正斜率的直线。

这说明，生产新产品的劳动生产率越高，同样的生产新产品的活劳动耗费的生产资料数量越多，耗费的生产资料价值就越高；生产生产资料的劳动生产率越高，同样的生产生产资料的劳动生产的生产资料数量越多，生产单位数量的生产资料耗费的劳动越少，单位数量的生产资料价值就越低。耗费的生产资料价值 c_w 与生产新产品的劳动生产率 p_w 成正比，与生产生产资料的劳动生产率成反比。

值得指出的是，耗费的生产资料价值 c_w 应该由生产生产资料耗费的劳动决定，也就是用生产生产资料耗费的劳动时间表示。在表 3-4 和图 3-4 中，与表 3-3 和图 3-3 中一样，耗费的生产资料价值 c_w 用货币单位先令表示，这是因为考虑到棉花的交易价值的变化，不仅受生产生产资料耗费的劳动的影响，而且受其他多种因素的影响。

7. 在生产生产资料的劳动生产率提高的条件下，工人的劳动耗费的生产资料的价值与生产耗费的生产资料的劳动生产率成反比

单位数量的生产资料的价值 p_{vq} 与生产耗费的生产资料的劳动生产率成反比。

在生产过程中制造的生产资料数量可以表示为

$$q_{cc}=p_{cc}t_{cc} \tag{3-7}$$

式中，q_{cc} 为制造的生产资料数量，p_{cc} 为单位劳动时间制造的生产资料数量，t_{cc} 为生产生产资料的劳动时间。

单位劳动时间制造的生产资料数量 p_{cc} 就是生产耗费的生产资料数量的劳动生产率。

由（3-7）式可以得到

$$p_{vq} = \frac{t_{cc}}{q_{cc}} = \frac{1}{p_{cc}} \qquad\qquad (3-8)$$

式中，p_{vq} 为单位数量的生产资料价值。

由（3-8）式可以看出，制造的生产资料数量 q_{cc} 与单位劳动时间制造的生产资料数量 p_{cc} 成正比。生产生产资料的劳动生产率越高，在同样劳动时间内制造的生产资料数量越多，单位数量的生产资料价值 p_{vq} 就越低。单位数量的生产资料价值 p_{vq} 与单位劳动时间制造的生产资料数量 p_{cc} 成反比，也就是与生产耗费的生产资料数量的劳动生产率 p_{cc} 成反比。

工人的劳动耗费的生产资料数量 q_c 与制造的生产资料数量 q_{cc} 相同，即

$$q_c = q_{cc} \qquad\qquad (3-9)$$

由（3-6）式、（3-8）式、（3-9）式，工人的劳动耗费的生产资料的价值可以表示为

$$c_w = p_{vq} q_{cc} = p_{vq} \frac{p_w t}{k_{wx}} = \frac{p_w t}{p_{cc} k_{wx}} \qquad\qquad (3-10)$$

由（3-10）式可以看出，工人的劳动耗费的生产资料的价值 c_w，与生产新产品的劳动生产率 p_w 成正比，与生产新产品的劳动时间 t 成正比，与生产耗费的生产资料数量的劳动生产率 p_{cc} 成反比。在生产新产品的劳动生产率不变和生产新产品的劳动时间不变的条件下，工人的劳动耗费的生产资料的价值 c_w，是生产耗费的生产资料数量的劳动生产率 p_{cc} 的倒数函数或双曲函数。

值得指出的是，（3-10）式中的时间 t，是生产新产品的劳动时间，而不是生产生产资料耗费的劳动时间 t_{cc}。

8. 在生产生产资料的劳动生产率提高的条件下，工人的劳动耗费的生产资料的价值与生产耗费的生产资料的劳动生产率的关系的数例

如果纺纱工人的劳动时间 $t=6$ 小时，耗费单位生产资料数量生产的产品数量 $k_{wx}=1$ 磅棉纱/磅棉花，纺纱工人生产棉纱的劳动生产率 $p_w=1$ 磅棉纱/小时，生产生产资料的劳动生产率 $p_{cc}=2，3，4，\cdots，22$（磅棉花/小时），那么，在生产棉纱的劳动生产率不变的条件下，由（3-10）式，耗费的生产资料价值 c_w 与生产生产资料的劳动生产率 p_{cc} 的关系，可以用表 3-5 表示。

表 3−5　耗费的生产资料价值 c_w 与生产生产资料的劳动生产率 p_{cc} 的关系

生产生产资料的 劳动生产率 p_{cc} （磅棉花/小时）	耗费的生产资料价值 c_w （小时劳动创造的价值）	生产生产资料的 劳动生产率 p_{cc} （磅棉花/小时）	耗费的生产资料价值 c_w （小时劳动创造的价值）
2	3.000 000 00	13	0.461 538 46
3	2.000 000 00	14	0.428 571 43
4	1.500 000 00	15	0.400 000 00
5	1.200 000 00	16	0.375 000 00
6	1.000 000 00	17	0.352 941 18
7	0.857 142 86	18	0.333 333 33
8	0.750 000 00	19	0.315 789 47
9	0.666 666 67	20	0.300 000 00
10	0.600 000 00	21	0.285 714 29
11	0.545 454 55	22	0.272 727 27
12	0.500 000 00		

表 3−5 表示的耗费的生产资料价值 c_w 与生产生产资料的劳动生产率 p_{cc} 的关系，可以用图 3−5 表示。

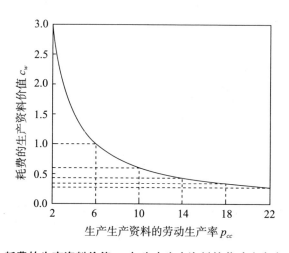

图 3−5　耗费的生产资料价值 c_w 与生产生产资料的劳动生产率 p_{cc} 的关系

在图 3−5 中，当生产生产资料的劳动生产率 $p_{cc}=2$，6，10，14，18，22（磅棉花/小时）时，耗费的生产资料价值 $c_w=3$，1，0.6，0.428 571 43，

0.333 333 33，0.272 727 27（小时劳动创造的价值）。

由图 3-5 可以看出，耗费的生产资料价值 c_w 是生产生产资料的劳动生产率 p_{cc} 的单调递减的双曲函数。

在图 3-5 中，在纺纱工人的劳动时间 $t=6$ 小时，耗费单位生产资料数量生产的产品数量 $k_{wc}=1$ 磅棉纱/磅棉花，纺纱工人生产棉纱的劳动生产率 $p_w=1$ 磅棉纱/小时的条件下，耗费的生产资料价值 c_w 与生产生产资料的劳动生产率 p_{cc} 的关系的图像，为一条第一象限内的双曲线或倒数曲线。双曲线的水平渐近线为 $c_w=0$，双曲线的垂直渐近线为 $p_{cc}=0$，焦距为 $2\sqrt{6}$，焦点为 $(2\sqrt{3}，2\sqrt{3})$。

这说明，在生产生产资料的劳动生产率提高的条件下，工人的劳动耗费的生产资料的价值与生产耗费的生产资料的劳动生产率成反比。

9. 在不同的生产新产品的劳动生产率的条件下，工人的劳动耗费的生产资料的价值与生产耗费的生产资料的劳动生产率的关系的数例

如果生产新产品的劳动生产率与生产生产资料的劳动生产率都提高，那么，可以用生产新产品的劳动生产率分别采用不同的数值的方式，表示工人的劳动耗费的生产资料的价值与生产耗费的生产资料的劳动生产率的关系。

如果生产新产品的劳动生产率不同，那么，同样的生产新产品的劳动时间中耗费的生产资料的数量不同，工人生产新产品的劳动耗费的生产资料的价值就不同。

如果纺纱工人的劳动时间 $t=6$ 小时，耗费单位生产资料数量生产的产品数量 $k_{wc}=1$ 磅棉纱/磅棉花，纺纱工人生产新产品的劳动生产率（即单位劳动时间生产的产品数量）$p_w=1$，2，3（磅棉纱/小时），生产生产资料的劳动生产率（即单位劳动时间生产的棉花数量）$p_{cc}=2$，3，4，…，22（磅棉花/小时），那么，在生产棉纱的劳动生产率不同的条件下，由（3-10）式，耗费的生产资料价值 c_w 与生产生产资料的劳动生产率 p_{cc} 的关系，可以用表 3-6 表示。

表 3-6　耗费的生产资料价值 c_w 与生产生产资料的劳动生产率 p_{cc} 的关系

生产生产资料的劳动生产率 p_{cc} （磅棉花/小时）	耗费的生产资料价值 c_w （小时劳动创造的价值）		
	$p_w=1$	$p_w=2$	$p_w=3$
2	3.000 000 00	6.000 000 00	9.000 000 00

续表

生产生产资料的劳动生产率 p_{cc} （磅棉花/小时）	耗费的生产资料价值 c_w （小时劳动创造的价值）		
	$p_w=1$	$p_w=2$	$p_w=3$
3	2.000 000 00	4.000 000 00	6.000 000 00
4	1.500 000 00	3.000 000 00	4.500 000 00
5	1.200 000 00	2.400 000 00	3.600 000 00
6	1.000 000 00	2.000 000 00	3.000 000 00
7	0.857 142 86	1.714 285 71	2.571 428 57
8	0.750 000 00	1.500 000 00	2.250 000 00
9	0.666 666 67	1.333 333 33	2.000 000 00
10	0.600 000 00	1.200 000 00	1.800 000 00
11	0.545 454 55	1.090 909 09	1.636 363 64
12	0.500 000 00	1.000 000 00	1.500 000 00
13	0.461 538 46	0.923 076 92	1.384 615 38
14	0.428 571 43	0.857 142 86	1.285 714 29
15	0.400 000 00	0.800 000 00	1.200 000 00
16	0.375 000 00	0.750 000 00	1.125 000 00
17	0.352 941 18	0.705 882 35	1.058 823 53
18	0.333 333 33	0.666 666 67	1.000 000 00
19	0.315 789 47	0.631 578 95	0.947 368 42
20	0.300 000 00	0.600 000 00	0.900 000 00
21	0.285 714 29	0.571 428 57	0.857 142 86
22	0.272 727 27	0.545 454 55	0.818 181 82

表 3-6 表示的耗费的生产资料价值 c_w 与生产生产资料的劳动生产率 p_{cc} 的关系，可以用图 3-6 表示。

在图 3-6 中，从下至上三条曲线，分别表示纺纱工人生产新产品的劳动生产率（即单位劳动时间生产的产品数量）$p_w=1$，2，3（磅棉纱/小时）的条件下，耗费的生产资料价值 c_w 与生产生产资料的劳动生产率（即单位劳动时间生产的棉花数量）p_{cc} 的关系。当纺纱工人的劳动时间 $t=6$ 小时，生产生产资料的劳动生产率 $p_{cc}=6$ 磅棉花/小时，纺纱工人生

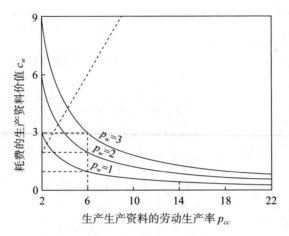

图 3 - 6　耗费的生产资料价值 c_w 与生产生产资料的劳动生产率 p_{cc} 的关系

产新产品的劳动生产率 p_w＝1，2，3（磅棉纱/小时）对应的纵坐标，分别为耗费的生产资料价值 c_w＝1，2，3（小时劳动创造的价值）。斜虚线为一条以原点为起点、通过焦点的射线。

　　由图 3 - 6 可以看出，无论生产新产品的劳动生产率如何变化，也就是无论单位劳动时间生产的产品数量 p_w 为何数值，耗费的生产资料价值 c_w 都是生产生产资料的劳动生产率 p_{cc} 的单调递减的双曲函数。

　　在图 3 - 6 中，在纺纱工人的劳动时间 t＝6 小时，耗费单位生产资料数量生产的产品数量 k_{wc}＝1 磅棉纱/磅棉花，纺纱工人生产新产品的劳动生产率（即单位劳动时间生产的产品数量） p_w＝1，2，3（磅棉纱/小时）的条件下，耗费的生产资料价值 c_w 与生产生产资料的劳动生产率的关系的图像，为一组具有相同的水平渐近线和垂直渐近线、不同的焦距或不同焦点的第一象限内的双曲线或倒数曲线。

　　在图 3 - 6 中，双曲线的水平渐近线均为 c_w＝0，垂直渐近线均为 p_{cc}＝0。当单位劳动时间生产的产品数量 p_w＝1 磅棉纱/小时时，焦距为 $2\sqrt{6}$，焦点为（ $2\sqrt{3}$ ， $2\sqrt{3}$ ）；当单位劳动时间生产的产品数量 p_w＝2 磅棉纱/小时时，焦距为 $4\sqrt{3}$，焦点为（ $2\sqrt{6}$ ， $2\sqrt{6}$ ）；当单位劳动时间生产的产品数量 p_w＝3 磅棉纱/小时时，焦距为 $6\sqrt{2}$，焦点为（6，6）。所有的焦点都在一条从原点出发的射线上。值得注意的是，纵坐标的数值与耗费的生产资料价值 c_w 的量纲或单位有关，横坐标的数值与生产生产资料的劳动生产率 p_{cc} 的量纲或单位有关。射线的斜率不仅与纵坐标和横坐标的量纲或单位有关，而且与纵坐标与横坐标的比例有关。如果按照这里的数

例的单位和数值，并且图 3 - 6 中纵坐标与横坐标的比例相同，那么，射
线的斜率为 1。

这说明，生产生产资料的劳动生产率越高，同样的生产生产资料的劳
动生产的生产资料数量越多，生产单位数量的生产资料耗费的劳动越少，
单位数量的生产资料价值就越低；生产新产品的劳动生产率越高，同样的
生产新产品的活劳动耗费的生产资料数量越多，耗费的生产资料价值就越
高。耗费的生产资料价值 c_w 与生产生产资料的劳动生产率成反比，与生
产新产品的劳动生产率 p_w 成正比。

（四）生产资料价值只能转移到产品价值中，不能增殖

资本家的货币资本必须在市场上购买到生产资料和劳动力，才能进行
资本主义生产，才能实现价值增殖。

资本的不同组成部分在生产过程中的作用不同。在生产过程中，资本
家购买到的生产资料逐渐被耗费，其价值逐渐转移到产品的价值中。耗费
的生产资料价值等于转移到产品中的价值。二者之和既不会增加，也不会
减少。因此，资本家购买生产资料的资本是不变资本。

马克思认为，"生产资料只有在劳动过程中丧失掉存在于旧的使用价
值形态中的价值，才把价值转移到新形态的产品上。它们在劳动过程中所
能丧失的最大限度的价值量，显然是以它们进入劳动过程时原有的价值量
为限，或者说，是以生产它们自身所必要的劳动时间为限。因此，生产资
料加到产品上的价值决不可能大于它们在自己参加的劳动过程之外所具有
的价值。不管一种劳动材料，一种机器，一种生产资料怎样有用……它的
价值不是由它作为生产资料进入的劳动过程决定的，而是由它作为产品被
生产出来的劳动过程决定的。它在劳动过程中只是作为使用价值，作为具
有有用属性的物起作用，因此，如果它在进入劳动过程之前没有价值，它
就不会把任何价值转给产品。"①

这就是说，在劳动过程中，生产资料的使用价值和价值是逐渐丧失
的，在进入生产过程时其使用价值和价值最大，在劳动过程结束时最小；
损耗的生产资料的价值逐渐转移到新形态的产品上，在劳动过程开始时其
价值最小，在劳动过程结束时最大。如果考虑不变资本中的固定资本，那
么，在劳动过程结束时，生产资料的使用价值和价值没有完全丧失。

资本家购买到劳动力，即得到支配雇佣劳动者为他劳动的权利。在生
产过程中，雇佣劳动者的劳动创造出比劳动力价值更大的价值。因此，资

---

① 马克思恩格斯全集：第 23 卷. 中文 1 版. 北京：人民出版社，1972：232.

本家购买劳动力的资本是可变资本。

生产资料和劳动都是生产商品的使用价值的重要因素。但是，二者的作用不同，相应地，不变资本和可变资本在劳动过程中的作用也不同。

（五）生产资料价值为劳动时间的单调递减函数

1. 不考虑固定资本的情况

马克思认为，"就生产资料来说，被消耗的是它们的使用价值，由于这种使用价值的消费，劳动制成产品。生产资料的价值实际上没有被消费，因而也不可能再生产出来。这个价值被保存下来，但不是因为在劳动过程中对这个价值本身进行了操作，而是因为这个价值原先借以存在的那种使用价值虽然消失，但只是消失在另一种使用价值之中。因此，生产资料的价值是再现在产品的价值中，确切地说，不是再生产。所生产出来的是旧交换价值借以再现的新使用价值。"①

不变资本的物质形式为生产资料。机器、厂房、仓库等生产资料的价值通过多次生产过程逐渐转移到产品中或再现在产品中，原料、燃料、电力等生产资料的价值通过一次生产过程全部转移到产品中或再现在产品中。如果不考虑固定资本的影响或机器、厂房、仓库等生产资料的使用价值在一次生产过程中全部被耗费，那么，不变资本的价值通过一次生产过程全部转移到产品中或再现在产品中。

在生产过程中，生产资料的使用价值不断损耗，在产品出售之后，生产资料的使用价值得到补偿。

在一般情况下，谈到生产资料的使用价值与价值，有两种不同的含义：第一种含义，为生产过程开始之前生产资料的使用价值与价值没有耗费时的最大值；第二种含义，为生产过程开始之后随着生产资料的使用价值不断耗费，剩余的生产资料的使用价值与剩余的生产资料的价值。

第一种含义的生产资料的使用价值与价值是固定的，生产过程开始之前的生产资料价值就是不变资本。第二种含义的生产资料的使用价值与价值是变化的，为劳动时间的单调递减函数。通常所讲的生产资料的使用价值与价值是第一种含义的。这里考察的生产资料的使用价值与价值，是第二种含义的生产资料的使用价值与价值。第一种含义的生产资料的使用价值与价值是第二种含义的生产资料的使用价值与价值的最大值。

值得注意的是，这里提出的第二种含义的生产资料的价值，仅为与生产过程中耗费到一定程度的生产资料的使用价值相对应的价值，即残存的

_____

① 马克思恩格斯全集：第 23 卷. 中文 1 版. 北京：人民出版社，1972：233 - 234.

生产资料的价值，其中不包括再现在产品中的价值。显然，这里提出的生产资料的价值的新定义，与马克思在《资本论》中关于生产资料的价值的定义不同。

如果不考虑固定资本的影响，那么，机器等生产资料的价值通过一次生产过程全部转移到产品的价值中，其周转方式与原料、电力、燃料等生产资料的周转方式相同。

在不考虑固定资本的影响的条件下，在生产过程开始时，生产资料的使用价值与价值最高，在生产过程结束时，生产资料的使用价值与价值下降为0。在下一次生产过程开始前，资本家要再次购买生产资料和劳动力。在不变资本或生产资料的使用价值与价值得到补偿之后，生产资料的使用价值与价值再次达到最高。

在生产过程中，要使用与耗费多种生产资料。不同种类的生产资料的使用价值的量纲不同，无法比较，也无法求和。但是，不同种类的生产资料的价值都是过去的一般人类劳动的凝结，量纲相同，可以比较，也可以求和。在下面的考察中，重点考察第二种含义的生产资料价值与劳动时间的关系。显然，在生产过程中，第二种含义的生产资料价值为劳动时间的函数，即

$$c = f(t) \tag{3-11}$$

式中，c 为生产过程中的生产资料价值，t 为劳动时间。

在最简单的情况下，生产资料价值为劳动时间的单调递减的线性函数。在生产过程中，生产资料价值与劳动时间的关系可以表示为

$$c_a = c_0 - k_{ca}(t - t_0) \tag{3-12}$$

式中，c_a 为不考虑固定资本影响条件下生产过程中的生产资料价值，c_0 为生产过程开始时刻的生产资料价值或不变资本，k_{ca} 为单位劳动时间损耗的生产资料价值系数，t_0 为生产过程开始时刻。

值得注意的是，k_{ca} 原来定义为单位劳动时间损耗的生产资料价值系数，因为转移到产品价值中的生产资料价值等于损耗的生产资料价值，单位劳动时间转移到产品价值中的生产资料价值等于单位劳动时间损耗的生产资料价值，所以，k_{ca} 也可以被定义为单位劳动时间转移到产品价值中的生产资料价值系数。

同样值得注意的是，在不考虑固定资本影响的条件下，生产过程中使用的全部生产资料的价值通过一次生产过程全部耗费完毕，因此，（3-12）式表示的生产过程中不同时刻剩余的生产资料的价值，取决于生产技术条件和

工作日的长度。工作日越长，需要的生产资料的价值或不变资本越多。

在不考虑固定资本影响的条件下，如果生产过程结束时刻为 t_d，那么，由（3-12）式，单位劳动时间损耗的生产资料价值系数为

$$k_{ca} = \frac{c_0}{t_d - t_0} \tag{3-13}$$

值得注意的是，在不考虑固定资本影响的条件下，单位劳动时间损耗的生产资料价值系数，不仅与生产过程开始时刻的生产资料价值或不变资本有关，而且与工作日的长度有关。单位劳动时间损耗的生产资料价值系数 k_{ca} 与生产过程开始时刻的生产资料价值或不变资本 c_0 成正比，与工作日的长度 t_d 成反比。因此，（3-13）式表示的单位劳动时间损耗的生产资料价值系数，取决于生产过程开始时刻的生产资料价值或不变资本和工作日的长度两个因素。

在不考虑固定资本影响的条件下，如果生产过程开始时刻的生产资料价值或不变资本 $c_0 = 1\,200$，单位劳动时间损耗的生产资料价值系数 $k_{ca} = 120$，劳动时间 $t = 0，0.5，1，\cdots，10$，那么，由（3-12）式，生产过程中的生产资料价值 c_a 与劳动时间 t 的关系，可以用表 3-7 表示。

表 3-7　　　　　　　　　生产资料价值 c_a 与劳动时间 t 的关系

劳动时间 t	生产资料价值 c_a	劳动时间 t	生产资料价值 c_a
0.0	1 200	5.5	540
0.5	1 140	6.0	480
1.0	1 080	6.5	420
1.5	1 020	7.0	360
2.0	960	7.5	300
2.5	900	8.0	240
3.0	840	8.5	180
3.5	780	9.0	120
4.0	720	9.5	60
4.5	660	10.0	0
5.0	600		

表 3-7 中生产资料价值 c_a 与劳动时间 t 的关系，可以用图 3-7 表示。

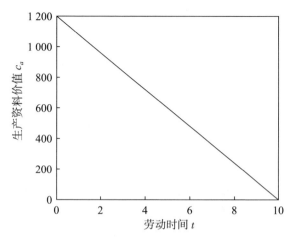

图 3 - 7 生产资料价值 c_a 与劳动时间 t 的关系

由图 3 - 7 可以看出，生产资料价值 c_a 为劳动时间 t 的单调递减的线性函数。

值得注意的是，这里的劳动时间或工作日为 10 小时，仅是为了计算方便所举的数例。在马克思生活的时代，最主要的资本主义国家英国的法律规定的劳动时间为 $11\frac{1}{2}$ 小时，10 小时工作日还有待工人通过自己的斗争去争取。

同样值得注意的是，生产过程中耗费的生产资料及其价值与劳动时间成正比，如果资本家延长劳动时间，那么，生产过程开始时投入的生产资料及其价值必须与劳动时间等比例地增加。

2. 考虑固定资本的情况

如果考虑固定资本的影响，那么，机器等生产资料的价值通过多次生产过程才全部转移到产品的价值中。这种资本是不变资本中的固定资本。在每次生产过程中，固定资本的价值只损耗一部分，称为固定资本折旧。原料、电力、燃料等生产资料的价值通过一次生产过程全部转移到产品的价值中，这种资本是不变资本中的流动资本。

在每次生产过程中，耗费的生产资料价值不仅包括一部分不变资本中的固定资本价值，而且包括不变资本中的流动资本价值。

在考虑固定资本的影响的条件下，在生产过程开始时，不变资本或生产资料的使用价值与价值最高，在生产过程结束时，不变资本或生产资料的使用价值与价值最低。在生产过程中，生产资料价值与劳动时间的关系

可以表示为

$$c_{fa} = c_0 - k_{cfa}(t - t_0) \tag{3-14}$$

式中，c_{fa} 为考虑固定资本影响条件下生产过程中的生产资料价值，c_0 为生产过程开始时刻的生产资料价值，k_{cfa} 为考虑固定资本影响条件下单位劳动时间损耗的生产资料价值系数。

值得注意的是，在考虑固定资本影响的条件下，生产过程中使用的一部分生产资料的价值通过多次生产过程耗费完毕，这部分生产资料的价值在一次生产过程之后没有耗费完毕；另一部分生产资料的价值通过一次生产过程耗费完毕。对这里的考察有影响的是一次生产过程中耗费的生产资料的价值。因此，（3-14）式表示的生产过程中不同时刻剩余的生产资料的价值，取决于这两部分生产资料的价值在一次生产过程中耗费的程度和工作日的长度。工作日越长，需要的生产资料的价值或不变资本越多。生产资料不同组成部分的价值在一次生产过程中耗费的程度，与生产技术条件有关。

在考虑固定资本影响的条件下，如果生产过程开始时刻为 t_0，生产过程结束时刻为 t_d，生产过程结束时刻剩余的生产资料价值为 c_{fad}，那么，由（3-14）式，单位劳动时间损耗的生产资料价值系数为

$$k_{cfa} = \frac{c_0 - c_{fad}}{t_d - t_0} \tag{3-15}$$

值得注意的是，在考虑固定资本影响的条件下，单位劳动时间损耗的生产资料价值系数，不仅与生产过程开始时刻的生产资料价值或不变资本有关，与生产过程结束时刻没有耗费的生产资料价值有关，而且与工作日的长度有关。单位劳动时间损耗的生产资料价值系数 k_{cfa}，与生产过程开始时刻的生产资料价值（即不变资本）c_0 和生产过程结束时刻没有耗费的生产资料价值 c_{fad} 之差成正比，与工作日的长度 t_d 成反比。因此，（3-15）式表示的单位劳动时间损耗的生产资料价值系数，取决于生产过程开始时刻的生产资料价值或不变资本、生产过程结束时刻没有耗费的生产资料价值和工作日的长度三个因素。

在考虑固定资本影响的条件下，如果生产过程开始时刻的生产资料价值或不变资本 $c_0 = 2\,400$，生产过程结束时刻没有耗费的生产资料价值 $c_{fad} = 1\,200$，单位劳动时间损耗的生产资料价值系数 $k_{cfa} = 120$，劳动时间 $t = 0, 0.5, 1, \cdots, 10$，那么，由（3-14）式，生产过程中的生产资料价值 c_{fa} 与劳动时间 t 的关系，可以用表 3-8 表示。

表 3 - 8　　　　　　　　　　生产资料价值 c_{fa} 与劳动时间 t 的关系

劳动时间 t	生产资料价值 c_{fa}	劳动时间 t	生产资料价值 c_{fa}
0.0	2 400	5.5	1 740
0.5	2 340	6.0	1 680
1.0	2 280	6.5	1 620
1.5	2 220	7.0	1 560
2.0	2 160	7.5	1 500
2.5	2 100	8.0	1 440
3.0	2 040	8.5	1 380
3.5	1 980	9.0	1 320
4.0	1 920	9.5	1 260
4.5	1 860	10.0	1 200
5.0	1 800		

　　表 3 - 8 中生产资料价值 c_{fa} 与劳动时间 t 的关系，可以用图 3 - 8 表示。

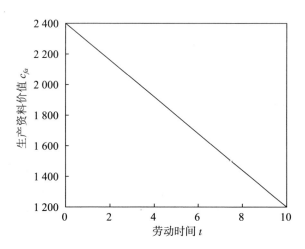

图 3 - 8　生产资料价值 c_{fa} 与劳动时间 t 的关系

　　由图 3 - 8 可以看出，生产资料价值 c_{fa} 为劳动时间 t 的单调递减的线性函数，在生产过程结束时刻，有一部分生产资料没有耗费，这部分生产资料价值就是剩余的固定资本价值。

　　值得注意的是，在考虑固定资本的条件下，生产过程中使用的生产资料及其价值分为两部分：一部分为机器、设备、厂房、仓库和码头等固定资本形式的不变资本，另一部分为原料、燃料和电力等流动资本形式的不变资本。两种生产资料的耗费都与劳动时间成正比。如果资本家延长劳动时间，那么，固定资本形式的不变资本损耗增加表现为固定资本折旧增加，流动资本形式的不变资本必须在生产过程开始时与劳动时间等比例地增加。

（六）转移到产品中的生产资料价值为劳动时间的单调递增函数

在一般情况下，谈到转移到产品中的生产资料价值，有两种不同的含义：第一种含义，为转移到产品中的全部生产资料价值，相当于不变资本的价值；第二种含义，为生产过程开始之后随着生产资料不断耗费，已经转移到产品中的生产资料价值。

第一种含义的转移到产品中的生产资料价值是固定的。第二种含义的转移到产品中的生产资料价值是变化的，为劳动时间的单调递增函数。通常所讲的转移到产品中的生产资料价值是第一种含义的。这里考察的转移到产品中的生产资料价值，是第二种含义的转移到产品中的生产资料价值。第一种含义的转移到产品中的生产资料价值是第二种含义的转移到产品中的生产资料价值的最大值。

在生产过程中，没有耗费的固定资本价值不影响产品的价值。

转移到产品中的生产资料价值为劳动时间的函数，等于不变资本 c_0 与剩余的生产资料价值 c_{fa} 之差，即

$$c_w = c_0 - c_{fa} \tag{3-16}$$

式中，c_w 为转移到产品中的生产资料价值。

值得注意的是，c_w 原来定义为工人的劳动耗费的生产资料的价值，简称耗费的生产资料价值，因为转移到产品中的生产资料价值等于耗费的生产资料价值，所以，c_w 也可以被定义为转移到产品中的生产资料价值。

值得注意的是，（3-16）式表示的转移到产品中的生产资料价值 c_w，不仅与生产过程开始时刻的不变资本 c_0 有关，而且与剩余的生产资料价值 c_{fa} 有关。

由（3-14）式和（3-16）式，转移到产品中的生产资料价值可以表示为

$$c_w = c_0 - c_{fa} = c_0 - [c_0 - k_{cfa}(t-t_0)] = k_{cfa}(t-t_0) \tag{3-17}$$

式中，k_{cfa} 原来定义为考虑固定资本影响条件下单位劳动时间损耗的生产资料价值系数，因为转移到产品价值中的生产资料价值等于损耗的生产资

料价值，单位劳动时间转移到产品价值中的生产资料价值等于单位劳动时间损耗的生产资料价值，所以，k_{cfa} 也可以被定义为考虑固定资本影响条件下单位劳动时间转移到产品价值中的生产资料价值系数。

因为损耗的生产资料价值或转移到产品价值中的生产资料价值与是否考虑固定资本无关，所以，（3-14）式、（3-15）式、（3-17）式中的考虑固定资本影响条件下单位劳动时间损耗的生产资料价值系数 k_{cfa}，与（3-12）式、（3-13）式中的单位劳动时间损耗的生产资料价值系数 k_{ca} 没有本质的区别。

值得注意的是，（3-17）式表示的转移到产品中的生产资料价值 c_w，不仅与单位劳动时间转移到产品价值中的生产资料价值系数 k_{cfa} 有关，而且与劳动时间 t 有关。如果考察的劳动时间是一个工作日，那么，就与工作日长度有关。

如果单位劳动时间转移到产品价值中的生产资料价值系数 $k_{cfa}=120$，劳动时间 $t=0$，0.5，1，…，10，那么，由（3-17）式，转移到产品中的生产资料价值 c_w 与劳动时间 t 的关系，可以用表 3-9 表示。

表 3-9   转移到产品中的生产资料价值 c_w 与劳动时间 t 的关系

劳动时间 t	转移到产品中的生产资料价值 c_w	劳动时间 t	转移到产品中的生产资料价值 c_w
0.0	0	5.5	660
0.5	60	6.0	720
1.0	120	6.5	780
1.5	180	7.0	840
2.0	240	7.5	900
2.5	300	8.0	960
3.0	360	8.5	1 020
3.5	420	9.0	1 080
4.0	480	9.5	1 140
4.5	540	10.0	1 200
5.0	600		

表 3-9 中转移到产品中的生产资料价值 c_w 与劳动时间 t 的关系，可以用图 3-9 表示。

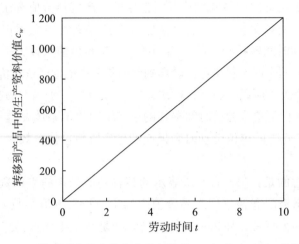

图 3-9　转移到产品中的生产资料价值 c_w 与劳动时间 t 的关系

由图 3-9 可以看出，转移到产品中的生产资料价值 c_w 为劳动时间 t 的单调递增的线性函数。

（七）转移到产品中的生产资料价值与剩余的生产资料价值之和等于不变资本

在生产过程中，生产资料价值逐渐转移到产品中，形成产品价值的一部分。由（3-12）式、（3-14）式、（3-17）式，或由图 3-7、图 3-8、图 3-9 可以看出，无论是否考虑固定资本，随着劳动过程的进行，生产资料价值都不断减少，转移到产品中的生产资料价值都不断增加。这两部分资本的形式不同，一部分是生产资本，另一部分是商品资本，但是，这两部分之和不变，都属于资本家。正因为如此，这部分资本称为不变资本。

转移到产品中的生产资料价值，与是否考虑固定资本无关，也与生产过程结束后剩余的生产资料无关，只与生产过程中损耗的生产资料的价值有关。

由（3-17）式也可以看到，转移到产品中的生产资料价值与剩余的生产资料价值之和不变，等于不变资本。

虽然资本中的不变资本部分是价值增殖的重要条件，但是，在价值增殖过程中其总价值不变（即剩余的生产资料价值与已经转移到产品中的生产资料的价值之和），不直接影响剩余价值生产，直接影响剩余价值生产的是资本中的可变资本部分。下面重点考察资本中的可变资本部分对剩余价值生产的影响。

二、可变资本

（一）购买的劳动力价值与生产过程中剩余的劳动力价值

劳动力或劳动能力成为商品是资本主义生产的最基本的条件。

关于劳动力或劳动能力，马克思认为，"我们把劳动力或劳动能力，理解为人的身体即活的人体中存在的、每当人生产某种使用价值时就运用的体力和智力的总和。"① 在生产过程中，雇佣劳动者的劳动能力能够创造出比自身价值更高的价值。

在一般情况下，谈到劳动力，有两种不同的含义：第一种含义，为生产过程开始之前，雇佣劳动者的体力和智力没有耗费时的劳动能力，或劳动能力的最大值，也就是马克思提出的劳动力；第二种含义，为生产过程开始之后，随着雇佣劳动者的体力和智力不断耗费，剩余的劳动力。这种劳动力为劳动时间的单调递减函数。这里重点考察第二种含义的劳动力。

在一般情况下，谈到劳动力价值，也有两种不同的含义：第一种含义，为生产过程开始之前，劳动能力没有耗费时的劳动力价值，或劳动力价值的最大值，也就是马克思提出的生产和再生产劳动力（雇佣劳动者的全部劳动能力）需要的生活资料的价值；第二种含义，为生产过程开始之后，随着劳动能力不断耗费，剩余的劳动力价值。这种劳动力价值为劳动时间的单调递减函数。

第一种含义的劳动力价值等于可变资本，也就是生产与再生产劳动力的价值。具体地说，是购买维持雇佣劳动者生存必需的生活资料的价值。马克思认为，"同任何其他商品的价值一样，劳动力的价值也是由生产从而再生产这种特殊物品所必需的劳动时间决定的。"② 值得注意的是，雇佣劳动者维持生存必需的生活资料，与历史因素有关，在不同国家与不同历史时期不同，同时，与一个国家中无产阶级与资产阶级的力量对比有关。

第二种含义的劳动力价值等于雇用工人的资本家向其他资本家转售工人的剩余劳动能力的交易价值。可以设想一种情况：资本家向雇佣劳动者预付了一定时间（例如，一天、一月或一年）的工资，在契约规定的劳动时间未结束时，雇佣劳动者的劳动能力低于生产过程开始之前劳动能力的最大值，但是尚未耗费完毕，劳动力价值也低于生产过程开始之前劳动力

① 马克思恩格斯全集：第 23 卷. 中文 1 版. 北京：人民出版社，1972：190.
② 马克思恩格斯全集：第 23 卷. 中文 1 版. 北京：人民出版社，1972：193.

价值的最大值，但是大于 0。由于某种原因（例如，原来的生产订单减少，生产过程被迫中断等），这个资本家需要向其他资本家转让雇佣劳动者剩余的劳动能力。在这种情况下，雇佣劳动者剩余的劳动力可以像其他商品一样被资本家售卖，而不是被雇佣劳动者本人售卖。售卖过程中的交易价值，就是剩余的劳动力价值。剩余的劳动力必须能够为新的雇主（新的资本家）继续创造新价值和剩余价值。

在马克思的著作中，谈到劳动力与劳动力价值，是第一种含义的劳动力与劳动力价值。可变资本等于这种含义的劳动力价值。这里考察的劳动力与劳动力价值，是第二种含义的劳动力与劳动力价值。

（二）生产过程中剩余的劳动力价值为劳动时间的单调递减函数

在这里，考察生产过程中剩余的劳动力及其价值。随着劳动过程的进行，劳动者的体力与脑力不断耗费，剩余的劳动力其价值不断减少。

在生产过程开始时，雇佣劳动者的劳动能力最高，劳动力价值也最高。劳动力价值 v 等于可变资本 v_0。生产过程开始之后，劳动能力逐渐下降，劳动力价值 v 也逐渐下降。在生产过程结束时，雇佣劳动者的劳动能力下降为 0，劳动力价值也下降为 0。

在生产过程中，劳动力价值与劳动时间的关系可以表示为

$$v = v_0 - k_v(t - t_0) \tag{3-18}$$

式中，v 为生产过程中的劳动力价值，v_0 为生产过程开始时刻的劳动力价值或可变资本，k_v 为单位劳动时间耗费的劳动力价值系数。

值得注意的是，（3-18）式表示生产过程中不同时刻的劳动力价值（即剩余的劳动力价值）v，取决于生产过程开始时刻的劳动力价值或可变资本 v_0 和生产过程中的劳动时间 t。

生产过程中劳动力的耗费与生产资料的耗费有两方面的重要区别：一方面，生产过程中随着生产资料的耗费，其价值等量地转移到新产品的价值中；生产过程中随着工人的劳动能力耗费，劳动力价值降低，工人的活劳动创造出高于劳动力价值的价值。另一方面，生产过程中生产资料的耗费与劳动时间成正比，剩余的生产资料价值与劳动时间成反比，劳动时间延长或缩短，生产资料的耗费相应地增加或减少，剩余的生产资料价值相应地减少或增加，生产资料的耗费和剩余的生产资料价值不受劳动时间的下限的限制；生产过程中劳动力的耗费与劳动时间有关，劳动时间受劳动时间的下限的限制，更具体地说，劳动时间不能短于劳动时间的下限，这个下限就是必要劳动时间。

如果生产过程结束时刻为 t_d，那么，由（3-18）式，单位劳动时间耗费的劳动力价值系数为

$$k_v = \frac{v_0}{t_d - t_0} \qquad (3-19)$$

值得注意的是，单位劳动时间耗费的劳动力价值系数 k_v，不仅与生产过程开始时刻的劳动力价值或可变资本 v_0 有关，而且与生产过程结束时刻 t_d 有关，也就是与工作日的长度有关。只有确定了可变资本和工作日的长度，才能确定单位劳动时间耗费的劳动力价值系数。单位劳动时间耗费的劳动力价值系数 k_v 与生产过程开始时刻的劳动力价值或可变资本 v_0 成正比，与工作日的长度 t_d 成反比。因此，（3-19）式表示的单位劳动时间耗费的劳动力价值系数，取决于生产过程开始时刻的劳动力价值或可变资本和工作日的长度两个因素。工作日的长度必须超过必要劳动时间。

如果生产过程开始时刻的劳动力价值或可变资本 $v_0 = 400$，单位劳动时间耗费的劳动力价值系数 $k_v = 40$，劳动时间 $t = 0$，0.5，1，$\cdots$，10，那么，由（3-18）式，生产过程中的劳动力价值 v 与劳动时间 t 的关系，可以用表 3-10 表示。

表 3-10　　　　　　　　劳动力价值 v 与劳动时间 t 的关系

劳动时间 t	劳动力价值 v	劳动时间 t	劳动力价值 v
0.0	400	5.5	180
0.5	380	6.0	160
1.0	360	6.5	140
1.5	340	7.0	120
2.0	320	7.5	100
2.5	300	8.0	80
3.0	280	8.5	60
3.5	260	9.0	40
4.0	240	9.5	20
4.5	220	10.0	0
5.0	200		

表 3-10 中劳动力价值 v 与劳动时间 t 的关系，可以用图 3-10 表示。

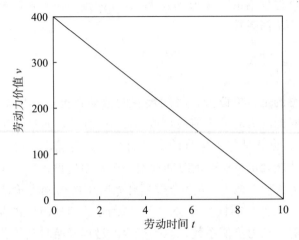

图 3 - 10　劳动力价值 v 与劳动时间 t 的关系

由图 3 - 10 可以看出，劳动力价值 v 为劳动时间 t 的单调递减的线性函数。

值得注意的是，表 3 - 10 和图 3 - 10 表示的劳动力价值 v 与劳动时间 t 的关系中，虽然出现了劳动时间少于必要劳动时间的条件下所对应的劳动力价值，但是，仅表示生产过程中不同时刻剩余的劳动力价值，并不表示劳动时间可以少于必要劳动时间，也不表示工作日的长度可以少于必要劳动时间。事实上，工作日的长度必须超过必要劳动时间。

同样值得注意的是，既然只有在确定了可变资本和工作日的长度之后，才能确定单位劳动时间耗费的劳动力价值，那么，劳动力价值就是耗费在相应的劳动时间内。如果资本家延长劳动时间，并且可变资本不增加，也就是工资不提高，那么，单位劳动时间耗费的劳动力价值就按照劳动时间延长的比例减少。如果资本家延长劳动时间，可变资本按照劳动时间等比例地增加，那么，单位劳动时间耗费的劳动力价值不变。

（三）劳动力能够创造的价值为劳动时间的单调递减函数

劳动力能够创造的价值是雇佣劳动者能够为资本家创造的新价值。这种价值不是现实的，而是潜在的。

在一般情况下，谈到劳动力能够创造的价值，有两种不同的含义：第一种含义，为生产过程开始之前雇佣劳动者的体力和智力没有耗费时劳动力能够创造的新价值；第二种含义，为生产过程开始之后，随着雇佣劳动者体力和智力不断耗费，雇佣劳动者剩余的体力和智力能够创造的新价值。

第一种含义的劳动力能够创造的价值是固定的。第二种含义的劳动力能够创造的价值是变化的，为劳动时间的单调递减函数。这里考察的劳动力能够创造的价值，是第二种含义的劳动力能够创造的价值。第一种含义的劳动力能够创造的价值是第二种含义的劳动力能够创造的价值的最大值。

在全部生产过程中，雇佣劳动者的劳动力能够创造的价值并不等于劳动力的价值，确切地说，劳动力能够创造的价值大于劳动力的价值，其差额就是能够创造的剩余价值。

马克思认为，"变为生产资料即原料、辅助材料、劳动资料的那部分资本，在生产过程中并不改变自己的价值量。因此，我把它称为不变资本部分，或简称为不变资本。相反，变为劳动力的那部分资本，在生产过程中改变自己的价值。它再生产自身的等价物和一个超过这个等价物而形成的余额，剩余价值。这个剩余价值本身是可以变化的，是可大可小的。这部分资本从不变量不断变为可变量。因此，我把它称为可变资本部分，或简称为可变资本。资本的这两个组成部分，从劳动过程的角度看，是作为客观因素和主观因素，作为生产资料和劳动力相区别的；从价值增殖过程的角度看，则是作为不变资本和可变资本相区别的。"①

特别值得注意的是，马克思在这里谈到的生产过程中的劳动力价值和剩余价值是变化的，随着生产过程的进行，原有的劳动力价值不断减少，劳动创造的新价值不断增加，新价值中的一部分相当于已经耗费的劳动力价值的等价物，另一部分是超过这个等价物的余额，即剩余价值。

在生产过程开始时，劳动力能够创造的价值最高。在生产过程结束时，劳动力能够创造的价值下降为 0。

在生产过程中，劳动力能够创造的价值与劳动时间的关系可以表示为

$$v_c = v_{c0} - k_{cv}(t - t_0) \qquad (3-20)$$

式中，v_c 为劳动力能够创造的价值，v_{c0} 为生产过程开始时刻劳动力能够创造的价值，k_{cv} 为单位劳动时间耗费的劳动力能够创造的价值系数。

值得注意的是，（3-20）式表示的劳动力能够创造的价值 v_c，取决于生产过程开始时刻劳动力能够创造的价值 v_{c0} 和生产过程中的劳动时间 t。

劳动力能够创造的价值 v_c 与生产资料价值 c_{fa} 有两方面的重要区别：一方面，转移到产品中的生产资料价值的总和等于生产过程中耗费的生产

① 马克思恩格斯全集：第23卷. 中文1版. 北京：人民出版社，1972：235-236.

资料价值的总和；在生产过程中的任何时刻，劳动力能够创造的价值总是高于劳动力的价值。另一方面，生产资料价值（即剩余的生产资料价值）与劳动时间成反比，劳动时间延长或缩短，生产资料价值相应地减少或增加，生产资料价值不受劳动时间的下限的限制；劳动力能够创造的价值与劳动时间有关，劳动时间受劳动时间的下限的限制，劳动时间不能短于必要劳动时间。

如果生产过程结束时刻为 t_d，那么，劳动力能够创造的价值 $v_{cd}=0$，单位劳动时间耗费的劳动力能够创造的价值系数为

$$k_{cv} = \frac{v_{c0}}{t_d - t_0} \tag{3-21}$$

值得注意的是，劳动力创造的价值本身就是由劳动时间决定的。因此，单位劳动时间耗费的劳动力能够创造的价值系数 k_{cv} 通常是一个常数。除非劳动强度发生变化，例如，劳动强度提高，单位劳动时间耗费的劳动力能够创造的价值系数 k_{cv} 才变化。

如果生产过程开始时刻劳动力能够创造的价值 $v_{c0}=1\,000$，单位劳动时间耗费的劳动力能够创造的价值系数 $k_{cv}=100$，劳动时间 $t=0$，0.5，1，…，10，那么，由（3-20）式，生产过程中的劳动力能够创造的价值 v_c 与劳动时间 t 的关系，可以用表 3-11 表示。

表 3-11　　　　劳动力能够创造的价值 v_c 与劳动时间 t 的关系

劳动时间 t	劳动力能够创造的价值 v_c	劳动时间 t	劳动力能够创造的价值 v_c
0.0	1 000	5.5	450
0.5	950	6.0	400
1.0	900	6.5	350
1.5	850	7.0	300
2.0	800	7.5	250
2.5	750	8.0	200
3.0	700	8.5	150
3.5	650	9.0	100
4.0	600	9.5	50
4.5	550	10.0	0
5.0	500		

表 3 - 11 中劳动力能够创造的价值 v_c 与劳动时间 t 的关系，可以用图 3 - 11 表示。

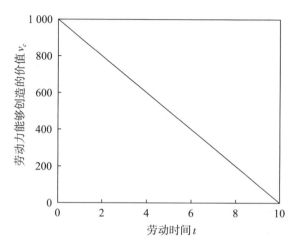

图 3 - 11　劳动力能够创造的价值 v_c 与劳动时间 t 的关系

由图 3 - 11 可以看出，劳动力能够创造的价值 v_c 为劳动时间 t 的单调递减的线性函数。将图 3 - 11 与图 3 - 10 比较可以看出，在生产过程中的每一时刻，劳动力能够创造的价值 v_c 总是大于剩余的劳动力价值 v。

值得注意的是，生产过程开始时刻的劳动力能够创造的价值 v_{c0} 大于可变资本 v_0，其差额为生产结束时刻剩余劳动创造的剩余价值。在本例中，生产过程开始时刻的劳动力能够创造的价值 v_{c0} 等于 1 000，可变资本 v_0 等于 400，生产结束时刻剩余劳动创造的剩余价值 s_d 等于 600，剩余价值率 e 等于 150%。

同样值得注意的是，表 3 - 11 和图 3 - 11 表示的劳动力能够创造的价值 v_c 与劳动时间 t 的关系中，虽然出现了劳动时间少于必要劳动时间的条件下所对应的劳动力能够创造的价值，但是，仅表示生产过程中不同时刻剩余的劳动力能够创造的价值，并不表示一个工作日的劳动时间可以少于或等于必要劳动时间。一个工作日的长度必须超过必要劳动时间。

因为劳动力创造的价值由劳动时间决定，所以，当资本家延长劳动时间，劳动力创造的价值等比例地增加，生产过程开始时刻劳动力能够创造的价值 v_{c0} 与劳动时间等比例地增加。在这种情况下，如果保持剥削程度不变，那么，工资必须等比例地增加。如果工资不变，那么，剥削程度就提高，从而透支雇佣劳动者的体力，损害劳动者的健康。可见，生产过程开始时刻劳动力能够创造的价值 v_{c0} 是一个具有一定弹性的量,其数值取决于透支雇佣劳动者的体力与损害其健康的程度。

(四) 活劳动创造的价值为劳动时间的单调递增函数

在一般情况下,谈到活劳动创造的价值,有两种不同的含义:第一种含义,为生产过程结束之后雇佣劳动者的活劳动创造的全部新价值;第二种含义,为生产过程开始之后,随着劳动过程的进行,雇佣劳动者的活劳动已经创造的新价值。第一种含义的活劳动创造的价值是固定的。第二种含义的活劳动创造的价值是变化的,为劳动时间的单调递增函数。通常所讲的活劳动创造的价值是第一种含义的。这里考察的活劳动创造的价值,是第二种含义的活劳动创造的价值。第一种含义的活劳动创造的价值是第二种含义的活劳动创造的价值的最大值。

在生产过程开始时,雇佣劳动者的活劳动创造的价值为 0,在生产过程结束时,雇佣劳动者的活劳动创造的价值(即新价值)达到最大值。

在生产过程中,活劳动创造的价值或新价值与劳动时间的关系可以表示为

$$v_{ll} = k_l(t - t_0) \tag{3-22}$$

式中,v_{ll} 为生产过程中活劳动创造的价值,k_l 为单位劳动时间耗费的活劳动创造的价值系数。

值得注意的是,(3-22)式表示的活劳动创造的价值 v_{ll},取决于劳动时间 t。

活劳动创造的价值 v_{ll} 与转移到产品中的生产资料价值 c_w 有两方面的重要区别:一方面,转移到产品中的生产资料价值的总和等于生产过程中耗费的生产资料价值的总和;在生产过程中的任何时刻,活劳动创造的全部价值都高于全部劳动力价值。另一方面,转移到产品中的生产资料价值与劳动时间成正比,劳动时间延长或缩短,转移到产品中的生产资料价值相应地增加或减少,转移到产品中的生产资料价值不受劳动时间的下限的限制;活劳动创造的价值与劳动时间有关,劳动时间不能短于必要劳动时间。

如果生产过程结束时刻为 t_d,生产过程结束时刻活劳动创造的价值为 v_{lld},那么,单位劳动时间耗费的活劳动创造的价值系数为

$$k_l = \frac{v_{lld}}{t_d - t_0} \tag{3-23}$$

式中,k_l 为单位劳动时间耗费的活劳动创造的价值系数。

值得注意的是，单位劳动时间耗费的活劳动创造的价值系数 k_l，不仅与生产过程结束时刻活劳动创造的价值 v_{lld} 有关，而且与生产过程结束时刻 t_d 有关，也就是与工作日的长度有关。只有确定了生产过程结束时刻活劳动创造的价值和工作日的长度，才能确定单位劳动时间耗费的活劳动创造的价值系数。单位劳动时间耗费的活劳动创造的价值系数 k_l 与生产过程结束时刻活劳动创造的价值 v_{lld} 成正比，与工作日的长度 t_d 成反比。因此，（3－23）式表示的单位劳动时间耗费的活劳动创造的价值系数，取决于生产过程结束时刻活劳动创造的价值和工作日的长度两个因素。工作日的长度必须超过必要劳动时间。

显然，生产过程结束时刻活劳动创造的价值 v_{lld}，等于生产过程开始时刻劳动力能够创造的价值 v_{c0}，即

$$v_{lld} = v_{c0} \tag{3－24}$$

生产过程结束时刻活劳动创造的价值，等于可变资本与剩余价值之和，即

$$v_{lld} = v_0 + s_d \tag{3－25}$$

式中，v_{lld} 为生产过程结束时刻活劳动创造的价值，v_0 为可变资本，s_d 为生产结束时刻剩余劳动创造的剩余价值。

如果单位劳动时间耗费的活劳动创造的价值系数 $k_l = 100$，劳动时间 $t = 0，0.5，1，\cdots，10$，那么，由（3－22）式，活劳动创造的价值 v_{ll} 与劳动时间 t 的关系，可以用表 3－12 表示。

表 3－12　　　　　活劳动创造的价值 v_{ll} 与劳动时间 t 的关系

劳动时间 t	活劳动创造的价值 v_{ll}	劳动时间 t	活劳动创造的价值 v_{ll}
0.0	0	5.5	550
0.5	50	6.0	600
1.0	100	6.5	650
1.5	150	7.0	700
2.0	200	7.5	750
2.5	250	8.0	800
3.0	300	8.5	850

续表

劳动时间 t	活劳动创造的价值 v_u	劳动时间 t	活劳动创造的价值 v_u
3.5	350	9.0	900
4.0	400	9.5	950
4.5	450	10.0	1 000
5.0	500		

表 3 - 12 中活劳动创造的价值 v_u 与劳动时间 t 的关系，可以用图 3 - 12 表示。

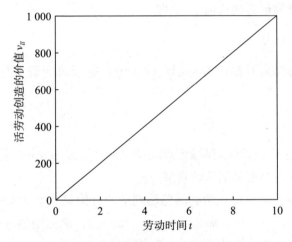

图 3 - 12　活劳动创造的价值 v_u 与劳动时间 t 的关系

由图 3 - 12 可以看出，活劳动创造的价值 v_u 为劳动时间 t 的过原点的单调递增的线性函数。

值得注意的是，表 3 - 12 和图 3 - 12 表示的活劳动创造的价值 v_u 与劳动时间 t 的关系中，虽然出现了劳动时间少于必要劳动时间的条件下所对应的活劳动创造的价值，但是，仅表示生产过程中不同时刻活劳动已经创造的价值，并不表示一个工作日的劳动时间可以少于或等于必要劳动时间。一个工作日的长度必须超过必要劳动时间。

同样值得注意的是，耗费的生产资料包括多种不同使用价值的机器、工具和原料，不同使用价值无法比较、无法相加，只能用耗费的不变资本价值表示。同理，一个工厂的产品既可以是一种产品，也可以是多种产品。例如，一个石油化工厂可以同时生产汽油、煤油、柴油、润滑油、石蜡等多石油产品。多种不同产品的使用价值无法比较、无法相加，只能用产品价值表示。产品价值等于转移到产品中的不变资本价值和劳动创造的新价值。生产过程中的每小时、每分钟、每秒钟，雇佣劳动者的劳动不仅将生产资料的旧价值转移到产品的价值中，而且创造新的价值；创造的新价值中，不仅包括必要劳动创造的价值，而且包括剩余劳动创造的价值。雇佣劳动者每时每刻的劳动都创造剩余价值。因此，如果由于某种原因生产过程中断，那么，原来的资本家不仅可以向新的资本家按照剩余的生产资料价值出售剩余的生产资料，按照剩余的劳动力价值出售剩余的劳动力，而且可以在市场上出售已经生产的产品，或者向新的资本家出售已经生产的半成品。这些已经生产的产品或半成品中，已经包括生产过程中断之前雇佣劳动者创造的剩余价值。这就是说，雇佣劳动者不仅要为原来雇用他的资本家创造剩余价值，而且要为现在雇用他的资本家创造剩余价值。雇佣劳动者为原来的资本家创造的剩余价值与为现在的资本家创造的剩余价值之比，等于生产过程中断前后的劳动时间之比。

第三节　剩余价值率的数学分析

一、劳动力的剥削程度，必要劳动与剩余劳动的关系

（一）劳动力的剥削程度

马克思认为，"剩余价值率是劳动力受资本剥削的程度或工人受资本家剥削的程度的准确表现。"[①] 要考察剩余价值率，就必须考察剩余价值与可变资本的关系，考察剩余劳动与必要劳动的关系，考察生产商品价值的劳动。

雇佣工人每天的劳动可以分为两部分：必要劳动和剩余劳动。

《资本论》中用 m 表示剩余价值，用 m' 表示剩余价值率。这里用 s 表示剩余价值，用 e 表示剩余价值率。剩余价值率是剩余价值与可变资本的比率，是剩余劳动与必要劳动的比率，也是剩余劳动时间与必要劳动时间的比率，表示资本家对工人的剥削程度。即

$$e = \frac{s}{v} = \frac{l_s}{l_v} = \frac{t_s}{t_v} \tag{3-26}$$

① 马克思恩格斯全集：第 23 卷. 中文 1 版. 北京：人民出版社，1972：244.

式中，e 为剩余价值率，s 为剩余价值，v 为可变资本，l_s 为剩余劳动，l_v 为必要劳动，t_s 为剩余劳动时间，t_v 为必要劳动时间。

生产商品不仅要耗费雇佣劳动者的劳动，而且要耗费生产资料。生产过程中使用的生产资料可以分为两种不同形式：第一种形式的生产资料，其使用价值和价值在生产过程结束时不会完全耗费，关于这种生产资料的价值耗费，马克思认为，"由劳动资料构成的那部分被使用的不变资本只是把自己价值的一部分转给产品，而其余的部分仍然保留在原来的存在形式中。"① 第二种形式的生产资料，其使用价值和价值在生产过程结束时完全耗费。第一种形式的生产资料，称为固定资本形式的不变资本。第二种形式的生产资料，称为流动资本形式的不变资本。

这里考察与不变资本的价值、可变资本的价值、剩余价值相关的物化劳动、必要劳动、剩余劳动之间的关系，以及物化劳动、必要劳动、剩余劳动与时间的关系。

（二）必要劳动强度、剩余劳动强度、活劳动强度与时间的关系

为了考察必要劳动与时间的关系，引入必要劳动强度的概念。必要劳动强度反映必要劳动的消耗程度，必要劳动强度等于单位时间内耗费的必要劳动。即

$$i_v = \lim_{\Delta t \to 0} \frac{\Delta l_v}{\Delta t} = \frac{dl_v}{dt} \tag{3-27}$$

式中，i_v 为必要劳动强度，l_v 为必要劳动，Δl_v 为 Δt 的劳动时间中耗费的必要劳动，dl_v 为 dt 的劳动时间中耗费的必要劳动。

（3-27）式中的变量均为劳动时间内的变量。如果要考察劳动时间与非劳动时间内有关变量的变化，包括连续变化与阶跃变化，为了同时表示劳动时间和非劳动时间内有关变量的便利，那么，t 为时间。在下面的考察中，如果没有特别说明，提到的时间都是指劳动时间。

为了考察剩余劳动与时间的关系，引入剩余劳动强度的概念。剩余劳动强度反映剩余劳动的消耗程度，剩余劳动强度等于单位时间内耗费的剩余劳动。即

$$i_s = \lim_{\Delta t \to 0} \frac{\Delta l_s}{\Delta t} = \frac{dl_s}{dt} \tag{3-28}$$

式中，i_s 为剩余劳动强度，l_s 为剩余劳动，Δl_s 为 Δt 的劳动时间中耗费

---

① 马克思恩格斯全集：第 23 卷. 中文 1 版. 北京：人民出版社，1972：239.

的剩余劳动，$\mathrm{d}l_s$ 为 $\mathrm{d}t$ 的劳动时间中耗费的剩余劳动。

为了考察活劳动与时间的关系，引入活劳动强度的概念。活劳动强度反映活劳动的消耗程度，活劳动强度等于单位时间内耗费的活劳动。即

$$i_{ll} = \lim_{\Delta t \to 0} \frac{\Delta l_l}{\Delta t} = \frac{\mathrm{d}l_l}{\mathrm{d}t} \tag{3-29}$$

式中，i_{ll} 为活劳动强度，l_l 为活劳动，Δl_l 为 Δt 的劳动时间中耗费的活劳动，$\mathrm{d}l_l$ 为 $\mathrm{d}t$ 的劳动时间中耗费的活劳动。

由（3-26）式、（3-27）式、（3-28）式，剩余价值率不仅是剩余劳动时间 t_s 与必要劳动时间 t_v 的比率，而且是剩余劳动强度 i_s 与必要劳动强度 i_v 的比率。即

$$e = \frac{t_s}{t_v} = \frac{i_s}{i_v} \tag{3-30}$$

活劳动等于必要劳动与剩余劳动之和。即

$$l_l = l_v + l_s \tag{3-31}$$

通常所说的必要劳动、剩余劳动、活劳动，都是指耗费的必要劳动、剩余劳动、活劳动。

在劳动过程中，雇佣劳动者在相同时间内的劳动是相同的。从数量上看，生产过程刚开始时每分钟的劳动，与生产过程即将结束时每分钟的劳动没有区别，创造的使用价值相同，创造的价值也相同；从本质上看，生产过程刚开始时每分钟的劳动，与生产过程即将结束时每分钟的劳动也没有区别，在创造新产品价值的同时，都创造剩余价值，都受资本家的剥削，都是由资本主义生产方式决定的雇佣劳动。

因此，雇佣劳动者不是从必要劳动结束后才开始剩余劳动，而是每时每刻既进行必要劳动，也进行剩余劳动。这样，雇佣劳动者每时每刻的劳动，都可以分为必要劳动组成部分和剩余劳动组成部分。

劳动强度 i_l 从 0 到 i_1（$i_1 > 0$）为雇佣劳动者的活劳动强度中的必要劳动强度。即

$$i_v = i_1 \tag{3-32}$$

劳动强度 i_l 从 i_1 到 i_2（$i_2 > i_1 > 0$）为雇佣劳动者的活劳动强度中的剩余劳动强度。即

$$i_s = i_2 - i_1 \qquad\qquad (3-33)$$

劳动强度 i_l 从 0 到 i_2 为雇佣劳动者的活劳动强度。即

$$i_{ll} = i_v + i_s = i_2 \qquad\qquad (3-34)$$

如果 i_1、i_2 都是时间的函数，那么，必要劳动强度 i_v、剩余劳动强度 i_s 都是时间的函数。如果 i_1、i_2 都是常数，那么，必要劳动强度 i_v、剩余劳动强度 i_s 都是常数。

必要劳动时间为从劳动开始时刻起，至必要劳动时刻止的劳动时间。必要劳动时间可以表示为

$$t_v = t_1 - t_0 \qquad\qquad (3-35)$$

式中，t_0 为劳动开始时刻，t_1 为必要劳动时刻。通常 $t_0 = 0$。

剩余劳动时间为从必要劳动时刻起，至劳动结束时刻止的劳动时间。剩余劳动时间可以表示为

$$t_s = t_2 - t_1 \qquad\qquad (3-36)$$

式中，t_2 为劳动结束时刻（$t_2 > t_1 > t_0 = 0$）。

全部劳动时间或工作日为从劳动开始时刻起，至劳动结束时刻止的劳动时间。全部劳动时间或工作日等于必要劳动时间与剩余劳动时间之和。由（3-35）式、（3-36）式，全部劳动时间或工作日可以表示为

$$t_d = t_v + t_s = t_2 - t_0 \qquad\qquad (3-37)$$

式中，t_d 为全部劳动时间或工作日。

由（3-26）式、（3-30）式、（3-32）式、（3-33）式、（3-35）式、（3-36）式，剩余价值率可以表示为

$$e = \frac{s}{v} = \frac{l_s}{l_v} = \frac{t_s}{t_v} = \frac{t_2 - t_1}{t_1 - t_0} = \frac{i_s}{i_v} = \frac{i_2 - i_1}{i_1} \qquad\qquad (3-38)$$

（三）必要劳动强度、剩余劳动强度、活劳动强度与时间的关系的数例

如果必要劳动强度 $i_v = 0.4$，剩余劳动强度 $i_s = 0.6$，劳动开始时刻 $t_0 = 0$，必要劳动时刻 $t_1 = 4$，劳动结束时刻 $t_2 = 10$，时间 $t = -2$，-1.5，-1，…，12，那么，由（3-32）式、（3-33）式、（3-34）式、（3-35）式、（3-36）式、（3-37）式，必要劳动强度 i_v、剩余劳动强度 i_s、活劳动强度 i_{ll} 与时间 t 的关系，可以用表 3-13 表示。

表 3 - 13 必要劳动强度 i_v、剩余劳动强度 i_s、活劳动强度 i_u 与时间 t 的关系

时间 t	必要劳动强度 i_v	剩余劳动强度 i_s	活劳动强度 i_u
−2.0	0	0	0
−1.5	0	0	0
−1.0	0	0	0
−0.5	0	0	0
0.0	0.4	0.6	1
0.5	0.4	0.6	1
1.0	0.4	0.6	1
1.5	0.4	0.6	1
2.0	0.4	0.6	1
2.5	0.4	0.6	1
3.0	0.4	0.6	1
3.5	0.4	0.6	1
4.0	0.4	0.6	1
4.5	0.4	0.6	1
5.0	0.4	0.6	1
5.5	0.4	0.6	1
6.0	0.4	0.6	1
6.5	0.4	0.6	1
7.0	0.4	0.6	1
7.5	0.4	0.6	1
8.0	0.4	0.6	1
8.5	0.4	0.6	1
9.0	0.4	0.6	1
9.5	0.4	0.6	1
10.0	0.4	0.6	1
10.5	0	0	0
11.0	0	0	0
11.5	0	0	0
12.0	0	0	0

　　表 3-13 表示的必要劳动强度 i_v、剩余劳动强度 i_s、活劳动强度 i_u 与时间 t 的关系，分别为阶跃的分段函数关系。每个阶跃的分段函数各有 3 段。考虑到用 10 列表格表示必要劳动强度 i_v、剩余劳动强度 i_s、活劳动强度 i_u 与时间 t 的关系过于烦琐，表 3-13 用简化的方法表示每个阶跃的分段函数，将必要劳动强度 i_v、剩余劳动强度 i_s、活劳动强度 i_u 各表示为一列。

　　表 3-13 中的必要劳动强度 i_v、剩余劳动强度 i_s、活劳动强度 i_u 都是劳动强度 i_l 的不同的具体形式。表 3-13 中各种形式的劳动强度 i_l 与时间 t 的关系，可以用图 3-13 表示。

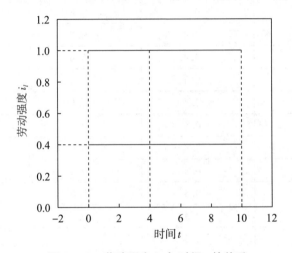

图 3-13　劳动强度 i_l 与时间 t 的关系

　　在图 3-13 中，当时间 $t=0$ 时，为劳动开始时刻 t_0；当时间 $t=4$ 时，为必要劳动时刻 t_1；当时间 $t=10$ 时，为劳动结束时刻 t_2；当时间 $t=t_1-t_0=4$ 时，为必要劳动时间 t_v；当时间 $t=t_2-t_1=6$ 时，为剩余劳动时间 t_s；当时间 $t=t_2-t_0=10$ 时，为工作日 t_d；当劳动强度 $i_l=i_1=0.4$ 时，为必要劳动强度 i_v；当劳动强度 $i_l=i_2-i_1=1-0.4=0.6$ 时，为剩余劳动强度 i_s；当劳动强度 $i_l=i_2=1$ 时，为活劳动强度 i_u。

　　在图 3-13 中，在劳动时间内，当劳动强度 $i_l=i_1=0.4$ 时，表示必要劳动强度 i_v 与时间 t 的关系；当劳动强度 $i_l=i_2=1$ 时，表示活劳动强度 i_u 与时间 t 的关系；当劳动强度 $i_l=i_2-i_1=1-0.4=0.6$，即活劳动强度 i_u 与必要劳动强度 i_v 之差，表示剩余劳动强度 i_s 与时间 t 的关系。

　　由图 3-13 可以看出，在劳动开始前和劳动结束后，劳动强度 $i_l=0$，也就是必要劳动强度 i_v、剩余劳动强度 i_s、活劳动强度 i_u 都等于 0；在劳动时间内，活劳动强度 i_{ll} 等于必要劳动强度 i_v 与剩余劳动强度 i_s 之和，即活劳动强度 $i_{ll}=1$。必要劳动强度 i_v 与时间 t 的关系，剩余劳动强度 i_s 与时间 t 的关系，活劳动强度 i_{ll} 与时间 t 的关系，都是非连续型分段函数关系，或阶跃函数关系。必要劳动强度、剩余劳动强度、活劳动强度均为正值。工作日 t_d 等于必要劳动时间 t_v 与剩余劳动时间 t_s 之和。必要劳动时间、剩余劳动时间、工作日均为正值。

值得注意的是，在图 3-13 中，横坐标是时间，而不是劳动时间，纵坐标是劳动强度，而不是必要劳动强度、剩余劳动强度、活劳动强度，因为其中包括非劳动时间。

（四）必要劳动、剩余劳动、活劳动与时间的关系

1. 必要劳动与时间的关系

在劳动时间内，生产过程中耗费的必要劳动，等于从劳动开始时刻 t_0 至劳动结束时刻 t_2 的范围内，必要劳动强度 i_v 对时间的定积分。必要劳动也等于从劳动开始时刻 t_0 至必要劳动时刻 t_1 的范围内，活劳动强度 i_{ll} 对时间的定积分。即

$$l_v = \int_{t_0}^{t_2} i_v(t)\mathrm{d}t = \int_{t_0}^{t_1} i_{ll}(t)\mathrm{d}t \tag{3-39}$$

如果必要劳动强度和活劳动强度不随时间变化，那么，必要劳动为

$$\begin{aligned} l_v &= \int_{t_0}^{t_2} i_v(t)\mathrm{d}t = i_v(t_2 - t_0) = i_1(t_2 - t_0) \\ &= \int_{t_0}^{t_1} i_{ll}(t)\mathrm{d}t = i_{ll}(t_1 - t_0) = i_2(t_1 - t_0) \end{aligned} \tag{3-40}$$

令人感兴趣的是，必要劳动可以用两种不同形式的定积分表示。这就是说，在两种不同的积分上下限范围内，两种不同的被积函数对时间的定积分都可以表示必要劳动。在图 3-13 表示的数例中，表现为 (0, 0)、(10, 0)、(10, 0.4)、(0, 0.4) 四点之间的横向矩形面积，与 (0, 0)、(4, 0)、(4, 1)、(0, 1) 四点之间的纵向矩形面积相等，都等于必要劳动对应的面积。因此，两种不同的表示必要劳动的方式等价。

(0, 0)、(10, 0)、(10, 0.4)、(0, 0.4) 四点之间的横向矩形面积对应的必要劳动，表示从本质上看，每时每刻的活劳动中都包括必要劳动。(0, 0)、(4, 0)、(4, 1)、(0, 1) 四点之间的纵向矩形面积对应的必要劳动，表示从数量上看，必要劳动数量等于必要劳动时间内的活劳动数量。

值得注意的是，由 (3-39) 式、(3-40) 式得到的必要劳动，是生

产过程中耗费的全部劳动中的必要劳动部分，而不是生产过程中某一时间范围内耗费的活劳动的一部分，也不是从生产过程开始至某一时刻为止耗费的活劳动的一部分。

只有在必要劳动时间与剩余劳动时间完全确定的条件下，也就是在必要劳动与剩余劳动的比例完全确定的条件下，两种不同的表示必要劳动的方式才等价。如果必要劳动时间与剩余劳动时间中的一个变化，或两个都变化，那么，必要劳动与剩余劳动的比例就是变化的那个变量的函数。在绝对剩余价值生产中，通常延长剩余劳动时间，在这种条件下，必要劳动与剩余劳动的比例是剩余劳动时间的一元函数；在相对剩余价值生产中，通常缩短必要劳动时间，在这种条件下，必要劳动与剩余劳动的比例是必要劳动时间的一元函数；在有的相对剩余价值生产中，不仅缩短必要劳动时间，而且延长剩余劳动时间，在这种条件下，必要劳动与剩余劳动的比例是必要劳动时间与剩余劳动时间的二元函数。

2. 剩余劳动与时间的关系

在劳动时间内，生产过程中耗费的剩余劳动，等于从劳动开始时刻 t_0 至劳动结束时刻 t_2 的范围内，剩余劳动强度 i_s 对时间的定积分。剩余劳动也等于从必要劳动时刻 t_1 至劳动结束时刻 t_2 的范围内，活劳动强度 i_u 对时间的定积分。即

$$l_s = \int_{t_0}^{t_2} i_s(t)\mathrm{d}t = \int_{t_1}^{t_2} i_u(t)\mathrm{d}t \tag{3-41}$$

如果剩余劳动强度和活劳动强度不随时间变化，那么，剩余劳动为

$$l_s = \int_{t_0}^{t_2} i_s(t)\mathrm{d}t = i_s(t_2 - t_0) = (i_2 - i_1)(t_2 - t_0)$$

$$= \int_{t_1}^{t_2} i_u(t)\mathrm{d}t = i_u(t_2 - t_1) = i_2(t_2 - t_1) \tag{3-42}$$

令人感兴趣的是，（3-41）式、（3-42）式证明剩余劳动可以用两种不同形式的定积分表示。这就是说，在两种不同的积分上下限范围内，两种不同的被积函数对时间的定积分，都可以表示剩余劳动。在图 3-13 表示的数例中，表现为（0，0.4）、（10，0.4）、（10，1）、（0，1）四点之间的横向矩形面积，与（4，0）、（10，0）、（10，1）、（4，1）四点之间的纵向矩形面积相等，都等于剩余劳动对应的面积。因此，两种不同的表示剩余劳动的方式等价。这证明，马克思关于每时每刻都形成剩余价值的观点，与超过一定时间才开始生产剩余价值的观点不仅不矛盾，而且等价。

（0，0.4）、（10，0.4）、（10，1）、（0，1）四点之间的横向矩形面积

对应的剩余劳动，表示从本质上看，每时每刻的活劳动中都包括剩余劳动。（4，0）、（10，0）、（10，1）、（4，1）四点之间的纵向矩形面积对应的剩余劳动，表示从数量上看，剩余劳动数量等于剩余劳动时间内的活劳动数量。

值得注意的是，由（3-41）式、（3-42）式得到的剩余劳动，是生产过程中耗费的全部劳动中的剩余劳动部分，而不是生产过程中某一时间范围内耗费的活劳动的一部分，也不是从生产过程开始至某一时刻为止耗费的活劳动的一部分。

只有在必要劳动时间与剩余劳动时间完全确定的条件下，也就是在必要劳动与剩余劳动的比例完全确定的条件下，两种不同的表示剩余劳动的方式才等价。如果必要劳动时间与剩余劳动时间中的一个变化，或两个都变化，那么，必要劳动与剩余劳动的比例就是变化的那个变量的函数。

3. 活劳动与时间的关系

在劳动时间内，生产过程中耗费的活劳动，等于从劳动开始时刻 t_0 至劳动结束时刻 t_2 的范围内，活劳动强度 i_{ll} 对时间的定积分。即

$$
\begin{aligned}
l_l &= \int_{t_0}^{t_2} i_{ll}(t)\mathrm{d}t = \int_{t_0}^{t_2}\left[i_v(t)+i_s(t)\right]\mathrm{d}t \\
&= \int_{t_0}^{t_2} i_v(t)\mathrm{d}t + \int_{t_0}^{t_2} i_s(t)\mathrm{d}t = l_v + l_s
\end{aligned}
\tag{3-43}
$$

如果活劳动强度不随时间变化，那么，由（3-34）式、（3-43）式，活劳动为

$$
l_l = \int_{t_0}^{t_2} i_{ll}(t)\mathrm{d}t = i_2(t_2 - t_0)
\tag{3-44}
$$

在图3-13表示的数例中，表现为（0，0）、（10，0）、（10，1）、（0，1）四点之间的矩形面积，等于活劳动对应的面积。

值得注意的是，由（3-43）式、（3-44）式得到的活劳动，是生产过程中耗费的全部活劳动，而不是生产过程中某一时间范围内耗费的活劳动，也不是从生产过程开始至某一时刻为止耗费的活劳动。

（五）必要劳动、剩余劳动、活劳动与时间的关系的数例

1. 必要劳动与时间的关系的数例

在图3-13表示的数例中，必要劳动强度 $i_v = 0.4$，剩余劳动强度 $i_s = 0.6$，劳动开始时刻 $t_0 = 0$，必要劳动时刻 $t_1 = 4$，劳动结束时刻 $t_2 = 10$，时间 $t = -2，-1.5，-1，\cdots，12$，由（3-40）式，必要劳动为

$$l_v = i_v(t_2 - t_0) = i_1(t_2 - t_0) = 0.4 \times (10 - 0) = 4 \qquad (3-45)$$

或

$$l_v = i_{II}(t_1 - t_0) = (i_v + i_s)(t_1 - t_0) = i_2(t_1 - t_0)$$
$$= (0.4 + 0.6) \times (4 - 0) = 4 \qquad (3-46)$$

2. 剩余劳动与时间的关系的数例

在图 3-13 表示的数例中，必要劳动强度 $i_v = 0.4$，剩余劳动强度 $i_s = 0.6$，劳动开始时刻 $t_0 = 0$，必要劳动时刻 $t_1 = 4$，劳动结束时刻 $t_2 = 10$，时间 $t = -2$，-1.5，-1，$\cdots$，12，由（3-42）式，剩余劳动为

$$l_s = i_s(t_2 - t_0) = (i_2 - i_1)(t_2 - t_0)$$
$$= (1 - 0.4) \times (10 - 0) = 6 \qquad (3-47)$$

或

$$l_s = i_{II}(t_2 - t_1) = i_2(t_2 - t_1) = 1 \times (10 - 4) = 6 \qquad (3-48)$$

3. 活劳动与时间的关系的数例

在图 3-13 表示的数例中，必要劳动强度 $i_v = 0.4$，剩余劳动强度 $i_s = 0.6$，劳动开始时刻 $t_0 = 0$，必要劳动时刻 $t_1 = 4$，劳动结束时刻 $t_2 = 10$，时间 $t = -2$，-1.5，-1，$\cdots$，12，由（3-44）式，活劳动为

$$l_l = i_2(t_2 - t_0) = 1 \times (10 - 0) = 10 \qquad (3-49)$$

（六）生产过程中不同时刻耗费的必要劳动、剩余劳动、活劳动与时间的关系

生产过程中每时每刻的活劳动都按照一定比例划分为必要劳动和剩余劳动。这里考察从生产过程开始至某一时刻为止耗费的活劳动，以及其中的必要劳动和剩余劳动。这种考察必须在必要劳动时间和剩余劳动时间完全确定的条件下进行，也就是在必要劳动强度和剩余劳动强度完全确定的条件下进行。

1. 生产过程中不同时刻耗费的必要劳动与时间的关系

在劳动时间内，从劳动开始时刻 t_0 至某一时刻（如果 $t_0 = 0$，这一时刻就是时间 t）为止，耗费的必要劳动等于在此时间范围内，必要劳动强度 i_v 对时间的定积分。即

$$l_v(t) = \int_{t_0}^{t} i_v(t)\mathrm{d}t \qquad (3-50)$$

如果必要劳动强度不随时间变化，那么，必要劳动为

$$l_v(t) = \int_{t_0}^{t} i_v(t)\mathrm{d}t = i_v(t-t_0) = i_1(t-t_0) \qquad (3-51)$$

这种意义的必要劳动 $l_v(t)$ 是时间 t 的函数。

2. 生产过程中不同时刻耗费的剩余劳动与时间的关系

在劳动时间内，从劳动开始时刻 t_0 至某一时刻（如果 $t_0=0$，这一时刻就是时间 t）为止，耗费的剩余劳动等于在此时间范围内，剩余劳动强度 i_s 对时间的定积分。即

$$l_s(t) = \int_{t_0}^{t} i_s(t)\mathrm{d}t \qquad (3-52)$$

如果剩余劳动强度不随时间变化，那么，剩余劳动为

$$l_s(t) = \int_{t_0}^{t} i_s(t)\mathrm{d}t = i_s(t-t_0) = (i_2-i_1)(t-t_0) \qquad (3-53)$$

这种意义的剩余劳动 $l_s(t)$ 是时间 t 的函数。

3. 生产过程中不同时刻耗费的活劳动与时间的关系

在劳动时间内，从劳动开始时刻 t_0 至某一时刻（如果 $t_0=0$，这一时刻就是时间 t）为止，耗费的活劳动等于在此时间范围内，活劳动强度 i_{ll} 对时间的定积分。即

$$l_l(t) = \int_{t_0}^{t} i_{ll}(t)\mathrm{d}t = \int_{t_0}^{t} [i_v(t)+i_s(t)]\mathrm{d}t$$
$$= \int_{t_0}^{t} i_v(t)\mathrm{d}t + \int_{t_0}^{t} i_s(t)\mathrm{d}t = l_v(t)+l_s(t) \qquad (3-54)$$

如果活劳动强度不随时间变化，那么，活劳动为

$$l_l(t) = \int_{t_0}^{t} i_{ll}(t)\mathrm{d}t = i_2(t-t_0) \qquad (3-55)$$

这种意义的活劳动 $l_l(t)$ 是时间 t 的函数。

（七）生产过程中不同时刻耗费的必要劳动、剩余劳动、活劳动与时间的关系的数例

如果必要劳动强度 $i_v=0.4$，剩余劳动强度 $i_s=0.6$，劳动开始时刻 $t_0=0$，必要劳动时刻 $t_1=4$，劳动结束时刻 $t_2=10$，时间 $t=-2$，-1.5，-1，…，12，那么，由（3-51）式、（3-53）式、（3-55）式，必要劳动 l_v、剩余劳动 l_s、活劳动 l_l 与时间 t 的关系，可以用表 3-14 表示。

表3-14 必要劳动 l_v、剩余劳动 l_s、活劳动 l_l 与时间 t 的关系

时间 t	必要劳动 l_v	剩余劳动 l_s	活劳动 l_l
-2.0	0.0	0.0	0.0
-1.5	0.0	0.0	0.0
-1.0	0.0	0.0	0.0
-0.5	0.0	0.0	0.0
0.0	0.0	0.0	0.0
0.5	0.2	0.3	0.5
1.0	0.4	0.6	1.0
1.5	0.6	0.9	1.5
2.0	0.8	1.2	2.0
2.5	1.0	1.5	2.5
3.0	1.2	1.8	3.0
3.5	1.4	2.1	3.5
4.0	1.6	2.4	4.0
4.5	1.8	2.7	4.5
5.0	2.0	3.0	5.0
5.5	2.2	3.3	5.5
6.0	2.4	3.6	6.0
6.5	2.6	3.9	6.5
7.0	2.8	4.2	7.0
7.5	3.0	4.5	7.5
8.0	3.2	4.8	8.0
8.5	3.4	5.1	8.5
9.0	3.6	5.4	9.0
9.5	3.8	5.7	9.5
10.0	4.0	6.0	10.0
10.5	0.0	0.0	0.0
11.0	0.0	0.0	0.0
11.5	0.0	0.0	0.0
12.0	0.0	0.0	0.0

　　表3-14表示的必要劳动 l_v、剩余劳动 l_s、活劳动 l_l 与时间 t 的关系，分别为分段函数关系。每个分段函数各有3段。考虑到用10列表格表示必要劳动 l_v、剩余劳动 l_s、活劳动 l_l 与时间 t 的关系过于烦琐，表3-14用简化的方法表示每个分段函数，将必要劳动 l_v、剩余劳动 l_s、活劳动 l_l 各表示为一列。

　　表3-14中的必要劳动 l_v、剩余劳动 l_s、活劳动 l_l 都是劳动 l 的不同的具体形式。表3-14中各种形式的劳动 l 与时间 t 的关系，可以用图3-14表示。

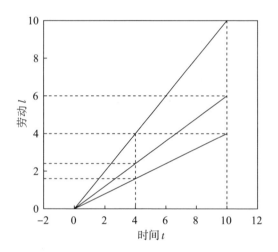

图3-14　劳动 l 与时间 t 的关系

　　在图3-14中，从下至上三条直线分别表示生产过程中耗费的必要劳动 l_v 与时间 t 的关系、剩余劳动 l_s 与时间 t 的关系、活劳动 l_l 与时间 t 的关系。其中，在生产过程中的每一时刻，剩余劳动 l_s 都可以用活劳动 l_l 的纵坐标与必要劳动 l_v 的纵坐标的差值表示。

　　在图3-14中，当时间 $t=4$ 时，必要劳动 $l_v=1.6$，剩余劳动 $l_s=2.4$，活劳动 $l_l=4$；当时间 $t=10$ 时，必要劳动 $l_v=4$，剩余劳动 $l_s=6$，活劳动 $l_l=10$。

　　由图3-14可以看出，在劳动开始前和劳动结束后，必要劳动 l_v、剩余劳动 l_s、活劳动 l_l 都等于0；在劳动时间内，必要劳动 l_v 与时间 t 的关系、剩余劳动 l_s 与时间 t 的关系、活劳动 l_l 与时间 t 的关系都是单调递增的线性关系。这表明，随着生产过程的进行，耗费的必要劳动 l_v、剩余劳动 l_s、活劳动 l_l 等比例增加。

　　在图3-14中，横坐标是时间，而不是劳动时间，纵坐标是劳动，而不是必要劳动、剩余劳动、活劳动，因为其中包括非劳动时间。

（八）物化劳动强度、总劳动强度与时间的关系

1. 工人的劳动将耗费的生产资料的旧价值保存在产品的价值中

生产过程中耗费的活劳动创造的价值凝结在产品价值中。

生产生产资料要耗费劳动。进入劳动过程的生产资料作为一定量的物化劳动来计算。对于生产新产品的生产过程来说，生产生产资料耗费的劳动是过去的劳动，是物化在生产资料中的劳动。在生产新产品的生产过程中，工人的劳动在创造新价值的同时，保存被用掉的生产资料的价值，要么将耗费的生产资料的旧价值保存在产品的价值中，要么将这些价值作为价值组成部分转移到产品中。

2. 商品的价值、生产商品耗费的劳动、生产商品耗费的劳动时间

商品的价值为不变资本、可变资本、剩余价值之和。即

$$w = c + v + s \tag{3-56}$$

商品的价值是生产商品耗费的劳动的凝结。生产商品的总劳动为耗费的物化劳动、必要劳动、剩余劳动之和。即

$$l_w = l_c + l_v + l_s \tag{3-57}$$

3. 物化劳动转移强度与总劳动强度

为了考察凝结在生产资料中的过去的劳动在生产商品的总劳动中的作用，引入物化劳动转移强度的概念。物化劳动转移强度 i_c 为单位时间内转移到产品中的物化劳动 l_c。即

$$i_c = \lim_{\Delta t \to 0} \frac{\Delta l_c}{\Delta t} = \frac{\mathrm{d}l_c}{\mathrm{d}t} \tag{3-58}$$

式中，i_c 为物化劳动转移强度，l_c 为物化劳动，Δl_c 为 Δt 的劳动时间中耗费的物化劳动，$\mathrm{d}l_c$ 为 $\mathrm{d}t$ 的劳动时间中耗费的物化劳动。

如果劳动过程耗费的劳动不仅包括活劳动，而且包括物化劳动，相应的总劳动强度不仅考虑必要劳动强度和剩余劳动强度，而且考虑物化劳动转移强度，那么，总劳动强度等于物化劳动转移强度与活劳动强度之和，也等于物化劳动转移强度、必要劳动强度、剩余劳动强度之和。即

$$i_w = i_c + i_{ll} = i_c + i_v + i_s \tag{3-59}$$

式中，i_w 为总劳动强度。

如果总劳动强度 i_w 从 0 到 i_1 为必要劳动强度 i_v，从 i_1 到 i_2 为剩余

劳动强度 i_s，从 i_2 到 i_4 为物化劳动转移强度 i_c，那么，必要劳动强度 i_v 由（3-32）式表示，剩余劳动强度 i_s 由（3-33）式表示，活劳动强度 i_{ll} 由（3-34）式表示，物化劳动转移强度 i_c 可以表示为

$$i_c = i_4 - i_2 \qquad\qquad (3-60)$$

总劳动强度 i_w 可以表示为

$$i_w = i_c + i_{ll} = i_c + i_v + i_s = i_4 \qquad\qquad (3-61)$$

4. 必要劳动强度、剩余劳动强度、物化劳动转移强度、总劳动强度与时间的关系

如果 i_1、i_2、i_4 都是时间的函数，那么，不仅必要劳动强度 i_v、剩余劳动强度 i_s 是时间的函数，而且物化劳动转移强度 i_c、总劳动强度 i_w 都是时间的函数。

如果 i_1、i_2、i_4 都是常数，那么，不仅必要劳动强度 i_v、剩余劳动强度 i_s 是常数，而且物化劳动转移强度 i_c、总劳动强度 i_w 都是常数。

（九）必要劳动强度、剩余劳动强度、活劳动强度、物化劳动强度、总劳动强度与时间的关系的数例

如果必要劳动强度 $i_v = 0.4$，剩余劳动强度 $i_s = 0.6$，物化劳动转移强度 $i_c = 0.5$，劳动开始时刻 $t_0 = 0$，必要劳动时刻 $t_1 = 4$，劳动结束时刻 $t_2 = 10$，时间 $t = -2, -1.5, -1, \cdots, 12$，那么，由（3-32）式、（3-33）式、（3-35）式、（3-36）式、（3-37）式、（3-60）式、（3-61）式，必要劳动强度 i_v、剩余劳动强度 i_s、物化劳动转移强度 i_c、总劳动强度 i_w 与时间 t 的关系可以用表 3-15 表示。

表 3-15　　　　　必要劳动强度 i_v、剩余劳动强度 i_s、物化
劳动转移强度 i_c、总劳动强度 i_w 与时间 t 的关系

时间 t	必要劳动强度 i_v	剩余劳动强度 i_s	物化劳动转移强度 i_c	总劳动强度 i_w
−2.0	0.0	0.0	0.0	0
−1.5	0.0	0.0	0.0	0
−1.0	0.0	0.0	0.0	0
−0.5	0.0	0.0	0.0	0
0.0	0.4	0.6	0.5	1.5
0.5	0.4	0.6	0.5	1.5

续表

时间 t	必要劳动强度 i_v	剩余劳动强度 i_s	物化劳动转移强度 i_c	总劳动强度 i_w
1.0	0.4	0.6	0.5	1.5
1.5	0.4	0.6	0.5	1.5
2.0	0.4	0.6	0.5	1.5
2.5	0.4	0.6	0.5	1.5
3.0	0.4	0.6	0.5	1.5
3.5	0.4	0.6	0.5	1.5
4.0	0.4	0.6	0.5	1.5
4.5	0.4	0.6	0.5	1.5
5.0	0.4	0.6	0.5	1.5
5.5	0.4	0.6	0.5	1.5
6.0	0.4	0.6	0.5	1.5
6.5	0.4	0.6	0.5	1.5
7.0	0.4	0.6	0.5	1.5
7.5	0.4	0.6	0.5	1.5
8.0	0.4	0.6	0.5	1.5
8.5	0.4	0.6	0.5	1.5
9.0	0.4	0.6	0.5	1.5
9.5	0.4	0.6	0.5	1.5
10.0	0.4	0.6	0.5	1.5
10.5	0.0	0.0	0.0	0
11.0	0.0	0.0	0.0	0
11.5	0.0	0.0	0.0	0
12.0	0.0	0.0	0.0	0

　　表 3-15 表示的必要劳动强度 i_v、剩余劳动强度 i_s、物化劳动转移强度 i_c、总劳动强度 i_w 与时间 t 的关系,分别为阶跃的分段函数关系。每个阶跃的分段函数各有 3 段。考虑到用 13 列表格表示必要劳动强度 i_v、剩余劳动强度 i_s、物化劳动转移强度 i_c、总劳动强度 i_w 与时间 t 的关系过于烦琐,表 3-15 用简化的方法表示每个阶跃的分段函数,将必要劳动强度 i_v、剩余劳动强度 i_s、物化劳动转移强度 i_c、总劳动强度 i_w 各表示为一列。

　　表 3-15 中的必要劳动强度 i_v、剩余劳动强度 i_s、物化劳动转移强度

i_c、总劳动强度 i_w 都是劳动强度 i_l 的不同的具体形式。表 3 - 15 中各种形式的劳动强度 i_l 与时间 t 的关系，可以用图 3 - 15 表示。

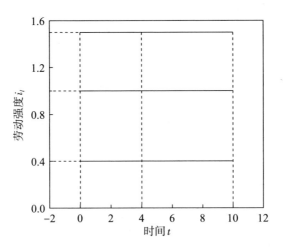

图 3 - 15 劳动强度 i_l 与时间 t 的关系

在图 3 - 15 中，当时间 $t=0$ 时，为劳动开始时刻 t_0；当时间 $t=4$ 时，为必要劳动时刻 t_1；当时间 $t=10$ 时，为劳动结束时刻 t_2；当时间 $t=t_1-t_0=4$ 时，为必要劳动时间 t_v；当时间 $t=t_2-t_1=6$ 时，为剩余劳动时间 t_s；当时间 $t=t_2-t_0=10$ 时，为工作日 t_d；当劳动强度 $i_l=i_1=0.4$ 时，为必要劳动强度 i_v；当劳动强度 $i_l=i_2-i_1=1-0.4=0.6$ 时，为剩余劳动强度 i_s；当劳动强度 $i_l=i_2=1$ 时，为活劳动强度 i_{ll}；当劳动强度 $i_l=i_4-i_2=1.5-1=0.5$ 时，为物化劳动转移强度 i_c；当劳动强度 $i_l=i_4=1.5$ 时，为总劳动强度 i_w。

在图 3 - 15 中，在劳动时间内，当劳动强度 $i_l=i_1=0.4$ 时，表示必要劳动强度 i_v 与时间 t 的关系；当劳动强度 $i_l=i_2=1$ 时，表示活劳动强度 i_{ll} 与时间 t 的关系；当劳动强度 $i_l=i_2-i_1=1-0.4=0.6$ 时，即活劳动强度 i_{ll} 与必要劳动强度 i_v 之差，表示剩余劳动强度 i_s 与时间 t 的关系；当劳动强度 $i_l=i_4=1.5$ 时，表示总劳动强度 i_w 与时间 t 的关系；当劳动强度 $i_l=i_4-i_2=1.5-1=0.5$ 时，即总劳动强度 i_w 与活劳动强度 i_{ll} 之差，表示物化劳动转移强度 i_c 与时间 t 的关系。

由图 3 15 可以看出，在劳动开始前和劳动结束后，劳动强度 $i_l=0$，也就是必要劳动强度 i_v、剩余劳动强度 i_s、活劳动强度 i_{ll}、物化劳动转移强度 i_c、总劳动强度 i_w 都等于 0；在劳动时间内，活劳动强度 i_{ll} 等于必要劳动强度 i_v 与剩余劳动强度 i_s 之和，即活劳动强度 $i_{ll}=1$。总劳动强度 i_w

等于必要劳动强度 i_v、剩余劳动强度 i_s 与物化劳动转移强度 i_c 之和，即总劳动强度 $i_w=1.5$。必要劳动强度 i_v 与时间 t 的关系、剩余劳动强度 i_s 与时间 t 的关系、活劳动强度 i_u 与时间 t 的关系、物化劳动转移强度 i_c 与时间 t 的关系、总劳动强度 i_w 与时间 t 的关系，都是非连续型分段函数关系，或阶跃函数关系。必要劳动强度、剩余劳动强度、活劳动强度、物化劳动转移强度 i_c、总劳动强度 i_w 均为正值。工作日 t_d 等于必要劳动时间 t_v 与剩余劳动时间 t_s 之和。必要劳动时间、剩余劳动时间、工作日均为正值。

在图 3-15 中，横坐标是时间，而不是劳动时间，纵坐标是劳动强度，而不是必要劳动强度、剩余劳动强度、活劳动强度、物化劳动转移强度、总劳动强度，因为其中包括非劳动时间。

（十）物化劳动、总劳动与时间的关系

1. 物化劳动与时间的关系

在劳动时间内，生产过程中耗费的物化劳动，等于从劳动开始时刻 t_0 至劳动结束时刻 t_2 的范围内，物化劳动转移强度 i_c 对时间的定积分。即

$$l_c = \int_{t_0}^{t_2} i_c(t)\mathrm{d}t \qquad\qquad (3-62)$$

如果物化劳动转移强度不随时间变化，那么，耗费的物化劳动或凝结在产品价值中的物化劳动为

$$l_c = \int_{t_0}^{t_2} i_c(t)\mathrm{d}t = i_c(t_2-t_0) = (i_4-i_2)(t_2-t_0) \qquad (3-63)$$

2. 总劳动与时间的关系

在劳动时间内，生产过程中耗费的总劳动等于从劳动开始时刻 t_0 至劳动结束时刻 t_2 的范围内，总劳动强度 i_w 对时间的定积分。即

$$l_w = \int_{t_0}^{t_2} i_w(t)\mathrm{d}t = \int_{t_0}^{t_2} \left[i_c(t) + i_v(t) + i_s(t) \right]\mathrm{d}t \qquad (3-64)$$

如果总劳动强度不随时间变化，那么，由（3-61）式、（3-64）式，耗费的总劳动或凝结在产品价值中的总劳动为

$$\begin{aligned} l_w &= \int_{t_0}^{t_2} i_w(t)\mathrm{d}t = i_w(t_2-t_0) \\ &= (i_c+i_v+i_s)(t_2-t_0) = i_4(t_2-t_0) \end{aligned} \qquad (3-65)$$

（十一）物化劳动、总劳动与时间的关系的数例

1. 物化劳动与时间的关系的数例

在图 3-15 表示的数例中，必要劳动强度 $i_v=0.4$，剩余劳动强度

$i_s = 0.6$，物化劳动转移强度 $i_c = 0.5$，劳动开始时刻 $t_0 = 0$，必要劳动时刻 $t_1 = 4$，劳动结束时刻 $t_2 = 10$，时间 $t = -2$，-1.5，-1，$\cdots$，12，由 (3-63) 式，物化劳动为

$$l_c = i_c(t_2 - t_0) = (i_4 - i_2)(t_2 - t_0)$$
$$= (1.5 - 1) \times (10 - 0) = 5 \tag{3-66}$$

2. 总劳动与时间的关系的数例

在图 3-15 表示的数例中，必要劳动强度 $i_v = 0.4$，剩余劳动强度 $i_s = 0.6$，物化劳动转移强度 $i_c = 0.5$，劳动开始时刻 $t_0 = 0$，必要劳动时刻 $t_1 = 4$，劳动结束时刻 $t_2 = 10$，时间 $t = -2$，-1.5，-1，$\cdots$，12，由 (3-65) 式，总劳动为

$$l_w = i_w(t_2 - t_0) = (i_c + i_v + i_s)(t_2 - t_0)$$
$$= i_4(t_2 - t_0) = 1.5 \times (10 - 0) = 15 \tag{3-67}$$

（十二）生产过程中不同时刻耗费的物化劳动、总劳动与时间的关系

由图 3-15 可以看出，在每小时、每分钟、每秒钟的劳动中，雇佣劳动者不仅将自己的活劳动凝结到产品中，而且将物化劳动凝结到产品中，也就是在将活劳动创造的价值转移到产品的价值中的同时，将耗费的生产资料的价值转移到产品的价值中。

如果我们考察的劳动不是生产过程结束时凝结到产品中的全部必要劳动、剩余劳动或物化劳动，而是在生产过程中逐渐耗费的必要劳动、剩余劳动或物化劳动，也就是说，是从生产过程开始至某一时刻为止已经耗费的必要劳动、剩余劳动或物化劳动，那么，在产品的使用价值被逐渐生产出来的同时，产品的价值也逐渐形成。逐渐形成的产品价值的数量等于已经耗费的必要劳动、剩余劳动、物化劳动的数量之和。

这里考察生产过程中已经耗费的，并且凝结在产品中的必要劳动、剩余劳动或物化劳动与时间的关系，也就是考察凝结在产品中的活劳动、物化劳动、总劳动与时间的关系。

生产过程中不同时刻耗费的必要劳动、剩余劳动、活劳动与时间的关系，已经分别在 (3-50) 式、(3-51) 式、(3-52) 式、(3-53) 式、(3-54) 式、(3-55) 式中考察。下面考察生产过程中不同时刻耗费的物化劳动、总劳动与时间的关系。

1. 生产过程中不同时刻耗费的物化劳动与时间的关系

在劳动时间内，从劳动开始时刻 t_0 至某一时刻（如果 $t_0 = 0$，这一时刻就是时间 t）为止，耗费的物化劳动等于在此时间范围内，物化劳动转

移强度 i_c 对时间的定积分。即

$$l_c(t) = \int_{t_0}^{t} i_c(t)\mathrm{d}t \tag{3-68}$$

如果物化劳动转移强度不随时间变化，那么，耗费的物化劳动或凝结在产品价值中的物化劳动为

$$l_c(t) = \int_{t_0}^{t} i_c(t)\mathrm{d}t = i_c(t-t_0) = (i_4 - i_2)(t-t_0) \tag{3-69}$$

这种意义的物化劳动 $l_c(t)$ 是时间 t 的函数。

2. 生产过程中不同时刻耗费的总劳动与时间的关系

在劳动时间内，从劳动开始时刻 t_0 至某一时刻（如果 $t_0=0$，这一时刻就是时间 t）为止，耗费的总劳动等于在此时间范围内，总劳动强度 i_w 对时间的定积分。即

$$l_w(t) = \int_{t_0}^{t} i_w(t)\mathrm{d}t = \int_{t_0}^{t} [i_c(t) + i_v(t) + i_s(t)]\mathrm{d}t \tag{3-70}$$

如果总劳动强度不随时间变化，那么，由（3-61）式、（3-70）式，耗费的总劳动或凝结在产品价值中的总劳动为

$$l_w(t) = \int_{t_0}^{t} i_w(t)\mathrm{d}t = i_w(t-t_0)$$
$$= (i_c + i_v + i_s)(t-t_0) = i_4(t-t_0) \tag{3-71}$$

这种意义的总劳动 $l_w(t)$ 是时间 t 的函数。

（十三）生产过程中不同时刻耗费的必要劳动、剩余劳动、物化劳动、总劳动与时间的关系的数例

如果必要劳动强度 $i_v=0.4$，剩余劳动强度 $i_s=0.6$，物化劳动转移强度 $i_c=0.5$，劳动开始时刻 $t_0=0$，必要劳动时刻 $t_1=4$，劳动结束时刻 $t_2=10$，时间 $t=-2，-1.5，-1，\cdots，12$，那么，由（3-51）式、（3-53）式、（3-69）式、（3-71）式，必要劳动 l_v、剩余劳动 l_s、活劳动 l_l、物化劳动 l_c、总劳动 l_w 与时间 t 的关系可以用表 3-16 表示。

表 3-16　　　　必要劳动 l_v、剩余劳动 l_s、活劳动 l_l、
物化劳动 l_c、总劳动 l_w 与时间 t 的关系

时间 t	必要劳动 l_v	剩余劳动 l_s	活劳动 l_l	物化劳动 l_c	总劳动 l_w
-2.0	0.0	0.0	0.0	0.00	0.00

续表

时间 t	必要劳动 l_v	剩余劳动 l_s	活劳动 l_l	物化劳动 l_c	总劳动 l_w
−1.5	0.0	0.0	0.0	0.00	0.00
−1.0	0.0	0.0	0.0	0.00	0.00
−0.5	0.0	0.0	0.0	0.00	0.00
0.0	0.0	0.0	0.0	0.00	0.00
0.5	0.2	0.3	0.5	0.25	0.75
1.0	0.4	0.6	1.0	0.50	1.50
1.5	0.6	0.9	1.5	0.75	2.25
2.0	0.8	1.2	2.0	1.00	3.00
2.5	1.0	1.5	2.5	1.25	3.75
3.0	1.2	1.8	3.0	1.50	4.50
3.5	1.4	2.1	3.5	1.75	5.25
4.0	1.6	2.4	4.0	2.00	6.00
4.5	1.8	2.7	4.5	2.25	6.75
5.0	2.0	3.0	5.0	2.50	7.50
5.5	2.2	3.3	5.5	2.75	8.25
6.0	2.4	3.6	6.0	3.00	9.00
6.5	2.6	3.9	6.5	3.25	9.75
7.0	2.8	4.2	7.0	3.50	10.50
7.5	3.0	4.5	7.5	3.75	11.25
8.0	3.2	4.8	8.0	4.00	12.00
8.5	3.4	5.1	8.5	4.25	12.75
9.0	3.6	5.4	9.0	4.50	13.50
9.5	3.8	5.7	9.5	4.75	14.25
10.0	4.0	6.0	10.0	5.00	15.00
10.5	0.0	0.0	0.0	0.00	0.00
11.0	0.0	0.0	0.0	0.00	0.00
11.5	0.0	0.0	0.0	0.00	0.00
12.0	0.0	0.0	0.0	0.00	0.00

　　表 3-16 表示的必要劳动 l_v、剩余劳动 l_s、活劳动 l_l、物化劳动 l_c、总劳动 l_w 与时间 t 的关系，分别为分段函数关系。每个分段函数各有 3 段。考虑到用 16 列表格表示必要劳动 l_v、剩余劳动 l_s、活劳动 l_l、物化劳动 l_c、总劳动 l_w 与时间 t 的关系过于烦琐，表 3-16 用简化的方法表示每个分段函数，将必要劳动 l_v、剩余劳动 l_s、活劳动 l_l、物化劳动 l_c、总劳动 l_w 各表示为一列。

　　表 3-16 中的必要劳动 l_v、剩余劳动 l_s、活劳动 l_l、物化劳动 l_c、总劳动 l_w 都是劳动 l 的不同的具体形式。表 3-16 中各种形式的劳动 l 与时间 t 的关系，可以用图 3-16 表示。

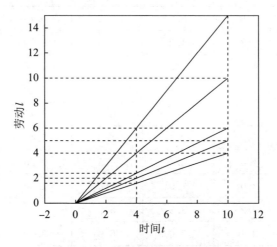

图 3-16　劳动 l 与时间 t 的关系

　　在图 3-16 中，从下至上五条直线分别表示生产过程中耗费的必要劳动 l_v 与时间 t 的关系、物化劳动 l_c 与时间 t 的关系、剩余劳动 l_s 与时间 t 的关系、活劳动 l_l 与时间 t 的关系、总劳动 l_w 与时间 t 的关系。其中，在生产过程中的每一时刻，剩余劳动 l_s 都可以用活劳动 l_l 的纵坐标与必要劳动 l_v 的纵坐标的差值表示；物化劳动 l_c 都可以用总劳动 l_w 的纵坐标与活劳动 l_l 的纵坐标的差值表示。

　　在图 3-16 中，当时间 $t=4$ 时，必要劳动 $l_v=1.6$，剩余劳动 $l_s=2.4$，活劳动 $l_l=4$，物化劳动 $l_c=2$，总劳动 $l_w=6$；当时间 $t=10$ 时，必要劳动 $l_v=4$，剩余劳动 $l_s=6$，活劳动 $l_l=10$，物化劳动 $l_c=5$，总劳动 $l_w=15$。

　　由图 3-16 可以看出，在劳动开始前和劳动结束后，必要劳动 l_v、剩余劳动 l_s、活劳动 l_l、物化劳动（指转移到产品价值中的物化劳动）l_c、总劳动 l_w 都等于 0；在劳动时间内，必要劳动 l_v 与时间 t 的关系、剩余

劳动 l_s 与时间 t 的关系、活劳动 l_l 与时间 t 的关系、物化劳动 l_c 与时间 t 的关系、总劳动 l_w 与时间 t 的关系都是单调递增的线性关系。这表明，随着生产过程的进行，耗费的必要劳动 l_v、剩余劳动 l_s、活劳动 l_l、物化劳动 l_c、总劳动 l_w 等比例增加。

在图 3-16 中，横坐标是时间，而不是劳动时间，纵坐标是劳动，而不是必要劳动、剩余劳动、活劳动、物化劳动、总劳动，因为其中包括非劳动时间。

（十四）考虑固定资本的物化劳动转移强度、总劳动强度与时间的关系

1. 不变资本中的固定资本、不变资本中的流动资本、使用的不变资本、耗费的不变资本

资本家的一部分不变资本用于购买机器、工具、厂房、仓库、码头等生产资料，另一部分不变资本用于购买原料、煤炭、燃油、电力等生产资料。

机器、工具、厂房、仓库、码头等生产资料的使用价值和价值要通过多次生产过程才消耗完，在每次生产过程中只消耗一部分。其价值通过多次生产过程逐渐转移到产品中。这部分不变资本为固定资本。损耗的固定资本价值在固定资本中的比例为折旧率。

固定资本可以分为两类：机器、工具等生产资料的损耗程度与使用的次数有关，使用越频繁，损耗越严重，折旧率越高；厂房、仓库、码头等生产资料的损耗程度与使用的次数基本无关，无论是否使用损耗相同，随着时间的推移自然损耗，折旧率只与时间有关，与使用次数无关。前者的折旧率比较高，后者的折旧率比较低。如果对不同种类的固定资本分别考察其损耗程度，那么，分析过程比较复杂。为了简化分析，将这两类固定资本的损耗程度视为相同，即折旧率相同。

原料、煤炭、燃油、电力等生产资料的使用价值和价值通过一次生产过程全部消耗。其价值通过一次生产过程全部转移到产品中。这部分不变资本为流动形式的不变资本，简称不变资本中的流动资本。

在生产过程中使用的不变资本价值为

$$C = c_f + c_a \tag{3-72}$$

式中，C 为使用的不变资本价值，简称使用的不变资本；c_f 为不变资本中的固定资本；c_a 为不变资本中的流动资本。

在一次生产过程中耗费的不变资本价值为

$$c = d_c c_f + c_a \tag{3-73}$$

式中，c 为耗费的不变资本价值，简称耗费的不变资本；d_c 为固定资本的

折旧率，简称折旧率。

2. 转移到产品中的固定资本形式物化劳动和流动资本形式物化劳动

转移到产品中的固定资本形式物化劳动，就是凝结在生产过程中耗费的不变资本中的固定资本中的劳动，后者简称耗费的固定资本形式物化劳动。转移到产品中的固定资本形式物化劳动可以表示为

$$l_{dcf} = d_c l_{cf} \qquad\qquad (3-74)$$

式中，l_{dcf} 为转移到产品中的固定资本形式物化劳动，l_{cf} 为全部固定资本形式物化劳动。

转移到产品中的流动资本形式物化劳动就是凝结在生产过程中耗费的不变资本中的流动资本中的劳动，后者简称耗费的流动资本形式物化劳动。转移到产品中的流动资本形式物化劳动为 l_{ca}。

3. 固定资本形式物化劳动转移强度和流动资本形式物化劳动转移强度

为了考察凝结在固定资本中的物化劳动与凝结在不变资本中的流动资本中的物化劳动在形成商品的总劳动中的作用，引入固定资本形式物化劳动转移强度与流动资本形式物化劳动转移强度的概念。

固定资本形式物化劳动转移强度为单位时间内转移到产品中的固定资本形式物化劳动，即

$$i_{dcf} = \lim_{\Delta t \to 0} \frac{\Delta l_{dcf}}{\Delta t} = \frac{\mathrm{d}l_{dcf}}{\mathrm{d}t} \qquad\qquad (3-75)$$

式中，i_{dcf} 为固定资本形式物化劳动转移强度，l_{dcf} 为固定资本形式物化劳动，Δl_{dcf} 为 Δt 的劳动时间中耗费的固定资本形式物化劳动，$\mathrm{d}l_{dcf}$ 为 $\mathrm{d}t$ 的劳动时间中耗费的固定资本形式物化劳动。

流动资本形式物化劳动转移强度为单位时间内转移到产品中的流动资本形式物化劳动，即

$$i_{ca} = \lim_{\Delta t \to 0} \frac{\Delta l_{ca}}{\Delta t} = \frac{\mathrm{d}l_{ca}}{\mathrm{d}t} \qquad\qquad (3-76)$$

式中，i_{ca} 为流动资本形式物化劳动转移强度，l_{ca} 为流动资本形式物化劳动，Δl_{ca} 为 Δt 的劳动时间中耗费的流动资本形式物化劳动，$\mathrm{d}l_{ca}$ 为 $\mathrm{d}t$ 的劳动时间中耗费的流动资本形式物化劳动。

4. 考虑固定资本的物化劳动转移强度

在考虑固定资本的条件下，物化劳动转移强度 i_c 为固定资本形式物

化劳动转移强度 i_{dcf} 与流动资本形式物化劳动转移强度 i_{ca} 之和，即

$$i_c = i_{dcf} + i_{ca} \tag{3-77}$$

显然，考虑固定资本的物化劳动转移强度 i_c 不等于固定资本形式物化劳动转移强度 i_{dcf}。

如果总劳动强度 i_w 从 0 到 i_1 为必要劳动强度 i_v，从 i_1 到 i_2 为剩余劳动强度 i_s，从 i_2 到 i_3 为固定资本形式物化劳动转移强度 i_{dcf}，从 i_3 到 i_4 为流动资本形式物化劳动转移强度 i_{ca}，那么，固定资本形式物化劳动转移强度 i_{dcf} 可以表示为

$$i_{dcf} = i_3 - i_2 \tag{3-78}$$

流动资本形式物化劳动转移强度 i_{ca} 可以表示为

$$i_{ca} = i_4 - i_3 \tag{3-79}$$

如果考虑固定资本，劳动过程耗费的物化劳动包括转移到产品中的固定资本形式物化劳动和流动资本形式物化劳动，相应的总劳动强度不仅包括必要劳动强度和剩余劳动强度，而且包括考虑固定资本的物化劳动转移强度，那么，总劳动强度等于考虑固定资本的物化劳动转移强度与活劳动强度之和，也等于固定资本形式物化劳动转移强度、流动资本形式物化劳动转移强度、必要劳动强度、剩余劳动强度之和。即

$$i_w = i_c + i_{ll} = i_{dcf} + i_{ca} + i_v + i_s = i_4 \tag{3-80}$$

式中，i_w 为总劳动强度，i_c 为考虑固定资本的物化劳动转移强度。

5. 必要劳动强度、剩余劳动强度、固定资本形式物化劳动转移强度、流动资本形式物化劳动转移强度、总劳动强度与时间的关系

如果 i_1、i_2、i_3、i_4 都是时间的函数，那么，必要劳动强度 i_v、剩余劳动强度 i_s、固定资本形式物化劳动转移强度 i_{dcf}、流动资本形式物化劳动转移强度 i_{ca}、总劳动强度 i_w 都是时间的函数。

如果 i_1、i_2、i_3、i_4 都是常数，那么，必要劳动强度 i_v、剩余劳动强度 i_s、固定资本形式物化劳动转移强度 i_{dcf}、流动资本形式物化劳动转移强度 i_{ca}、总劳动强度 i_w 都是常数。

（十五）考虑固定资本的必要劳动强度、剩余劳动强度、固定资本形式物化劳动转移强度、流动资本形式物化劳动转移强度、总劳动强度与时间的关系的数例

如果考虑固定资本，必要劳动强度 $i_v = 0.4$，剩余劳动强度 $i_s = 0.6$，

固定资本形式物化劳动转移强度 $i_{dcf}=0.2$，流动资本形式物化劳动转移强度 $i_{ca}=0.3$，劳动开始时刻 $t_0=0$，必要劳动时刻 $t_1=4$，劳动结束时刻 $t_2=10$，时间 $t=-2，-1.5，-1，\cdots，12$，那么，由（3-32）式、（3-33）式、（3-78）式、（3-79）式、（3-80）式，必要劳动强度 i_v、剩余劳动强度 i_s、固定资本形式物化劳动转移强度 i_{dcf}、流动资本形式物化劳动转移强度 i_{ca}、总劳动强度 i_w 与时间 t 的关系，可以用表3-17表示。

表3-17　必要劳动强度 i_v、剩余劳动强度 i_s、固定资本形式物化劳动转移强度 i_{dcf}、

流动资本形式物化劳动转移强度 i_{ca}、总劳动强度 i_w 与时间 t 的关系

时间 t	必要劳动强度 i_v	剩余劳动强度 i_s	固定资本形式物化劳动转移强度 i_{dcf}	流动资本形式物化劳动转移强度 i_{ca}	总劳动强度 i_w
−2.0	0	0	0	0	0
−1.5	0	0	0	0	0
−1.0	0	0	0	0	0
−0.5	0	0	0	0	0
0.0	0.4	0.6	0.2	0.3	1.5
0.5	0.4	0.6	0.2	0.3	1.5
1.0	0.4	0.6	0.2	0.3	1.5
1.5	0.4	0.6	0.2	0.3	1.5
2.0	0.4	0.6	0.2	0.3	1.5
2.5	0.4	0.6	0.2	0.3	1.5
3.0	0.4	0.6	0.2	0.3	1.5
3.5	0.4	0.6	0.2	0.3	1.5
4.0	0.4	0.6	0.2	0.3	1.5
4.5	0.4	0.6	0.2	0.3	1.5
5.0	0.4	0.6	0.2	0.3	1.5
5.5	0.4	0.6	0.2	0.3	1.5
6.0	0.4	0.6	0.2	0.3	1.5
6.5	0.4	0.6	0.2	0.3	1.5
7.0	0.4	0.6	0.2	0.3	1.5
7.5	0.4	0.6	0.2	0.3	1.5

续表

时间 t	必要劳动强度 i_v	剩余劳动强度 i_s	固定资本形式 物化劳动转移 强度 i_{dcf}	流动资本形式 物化劳动转移 强度 i_{ca}	总劳动强度 i_w
8.0	0.4	0.6	0.2	0.3	1.5
8.5	0.4	0.6	0.2	0.3	1.5
9.0	0.4	0.6	0.2	0.3	1.5
9.5	0.4	0.6	0.2	0.3	1.5
10.0	0.4	0.6	0.2	0.3	1.5
10.5	0	0	0	0	0
11.0	0	0	0	0	0
11.5	0	0	0	0	0
12.0	0	0	0	0	0

表 3-17 表示的必要劳动强度 i_v、剩余劳动强度 i_s、固定资本形式物化劳动转移强度 i_{dcf}、流动资本形式物化劳动转移强度 i_{ca}、总劳动强度 i_w 与时间 t 的关系，分别为阶跃的分段函数关系。每个阶跃的分段函数各有 3 段。考虑到用 16 列表格表示必要劳动强度 i_v、剩余劳动强度 i_s、固定资本形式物化劳动转移强度 i_{dcf}、流动资本形式物化劳动转移强度 i_{ca}、总劳动强度 i_w 与时间 t 的关系过于烦琐，表 3-17 用简化的方法表示每个阶跃的分段函数，将必要劳动强度 i_v、剩余劳动强度 i_s、固定资本形式物化劳动转移强度 i_{dcf}、流动资本形式物化劳动转移强度 i_{ca}、总劳动强度 i_w 各表示为一列。

表 3-17 中的必要劳动强度 i_v、剩余劳动强度 i_s、固定资本形式物化劳动转移强度 i_{dcf}、流动资本形式物化劳动转移强度 i_{ca}、总劳动强度 i_w 都是劳动强度 i_l 的不同的具体形式。表 3-17 中各种形式的劳动强度 i_l 与时间 t 的关系，可以用图 3-17 表示。

在图 3-17 中，当时间 $t=0$ 时，为劳动开始时刻 t_0；当时间 $t=4$ 时，为必要劳动时刻 t_1；当时间 $t=10$ 时，为劳动结束时刻 t_2；当时间 $t=t_1-t_0=4$ 时，为必要劳动时间 t_v；当时间 $t-t_2-t_1=6$ 时，为剩余劳动时间 t_s；当时间 $t=t_2-t_0=10$ 时，为工作日 t_d；当劳动强度 $i_l=i_1=0.4$ 时，为必要劳动强度 i_v；当劳动强度 $i_l=i_2-i_1=1-0.4=0.6$ 时，为剩余劳动强度 i_s；当劳动强度 $i_l=i_2=1$ 时，为活劳动强度 i_{ll}；当劳动强度

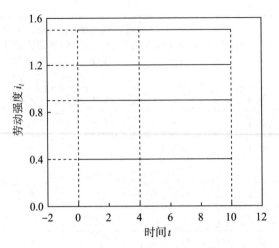

图 3-17 劳动强度 i_l 与时间 t 的关系

$i_l = i_3 - i_2 = 1.2 - 1 = 0.2$ 时，为固定资本形式物化劳动转移强度 i_{dcf}；当劳动强度 $i_l = i_4 - i_3 = 1.5 - 1.2 = 0.3$ 时，为流动资本形式物化劳动转移强度 i_{ca}；当劳动强度 $i_l = i_4 = 1.5$ 时，为总劳动强度 i_w。

在图 3-17 中，在劳动时间内，当劳动强度 $i_l = i_1 = 0.4$ 时，表示必要劳动强度 i_v 与时间 t 的关系；当劳动强度 $i_l = i_2 = 1$ 时，表示活劳动强度 i_{ll} 与时间 t 的关系；当劳动强度 $i_l = i_2 - i_1 = 1 - 0.4 = 0.6$，即活劳动强度 $i_{ll} = 1$ 与必要劳动强度 $i_v = 0.4$ 之差时，表示剩余劳动强度 i_s 与时间 t 的关系；当劳动强度 $i_l = i_4 = 1.5$ 时，表示总劳动强度 i_w 与时间 t 的关系；当劳动强度 $i_l = i_4 - i_2 = 1.5 - 1 = 0.5$，即总劳动强度 $i_w = 1.5$ 与活劳动强度 $i_{ll} = 1$ 之差时，表示物化劳动转移强度 i_c 与时间 t 的关系；当劳动强度 $i_l = i_3 - i_2 = 1.2 - 1 = 0.2$，即劳动强度 $i_l = 1.2$ 与活劳动强度 $i_{ll} = 1$ 之差时，表示固定资本形式物化劳动转移强度 i_{dcf} 与时间 t 的关系；当劳动强度 $i_l = i_4 - i_3 = 1.5 - 1.2 = 0.3$，即总劳动强度 $i_w = 1.5$ 与劳动强度 $i_l = 1.2$ 之差时，表示流动资本形式物化劳动转移强度 i_{ca} 与时间 t 的关系。

由图 3-17 可以看出，在劳动开始前和劳动结束后，劳动强度 $i_l = 0$，也就是必要劳动强度 i_v、剩余劳动强度 i_s、活劳动强度 i_{ll}、固定资本形式物化劳动转移强度 i_{dcf}、流动资本形式物化劳动转移强度 i_{ca}、物化劳动转移强度 i_c、总劳动强度 i_w 都等于 0。在劳动时间内，活劳动强度 i_{ll} 等于必要劳动强度 i_v 与剩余劳动强度 i_s 之和，即活劳动强度 $i_{ll} = 1$；物化劳动转移强度 i_c 等于固定资本形式物化劳动转移强度 i_{dcf} 与流动资本形式物化劳动转移强度 i_{ca} 之和，即物化劳动转移强度 $i_c = 0.5$；总劳动强度 i_w 等于活劳动

强度 i_{ll} 与物化劳动转移强度 i_c 之和，即总劳动强度 $i_w = 1.5$。必要劳动强度 i_v 与时间 t 的关系、剩余劳动强度 i_s 与时间 t 的关系、活劳动强度 i_{ll} 与时间 t 的关系、固定资本形式物化劳动转移强度 i_{dcf} 与时间 t 的关系、流动资本形式物化劳动转移强度 i_{ca} 与时间 t 的关系、物化劳动转移强度 i_c 与时间 t 的关系、总劳动强度 i_w 与时间 t 的关系都是非连续型分段函数关系，或阶跃函数关系。必要劳动强度 i_v、剩余劳动强度 i_s、活劳动强度 i_{ll}、固定资本形式物化劳动转移强度 i_{dcf}、流动资本形式物化劳动转移强度 i_{ca}、物化劳动转移强度 i_c、总劳动强度 i_w 均为正值。工作日 t_d 等于必要劳动时间 t_v 与剩余劳动时间 t_s 之和。必要劳动时间、剩余劳动时间、工作日均为正值。

在图 3-17 中，横坐标是时间，而不是劳动时间，纵坐标是劳动强度，而不是必要劳动强度、剩余劳动强度、活劳动强度、固定资本形式物化劳动转移强度、流动资本形式物化劳动转移强度、物化劳动转移强度、总劳动强度，因为其中包括非劳动时间。

（十六）固定资本形式物化劳动、流动资本形式物化劳动、总劳动与时间的关系

1. 固定资本形式物化劳动与时间的关系

在劳动时间内，生产过程中耗费的固定资本形式物化劳动，等于从劳动开始时刻 t_0 至劳动结束时刻 t_2 的范围内，固定资本形式物化劳动转移强度 i_{dcf} 对时间的定积分。即

$$l_{dcf} = \int_{t_0}^{t_2} i_{dcf}(t)\,\mathrm{d}t \qquad (3-81)$$

如果固定资本形式物化劳动转移强度不随时间变化，那么，耗费的固定资本形式物化劳动或凝结在产品价值中的固定资本形式物化劳动为

$$l_{dcf} = \int_{t_0}^{t_2} i_{dcf}(t)\,\mathrm{d}t = i_{dcf}(t_2 - t_0) = (i_3 - i_2)(t_2 - t_0) \qquad (3-82)$$

2. 流动资本形式物化劳动与时间的关系

在劳动时间内，生产过程中耗费的流动资本形式物化劳动等于从劳动开始时刻 t_0 至劳动结束时刻 t_2 的范围内，流动资本形式物化劳动转移强度 i_{ca} 对时间的定积分。即

$$l_{ca} = \int_{t_0}^{t_2} i_{ca}(t)\,\mathrm{d}t \qquad (3-83)$$

如果流动资本形式物化劳动转移强度不随时间变化，那么，耗费的流动资本形式物化劳动或凝结在产品价值中的流动资本形式物化劳动为

$$l_{ca} = \int_{t_0}^{t_2} i_{ca}(t) \mathrm{d}t = i_{ca}(t_2 - t_0) = (i_4 - i_3)(t_2 - t_0) \qquad (3 - 84)$$

3. 总劳动与时间的关系

在劳动时间内，生产过程中耗费的总劳动等于从劳动开始时刻 t_0 至劳动结束时刻 t_2 的范围内，总劳动强度 i_w 对时间的定积分。即

$$l_w = \int_{t_0}^{t_2} i_w(t) \mathrm{d}t = \int_{t_0}^{t_2} [i_{dcf}(t) + i_{ca}(t) + i_v(t) + i_s(t)] \mathrm{d}t$$

$$(3 - 85)$$

如果总劳动强度不随时间变化，那么，由（3-80）式、（3-85）式，耗费的总劳动或凝结在产品价值中的总劳动为

$$l_w = \int_{t_0}^{t_2} i_w(t) \mathrm{d}t = i_w(t_2 - t_0)$$
$$= (i_{dcf} + i_{ca} + i_v + i_s)(t_2 - t_0) = i_4(t_2 - t_0) \qquad (3 - 86)$$

（十七）固定资本形式物化劳动、流动资本形式物化劳动、总劳动与时间的关系的数例

1. 固定资本形式物化劳动与时间的关系的数例

在图 3-17 表示的数例中，必要劳动强度 $i_v = 0.4$，剩余劳动强度 $i_s = 0.6$，固定资本形式物化劳动转移强度 $i_{dcf} = 0.2$，劳动开始时刻 $t_0 = 0$，必要劳动时刻 $t_1 = 4$，劳动结束时刻 $t_2 = 10$，时间 $t = -2, -1.5, -1, \cdots, 12$，由（3-82）式，固定资本形式物化劳动为

$$l_{dcf} = i_{dcf}(t_2 - t_0) = (i_3 - i_2)(t_2 - t_0)$$
$$= (1.2 - 1) \times (10 - 0) = 2 \qquad (3 - 87)$$

2. 流动资本形式物化劳动与时间的关系的数例

在图 3-17 表示的数例中，必要劳动强度 $i_v = 0.4$，剩余劳动强度 $i_s = 0.6$，流动资本形式物化劳动转移强度 $i_{ca} = 0.3$，劳动开始时刻 $t_0 = 0$，必要劳动时刻 $t_1 = 4$，劳动结束时刻 $t_2 = 10$，时间 $t = -2, -1.5, -1, \cdots, 12$，由（3-84）式，流动资本形式物化劳动为

$$l_{ca} = i_{ca}(t_2 - t_0) = (i_4 - i_3)(t_2 - t_0)$$
$$= (1.5 - 1.2) \times (10 - 0) = 3 \qquad (3 - 88)$$

3. 总劳动与时间的关系的数例

在图 3-17 表示的数例中，必要劳动强度 $i_v = 0.4$，剩余劳动强度 $i_s = 0.6$，固定资本形式物化劳动转移强度 $i_{dcf} = 0.2$，流动资本形式物化劳动转

移强度 $i_{ca}=0.3$，劳动开始时刻 $t_0=0$，必要劳动时刻 $t_1=4$，劳动结束时刻 $t_2=10$，时间 $t=-2$，-1.5，-1，$\cdots$，12，由（3-86）式，总劳动为

$$l_w=i_w(t_2-t_0)=(i_{dcf}+i_{ca}+i_v+i_s)(t_2-t_0)$$
$$=i_4(t_2-t_0)=1.5\times(10-0)=15 \tag{3-89}$$

（十八）生产过程中不同时刻耗费的必要劳动、剩余劳动、活劳动、固定资本形式物化劳动、流动资本形式物化劳动、总劳动与时间的关系

由图 3-17 可以看出，在每小时、每分钟、每秒钟的劳动中，雇佣劳动者不仅将自己的活劳动凝结到产品中，而且将固定资本形式物化劳动和流动资本形式物化劳动凝结到产品中，也就是在将活劳动创造的价值转移到产品的价值中的同时，将耗费的生产资料的价值转移到产品的价值中。

如果我们考察的劳动不是生产过程结束时凝结到产品中的全部必要劳动、剩余劳动、固定资本形式物化劳动、流动资本形式物化劳动，而是在生产过程中逐渐耗费的必要劳动、剩余劳动、固定资本形式物化劳动、流动资本形式物化劳动，也就是说，是从生产过程开始至某一时刻为止已经耗费的必要劳动、剩余劳动、固定资本形式物化劳动、流动资本形式物化劳动，那么，在产品的使用价值被逐渐生产出来的同时，产品的价值也逐渐形成。逐渐形成的产品价值的数量等于已经耗费的必要劳动、剩余劳动、固定资本形式物化劳动、流动资本形式物化劳动的数量之和。

这里考察生产过程中已经耗费的并且凝结在产品中的必要劳动、剩余劳动、固定资本形式物化劳动、流动资本形式物化劳动与时间的关系，也就是考察凝结在产品中的活劳动、物化劳动、总劳动与时间的关系。

生产过程中不同时刻耗费的必要劳动、剩余劳动、活劳动与时间的关系，已经分别在（3-50）式、（3-51）式、（3-52）式、（3-53）式、（3-54）式、（3-55）式中考察。下面考察生产过程中不同时刻耗费的固定资本形式物化劳动、流动资本形式物化劳动、总劳动与时间的关系。

1. 生产过程中不同时刻耗费的固定资本形式物化劳动与时间的关系

在劳动时间内，从劳动开始时刻 t_0 至某一时刻（如果 $t_0=0$，这一时刻就是时间 t）为止，耗费的固定资本形式物化劳动等于在此时间范围内，固定资本形式物化劳动转移强度 i_{dcf} 对时间的定积分。即

$$l_{dcf}(t)=\int_{t_0}^{t}i_{dcf}(t)\mathrm{d}t \tag{3-90}$$

如果固定资本形式物化劳动转移强度不随时间变化，那么，耗费的固定资本形式物化劳动或凝结在产品价值中的固定资本形式物化劳动为

$$l_{dcf}(t) = \int_{t_0}^{t} i_{dcf}(t)\mathrm{d}t = i_{dcf}(t-t_0) = (i_3 - i_2)(t-t_0) \quad (3-91)$$

这种意义的固定资本形式物化劳动 $l_{dcf}(t)$ 是时间 t 的函数。

2. 生产过程中不同时刻耗费的流动资本形式物化劳动与时间的关系

在劳动时间内，从劳动开始时刻 t_0 至某一时刻（如果 $t_0 = 0$，这一时刻就是时间 t）为止，耗费的流动资本形式物化劳动等于在此时间范围内，流动资本形式物化劳动转移强度 i_{ca} 对时间的定积分。即

$$l_{ca}(t) = \int_{t_0}^{t} i_{ca}(t)\mathrm{d}t \quad\quad\quad\quad\quad (3-92)$$

如果流动资本形式物化劳动转移强度不随时间变化，那么，耗费的流动资本形式物化劳动或凝结在产品价值中的流动资本形式物化劳动为

$$l_{ca}(t) = \int_{t_0}^{t} i_{ca}(t)\mathrm{d}t = i_{ca}(t-t_0) = (i_4 - i_3)(t-t_0) \quad (3-93)$$

这种意义的流动资本形式物化劳动 $l_{ca}(t)$ 是时间 t 的函数。

3. 生产过程中不同时刻耗费的总劳动与时间的关系

在劳动时间内，从劳动开始时刻 t_0 至某一时刻（如果 $t_0 = 0$，这一时刻就是时间 t）为止，耗费的总劳动等于在此时间范围内，总劳动强度 i_w 对时间的定积分。即

$$l_w(t) = \int_{t_0}^{t} i_w(t)\mathrm{d}t = \int_{t_0}^{t} \left[i_{dcf}(t) + i_{ca}(t) + i_v(t) + i_s(t) \right]\mathrm{d}t$$

$$(3-94)$$

如果总劳动强度不随时间变化，那么，由（3-80）式、（3-91）式、（3-93）式，耗费的总劳动或凝结在产品价值中的总劳动为

$$l_w(t) = \int_{t_0}^{t} i_w(t)\mathrm{d}t = i_w(t-t_0)$$
$$= (i_{dcf} + i_{ca} + i_v + i_s)(t-t_0) = i_4(t-t_0) \quad (3-95)$$

这种意义的总劳动 $l_w(t)$ 是时间 t 的函数。

（十九）生产过程中不同时刻耗费的必要劳动、剩余劳动、活劳动、固定资本形式物化劳动、流动资本形式物化劳动、总劳动与时间的关系的数例

如果必要劳动强度 $i_v = 0.4$，剩余劳动强度 $i_s = 0.6$，固定资本形式物化劳动转移强度 $i_{dcf} = 0.2$，流动资本形式物化劳动转移强度 $i_{ca} = 0.3$，劳动开始时刻 $t_0 = 0$，必要劳动时刻 $t_1 = 4$，劳动结束时刻 $t_2 = 10$，时间 $t =$

—2，—1.5，—1，…，12，那么，由（3-51）式、（3-53）式、（3-55）式、（3-91）式、（3-93）式、（3-95）式，必要劳动 l_v、剩余劳动 l_s、活劳动 l_l、固定资本形式物化劳动 l_{dcf}、流动资本形式物化劳动 l_{ca}、总劳动 l_w 与时间 t 的关系，可以用表 3-18 表示。

表 3-18　必要劳动 l_v、剩余劳动 l_s、活劳动 l_l、固定资本形式物化劳动 l_{dcf}、
流动资本形式物化劳动 l_{ca}、总劳动 l_w 与时间 t 的关系

时间 t	必要劳动 l_v	剩余劳动 l_s	活劳动 l_l	固定资本形式物化劳动 l_{dcf}	流动资本形式物化劳动 l_{ca}	总劳动 l_w
—2.0	0.0	0.0	0.0	0.0	0.00	0.00
—1.5	0.0	0.0	0.0	0.0	0.00	0.00
—1.0	0.0	0.0	0.0	0.0	0.00	0.00
—0.5	0.0	0.0	0.0	0.0	0.00	0.00
0.0	0.0	0.0	0.0	0.0	0.00	0.00
0.5	0.2	0.3	0.5	0.1	0.15	0.75
1.0	0.4	0.6	1.0	0.2	0.30	1.50
1.5	0.6	0.9	1.5	0.3	0.45	2.25
2.0	0.8	1.2	2.0	0.4	0.60	3.00
2.5	1.0	1.5	2.5	0.5	0.75	3.75
3.0	1.2	1.8	3.0	0.6	0.90	4.50
3.5	1.4	2.1	3.5	0.7	1.05	5.25
4.0	1.6	2.4	4.0	0.8	1.20	6.00
4.5	1.8	2.7	4.5	0.9	1.35	6.75
5.0	2.0	3.0	5.0	1.0	1.50	7.50
5.5	2.2	3.3	5.5	1.1	1.65	8.25
6.0	2.4	3.6	6.0	1.2	1.80	9.00
6.5	2.6	3.9	6.5	1.3	1.95	9.75
7.0	2.8	4.2	7.0	1.4	2.10	10.50
7.5	3.0	4.5	7.5	1.5	2.25	11.25
8.0	3.2	4.8	8.0	1.6	2.40	12.00
8.5	3.4	5.1	8.5	1.7	2.55	12.75
9.0	3.6	5.4	9.0	1.8	2.70	13.50
9.5	3.8	5.7	9.5	1.9	2.85	14.25

续表

时间 t	必要劳动 l_v	剩余劳动 l_s	活劳动 l_l	固定资本形式物化劳动 l_{dcf}	流动资本形式物化劳动 l_{ca}	总劳动 l_w
10.0	4.0	6.0	10.0	2.0	3.00	15.00
10.5	0.0	0.0	0.0	0.0	0.00	0.00
11.0	0.0	0.0	0.0	0.0	0.00	0.00
11.5	0.0	0.0	0.0	0.0	0.00	0.00
12.0	0.0	0.0	0.0	0.0	0.00	0.00

　　表 3-18 表示的必要劳动 l_v、剩余劳动 l_s、活劳动 l_l、固定资本形式物化劳动 l_{dcf}、流动资本形式物化劳动 l_{ca}、总劳动 l_w 与时间 t 的关系，分别为分段函数关系。每个分段函数各有 3 段。考虑到用 19 列表格表示必要劳动 l_v、剩余劳动 l_s、活劳动 l_l、固定资本形式物化劳动 l_{dcf}、流动资本形式物化劳动 l_{ca}、总劳动 l_w 与时间 t 的关系过于烦琐，表 3-18 用简化的方法表示每个分段函数，将必要劳动 l_v、剩余劳动 l_s、活劳动 l_l、固定资本形式物化劳动 l_{dcf}、流动资本形式物化劳动 l_{ca}、总劳动 l_w 各表示为一列。

　　表 3-18 中的必要劳动 l_v、剩余劳动 l_s、活劳动 l_l、固定资本形式物化劳动 l_{dcf}、流动资本形式物化劳动 l_{ca}、总劳动 l_w，都是劳动 l 的不同的具体形式。表 3-18 中各种形式的劳动 l 与时间 t 的关系，可以用图 3-18 表示。

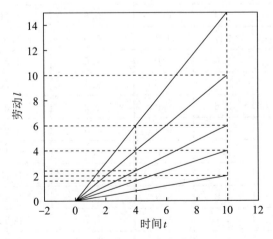

图 3-18　劳动 l 与时间 t 的关系

在图 3-18 中，从下至上五条直线分别表示生产过程中耗费的固定资本形式物化劳动 l_{dcf} 与时间 t 的关系、流动资本形式物化劳动 l_{ca} 与时间 t 的关系、必要劳动 l_v 与时间 t 的关系、剩余劳动 l_s 与时间 t 的关系、活劳动 l_l 与时间 t 的关系、总劳动 l_w 与时间 t 的关系。其中，在生产过程中的每一时刻，剩余劳动 l_s 都可以用活劳动 l_l 的纵坐标与必要劳动 l_v 的纵坐标的差值表示；总劳动 l_w 都可以用活劳动 l_l 的纵坐标、固定资本形式物化劳动 l_{dcf} 的纵坐标、流动资本形式物化劳动 l_{ca} 的纵坐标之和表示。

在图 3-18 中，当时间 $t=4$ 时，必要劳动 $l_v=1.6$，剩余劳动 $l_s=2.4$，活劳动 $l_l=4$，固定资本形式物化劳动 $l_{dcf}=0.8$，流动资本形式物化劳动 $l_{ca}=1.2$，总劳动 $l_w=6$；当时间 $t=10$ 时，必要劳动 $l_v=4$，剩余劳动 $l_s=6$，活劳动 $l_l=10$，固定资本形式物化劳动 $l_{dcf}=2$，流动资本形式物化劳动 $l_{ca}=3$，总劳动 $l_w=15$。

由图 3-18 可以看出，在劳动开始前和劳动结束后，必要劳动 l_v、剩余劳动 l_s、活劳动 l_l、固定资本形式物化劳动（指转移到产品价值中的固定资本形式物化劳动）l_{dcf}、流动资本形式物化劳动（指转移到产品价值中的流动资本形式物化劳动）l_{ca}、总劳动 l_w 都等于 0；在劳动时间内，必要劳动 l_v 与时间 t 的关系、剩余劳动 l_s 与时间 t 的关系、活劳动 l_l 与时间 t 的关系、固定资本形式物化劳动 l_{dcf} 与时间 t 的关系、流动资本形式物化劳动 l_{ca} 与时间 t 的关系、总劳动 l_w 与时间 t 的关系都是单调递增的线性关系。这表明，随着生产过程的进行，耗费的必要劳动 l_v、剩余劳动 l_s、活劳动 l_l、固定资本形式物化劳动 l_{dcf}、流动资本形式物化劳动 l_{ca}、总劳动 l_w 等比例增加。

在图 3-18 中，横坐标是时间，而不是劳动时间，纵坐标是劳动，而不是必要劳动、剩余劳动、活劳动、固定资本形式物化劳动、流动资本形式物化劳动、总劳动，因为其中包括非劳动时间。

二、产品价值在产品相应部分上的表现

（一）雇佣劳动者超过一定时间才开始生产剩余价值，还是每时每刻都形成剩余价值

剩余价值的生产与雇佣劳动者的劳动时间有关。雇佣劳动者的劳动时间或工作日必须超过必要劳动时间，才能产生剩余价值。雇佣劳动者的劳动是在超过必要劳动时间之后才开始生产剩余价值，还是在劳动过程中的每时每刻都生产剩余价值，关于这个问题，马克思在不同地方有不同的表述。这两种不同观点与我们对剩余价值和剩余价值率的数学分析有关。

1. 马克思关于每时每刻都形成剩余价值的观点

在雇佣劳动者的劳动创造新价值（其中包括剩余价值）的过程中，必须等比例地将生产资料的价值转移到产品中，也就是再现在产品中。正如马克思所说，"当生产劳动把生产资料变为新产品的形成要素时，生产资料的价值也就经过一次轮回。它从已消耗的躯体转到新形成的躯体。但是这种轮回似乎是在现实的劳动背后发生的。工人不保存旧价值，就不能加进新劳动，也就不能创造新价值，因为他总是必须在一定的有用的形式上加进劳动；而他不把产品变为新产品的生产资料，从而把它们的价值转移到新产品上去，他就不能在有用的形式上加进劳动。"[①]

马克思认为，"当劳动通过它的有目的的形式把生产资料的价值转移到产品上并保存下来的时候，它的运动的每时每刻都形成追加的价值，形成新价值。……劳动力发挥作用的结果，不仅再生产出劳动力自身的价值，而且生产出一个超额价值。……变为劳动力的那部分资本，在生产过程中改变自己的价值。它再生产自身的等价物和一个超过这个等价物而形成的余额，剩余价值。"[②] 在雇佣劳动者每时每刻形成的新价值中，包括形成的追加的价值，即一部分剩余价值。

在后面将要考察的按照小时支付工资的计时工资中，工人每小时的劳动都包含一定比例的必要劳动和剩余劳动。在后面将要考察的计件工资中，工人生产每件产品耗费的劳动也都包含一定比例的必要劳动和剩余劳动。

2. 马克思关于雇佣劳动者超过一定时间才开始生产剩余价值的观点

资本家的预付资本必须得到补偿，资本主义生产才能连续不断地进行。其中的可变资本部分相当于劳动力价值。因此，雇佣劳动者创造的新价值必须首先补偿耗费的可变资本，也就是补偿资本家用于购买劳动力的价值。雇佣劳动者创造的新价值只有超过劳动力价值，才有剩余价值。

马克思认为，"工人在劳动过程的一段时间内，只是生产自己劳动力的价值，就是说，只是生产他必需的生活资料的价值。因为他是在以社会分工为基础的状态下进行生产，所以他不是直接生产自己的生活资料，而是在某种特殊的商品形式（如棉纱）上生产出同他的生活资料的价值相等的价值，或者说，同他用来购买生活资料的货币相等的价值。……这种价值的生产只是表现为再生产。因此，我把进行这种再生产的工作日部分称为必要劳动时间，把在这部分时间内耗费的劳动称为必要劳动。……劳动

---

① 马克思恩格斯全集：第 23 卷. 中文 1 版. 北京：人民出版社，1972：233.
② 马克思恩格斯全集：第 23 卷. 中文 1 版. 北京：人民出版社，1972：234 - 235.

过程的第二段时间，工人超出必要劳动的界限做工的时间，虽然耗费工人的劳动，耗费劳动力，但并不为工人形成任何价值。这段时间形成剩余价值，剩余价值以从无生有的全部魅力引诱着资本家。我把工作日的这部分称为剩余劳动时间，把这段时间内耗费的劳动称为剩余劳动。……剩余价值和可变资本之比等于剩余劳动和必要劳动之比，或者说，剩余价值率 $\frac{m}{v} = \frac{剩余劳动}{必要劳动}$。这两个比率把同一种关系表示在不同的形式上：一种是物化劳动的形式，另一种是流动劳动的形式。"①

在这里，马克思明确地将工作日划分为两个阶段：生产同雇佣劳动者的生活资料的价值相等的价值的第一阶段和生产剩余价值的第二阶段。

3. 雇佣劳动者超过一定时间才开始生产剩余价值，与每时每刻都形成剩余价值不矛盾

从现象看，雇佣劳动者超过一定时间才开始生产剩余价值的观点，与每时每刻都形成剩余价值的观点互相矛盾。

从本质看，马克思的这两种观点并不矛盾。如果雇佣劳动者只为雇用他的资本家劳动，并且工作日的长度短于必要劳动时间，那么，新创造的价值无法补偿他预付的可变资本的价值，资本家不仅得不到剩余价值，而且必然亏损。如果工作日的长度等于必要劳动时间，那么，雇佣劳动者新创造的价值正好补偿资本家预付的可变资本的价值，资本家同样得不到剩余价值。在这两种情况下，工作日无法分为必要劳动时间和剩余劳动时间两个阶段，劳动过程中每一段时间（例如，每小时、每分钟、每秒钟）创造的价值也不可能分为补偿耗费的劳动力价值的部分和剩余价值的部分。只有工作日的长度超过必要劳动时间，资本家才能得到剩余价值，工作日才能划分为必要劳动时间和剩余劳动时间两个阶段，劳动过程中的每一段时间才能分为补偿耗费的劳动力价值的部分和剩余价值的部分。

无论工作日分为必要劳动时间和剩余劳动时间两个阶段，还是劳动过程中每一段时间创造的价值分为补偿耗费的劳动力价值的部分和剩余价值的部分，都是以工作日超过剩余劳动时间为前提的。如果满足这个前提，那么，两种观点都可以解释剩余价值是如何生产的，都符合劳动价值论的本质。

两种观点相比较，超过一定时间才开始生产剩余价值的观点更简单，可以简单地解释绝对剩余价值生产与相对剩余价值生产。每时每刻都形成剩余价值的观点更便于反映劳动价值论的本质，更便于解释比较复杂的经

济现象。因为雇佣劳动者每时每刻的劳动都是相同的，都分为必要劳动和剩余劳动两部分，都受到雇佣劳动制度的约束，都反映资本主义生产关系。在实行计时工资的条件下，无论劳动时间多长，在每时每刻的劳动中，工人都受到剥削，受剥削的程度都相同。在实行计件工资的条件下，无论生产多少件产品，在生产每件产品的劳动中，工人都受到剥削，受剥削的程度都相同。

事实上，在一个工作日中，只有必要劳动时间和剩余劳动时间确定，劳动过程中每一段时间创造的价值才能按照确定的比例划分为补偿耗费的劳动力价值的部分和剩余价值的部分。

按照资本主义生产方式，资本家规定的工作日的长度必然超过必要劳动时间。在这种条件下，无论将雇佣劳动者的劳动时间看作必要劳动时间和生产剩余价值的时间，看作必要劳动和剩余劳动两段劳动，还是将工作日中每一部分劳动看作补偿耗费的劳动力价值的部分和剩余价值的部分，分析剩余价值和剩余价值率的结果都是相同的。

马克思认为，"假定工作日由6小时必要劳动和6小时剩余劳动组成。在这种情况下，自由工人每周为资本家提供6×6小时即36小时的剩余劳动。这和他每周为自己劳动3天，又为资本家白白地劳动3天，完全一样。但是这种情形是觉察不出来的。剩余劳动和必要劳动融合在一起了。因此，我也可以用另外的说法来表示同样的关系，例如说工人在每分钟内为自己劳动30秒，为资本家劳动30秒，等等。"①

马克思还认为，"不管是假定工人6小时为自己劳动，6小时为资本家劳动，还是假定他每小时一半为自己劳动，一半为资本家劳动，都是没有区别的"②。

这证明，马克思认为两种观点等价。

从本质看，"超过必要劳动时间才开始生产剩余价值"的观点，与"每时每刻的劳动都创造剩余价值"的观点不矛盾，还有一个重要的原因，就是后者由前者转变而来，并建立在前者的基础上。后者更便于解释计时工资和计件工资。

（二）剩余劳动力价值—新价值为劳动时间的单调递增函数

生产过程开始之后，随着时间的推移，剩余的劳动力价值不断下降，雇佣劳动者创造的价值不断增加。剩余的劳动力价值与雇佣劳动者创造的

①　马克思恩格斯全集：第23卷. 中文1版. 北京：人民出版社，1972：264.
②　马克思恩格斯全集：第23卷. 中文1版. 北京：人民出版社，1972：604.

价值都属于资本家。这两个属于资本家的价值中，一个增加，另一个减少，二者并不互相抵消。显然，二者之和是不断增加的。在任何时间 Δt 内，雇佣劳动者创造的增加的价值 Δv_{ll}，都超过剩余的劳动力减少的价值的绝对值 $|\Delta v|$。

我们定义"剩余劳动力价值—新价值"为剩余的劳动力价值与雇佣劳动者创造的价值（即新价值）之和。显然，剩余劳动力价值—新价值为劳动时间的函数。

由（3-18）式和（3-22）式，在生产过程中，剩余劳动力价值—新价值与劳动时间的关系可以表示为

$$
\begin{aligned}
v_{vn} &= v_{ll} + v \\
&= k_l(t - t_0) + [v_0 - k_v(t - t_0)] \\
&= (k_l - k_v)(t - t_0) + v_0
\end{aligned}
\tag{3-96}
$$

式中，v_{vn} 为剩余劳动力价值—新价值，v_{ll} 为生产过程中活劳动创造的价值，v 为生产过程中的劳动力价值（即剩余的劳动力价值），v_0 为生产过程开始时刻的劳动力价值或可变资本，k_l 为单位劳动时间耗费的活劳动创造的价值系数，k_v 为单位劳动时间耗费的劳动力价值系数，t 为劳动时间，t_0 为生产过程开始时刻。

（三）劳动力价值、劳动力能够创造的价值、活劳动创造的价值、剩余劳动力价值—新价值与劳动时间的关系的数例

如果生产过程开始时刻的劳动力价值或可变资本 $v_0 = 400$，单位劳动时间耗费的劳动力价值系数 $k_v = 40$，生产过程开始时刻劳动力能够创造的价值 $v_{c0} = 1\,000$，单位劳动时间耗费的劳动力能够创造的价值系数 $k_{cv} = 100$，单位劳动时间耗费的活劳动创造的价值系数 $k_l = 100$，生产过程开始时刻 $t_0 = 0$，劳动时间 $t = 0$, 0.5, 1, $\cdots$, 10，那么，由（3-18）式、（3-20）式、（3-22）式、（3-96）式，劳动力价值 v、劳动力能够创造的价值 v_c、活劳动创造的价值 v_{ll}、剩余劳动力价值—新价值 v_{vn} 与劳动时间 t 的关系，可以用表 3-19 表示。

表 3-19　劳动力价值 v、劳动力能够创造的价值 v_c、活劳动创造的价值 v_{ll}、剩余劳动力价值—新价值 v_{vn} 与劳动时间 t 的关系

劳动时间 t	劳动力价值 v	劳动力能够创造的价值 v_c	活劳动创造的价值 v_{ll}	剩余劳动力价值—新价值 v_{vn}
0.0	400	1 000	0	400

续表

劳动时间 t	劳动力价值 v	劳动力能够 创造的价值 v_c	活劳动 创造的价值 v_{ll}	剩余劳动力 价值—新价值 v_{vn}
0.5	380	950	50	430
1.0	360	900	100	460
1.5	340	850	150	490
2.0	320	800	200	520
2.5	300	750	250	550
3.0	280	700	300	580
3.5	260	650	350	610
4.0	240	600	400	640
4.5	220	550	450	670
5.0	200	500	500	700
5.5	180	450	550	730
6.0	160	400	600	760
6.5	140	350	650	790
7.0	120	300	700	820
7.5	100	250	750	850
8.0	80	200	800	880
8.5	60	150	850	910
9.0	40	100	900	940
9.5	20	50	950	970
10.0	0	0	1 000	1 000

　　表 3-19 中劳动力价值 v、劳动力能够创造的价值 v_c、活劳动创造的价值 v_{ll}、剩余劳动力价值—新价值 v_{vn} 与劳动时间 t 的关系，可以用图 3-19 表示。

　　在图 3-19 中，介于（0，400）点与（10，0）点之间的直线表示劳动力价值 v 与劳动时间 t 的关系，介于（0，1 000）点与（10，0）点之间的直线表示劳动力能够创造的价值 v_c 与劳动时间 t 的关系，介于（0，0）点与（10，1 000）点之间的直线表示活劳动创造的价值（新价值）v_{ll} 与劳动时间 t 的关系，介于（0，400）点与（10，1 000）点之间的直线表示

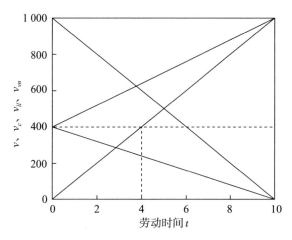

图 3-19　劳动力价值 v、劳动力能够创造的价值 v_c、
活劳动创造的价值 v_{ll}、剩余劳动力价值——
新价值 v_{vn} 与劳动时间 t 的关系

剩余劳动力价值——新价值 v_{vn} 与劳动时间 t 的关系。

　　这里的横坐标为劳动时间，因为这里考察的时间不包括非劳动时间。

　　在图 3-19 中，表示活劳动创造的 v_{ll} 与劳动时间 t 的关系的直线，与可变资本 $v_0=400$ 的水平虚线相交于（4，400）点。对应的横坐标 $t=4$，就是必要劳动时间。超过必要劳动时间的劳动时间，就是剩余劳动时间。这就是说，在（4，400）点，雇佣劳动者创造的新价值已经补偿了资本家预付的购买劳动力的价值，在此之后雇佣劳动者仍然不断为资本家创造新价值。

　　由表 3-19 和图 3-19 可以看出，随着时间的推移，剩余的劳动力价值下降，劳动力能够创造的价值下降，雇佣劳动者创造的价值（新价值）增加，剩余劳动力价值——新价值也增加。活劳动创造的价值 v_{ll} 与剩余劳动力价值——新价值 v_{vn} 均为劳动时间 t 的单调递增的线性函数。劳动力能够创造的价值 v_c 与活劳动创造的价值（新价值）v_{ll} 之和为常数 1 000。

　　由表 3-19 和图 3-19 还可以看出，在生产过程中的任何时刻，剩余劳动力价值——新价值 v_{vn} 总是大于生产过程开始时刻的劳动力价值或可变资本 v_0；在生产过程中，属于资本家的剩余的劳动力价值与雇佣劳动者创造的新价值之和不断增加，在生产结束时达到最大值。如果由于某种特殊原因生产过程被迫中断，那么，资本家已经获得一部分新价值，并且可以将雇佣劳动者剩余的劳动力按照剩余的劳动力价值出售给其他资本家，因为第一个雇用工人的资本家拥有支配工人的剩余的劳动力的权利。第一个雇用工人的资本家不可能无偿转让这种支配工人的剩余劳动力的权利。剩余的劳动力价值与雇佣劳动者已经创造的新价值之和大于资本家预付的可变资本价值。在这种特殊情况下，虽然资本家得到的剩余价值不是最多，但是，他已经获得了剩余价值。这就是说，只要资本主义进行生产，资本家就能得到剩余价值，除非商品卖不出去，资本家不能实现"惊险的跳跃"，或者剩余的劳动力卖不出去。

目前世界上采用日工资形式的企业很少，大部分资本主义企业采用"月薪制"，有的企业甚至采用"年薪制"。如果资本家预付了购买一个月或一年的劳动力价值或工资，由于某种特殊原因，生产过程进行了一半被迫中断，那么，这个资本家可以将雇佣劳动者剩余的一半劳动力（半个月或半年的劳动力）作为商品转售给其他资本家。当然，采用日工资形式的企业也可以将剩余的半天的劳动力作为商品转售给其他资本家，但是，在半个月或半年的时间内为剩余的劳动力寻找新雇主，总比在半天的时间内为剩余的劳动力寻找新雇主容易。

如果劳动时间达不到必要劳动时间，那么，资本家是否会亏损呢？这取决于多种因素。首先是剩余的劳动力能否卖出去，其次是采用何种工资形式和支付工资的时间。

如果劳动时间达不到必要劳动时间，剩余的劳动力能够卖出去，那么，资本家不仅不会亏损，还可以得到一定量的剩余价值。如果劳动时间达不到必要劳动时间，剩余的劳动力卖不出去，那么，采用小时工资或计件工资形式的资本家不会亏损，因为资本家没有向工人支付超过劳动时间的工资或超过与劳动时间对应的产品的工资；采用日工资形式和在生产过程之后支付工资的资本家也不会亏损，因为资本家不会向没有完成生产的工人支付日工资；只有采用日工资形式和在生产过程之前支付工资的资本家才会亏损，这个问题将在后面考察。

显然，那种认为只要劳动时间达不到必要劳动时间资本家一定亏损的观点是不正确的。这是一个非常重要的、令人非常感兴趣的观点。这个观点与很多经济学家的传统观念不同。

值得注意的是，资本家出售剩余的劳动力与雇佣劳动者出售自己的劳动力不同。在第一个雇用工人的资本家将他雇用的工人的剩余的劳动力卖出去的时候，剩余的劳动力的卖者不是雇佣劳动者本人，而是第一个雇用他的资本家。因为在出售剩余的劳动力之前，第一个雇用这个工人的资本家仍然拥有支配雇佣劳动者的劳动的权利，只有在雇佣劳动契约规定的时间结束之后，雇佣劳动者才有权决定将自己的劳动力卖给哪个资本家，从而接受哪个资本家的剥削。出售剩余劳动力的资本家不是劳动力的所有者，而是一定时期内的劳动力的使用者和支配者；这种交易不是发生在雇佣劳动者与资本家之间，而是发生在不同资本家之间。如果采用日工资形式，那么，这个资本家出售的商品不是全部劳动力，而是剩余的一半劳动力。如果采用"月薪制"或"年薪制"，那么，这个资本家出售的商品不是一个月或一年的劳动力的使用权和支配权，而是剩余的半个月或半年的劳动力的使用权和支配权。

出售剩余的劳动力的人不是雇佣劳动者本人，而是第一个雇用他的资本家。这种观点同样令人非常感兴趣。这个观点也与很多经济学家的传统观念不同。

（四）剩余价值为劳动时间的单调递增函数

资本主义生产方式的唯一生产目的是获得剩余价值。资本主义生产就是剩余价值生产。

在一般情况下，谈到剩余价值，有两种不同的含义：第一种含义，为生产过程结束之后雇佣劳动者创造的全部剩余价值，对于确定的生产过程，这种剩余价值是确定的；第二种含义，为生产过程中不断增加的剩余价值，这种剩余价值为劳动时间的函数。第一种含义的剩余价值等于第二种含义的剩余价值的最大值，即劳动结束时刻的剩余价值。

这里重点考察第二种含义的剩余价值，即生产过程中的剩余价值。

生产过程开始之后，随着时间的推移，剩余的劳动力价值不断下降，劳动力能够创造的价值不断下降（也就是雇佣劳动者的劳动能力不断耗费），雇佣劳动者创造的价值和剩余价值（新价值）不断增加，剩余劳动力价值—新价值不断增加，生产的剩余价值也不断增加。

由图 3-19 可以看出，剩余劳动力价值—新价值 v_{vn} 超过可变资本 v 的部分，就是生产过程中的剩余价值。

由（3-96）式，生产过程中的剩余价值与劳动时间的关系可以表示为

$$s = v_{vn} - v_0 = (k_l - k_v)(t - t_0) \tag{3-97}$$

式中，s 为生产过程中的剩余价值，v_{vn} 为剩余劳动力价值—新价值，v_0 为生产过程开始时刻的劳动力价值或可变资本。

（五）劳动力价值、劳动力能够创造的价值、活劳动创造的价值、剩余劳动力价值—新价值、剩余价值与劳动时间的关系的数例

如果生产过程开始时刻的劳动力价值或可变资本 $v_0 = 400$，单位劳动

时间耗费的劳动力价值系数 $k_v = 40$，生产过程开始时刻劳动力能够创造的价值 $v_{c0} = 1\,000$，单位劳动时间耗费的劳动力能够创造的价值系数 $k_{cv} = 100$，单位劳动时间耗费的活劳动创造的价值系数 $k_l = 100$，生产过程开始时刻 $t_0 = 0$，劳动时间 $t = 0$，0.5，1，…，10，那么，由（3-18）式、（3-20）式、（3-22）式、（3-96）式、（3-97）式，劳动力价值 v、劳动力能够创造的价值 v_c、活劳动创造的价值 v_{ll}、剩余劳动力价值—新价值 v_{vn}、剩余价值 s 与劳动时间 t 的关系，可以用表 3-20 表示。

表 3-20　　　　　　劳动力价值 v、劳动力能够创造的价值 v_c、
活劳动创造的价值 v_{ll}、剩余劳动力价值—
新价值 v_{vn}、剩余价值 s 与劳动时间 t 的关系

劳动时间 t	劳动力价值 v	劳动力能够创造的价值 v_c	活劳动创造的价值 v_{ll}	剩余劳动力价值—新价值 v_{vn}	剩余价值 s
0.0	400	1 000	0	400	0
0.5	380	950	50	430	30
1.0	360	900	100	460	60
1.5	340	850	150	490	90
2.0	320	800	200	520	120
2.5	300	750	250	550	150
3.0	280	700	300	580	180
3.5	260	650	350	610	210
4.0	240	600	400	640	240
4.5	220	550	450	670	270
5.0	200	500	500	700	300
5.5	180	450	550	730	330
6.0	160	400	600	760	360
6.5	140	350	650	790	390
7.0	120	300	700	820	420
7.5	100	250	750	850	450
8.0	80	200	800	880	480
8.5	60	150	850	910	510
9.0	40	100	900	940	540

续表

劳动时间 t	劳动力价值 v	劳动力能够创造的价值 v_c	活劳动创造的价值 v_{ll}	剩余劳动力价值—新价值 v_{vn}	剩余价值 s
9.5	20	50	950	970	570
10.0	0	0	1 000	1 000	600

表 3-20 中劳动力价值 v、劳动力能够创造的价值 v_c、活劳动创造的价值 v_{ll}、剩余劳动力价值—新价值 v_{vn}、剩余价值 s 与劳动时间 t 的关系，可以用图 3-20 表示。

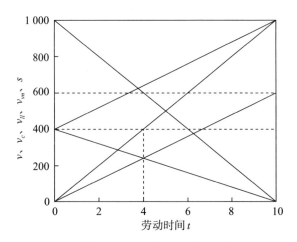

图 3-20　劳动力价值 v、劳动力能够创造的价值 v_c、
活劳动创造的价值 v_{ll}、剩余劳动力价值—
新价值 v_{vn}、剩余价值 s 与劳动时间 t 的关系

在图 3-20 中，介于（0，400）点与（10，0）点之间的直线表示劳动力价值（这里指剩余的劳动力价值）v 与劳动时间 t 的关系，介于（0，1 000）点与（10，0）点之间的直线表示劳动力能够创造的价值 v_c 与劳动时间 t 的关系，介于（0，0）点与（10，1 000）点之间的直线表示活劳动创造的价值（新价值）v_{ll} 与劳动时间 t 的关系，介于（0，400）点与（10，1 000）点之间的直线表示剩余劳动力价值—新价值 v_{vn} 与劳动时间 t 的关系，介于（0，0）点与（10，600）点之间的直线表示剩余价值 s 与劳动时间 t 的关系。

由图 3-20 可以看出，介于（0，400）点与（10，1 000）点之间表示剩余劳动力价值—新价值 v_{vn} 与劳动时间 t 关系的直线，平行于介于（0，0）

点与（10，600）点之间表示剩余价值 s 与劳动时间 t 关系的直线。

由表 3-20 和图 3-20 可以看出，其纵坐标之差等于生产过程开始时刻的劳动力价值或可变资本 400；当劳动力能够创造的价值 v_c 由 1 000 降至 0，活劳动创造的价值 v_u 由 0 升至 1 000 时，劳动力能够创造的价值 v_c 与活劳动创造的价值（新价值）v_u 之和为常数 1 000。

由表 3-20 和图 3-20 还可以看出，剩余价值 s 为劳动时间 t 的过原点的单调递增的线性函数。这表示，在生产过程中，每时每刻都生产剩余价值，而不是超过 $t=4$（本例中的必要劳动时间的临界点）才开始生产剩余价值。这是一个令人非常感兴趣的重要结论。

如果用一维表示方式，即用一条横线表示劳动时间，那么，只能表示在必要劳动时间内创造的新价值等于劳动力价值或可变资本，在剩余劳动时间内创造的新价值等于剩余价值。例如，在 $0<t<t_v$（t_v 为必要劳动时间，在本例中，$t_v=4$）的时间内生产的新价值等于劳动力价值，在 $t_v<t<t_d$（t_d 为全部劳动时间或工作日，在本例中，$t_d=10$）的时间内生产的新价值等于剩余价值。

如果用二维表示方式，即这里用横坐标表示劳动时间，用纵坐标表示剩余价值和新创造的价值，那么，不仅能表示在必要劳动时间内创造的新价值等于资本家预付的劳动力价值或可变资本价值，在剩余劳动时间内创造的新价值等于剩余价值，而且能表示每时每刻都生产剩余价值。

由表 3-20 和图 3-20 可以看出，在每段劳动时间内（例如，每小时、每分钟、每秒钟）生产的新价值都按照相同的比例分为两部分：一部分为补偿耗费的劳动力价值的组成部分，另一部分为剩余价值的组成部分。新价值分为剩余价值的部分与分为补偿耗费的劳动力价值的部分的比率，就是剩余价值率。因此，雇佣劳动者每时每刻都为资本家生产剩余价值。

不难看出，这里的二维表示方式显著地优于一维表示方式。前一种表示方式是简单的、直观的表示方式，后一种表示方式是复杂的、准确的表示方式。因为从本质看，在生产过程中，雇佣劳动者第一小时的劳动与最后一小时的劳动没有本质区别，第一秒的劳动与最后一秒的劳动也没有本质区别，都是雇佣劳动者的体力与脑力的耗费，在相同的时间内都创造相同的价值，都在创造补偿资本家预付的可变资本价值的同时创造剩余价值。雇佣劳动者与资本家之间的这种关系，是由雇佣劳动制度决定的生产关系。

值得注意的是，在表 3-19 和图 3-19 中，以及表 3-20 和图 3-20

中，如果剩余的劳动力卖不出去，那么，劳动时间或工作日必须超过必要劳动时间，资本家才能得到剩余价值，资本主义生产才能进行。如果剩余的劳动力能够卖出去，那么，无论第一个雇用工人的资本家的工厂的劳动时间是否超过必要劳动时间，这个资本家都能得到剩余价值，资本主义生产都能进行。

同样值得注意的是，在图 3-20 中，剩余价值是逐渐产生的，生产过程结束时剩余劳动创造的价值与生产过程开始时的劳动力价值之比（600/400），等于剩余劳动时间与必要劳动时间之比（6 小时/4 小时）。这证明，马克思关于工人每时每刻的劳动都生产剩余价值的观点与超过必要劳动时间才开始生产剩余价值的观点等价。

（六）产品价值为劳动时间的单调递增函数

产品价值为转移到产品中的生产资料价值与活劳动创造的价值之和，即生产中耗费的不变资本价值与新价值之和。

在一般情况下，谈到产品价值，有两种不同的含义：第一种含义，为生产过程结束后的全部产品的价值，相当于通常所说的不变资本、可变资本与剩余价值之和；第二种含义，为生产过程中的产品价值，即逐渐转移到产品中的生产资料价值与新创造价值之和。

第一种含义的产品价值是固定的。第二种含义的产品价值是变化的。第一种含义的产品价值等于第二种含义的产品价值的最大值，即劳动结束时刻的产品价值。这里考察的产品价值是第二种含义的产品价值。

由（3-17）式、（3-22）式，生产过程中的产品价值可以表示为

$$
\begin{aligned}
w &= c_w + v_{ll} \\
&= k_{cfa}(t - t_0) + k_l(t - t_0) \\
&= (k_{cfa} + k_l)(t - t_0)
\end{aligned}
\tag{3-98}
$$

式中，w 为生产过程中的产品价值。

（七）转移到产品中的生产资料价值、活劳动创造的价值、剩余价值、产品价值与劳动时间的关系的数例

如果单位劳动时间损耗的生产资料价值系数 $k_{cfa} = 120$，单位劳动时间耗费的活劳动创造的价值系数 $k_l = 100$，单位劳动时间耗费的劳动力价值系数 $k_v - 40$，生产过程开始时刻 $t_0 = 0$，劳动时间 $t = 0$，0.5，1，…，10，那么，由（3-17）式、（3-22）式、（3-97）式、（3-98）式，转移到产品中的生产资料价值 c_w、活劳动创造的价值 v_{ll}、剩余价值 s、产品价值 w 与劳动时间 t 的关系，可以用表 3-21 表示。

表 3 - 21　　转移到产品中的生产资料价值 c_w、活劳动创造的价值 v_{ll}、

剩余价值 s、产品价值 w 与劳动时间 t 的关系

劳动时间 t	转移到产品中的生产资料价值 c_w	活劳动创造的价值 v_{ll}	剩余价值 s	产品价值 w
0.0	0	0	0	0
0.5	60	50	30	110
1.0	120	100	60	220
1.5	180	150	90	330
2.0	240	200	120	440
2.5	300	250	150	550
3.0	360	300	180	660
3.5	420	350	210	770
4.0	480	400	240	880
4.5	540	450	270	990
5.0	600	500	300	1 100
5.5	660	550	330	1 210
6.0	720	600	360	1 320
6.5	780	650	390	1 430
7.0	840	700	420	1 540
7.5	900	750	450	1 650
8.0	960	800	480	1 760
8.5	1 020	850	510	1 870
9.0	1 080	900	540	1 980
9.5	1 140	950	570	2 090
10.0	1 200	1 000	600	2 200

　　表 3 - 21 中转移到产品中的生产资料价值 c_w、活劳动创造的价值 v_{ll}、剩余价值 s、产品价值 w 与劳动时间 t 的关系，可以用图 3 - 21 表示。

　　在图 3 - 21 中，按照斜率从小到大依次为：剩余价值 s 与劳动时间 t 的关系，活劳动创造的价值 v_{ll} 与劳动时间 t 的关系，转移到产品中的生产资料价值 c_w 与劳动时间 t 的关系，产品价值 w 与劳动时间 t 的关系。也

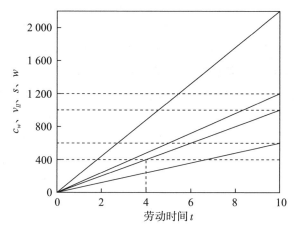

图 3 - 21 转移到产品中的生产资料价值 c_w、活劳动创造的价值 v_{ll}、剩余价值 s、产品价值 w 与劳动时间 t 的关系

就是说，介于原点与（10，600）点之间的直线，表示剩余价值 s 与劳动时间 t 的关系；介于原点与（10，1 000）点之间的直线，表示活劳动创造的价值（新价值）v_{ll} 与劳动时间 t 的关系；介于原点与（10，1 200）点之间的直线，表示转移到产品中的生产资料价值 c_w 与劳动时间 t 的关系；介于原点与（10，2 200）点之间的直线，表示产品价值 w 与劳动时间 t 的关系。

由图 3 - 21 可以看出，每时每刻都生产剩余价值；在每段劳动时间内（例如，每小时、每分钟、每秒钟）生产的新价值，都按照一定比例分为补偿耗费的劳动力价值的组成部分与剩余价值的组成部分；在每段劳动时间内（例如，每小时、每分钟、每秒钟）都将生产资料价值转移到产品中，或再现在产品中；剩余价值、新价值、转移到产品中的生产资料价值、产品价值的比例，等于相应的直线的斜率的比例，也等于 $t=10$ 的条件下相应的直线的纵坐标的比例。

由图 3 - 21 还可以看出，活劳动创造的价值与劳动时间的关系、剩余价值与劳动时间的关系、转移到产品中的生产资料价值与劳动时间的关系、产品价值与劳动时间的关系，都是过原点的单调递增的线性函数。这说明，随着时间的推移，活劳动创造的价值、剩余价值、转移到产品中的生产资料价值、产品价值等比例增加。这是一个非常重要的结论。

因为只有工作日超过必要劳动时间，并且必要劳动时间和剩余劳动时间已知，在生产过程中任何一个时刻的活劳动才能按照一定比例划分为必要劳动和剩余劳动，所以，表 3-19、表 3-20、表 3-21 表示的变量之间的关系，或图 3-19、图 3-20、图 3-21 表示的变量之间的关系，是在必要劳动时间和剩余劳动时间完全确定的条件下得到的。

（八）雇佣劳动关系确定条件下，转移到产品中的生产资料价值、必要劳动创造的价值、剩余劳动创造的价值、活劳动创造的价值、产品价值与劳动时间的关系

如果雇佣劳动关系确定、剥削程度确定，雇佣劳动者只为雇用他的资本家劳动，也就是不考虑资本家将雇佣劳动者的剩余劳动力出售给其他资本家的情况，那么，不仅工作日的长度必须超过必要劳动时间，劳动时间必须超过必要劳动时间，而且必要劳动时间与剩余劳动时间完全确定。

在这种条件下，转移到产品中的生产资料价值与劳动时间的关系、必要劳动创造的价值与劳动时间的关系、剩余劳动创造的价值与劳动时间的关系、活劳动创造的价值与劳动时间的关系、产品价值与劳动时间的关系都可以用新的方程表示。

1. 雇佣劳动关系确定条件下，转移到产品中的生产资料价值与劳动时间的关系

由（3-15）式、（3-17）式，考虑固定资本影响并且劳动时间等于必要劳动时间条件下转移到产品中的生产资料价值可以表示为

$$c_{wv} = k_{cfa}(t_v - t_0) = \frac{t_v - t_0}{t_d - t_0}(c_0 - c_{fad}) \qquad (3-99)$$

式中，c_{wv} 为考虑固定资本影响并且劳动时间等于必要劳动时间条件下转移到产品中的生产资料价值，c_0 为生产过程开始时刻的生产资料价值，c_{fad} 为生产过程结束时刻剩余的生产资料价值，t_0 为生产过程开始时刻，t_v 为必要劳动时间（相当于必要劳动时刻 t_1），t_d 为生产过程结束时刻，k_{cfa} 为考虑固定资本影响条件下单位劳动时间转移到产品价值中的生产资料价值系数。

由（3-17）式、（3-99）式，转移到产品中的生产资料价值可以表示为

$$c_w = k_{cfa}(t - t_0) = k_{cfa}\left[t - \left(t_v - \frac{c_{wv}}{k_{cfa}}\right)\right] = c_{wv} + k_{cfa}(t - t_v)$$

$$(3-100)$$

2.雇佣劳动关系确定条件下，必要劳动创造的价值与劳动时间的关系

如果雇佣劳动关系确定，不考虑资本家将雇佣劳动者的剩余劳动力出售给其他资本家的情况，那么，不存在剩余劳动力价值。必要劳动创造的价值可以表示为

$$v = k_v(t - t_0) \qquad (3-101)$$

式中，v 为必要劳动创造的价值，k_v 为单位劳动时间耗费的劳动力价值系数。

劳动时间等于必要劳动时间条件下必要劳动创造的价值可以表示为

$$v_v = k_v(t_v - t_0) \qquad (3-102)$$

式中，v_v 为劳动时间等于必要劳动时间条件下必要劳动创造的价值。

由（3-101）式、（3-102）式，必要劳动创造的价值可以表示为

$$v = v_v + k_v(t - t_v) \qquad (3-103)$$

3.雇佣劳动关系确定条件下，剩余劳动创造的价值与劳动时间的关系

如果雇佣劳动关系确定，不考虑资本家将雇佣劳动者的剩余劳动力出售给其他资本家的情况，那么，由（3-97）式，劳动时间等于必要劳动时间条件下剩余劳动创造的价值，可以表示为

$$s_v = (k_l - k_v)(t_v - t_0) \qquad (3-104)$$

式中，s_v 为劳动时间等于必要劳动时间条件下剩余劳动创造的价值，简称剩余价值。

由（3-97）式、（3-104）式，剩余劳动创造的价值可以表示为

$$s = v_{vn} - v_0 = s_v + (k_l - k_v)(t - t_v) \qquad (3-105)$$

4.雇佣劳动关系确定条件下，活劳动创造的价值与劳动时间的关系

如果雇佣劳动关系确定，不考虑资本家将雇佣劳动者的剩余劳动力出售给其他资本家的情况，那么，由（3-102）式、（3-104）式，劳动时间等于必要劳动时间条件下活劳动创造的价值，可以表示为

$$v_{llv} = v_v + s_v = k_l(t_v - t_0) \qquad (3-106)$$

式中，v_{llv} 为劳动时间等于必要劳动时间条件下活劳动创造的价值。

由（3-103）式、（3-105）式，活劳动创造的价值可以表示为

$$v_{ll} = v + s = v_v + s_v + k_l(t - t_v) \tag{3-107}$$

5. 雇佣劳动关系确定条件下，产品价值与劳动时间的关系

如果雇佣劳动关系确定，不考虑资本家将雇佣劳动者的剩余劳动力出售给其他资本家的情况，那么，由（3-98）式，劳动时间等于必要劳动时间条件下生产过程中的产品价值，可以表示为

$$w_v = (k_{cfa} + k_l)(t_v - t_0) \tag{3-108}$$

式中，w_v 为劳动时间等于必要劳动时间条件下生产过程中的产品价值。

由（3-98）式、（3-108）式，产品价值可以表示为

$$w = w_v + (k_{cfa} + k_l)(t - t_v) \tag{3-109}$$

（九）雇佣劳动关系确定条件下，转移到产品中的生产资料价值、必要劳动创造的价值、剩余劳动创造的价值、活劳动创造的价值、产品价值与劳动时间的关系的数例

在雇佣劳动关系确定，雇佣劳动者只为雇用他的资本家劳动，不考虑资本家将雇佣劳动者的剩余劳动力出售给其他资本家的条件下，如果生产过程开始时刻 $t_0 = 0$，劳动时间等于必要劳动时间，即 $t = t_v = 4$，单位劳动时间损耗的生产资料价值系数 $k_{cfa} = 120$，单位劳动时间耗费的活劳动创造的价值系数 $k_l = 100$，单位劳动时间耗费的劳动力价值系数 $k_v = 40$，那么，由（3-99）式、（3-102）式、（3-104）式、（3-106）式、（3-108）式，转移到产品中的生产资料价值、必要劳动创造的价值、剩余劳动创造的价值、活劳动创造的价值、产品价值分别为

$$c_{wv} = k_{cfa}(t_v - t_0) = 120 \times (4 - 0) = 480 \tag{3-110}$$
$$v_v = k_v(t_v - t_0) = 40 \times (4 - 0) = 160 \tag{3-111}$$
$$s_v = (k_l - k_v)(t_v - t_0) = (100 - 40) \times (4 - 0) = 240 \tag{3-112}$$
$$v_{llv} = v_v + s_v = k_l(t_v - t_0) = 100 \times (4 - 0) = 400 \tag{3-113}$$
$$w_v = (k_{cfa} + k_l)(t_v - t_0) = (120 + 100) \times (4 - 0) = 880 \tag{3-114}$$

如果上述条件成立，并且劳动时间大于等于必要劳动时间，即 $t = 4$，4.5，5，…，10，那么，转移到产品中的生产资料价值 c_w、必要劳动创造的价值 v、剩余价值 s、活劳动创造的价值 v_{ll}、产品价值 w 与劳动时间 t 的关系，可以用表 3-22 表示。

表3-22　转移到产品中的生产资料价值 c_w、必要劳动创造的价值 v、

剩余价值 s、活劳动创造的价值 v_{ll}、产品价值 w 与劳动时间 t 的关系

劳动时间 t	转移到产品中的生产资料价值 c_w	必要劳动创造的价值 v	剩余价值 s	活劳动创造的价值 v_{ll}	产品价值 w
4.0	480	160	240	400	880
4.5	540	180	270	450	990
5.0	600	200	300	500	1 100
5.5	660	220	330	550	1 210
6.0	720	240	360	600	1 320
6.5	780	260	390	650	1 430
7.0	840	280	420	700	1 540
7.5	900	300	450	750	1 650
8.0	960	320	480	800	1 760
8.5	1 020	340	510	850	1 870
9.0	1 080	360	540	900	1 980
9.5	1 140	380	570	950	2 090
10.0	1 200	400	600	1 000	2 200

表3-22中转移到产品中的生产资料价值 c_w、必要劳动创造的价值 v、剩余价值 s、活劳动创造的价值 v_{ll}、产品价值 w 与劳动时间 t 的关系，可以用图3-22表示。

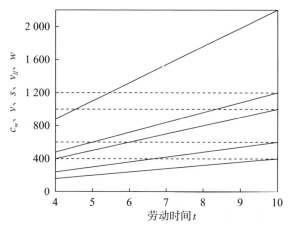

图3-22　转移到产品中的生产资料价值 c_w、必要劳动创造的价值 v、

剩余价值 s、活劳动创造的价值 v_{ll}、产品价值 w 与劳动时间 t 的关系

在图 3-22 中，按照斜率从小到大依次为：必要劳动创造的价值 v 与劳动时间 t 的关系，剩余价值 s 与劳动时间 t 的关系，活劳动创造的价值 v_u 与劳动时间 t 的关系，转移到产品中的生产资料价值 c_w 与劳动时间 t 的关系，产品价值 w 与劳动时间 t 的关系。也就是说，介于（4，160）点与（10，400）点之间的直线，表示必要劳动创造的价值 v 与劳动时间 t 的关系；介于（4，240）点与（10，600）点之间的直线，表示剩余价值 s 与劳动时间 t 的关系；介于（4，400）点与（10，1 000）点之间的直线，表示活劳动创造的价值（新价值）v_u 与劳动时间 t 的关系；介于（4，480）点与（10，1 200）点之间的直线，表示转移到产品中的生产资料价值 c_w 与劳动时间 t 的关系；介于（4，880）点与（10，2 200）点之间的直线，表示产品价值 w 与劳动时间 t 的关系。

由图 3-22 可以看出，每时每刻都生产剩余价值；在每段劳动时间内（例如，每小时、每分钟、每秒钟）生产的新价值，都按照一定比例分为补偿耗费的劳动力价值的组成部分与剩余价值的组成部分；在每段劳动时间内（例如，每小时、每分钟、每秒钟）都将生产资料价值转移到产品中，或再现在产品中；必要劳动创造的价值、剩余价值、活劳动创造的价值、转移到产品中的生产资料价值、产品价值的比例，等于相应的直线的斜率的比例，也等于劳动结束时刻 $t=10$ 的条件下相应的直线的纵坐标的比例。

由图 3-22 还可以看出，必要劳动创造的价值与劳动时间的关系、剩余价值与劳动时间的关系、活劳动创造的价值与劳动时间的关系、转移到产品中的生产资料价值与劳动时间的关系、产品价值与劳动时间的关系都是单调递增的线性函数。这说明，随着时间的推移，必要劳动创造的价值、剩余价值、活劳动创造的价值、转移到产品中的生产资料价值、产品价值等比例增加。

因为只有必要劳动时间和剩余劳动时间已知，在生产过程中任何一个时刻的活劳动才能按照一定比例划分为必要劳动和剩余劳动，所以，表 3-22 和图 3-22 表示的各种变量之间的关系，是在必要劳动时间和剩余劳动时间完全确定的条件下得到的。

三、西尼耳的"最后一小时"的观点和其中的重大错误

（一）西尼耳的"最后一小时"的观点

1836 年，在英国牛津大学教授政治经济学的一位教授纳骚·威·西尼耳（Nassau William Senior，1790—1864）写了一本小册子。他在这本

小册子中提出：“按照现行法律，凡雇用不满 18 岁的人的工厂，每天的劳动时间都不得超过 $11\frac{1}{2}$ 小时，就是说，一周的前 5 天每天劳动 12 小时，星期六劳动 9 小时。下面的分析〈！〉说明，这种工厂的全部纯利润是由最后一小时提供的。假定工厂主投资 100 000 镑，其中用在厂房和机器上的是 80 000 镑，用在原料和工资上的是 20 000 镑。假定资本每年周转一次，总利润是 15％，该厂全年的商品销售额应该是价值 115 000 镑……一个工作日是 23 个 $\frac{1}{2}$ 劳动小时，每个 $\frac{1}{2}$ 劳动小时生产 115 000 镑的 $\frac{5}{115}$ 或 $\frac{1}{23}$。在构成总额 115 000 镑的 $\frac{23}{23}$ 中，$\frac{20}{23}$ 即 115 000 镑中的 100 000 镑只是补偿资本，$\frac{1}{23}$ 即总利润〈！〉15 000 镑中的 5 000 镑补偿工厂和机器的磨损。其余 $\frac{2}{23}$ 即每天最后两个 $\frac{1}{2}$ 小时才生产 10％ 的纯利润。因此，在价格不变的情况下，如果工厂不是劳动 $11\frac{1}{2}$ 小时，而是可以劳动 13 小时，那末，只要增加大约 2 600 镑流动资本，就能使纯利润增加一倍以上。反之，劳动时间每天缩短 1 小时，纯利润就会消失，缩短 $1\frac{1}{2}$ 小时，总利润也会消失。”①

　　显然，西尼耳说的内容是荒唐的，他的叙述方法是混乱的，他的观点是错误的。

　　马克思对此嘲讽道：“这位教授先生竟把这种东西叫做‘分析’！”②

（二）西尼耳的观点中的重大错误

　　从西尼耳的这些所谓的“分析”可以看出，他的“最后一小时”的观点存在四个重大的错误：第一，关于商品价值的概念是错误的；第二，商品价值的计算中存在重复计算的错误；第三，混淆了剩余价值（即西尼耳所说的“纯利润”）的真正的来源；第四，错误地理解了剩余价值（即他所说的“纯利润”）与流动资本的关系。

　　1. 西尼耳关于商品价值的概念是错误的

　　西尼耳将生产过程中没有损耗的厂房和机器等不变资本的价值纳入了

---

　　①　西尼耳. 关于工厂法对棉纺织业的影响的书信. 1837，伦敦版//马克思恩格斯全集：第 23 卷. 中文 1 版. 北京：人民出版社，1972：251－252.
　　②　马克思恩格斯全集：第 23 卷. 中文 1 版. 北京：人民出版社，1972：252.

商品销售额的价值。他认为，全年的商品销售额应该是价值 115 000 镑，其中包括厂房和机器的价值 80 000 镑、原料和工资的价值 20 000 镑、工厂和机器磨损的价值 5 000 镑和"纯利润" 10 000 镑。显然，西尼耳的观点和他使用的计算方法是错误的。

正确的观点是：生产过程中没有耗费的厂房和机器等不变资本的价值，没有转移到产品价值中，从而不构成商品价值的组成部分。

在西尼耳的数例中，资本家在生产过程中使用的厂房和机器等不变资本的价值为 80 000 镑，在生产过程中损耗并且需要从产品售卖得到的价值中予以补偿的磨损的工厂和机器的价值为 5 000 镑，因此没有磨损的工厂和机器的价值应该是 75 000 镑。既然这 75 000 镑没有磨损的工厂和机器的价值不需要补偿，那么，也就不构成产品价值的一部分。因此，西尼耳将没有磨损的工厂和机器的价值 75 000 镑计入产品价值的计算方法是错误的。

生产过程中损耗的工厂和机器的价值、原料的价值构成商品价值的组成部分，但是，不影响剩余价值率，从而不影响生产的剩余价值的数量。剩余价值只受可变资本和剥削程度的影响。生产过程中损耗的工厂和机器的价值、原料的价值影响利润率。在本例中，损耗的工厂和机器的价值 5 000 镑、耗费的原料的价值 10 000 镑构成商品价值的组成部分，因此，耗费的生产资料的价值共 15 000 镑。这 15 000 镑耗费的生产资料的价值构成商品价值的组成部分。

资本家支付工资的价值，即可变资本，不仅构成商品价值的组成部分，而且影响剩余价值率，从而影响生产的剩余价值的数量。在本例中，工资 10 000 镑构成商品价值的组成部分，同时影响剩余价值率。雇佣劳动者的剩余劳动创造的剩余价值或西尼耳所说的 10 000 镑"纯利润"也构成商品价值的组成部分。

正确的计算方法是：补偿工厂和机器的磨损的价值 5 000 镑、原料和工资的价值 20 000 镑（其中包括 10 000 镑原料价值和 10 000 镑工资）、剩余价值或"纯利润" 10 000 镑共同构成商品价值的组成部分。因此，商品价值应该是 35 000 镑，而不是西尼耳所说的 115 000 镑。

可见，西尼耳关于商品价值的概念是完全错误的。

2. 西尼耳计算商品价值的过程中犯了重复计算的错误

西尼耳计算商品价值的过程中，除了上述将没有磨损的工厂和机器的价值计入产品价值的错误以外，还犯了重复计算的错误。

在他提出的数例中，"5 000 镑补偿工厂和机器的磨损"的价值，是生产过程中使用的厂房和机器的价值 80 000 镑的一部分。将用于补偿工厂和机器的磨损的价值 5 000 镑及使用的厂房和机器的价值 80 000 镑都算作产品价值的组成部分，是重复计算。即两次将补偿工厂和机器的磨损的价值 5 000 镑计算在产品价值中。同时，他还将没有磨损的工厂和机器的价值 75 000 镑计算在产品价值中。这样才得到西尼耳所说的 115 000 镑的产品价值。

可见，西尼耳在计算产品价值的过程中犯了多种错误。不仅他的关于商品价值的概念是完全错误的，而且犯了在产品价值中重复计算工厂和机器磨损的价值的错误。

3. 西尼耳混淆了剩余价值（即他所说的"纯利润"）的真正的来源

西尼耳认为，"纯利润"来自资本家的全部资本，10 000 镑纯利润来自资本家的 100 000 镑资本，在每天的劳动时间 $11\frac{1}{2}$ 小时中，$11\frac{1}{2}$ 小时的 $\frac{20}{23}$ 即 10 小时的劳动时间生产 100 000 镑用于补偿资本，$11\frac{1}{2}$ 小时的 $\frac{1}{23}$ 即 $\frac{1}{2}$ 小时的劳动时间生产 5 000 镑用于补偿工厂和机器磨损，$11\frac{1}{2}$ 小时的 $\frac{2}{23}$ 即"最后一小时"的劳动时间生产 10 000 镑纯利润，即 100 000 镑资本的 10％。显然，西尼耳的这个观点也是错误的。

正确的观点是：剩余价值不是来源于资本家的资本，而是来源于雇佣劳动者的剩余劳动，与剩余价值有关的不是资本家的全部资本，而是其中的可变资本；生产剩余价值的时间，不是西尼耳所说的"最后一小时"，而是雇佣劳动者每时每刻的活劳动的一部分，在本例中，雇佣劳动者每时每刻的活劳动的 50％用于生产相当于必要生活资料的价值或相当于可变资本的价值，每时每刻的活劳动的另外 50％用于生产剩余价值或"纯利润"；如果简单地、直观地看，也可以理解为 $11\frac{1}{2}$ 小时的一半，即 $5\frac{3}{4}$ 小时，生产相等于自己的工资的价值，其余 $5\frac{3}{4}$ 小时生产剩余价值或"纯利润"。

马克思明确地指出："在专门涉及纯利润同工作日长度的关系的问题上，不要把机器和厂房、原料和劳动混杂在一起，而把包含在厂房、机器、原料等等中的不变资本放在一边，把预付在工资上的资本放在另一边。"①

---

① 马克思恩格斯全集：第 23 卷. 中文 1 版. 北京：人民出版社，1972：253.

　　马克思对西尼耳的观点评论道："根据你们的说法，工人是在倒数第二小时生产自己的工资，在最后一小时生产你们的剩余价值或纯利润。……既然按照你们的说法，工人的工资和他提供的剩余价值是同样大的价值，那末工人显然是在 $5\frac{3}{4}$ 小时内生产自己的工资，在其余 $5\frac{3}{4}$ 小时内生产你们的纯利润。"① 既然如此，那么，剩余劳动时间与必要劳动时间同样长，都是 $5\frac{3}{4}$ 小时，剩余价值率为 100%。

　　马克思对西尼耳等人说道："毫无疑问，如果你们使你们的'人手'不是劳动 $11\frac{1}{2}$ 小时，而是劳动 13 小时，并且象你们会做的那样，把额外的 $1\frac{1}{2}$ 小时也归入纯粹的剩余劳动，那末剩余劳动就会从 $5\frac{3}{4}$ 小时增加到 $7\frac{1}{4}$ 小时，从而剩余价值率就会从 100% 增加到 $126\frac{2}{23}\%$。如果你们期望，加上 $1\frac{1}{2}$ 小时就能使剩余价值率从 100% 增加到 200%，甚至 200% 以上，即'增加一倍以上'，那末免太乐观了。另一方面——人的心是很奇怪的东西，特别是当人们把心放在钱袋里的时候——如果你们担心，工作日从 $11\frac{1}{2}$ 小时缩减为 $10\frac{1}{2}$ 小时会使你们的全部纯利润化为乌有，那又未免太悲观了。事情决不是这样的。假设其他一切条件相同，即使剩余劳动从 $5\frac{3}{4}$ 小时降为 $4\frac{3}{4}$ 小时，仍然会得出一个很好的剩余价值率，即 $82\frac{14}{23}\%$。但是这个致命的'最后一小时'——你们为它编造的神话比锡利亚信徒为世界末日编造的神话还要多——是'十足的胡说'。失掉这最后一小时，你们并不会丧失'纯利润'"②。

　　马克思的计算方法的前提是：工资不变，也就是必要劳动时间不变，剩余劳动时间变化。如果必要劳动时间不变，剩余劳动时间延长，那么，意味着剥削程度提高；如果必要劳动时间不变，剩余劳动时间缩短，那么，意味着剥削程度降低。

　　无论剩余劳动时间延长还是缩短，西尼耳的计算方法都是错误的。换句话说，无论剥削程度提高还是降低，西尼耳的计算方法都是错误的。

① 马克思恩格斯全集：第 23 卷. 中文 1 版. 北京：人民出版社，1972：253.
② 马克思恩格斯全集：第 23 卷. 中文 1 版. 北京：人民出版社，1972：254－255.

西尼耳并没有明确地说明自己的计算方法的前提是什么。

在西尼耳提出的数例中，剩余劳动时间与必要劳动时间都是 $5\frac{3}{4}$ 小时，剩余价值率为100％，可变资本和剩余价值（即西尼耳所说的"纯利润"）都是 10 000 镑。

如果西尼耳承认资产阶级古典政治经济学关于工资的定义，即承认工资相当于维持工人及其家庭成员的生活所必需的生活资料的价值，那么，资本家延长雇佣劳动者的劳动时间的时候，工人需要的生活资料价值没有变化，资本家不增加工资，即不改变必要劳动时间。

在西尼耳生活的时代，资本家延长雇佣劳动者的劳动时间，并且不增加工资，是一种普遍的现象。正因为如此，资本家才反对缩短工作日，工人阶级才为缩短工作日进行斗争。在那个时代，工人阶级正在为争取十小时工作日而斗争。这个斗争后来发展到工人为争取八小时工作日而斗争。显然，那时的资本家和代表资本家利益的经济学家，如西尼耳等人，都是极力维护这种生产关系的。正因为如此，工厂主才选中西尼耳，"要他充当斗士去反对新颁布的工厂法和比工厂法更激进的争取十小时工作日运动"[①]。虽然西尼耳没有明确地说明自己的计算方法的前提，但是，应该是采用这种前提。从西尼耳极力主张延长工作日而不是缩短工作日，也可以看出他不赞成资本家为了延长劳动时间而增加工资。

在这种条件下，如果每天的劳动时间从 $11\frac{1}{2}$ 小时延长到 13 小时，即增加 $1\frac{1}{2}$ 小时劳动时间，或增加 $1\frac{1}{2}$ 小时剩余劳动时间，那么，如前面马克思分析的结果，剩余劳动时间应该为 $7\frac{1}{4}$ 小时，剩余价值率应该为 $126\frac{2}{23}$％，剥削程度提高，相应地，剩余价值（即西尼耳所说的"纯利润"）＝可变资本×剩余价值率＝10 000 镑×$126\frac{2}{23}$％＝12 608.695 652 1 镑，只增加了大约 2 609 镑，而不是增加了 10 000 镑，剩余价值（即西尼耳所说的"纯利润"）只增加了 $26\frac{2}{23}$％，或 26.086 956 5％，而不是西尼耳所说的"增加一倍以上"。

如果每天的劳动时间从 $11\frac{1}{2}$ 小时缩减为 $10\frac{1}{2}$ 小时，即缩短 1 小时劳动

---

①　马克思恩格斯全集：第 23 卷. 中文 1 版. 北京：人民出版社，1972：251.

时间，或减少 1 小时剩余劳动时间，那么，如前面马克思分析的结果，剩余劳动时间应该为 $4\frac{3}{4}$ 小时，剩余价值率应该为 $82\frac{14}{23}\%$，相应地，剩余价值（即西尼耳所说的"纯利润"）＝可变资本×剩余价值率＝10 000 镑×$82\frac{14}{23}\%$＝8 260.869 565 2 镑，只减少了大约 1 739.130 434 8 镑，剩余价值（即西尼耳所说的"纯利润"）只减少了 $17\frac{9}{23}\%$，或 17.391 304 3%，而不是西尼耳所说的"纯利润就会消失"。

　　如果每天的劳动时间从 $11\frac{1}{2}$ 小时缩减为 10 小时，即缩短 $1\frac{1}{2}$ 小时劳动时间，或减少 $1\frac{1}{2}$ 小时剩余劳动时间，那么，剩余劳动时间应该为 $4\frac{1}{4}$ 小时，剩余价值率应该为 $73\frac{21}{23}\%$，相应地，剩余价值（即西尼耳所说的"纯利润"）＝可变资本×剩余价值率＝10 000 镑×$73\frac{21}{23}\%$＝7 391.304 347 8 镑，只减少了大约 2 608.695 652 2 镑，剩余价值（即西尼耳所说的"纯利润"）只减少了 $26\frac{2}{23}\%$，或 26.086 956 5%，显然，西尼耳所说的"纯利润"没有消失。

　　我们再来考察西尼耳所说的包括损耗的固定资本价值和剩余价值的所谓"总利润"。按照西尼耳提出的数例，劳动 $11\frac{1}{2}$ 小时造成工厂和机器磨损的价值为 5 000 镑，这笔损失要从"总利润"15 000 镑中的 5 000 镑补偿。马克思正确地指出："把劳动时间从 $11\frac{1}{2}$ 小时减为 10 小时，在其他条件相同的情况下，每天棉花、机器等等的消耗也会减少 $1\frac{1}{2}$ 小时"[①]。既然 $11\frac{1}{2}$ 小时劳动时间损耗固定资本价值 5 000 镑，那么，10 小时劳动时间损耗固定资本价值＝5 000 镑×$\dfrac{10}{11\frac{1}{2}}$＝4 347.826 087 0 镑。西尼耳所说的"总利润"＝4 347.826 087 0 镑＋7 391.304 347 8 镑＝11 739.130 434 8 镑。

───────────

① 马克思恩格斯全集：第 23 卷. 中文 1 版. 北京：人民出版社，1972：252.

显然，西尼耳所说的"总利润"也没有消失。

因此，如果西尼耳的计算方法的前提是工资不变，也就是必要劳动时间不变，剩余劳动时间变化，那么，无论劳动时间延长还是缩短，他的关于"纯利润"和"总利润"的计算方法和计算结果都是错误的。

值得指出的是，西尼耳的"总利润"中不仅包括剩余价值，而且包括损耗的固定资本价值。他的这种包括损耗的固定资本价值的利润的概念是完全错误的。

如果西尼耳的计算方法的前提是：增加的流动资本的一半购买增加的原料、另一半支付增加的工资，则剥削程度不变，也就是，不采用资产阶级古典政治经济学关于工资的定义，那么，资本家增加流动资本的时候，会增加工资，增加必要劳动时间，延长剩余劳动时间。必须指出，这种前提只是依据西尼耳的增加流动资本的数例推测出的前提，这种推测不仅不符合古典政治经济学的规定，而且也不符合西尼耳本人的主张，只是一种不改变剩余价值的条件下改变利润率的前提。

在这种条件下，如果每天的劳动时间从 $11\frac{1}{2}$ 小时延长到 13 小时，即增加 $1\frac{1}{2}$ 小时劳动时间，那么，必要劳动时间和剩余劳动时间各增加 $\frac{3}{4}$ 小时，即必要劳动时间和剩余劳动时间都增加到 $6\frac{1}{2}$ 小时，剩余价值率仍然为 100%，相应地，剩余价值（即西尼耳所说的"纯利润"）＝10 000 镑×$\dfrac{6\frac{1}{2}}{5\frac{3}{4}}$＝11 304.347 826 1 镑，增加了大约 1 304 镑，而不是增加了 10 000 镑，剩余价值只增加了 13.043 478 3%，而不是西尼耳所说的"增加一倍以上"。用在原料和工资上的流动资本＝20 000 镑×$\dfrac{13}{11\frac{1}{2}}$＝22 608.695 652 2 镑，

增加了 2 608.695 652 2 镑（即西尼耳所说的"增加大约 2 600 镑流动资本"）。

因此，如果西尼耳的计算方法的前提是：增加的流动资本的一半购买增加的原料、另一半支付增加的工资，则剥削程度不变，那么，他的关于"纯利润"的计算方法和计算结果同样是错误的。

4. 西尼耳错误地理解了剩余价值（即他所说的"纯利润"）与流动资本的关系

西尼耳认为，"只要增加大约 2 600 镑 * 流动资本，就能使纯利润增加一倍以上"[①]。在他看来，过去用 20 000 镑原料和工资在 $11\frac{1}{2}$ 小时的劳动时间中生产了价值 115 000 镑的商品，其中包括 15 000 镑总利润（总利润中包括 10 000 镑纯利润），这 15 000 镑总利润是在 $1\frac{1}{2}$ 小时的劳动中生产的；现在只需增加 $1\frac{1}{2}$ 小时的劳动时间就可以增加 15 000 镑总利润（增加 10 000 镑纯利润），增加 $1\frac{1}{2}$ 小时的劳动时间占过去 $11\frac{1}{2}$ 小时的劳动时间的 $\frac{3}{23}$，因此，只需增加 20 000 镑的 $\frac{3}{23}$ 即 2 608.695 652 173 91 镑（西尼耳所说的"大约 2 600 镑"），就能增加 15 000 镑总利润，其中，包括增加的 10 000 镑纯利润。显然，西尼耳的这个观点是错误的。西尼耳正是按照这样错误的计算方法，才得到增加 $1\frac{1}{2}$ 小时的劳动时间需要增加大约 2 600 镑流动资本的结论。

马克思认为，"要使资本的一部分变成劳动力而增殖，就必须使资本的另一部分变成生产资料。要使可变资本起作用，就必须根据劳动过程的一定的技术性质，按相应的比例来预付不变资本。"[②]

如果剥削程度不变，那么，在劳动生产率确定的条件下，纯利润与流动资本必须保持一定比例，也就是创造剩余价值或"纯利润"的剩余劳动与产品价值、原料、必要劳动的比例不变。资本家不是为了提高剩余价值率，而是为了提高固定资本利用率，从而提高利润率。如果剥削程度不变，增加 2 608.695 652 2 镑流动资本，那么，由前面的分析可以看出，只能增加 1 304.347 826 1 镑的"纯利润"，也就是增加了 13.043 478 3%。"纯利润"不可能如西尼耳所说"增加一倍"。

如果剥削程度提高，那么，创造"纯利润"的剩余劳动与产品价值、原料、必要劳动的比例不能超过一定范围，要延长 $1\frac{1}{2}$ 小时的劳动，不需

---

　* 按照西尼耳的计算方法，准确的数值应该是 2 608.695 652 2 镑。——笔者注
　① 马克思恩格斯全集：第 23 卷. 中文 1 版. 北京：人民出版社，1972：251.
　② 马克思恩格斯全集：第 23 卷. 中文 1 版. 北京：人民出版社，1972：241.

要增加 2 608.695 652 17 391 镑（西尼耳所说的"大约 2 600 镑"）流动资本，只需要增加 1 304.347 826 1 镑流动资本用于购买增加的原料，不需要增加工资。在资本主义生产条件下，延长劳动时间，资本家不需要增加工资；缩短劳动时间，资本家也不能减少工资。如果剥削程度提高，每天的劳动时间从 $11\frac{1}{2}$ 小时延长到 13 小时，即增加 $1\frac{1}{2}$ 小时劳动时间，或增加 $1\frac{1}{2}$ 小时剩余劳动时间，那么，如前面马克思分析的结果，剩余劳动时间应该为 $7\frac{1}{4}$ 小时，剩余价值率应该为 $126\frac{2}{23}\%$，相应地，剩余价值（即西尼耳所说的"纯利润"）＝可变资本×剩余价值率＝10 000 镑×$126\frac{2}{23}\%$＝12 608.695 652 2 镑，只增加了大约 2 609 镑，而不是增加了 10 000 镑，剩余价值（即西尼耳所说的"纯利润"）只增加了 $26\frac{2}{23}\%$，或 26.086 956 522%，也不是西尼耳所说的"增加一倍以上"。

即使增加的 2 608.695 652 2 镑流动资本全部用于购买原料，不增加工资，延长无偿劳动时间，剥削程度提高，那么，"纯利润"也不可能增加一倍。在增加的 2 608.695 652 2 镑流动资本全部用于购买原料的条件下，过去的原料价值 10 000 镑，现在的原料价值 12 608.695 652 2 镑，过去的商品价值 35 000 镑，现在的商品的市场价值应该是 35 000×$\left(1+\dfrac{2\ 608.695\ 652\ 2}{10\ 000}\right)$＝44 130.434 782 6 镑。现在的商品的市场价值比过去的商品价值增加了 44 130.434 782 6－35 000＝9 130.434 782 6 镑。过去补偿工厂和机器的磨损需要 5 000 镑，现在补偿工厂和机器的磨损需要 5 000×$\left(1+\dfrac{2\ 608.695\ 652\ 2}{10\ 000}\right)$＝6 304.347 826 09 镑。现在补偿工厂和机器的磨损相比过去补偿工厂和机器的磨损增加了 6 304.347 826 09－5 000＝1 304.347 826 09 镑。再考虑到原料价值增加了 2 608.695 652 2 镑，显然，增加的"纯利润"应该等于增加的商品的市场价值扣除增加的工厂和机器磨损的价值，再扣除增加的原料价值。即增加的"纯利润"为 9 130.434 782 6－1 304.347 826 1－2 608.695 652 2＝5 217.391 304 3 镑。可见，"纯利润"增加了 $\dfrac{5\ 217.391\ 304\ 3}{10\ 000}$＝52.173 913 043%，同样不是西尼耳所说的"增加一倍以上"。

值得注意的是，现在的劳动时间为 $11\frac{1}{2} \times \left(1+\dfrac{2\,608.695\,652\,2}{10\,000}\right) =$

$14\frac{1}{2}$ 小时，现在的劳动时间比过去的劳动时间增加了 $14\frac{1}{2} - 11\frac{1}{2} = 3$ 小

时，而不是西尼耳所说的增加 $1\frac{1}{2}$ 小时劳动时间。现在的剩余价值率为

$$\frac{5\frac{3}{4}+3}{5\frac{3}{4}} = \frac{35}{23} = 1.521\,739\,1\,304 = 152.173\,913\,04\%。$$ 剩余价值率（即剥削

程度）从过去的 100% 提高到现在的 152.173 913 04%。

正确的计算方法是：首先必须考察厂房和机器是否得到充分利用，然后才能确定用何种方式生产更多剩余价值或西尼耳所说的"纯利润"。

如果厂房和机器已经得到充分利用，例如，由于某种原因，晚上不能生产，每天只能在白天生产 $11\frac{1}{2}$ 小时，那么，必须增加 100 000 镑资本，其中包括增加厂房和机器的价值 80 000 镑、增加原料和工资的价值 20 000 镑，也就是再建设一个同样规模的工厂，才能使剩余价值或西尼耳所说的"纯利润"增加一倍。

如果厂房和机器没有得到充分利用，那么，有两种不同方法使剩余价值增加一倍。

第一种方法：增加工资，不改变剥削程度，过去每天只在白天劳动 $11\frac{1}{2}$ 小时，现在每天可以进行两班生产（白天和晚上各劳动 $11\frac{1}{2}$ 小时）。如果要用这种方法，那么，必须增加 20 000 镑流动资本，也就是原料和工资都增加一倍，才能使剩余价值增加一倍。

第二种方法：不增加工资，提高剥削程度，增加剩余劳动时间。如果要用这种方法，那么，必须增加剩余劳动时间一倍，即将剩余劳动时间从 $5\frac{3}{4}$ 小时延长到 $11\frac{1}{2}$ 小时，工作日从 $11\frac{1}{2}$ 小时延长到 $17\frac{1}{4}$ 小时，而不是西尼耳所说的劳动 13 小时，才能使剩余价值增加一倍。如此长的劳动时间将严重地损害工人的身体健康，缩短工人的寿命，从而受到工人的抵抗。

综上所述，无论按照哪种情况，西尼耳的"最后一小时"的观点都是错误的。

四、对西尼耳"最后一小时"的观点的分析和批判

为了更清楚地反映损耗的固定资本形式的不变资本、流动资本形式的不变资本、可变资本、剩余价值与劳动时间的关系，以及剩余价值与流动资本的关系，这里使用数学方法对西尼耳的"最后一小时"观点进行分析和批判。

(一) 劳动的耗费过程与价值的形成过程

损耗的不变资本有两种类型。第一类，工厂和机器等固定资本形式的不变资本的损耗。这些生产资料参与多次生产过程，随着逐渐损耗，其价值通过多次生产过程逐渐转移到产品的价值中。生产过程中没有损耗的工厂和机器等固定资本形式的不变资本的价值，不构成产品价值的组成部分，不影响产品价值。在每次生产过程中转移到产品价值中的固定资本价值的比例为固定资本折旧率，简称折旧率。第二类，原料、燃料、电力等流动资本形式的不变资本的损耗。这些生产资料在一次生产过程中完全耗费，其价值全部转移到产品的价值中。

资本家的可变资本用于购买劳动力，支付工资。可变资本是不变资本中的流动部分，又是流动资本的一部分，其价值用于交换工人及其家庭成员生活必需的生活资料。在生产过程开始之前，资本家用可变资本购买劳动力，获得对工人的劳动的支配权。在生产过程中，雇佣劳动者的活劳动创造出新价值。活劳动创造的新价值中的一部分补偿劳动力价值，另一部分为剩余价值。这部分剩余价值被资本家无偿占有。

在考虑固定资本的条件下，在生产过程中转移到产品价值中的损耗的固定资本价值，转移到产品价值中的损耗的原料、燃料、电力等流动资本形式的不变资本价值，新价值中相当于劳动力价值的价值，新价值中的剩余价值，共同构成生产的商品价值。

商品价值可以表示为

$$w = dc_f + c_a + v + s \tag{3-115}$$

式中，w 为商品价值，d 为固定资本折旧率，c_f 为不变资本中的固定资本，c_a 为不变资本中的流动资本，v 为可变资本，s 为剩余价值。

既然价值是凝结在产品中的一般人类劳动的耗费，那么，w、c_f、c_a、v、s 就有双重含义：第一重含义，在生产过程中，w、c_f、c_a、v、s 分别表示生产中耗费的全部劳动、生产中使用并且通过多次生产过程其价值逐渐转移到产品中的物化劳动、通过一次生产过程其价值就转移到产品

中去的耗费的物化劳动、耗费的必要劳动、耗费的剩余劳动；第二重含义，在流通过程中，w、c_f、c_a、v、s 分别表示产品价值、不变资本中的固定资本价值、不变资本中的流动资本价值、必要劳动创造的价值（等于可变资本价值）、剩余劳动创造的全部价值。

（二）在生产过程中不变资本价值、活劳动中的必要劳动创造的价值、活劳动中的剩余劳动创造的价值的两种含义

在每一次生产过程中，损耗的固定资本价值、损耗的流动资本形式的不变资本价值都是逐渐转移到产品中的，活劳动中的必要劳动与剩余劳动创造的价值都是逐渐生产出来的，产品价值也是逐渐形成的。因此，为了考虑这些价值在生产过程中的变化，必须进一步区分在生产过程中这些价值的两种不同的含义。

（三）在每一次生产过程中损耗的固定资本形式的不变资本价值的两种含义

在考虑固定资本的影响的条件下，工厂和机器等生产资料参与多次生产过程，其价值逐渐损耗。在一次生产过程中，工厂和机器等固定资本形式的不变资本是逐渐损耗的。在每一次生产过程结束后，其价值只损耗了一小部分，大部分并没有损耗。在每一次生产过程中，已经耗费的并转移到产品价值中的不变资本中的固定资本价值是其中的折旧部分 $d_t c_f$，而不是全部固定资本价值 c_f。工厂和机器等固定资本形式的不变资本，在下一次生产过程中仍然能够与过去一样正常发挥生产资料的作用，其使用价值不变。因此，可以将固定资本形式的不变资本 c_f 看作一个确定的常数，将固定资本折旧程度 d_t 看作时间的函数。

固定资本折旧程度可以表示为

$$d_t = k_d(t - t_0) \tag{3-116}$$

式中，d_t 为固定资本折旧程度，k_d 为考虑固定资本影响条件下单位劳动时间的固定资本折旧程度，t 为劳动时间，简称时间，t_0 为生产过程开始时刻，通常 $t_0 = 0$。

由（3-116）式可以看出，固定资本折旧程度 d_t 为劳动时间 t 的单调递增的线性函数，考虑固定资本影响条件下单位劳动时间的固定资本折旧程度 k_d 是一个常数。

值得注意的是，固定资本折旧程度 d_t 与固定资本折旧率（简称折旧率）d 有关，但是两者不相同。固定资本折旧率 d 是一个确定的常数，而固定资本折旧程度 d_t 则是一个变量。在生产过程中，固定资本折旧程度

d_t 逐渐增加。在一次生产过程结束时，固定资本折旧程度 d_t 等于固定资本折旧率 d。这就是说，固定资本折旧率 d 等于固定资本折旧程度 d_t 的最大值。

由（3-116）式，考虑固定资本影响条件下单位劳动时间的固定资本折旧程度，可以表示为

$$k_d = \frac{d_t}{t - t_0} \qquad (3-117)$$

如果 t_d 表示生产过程结束时刻，即工作日，那么，当 $t = t_d$ 时，由（3-117）式，可以得到考虑固定资本影响条件下单位劳动时间的固定资本折旧程度

$$k_d = \frac{d}{t_d - t_0} \qquad (3-118)$$

式中，d 为固定资本折旧率。

（四）在每一次生产过程中损耗的流动资本形式的不变资本价值的两种含义

在考虑固定资本的影响的条件下，原料、燃料、电力等生产资料的价值在一次生产过程中全部转移到产品的价值中。这种流动资本形式的不变资本价值有两种不同的含义：第一种含义，为生产过程结束后转入产品价值的流动资本形式的不变资本价值的全部价值。这部分价值等于资本家购买原料、燃料、电力等生产资料的价值。第二种含义，为生产过程中逐渐转移到产品价值中的流动资本形式的不变资本价值。

第一种含义的流动资本形式的不变资本价值是一个固定的数值。第二种含义的流动资本形式的不变资本价值为劳动时间的函数。

第二种含义的流动资本形式的不变资本价值可以表示为

$$c_{at} = k_{ca}(t - t_0) \qquad (3-119)$$

式中，c_{at} 为第二种含义的流动资本形式的不变资本价值，简称流动资本形式的不变资本价值；k_{ca} 为单位劳动时间转移到产品价值中的流动资本形式的不变资本价值系数。

值得注意的是，在（3-12）式中，k_{ca} 原来定义为单位劳动时间损耗的生产资料价值系数。因为转移到产品价值中的生产资料价值等于损耗的生产资料价值，单位劳动时间转移到产品价值中的生产资料价值等于单位劳动时间损耗的生产资料价值，所以，k_{ca} 也可以定义为单位劳动时间转

移到产品价值中的生产资料价值系数。

　　由（3-119）式可以看出，流动资本形式的不变资本价值 c_{at} 为劳动时间 t 的单调递增的线性函数，单位劳动时间转移到产品价值中的流动资本形式的不变资本价值系数 k_{ca} 是一个常数。

　　由（3-119）式，单位劳动时间转移到产品价值中的流动资本形式的不变资本价值系数可以表示为

$$k_{ca} = \frac{c_{at}}{t - t_0} \tag{3-120}$$

　　当 $t = t_d$ 时，由（3-120）式，可以得到单位劳动时间转移到产品价值中的流动资本形式的不变资本价值系数

$$k_{ca} = \frac{c_{ad}}{t_d - t_0} \tag{3-121}$$

式中，c_{ad} 为生产过程结束时刻流动资本形式的不变资本价值。

（五）在每一次生产过程中耗费的必要劳动创造的价值的两种含义

　　为了证明西尼耳的"最后一小时"的观点是错误的，需要修改前面关于劳动力能够创造的价值的定义。

　　前面定义的劳动力能够创造的价值，是在一个社会通行的工作日长度的条件下雇佣劳动者能够为资本家创造的新价值。这个工作日长度通常由法律予以规定。只有在法律规定的确定的工作日之内，雇佣劳动者每时每刻的劳动才能按照一定比例划分为必要劳动的组成部分和剩余劳动的组成部分。在前面的数例中，我们假设工作日长度为十小时。这是八小时工作日普遍实行前最短的工作日，也是马克思和西尼耳生活的时代最短的工作日。在当时英国新颁布的工厂法规定："每天的劳动时间都不得超过 $11\frac{1}{2}$ 小时，就是说，一周的前 5 天每天劳动 12 小时，星期六劳动 9 小时。"[①]西尼耳的"最后一小时"理论，则要突破这个社会通行的工作日（$11\frac{1}{2}$ 小时）长度的界限。

　　在考虑固定资本的影响的条件下，耗费的必要劳动创造的价值有两种不同的含义：第一种含义为生产过程中耗费的全部必要劳动创造的价值，这部分价值等于资本家购买劳动力的价值，也就是等于可变资本的价值；

---

　　① 马克思恩格斯全集：第 23 卷. 中文 1 版. 北京：人民出版社，1972：251.

第二种含义为生产过程中逐渐耗费的必要劳动创造的价值，即逐渐凝结在产品中的价值。

第一种含义的必要劳动创造的价值是一个固定的数值。第二种含义的必要劳动创造的价值为劳动时间的函数。在工作日确定的条件下，第一种含义的必要劳动创造的价值是第二种含义的必要劳动创造的价值的最大值，即生产过程结束时刻必要劳动创造的价值。

第二种含义的必要劳动创造的价值可以表示为

$$v_t = k_v(t - t_0) \qquad (3-122)$$

式中，v_t 为第二种含义的必要劳动创造的价值，简称必要劳动创造的价值；k_v 为单位劳动时间凝结到产品价值中的必要劳动创造的价值系数。

值得注意的是，在（3-18）式中，k_v 原来定义为单位劳动时间耗费的劳动力价值系数。因为转移到产品价值中的生产资料价值等于耗费的劳动力价值，单位劳动时间凝结到产品价值中的必要劳动创造的价值等于单位劳动时间耗费的劳动力价值，所以，k_v 也可以定义为单位劳动时间凝结到产品价值中的必要劳动创造的价值系数。

由（3-122）式可以看出，第二种含义的必要劳动创造的价值 v_t 为劳动时间 t 的单调递增的线性函数，单位劳动时间凝结到产品价值中的必要劳动创造的价值系数 k_v 是一个常数。

由（3-122）式，单位劳动时间凝结到产品价值中的必要劳动创造的价值系数可以表示为

$$k_v = \frac{v_t}{t - t_0} \qquad (3-123)$$

当 $t = t_d$ 时，由（3-123）式，可以得到单位劳动时间凝结到产品价值中的必要劳动创造的价值系数

$$k_v = \frac{v_d}{t_d - t_0} = \frac{v}{t_d - t_0} \qquad (3-124)$$

式中，v_d 为生产过程结束时刻必要劳动创造的价值，v 为可变资本。

必须指出，有两种延长劳动时间的方式。

第一种方式，资本家延长工人的劳动时间，不增加工资，不改变必要劳动时间，增加的劳动时间全部用于延长剩余劳动时间，全部用于生产增加的剩余价值，提高剥削程度，增加的流动资本全部用于购买增加的原料。在马克思生活的时代，很多资本家都是用这种方式增加利润，从而提

　　高利润率。按照资产阶级古典政治经济学的观点，工资等于工人购买生活资料的价值。必要劳动时间是生产工人需要的生活资料所耗费的劳动时间。资本家增加雇佣劳动者的劳动时间但不增加工资。维护资本家利益的西尼耳极力主张延长劳动时间，最大限度地增加利润，不可能主张增加工资。因此，事实上，西尼耳主张这种延长剩余劳动时间的方式。按照这种观点，（3-122）式表示的第二种含义的必要劳动创造的价值 v_t 与劳动时间 t 的关系，仅在法律规定的工作日内成立。

　　第二种方式，资本家为了提高利润率，充分利用闲置的固定资本，在增加原料的同时，用增加工资的方式延长劳动时间，增加利润，剥削程度不变。这种延长劳动时间的方式不符合资产阶级古典政治经济学的基本观点，但是，与西尼耳的数例中的流动资本的数值一致。按照这种方式增加劳动时间，当劳动时间超过法律规定的工作日时，（3-122）式表示的第二种含义的必要劳动创造的价值 v_t 与劳动时间 t 的关系仍然成立。

　　马克思认为，"劳动力的日价值是根据劳动力的正常的平均持续时间或工人的正常的寿命来计算的，并且是根据从生命物质到运动的相应的、正常的、适合人体性质的转化来计算的。与工作日的延长密不可分的劳动力的更大损耗，在一定点内，可以用增多的报酬来补偿。"①

　　简单地说，当劳动时间超过法律规定的工作日时，如果工资不变，或必要劳动时间与剩余劳动时间不等比例增加，那么，这种关系不成立。如果必要劳动时间与剩余劳动时间等比例增加，那么，这种关系仍然成立。

（六）在每一次生产过程中构成产品价值的流动资本价值部分的两种含义

　　流动资本包括流动资本形式的不变资本和可变资本，可变资本等于必要劳动创造的全部价值。既然在每一次生产过程中损耗的流动资本形式的不变资本价值有两种含义，在每一次生产过程中耗费的必要劳动创造的价值也有两种含义，那么，在每一次生产过程中构成产品价值的流动资本价值部分就有两种含义：第一种含义为生产过程结束后转入产品价值的流动资本形式的不变资本价值的全部价值，以及生产过程中耗费的全部必要劳动创造的价值之和；第二种含义为生产过程中逐渐转移到产品价值中的流动资本形式的不变资本价值，以及生产过程中逐渐耗费的必要劳动创造的价值之和。

　　第一种含义的构成产品价值的流动资本价值部分是一个固定的数值。

　　① 马克思恩格斯全集：第 23 卷. 中文 1 版. 北京：人民出版社，1972：575-576.

第二种含义的构成产品价值的流动资本价值部分为劳动时间的函数。

第二种含义的构成产品价值的流动资本价值部分可以表示为

$$c_{avt} = k_{cav}(t - t_0) \tag{3-125}$$

式中，c_{avt} 为第二种含义的构成产品价值的流动资本价值部分，简称再现在产品价值中的流动资本价值，或流动资本；k_{cav} 为单位劳动时间再现在产品价值中的流动资本价值系数。

由（3-125）式可以看出，第二种含义的构成产品价值的流动资本价值部分 c_{avt}，或流动资本价值，为劳动时间 t 的单调递增的线性函数，单位劳动时间再现在产品价值中的流动资本价值系数 k_{cav} 是一个常数。

由（3-119）式、（3-122）式、（3-125）式，可以得到

$$\begin{aligned}
c_{avt} &= c_{at} + v_t = k_{ca}(t - t_0) + k_v(t - t_0) \\
&= (k_{ca} + k_v)(t - t_0) = k_{cav}(t - t_0)
\end{aligned} \tag{3-126}$$

由（3-126）式，单位劳动时间再现在产品价值中的流动资本价值系数可以表示为

$$k_{cav} = k_{ca} + k_v = \frac{c_{at} + v_t}{t - t_0} = \frac{c_{avt}}{t - t_0} \tag{3-127}$$

当 $t = t_d$ 时，由（3-127）式，可以得到单位劳动时间再现在产品价值中的流动资本价值系数

$$k_{cav} = \frac{c_{ad} + v_d}{t_d - t_0} = \frac{c_{ad} + v}{t_d - t_0} \tag{3-128}$$

式中，c_{ad} 为生产过程结束时刻流动资本形式的不变资本价值，即再现在产品价值中的全部流动资本形式的不变资本价值；v_d 为生产过程结束时刻必要劳动创造的价值，其数值等于可变资本 v。

必须指出，如前所述，如果按照第一种方式延长劳动时间，不增加工资，不改变必要劳动时间，增加的劳动时间全部用于延长剩余劳动时间，提高剥削程度，那么，与（3-122）式一样，（3-125）式、（3-126）式表示的关系仅在法律规定的工作日内成立，超过这个时间不成立。

如果按照第二种方式延长劳动时间，增加的流动资本按照原有的比例分别用于购买增加的原料和支付增加的工资，那么，与（3-22）式一样，（3-125）式、（3-126）式表示的关系，当劳动时间超过法律规定的工作日时仍然成立。

（七）在每一次生产过程中耗费的剩余劳动创造的价值的两种含义

在考虑固定资本的影响的条件下，耗费的剩余劳动创造的价值有两种不同的含义：第一种含义为生产过程中耗费的全部剩余劳动创造的价值，这部分价值就是通常意义的剩余价值；第二种含义为生产过程中逐渐耗费的剩余劳动创造的价值，即逐渐凝结在产品中的价值。

第一种含义的剩余劳动创造的价值是一个固定的数值。第二种含义的剩余劳动创造的价值为劳动时间的函数。

第二种含义的剩余劳动创造的价值可以表示为

$$s_t = k_s(t - t_0) \tag{3-129}$$

式中，s_t 为第二种含义的剩余劳动创造的价值，简称剩余劳动创造的价值；k_s 为单位劳动时间凝结到产品价值中的剩余劳动创造的价值系数。

由（3-129）式可以看出，第二种含义的剩余劳动创造的价值 s 为劳动时间 t 的单调递增的线性函数，单位劳动时间凝结到产品价值中的剩余劳动创造的价值系数 k_s 是一个常数。

由（3-129）式，单位劳动时间凝结到产品价值中的剩余劳动创造的价值系数可以表示为

$$k_s = \frac{s_t}{t - t_0} \tag{3-130}$$

值得注意的是，（3-129）式、（3-130）式表示的关系仅在法律规定的工作日内成立，超过这个时间不成立。

当 $t = t_d$ 时，由（3-130）式，可以得到单位劳动时间凝结到产品价值中的剩余劳动创造的价值系数

$$k_s = \frac{s_d}{t_d - t_0} \tag{3-131}$$

式中，s_d 为生产过程结束时刻剩余劳动创造的价值。

必须指出，（3-129）式表示的第二种含义的剩余劳动创造的价值与劳动时间的关系，是在必要劳动时间与剩余劳动时间的比例完全确定，在工作日内每时每刻的活劳动都按照一定比例划分为必要劳动部分和剩余劳动部分的条件下，在法律规定的工作日内成立。当劳动时间超过法律规定的工作日时，如果工资不变，或必要劳动时间与剩余劳动时间不等比例增加，那么，这种关系不成立。如果必要劳动时间与剩余劳动时间等比例增加，那么，这种关系仍然成立。

（八）考虑固定资本影响条件下的商品价值的两种含义

考虑固定资本影响条件下的商品价值有两种不同的含义：第一种含义为生产过程中耗费并凝结在产品价值中的全部物化劳动的价值和活劳动创造的全部新价值，这部分价值就是通常意义的商品价值；第二种含义为生产过程中逐渐耗费并凝结在产品价值中的物化劳动的价值和活劳动创造的新价值。

第一种含义的商品价值是一个固定的数值。第二种含义的商品价值为劳动时间的函数。

由（3-116）式、（3-119）式、（3-122）式、（3-126）式、（3-129）式，第二种含义的商品价值可以表示为

$$
\begin{aligned}
w_t &= d_t c_f + c_{at} + v_t + s_t \\
&= d_t c_f + c_{avt} + s_t \\
&= k_d(t-t_0)c_f + k_{ca}(t-t_0) + k_v(t-t_0) + k_s(t-t_0) \\
&= (k_d c_f + k_{ca} + k_v + k_s)(t-t_0) \\
&= (k_d c_f + k_{cav} + k_s)(t-t_0)
\end{aligned}
\tag{3-132}
$$

式中，w_t 为第二种含义的商品价值，d_t 为固定资本折旧程度，c_f 为不变资本中的固定资本，c_{at} 为第二种含义的流动资本形式的不变资本价值，v_t 为必要劳动创造的价值，s_t 为剩余劳动创造的价值，k_d 为考虑固定资本影响条件下单位劳动时间的固定资本折旧程度，k_{ca} 为单位劳动时间转移到产品价值中的流动资本形式的不变资本价值系数，k_v 为单位劳动时间凝结到产品价值中的必要劳动创造的价值系数，k_{cav} 为单位劳动时间再现在产品价值中的流动资本价值系数，k_s 为单位劳动时间凝结到产品价值中的剩余劳动创造的价值系数。

值得注意的是，（3-132）式表示的第二种含义的商品价值为劳动时间 t 的单调递增的线性函数，与（3-115）式表示的商品价值的含义不完全相同。如果按照第一种含义的商品价值的定义，那么，（3-115）式中的价值量都是确定的数值。如果按照第二种含义的商品价值的定义，那么，虽然（3-115）式中的价值量都是变量，但是，没有将流动资本 c_{avt} 作为一个单独的变量来考察，也就是没有将单位劳动时间再现在产品价值中的流动资本价值系数 k_{cav} 作为一个单独的变量来考察。构造（3-132）式的目的，是为了按照不改变剥削程度的假设，分析西尼耳的"最后一小时"的观点中关于剩余价值与流动资本的关系的错误。

由（3-116）式、（3-122）式、（3-126）式、（3-129）式、（3-132）

式，可以看出，固定资本折旧程度、必要劳动创造的价值、构成产品价值的流动资本价值部分、剩余劳动创造的价值、商品价值都是劳动时间的单调递增的线性函数，剩余价值与构成产品价值的流动资本价值部分等比例增加。

必须指出，（3-132）式表示的商品价值与劳动时间的关系是在必要劳动时间与剩余劳动时间的比例完全确定，在工作日内每时每刻的活劳动都按照一定比例划分为必要劳动部分和剩余劳动部分的条件下，在法律规定的工作日内成立。当劳动时间超过法律规定的工作日时，如果必要劳动时间与剩余劳动时间等比例增加，那么，这种关系仍然成立。如果工资不变，或必要劳动时间与剩余劳动时间不等比例增加，那么，这种关系不成立，但是，（3-132）式中的可变资本一项是确定不变的。

（九）剩余价值与流动资本的关系

这里所说的剩余价值与流动资本是指第二种含义的剩余劳动创造的价值与构成产品价值的流动资本价值。

第二种含义的构成产品价值的流动资本价值是劳动时间的函数，第二种含义的剩余劳动创造的价值也是劳动时间的函数。如果将劳动时间看作参数，那么，第二种含义的剩余劳动创造的价值是第二种含义的构成产品价值的流动资本价值的函数。简单地说，剩余价值是流动资本的函数。

由（3-126）式、（3-129）式，可以得到

$$s_t = \frac{k_s c_{avt}}{k_{cav}} \qquad (3-133)$$

由（3-133）式可以看出，因为单位劳动时间再现在产品价值中的流动资本价值系数 k_{cav} 是一个常数，单位劳动时间凝结到产品价值中的剩余劳动创造的价值系数 k_s 也是一个常数，所以，剩余价值 s_t 是流动资本 c_{avt} 的单调递增的线性函数。

必须指出，（3-133）式表示的剩余价值与流动资本的关系，是在必要劳动时间与剩余劳动时间的比例完全确定，在工作日内每时每刻的活劳动都按照一定比例划分为必要劳动部分和剩余劳动部分的条件下，在法律规定的工作日内成立。当劳动时间超过法律规定的工作日时，如果必要劳动时间与剩余劳动时间等比例增加，那么，这种关系仍然成立。如果工资不变，或必要劳动时间与剩余劳动时间不等比例增加，那么，这种关系不成立，这种情况下的剩余价值不是正比于全部流动资本，而是正比例于剩余劳动时间。

如果厂房和机器没有得到充分利用，资本家为了增加利润，用前述第二种方式延长劳动时间，剥削程度不变，增加的 2 608.695 652 2（即 200 00×

$$\frac{1\frac{1}{2}}{11\frac{1}{2}} = \frac{60\,000}{23} = 2\,608.695\,652\,2）$$镑流动资本的一半 1 304.347 826 1 镑

用于购买增加的原料，另一半 1 304.347 826 1 镑用于支付增加的工资，原料与工资等比例增加，那么，当 $t_0 = 0$ 时，劳动时间 $t = t_d = 11\frac{1}{2}$ 小时，生产过程结束时刻的"纯利润"或剩余价值 $s_d = 100\,00$ 镑，由（3 - 131）式，可以得到单位劳动时间凝结到产品价值中的剩余劳动创造的价值系数 $k_s = \frac{20\,000}{23}$ 镑/小时。如果劳动时间 $t = t_d = 13$ 小时，那么，由（3 - 129）式，"纯利润"或剩余价值 $s_t = \frac{20\,000 \times 13}{23} = 11\,304.347\,826\,1$ 镑，增加了 1 304.347 826 1 镑，即增加了 $\frac{3}{23}$ 或 13.043 478 3%，不可能如西尼耳期望的那样，"增加一倍以上"。

如果厂房和机器没有得到充分利用，资本家为了增加利润，用前述第一种方式延长劳动时间，增加的流动资本全部用于购买增加的原料，不增加工资，不改变必要劳动时间，增加的劳动时间全部用于延长剩余劳动时间，剥削程度提高，那么，当劳动时间等于法律规定的工作日，即 $t = t_d$，$t_0 = 0$ 时，（3 - 126）式表示的构成产品价值的流动资本价值部分为

$$
\begin{aligned}
c_{avd} &= c_{ad} + v_d = k_{ca}(t_d - t_0) + v_d \\
&= (k_{ca} + k_v)(t_d - t_0)
\end{aligned}
\tag{3 - 134}
$$

式中，c_{avd} 为当劳动时间等于法律规定的工作日条件下的构成产品价值的流动资本价值部分或流动资本，c_{ad} 为生产过程结束时刻流动资本形式的不变资本价值，v_d 为必要劳动创造的价值，k_{ca} 为单位劳动时间转移到产品价值中的流动资本形式的不变资本价值系数，t_d 为工作日，t_0 为生产过程开始时刻。因为无论劳动时间如何变化工资都不变，所以，v_d 就是可变资本，为一个确定的常数。通常，生产过程开始时刻 $t_0 = 0$。

当劳动时间等于必要劳动时间时，由（3 - 119）式，第二种含义的流动资本形式的不变资本价值可以表示为

$$
c_{av} = k_{ca}(t_v - t_0)
\tag{3 - 135}
$$

式中，c_{av} 为劳动时间等于必要劳动时间条件下的第二种含义的流动资本形式的不变资本价值，t_v 为必要劳动时间。

如果资本家延长劳动时间而不增加工资，那么，当劳动时间超过法律规定的工作日时，工资不变，也就是必要劳动时间不变，由（3 - 126）式、（3 - 135）式，构成产品价值的流动资本价值部分或流动资本可以表示为

$$
\begin{aligned}
c_{avt} &= c_{at} + v_d \\
&= k_{ca}(t - t_0) + v_d \\
&= k_{ca}(t - t_0) + k_v(t_d - t_0) \\
&= k_{ca}(t - t_v) + k_{ca}(t_v - t_0) + v_d \\
&= k_{ca}(t - t_v) + c_{av} + v_d \Bigg|_{t > t_d}
\end{aligned}
\tag{3-136}
$$

式中，c_{avt} 为构成产品价值的流动资本价值部分或流动资本。

如果资本家延长劳动时间而不增加工资，那么，由（3 - 134）式、（3 - 136）式，在劳动时间超过法律规定的工作日的条件下，增加的构成产品价值的流动资本价值部分（这里简称增加的流动资本）可以表示为

$$
\Delta c_{avt} = c_{avt} - c_{avd} = c_{at} - c_{ad} = k_{ca}(t - t_d) \Bigg|_{t > t_d}
\tag{3-137}
$$

式中，Δc_{avt} 为增加的流动资本，在这里也就是增加的流动资本形式的不变资本价值 Δc_{at}。

如果资本家延长劳动时间而不增加工资，那么，由（3 - 137）式，可以得到延长之后的劳动时间为

$$
t = \frac{\Delta c_{avt}}{k_{ca}} + t_d \Bigg|_{t > t_d}
\tag{3-138}
$$

如果资本家延长劳动时间而不增加工资，那么，由（3 - 138）式，延长劳动时间之后的剩余劳动时间为

$$
t_s = t - t_v = \frac{\Delta c_{avt}}{k_{ca}} + t_d - t_v \Bigg|_{t > t_d}
\tag{3-139}
$$

式中，t_s 为剩余劳动时间，t 为劳动时间，t_v 为必要劳动时间，t_d 为劳动

时间等于法律规定的工作日。

如果资本家延长劳动时间而不增加工资，那么，雇佣劳动者生产的剩余价值为

$$s_t = \frac{s_d t_s}{t_{sd}} = \frac{s_d(t - t_v)}{t_{sd}} \qquad (3-140)$$

式中，s_t 为剩余价值，s_d 为劳动时间等于法律规定的工作日的条件下生产的剩余价值，t_{sd} 为劳动时间等于法律规定的工作日的条件下的剩余劳动时间，t_s 为剩余劳动时间。

（3-140）式表示，剩余价值 s_t 是劳动时间 t 的单调递增的线性函数。

如果资本家改变劳动时间而不改变工资，那么，当劳动时间超过必要劳动时间时，由（3-136）式、（3-140）式，雇佣劳动者生产的剩余价值可以表示为

$$s_t = \frac{s_d(t - t_v)}{t_{sd}} = \frac{s_d(c_{avt} - c_{av} - v_d)}{k_{ca} t_{sd}} \qquad (3-141)$$

（3-141）式表示，剩余价值 s_t 是构成产品价值的流动资本价值部分或流动资本 c_{avt} 的单调递增的线性函数。

如果资本家延长劳动时间而不增加工资，按照西尼耳的数例，原来的流动资本 20 000 镑中的 10 000 镑用于购买原料、10 000 镑用于支付工资，"纯利润"或剩余价值 10 000 镑，劳动时间 $11\frac{1}{2}$ 小时，现在流动资本增加到 22 608.695 652 2 镑，增加的 2 608.695 652 2 $\left(\text{即}\dfrac{60\ 000}{23}\right)$ 镑流动资本全部用于购买增加的原料，那么，当劳动时间等于法律规定的工作日，即劳动时间 $t = t_d = 11\frac{1}{2}$ 小时，$t_0 = 0$ 时，由（3-121）式，可以得到单位劳动时间转移到产品价值中的流动资本形式的不变资本价值系数 $k_{ca} = \dfrac{10\ 000}{11\frac{1}{2}} = \dfrac{20\ 000}{23}$ 镑/小时；由（3-131）式，可以得到单位劳动时间凝结到产品价值中的剩余劳动创造的价值系数 $k_s = \dfrac{10\ 000}{11\frac{1}{2}} = \dfrac{20\ 000}{23}$ 镑/小时。

由（3-138）式，可以得到延长之后的劳动时间 $t = \dfrac{\frac{60\ 000}{23}}{\frac{20\ 000}{23}} + 11\frac{1}{2} = 14\frac{1}{2}$

小时。由（3-139）式，可以得到剩余劳动时间 $t_s = 14\frac{1}{2} - 5\frac{3}{4} = 8\frac{3}{4}$

小时。由（3-140）式，可以得到剩余价值为 $s_t = \dfrac{10\,000 \times 8\frac{3}{4}}{5\frac{3}{4}} =$

$\dfrac{350\,000}{23} = 15\,217.391\,304\,3$ 镑。剩余价值增加了 5 217.391 304 3 镑，

增加了 52.173 913 043%。同样不是西尼耳期望的"增加一倍以上"。

五、批判西尼耳"最后一小时"的观点的数例

（一）剩余价值与流动资本形式的不变资本的关系的数例

假设不增加工资，不改变必要劳动时间，只改变剩余劳动时间，剥削程度变化，流动资本形式的不变资本就是购买原料的流动资本。按照西尼耳的数例，10 000 镑流动资本用于支付工资（相当于生产过程结束时刻必要劳动创造的价值 v_d 或可变资本 v），必要劳动时间 $t_v = 5\frac{3}{4}$ 小时，当劳动时间 $t_d = 11\frac{1}{2}$ 小时时，用于购买原料的流动资本 $c_{ad} = 10\,000$ 镑，剩余劳动时间 $t_{sd} = 5\frac{3}{4}$ 小时，"纯利润"或剩余价值 s_d 为 10 000 镑。劳动时间等于必要劳动时间 $t_v = 5\frac{3}{4}$ 小时条件下流动资本形式的不变资本价值 c_{av}，等于劳动时间 $t_d = 11\frac{1}{2}$ 小时条件下用于购买原料的流动资本 c_{ad}（$c_{ad} = 10\,000$ 镑）的一半，即 5 000 镑。由（3-121）式，已经得到单位劳动时间转移到产品价值中的流动资本形式的不变资本价值系数 $k_{ca} = \dfrac{20\,000}{23}$ 镑/小时。如果流动资本 $c_{avt} = 15\,000,\ 15\,250,\ 15\,500,\ \cdots,\ 25\,000$（镑），那么，由（3-141）式，剩余价值 s_t 与流动资本 c_{avt} 的关系，可以用表 3-23 表示。

表 3-23　　　　　　　　　剩余价值 s_t 与流动资本 c_{avt} 的关系

流动资本 c_{avt}（镑）	剩余价值 s_t（镑）	流动资本 c_{avt}（镑）	剩余价值 s_t（镑）
15 000	0	20 250	10 500

续表

流动资本 c_{avt} （镑）	剩余价值 s_t （镑）	流动资本 c_{avt} （镑）	剩余价值 s_t （镑）
15 250	500	20 500	11 000
15 500	1 000	20 750	11 500
15 750	1 500	21 000	12 000
16 000	2 000	21 250	12 500
16 250	2 500	21 500	13 000
16 500	3 000	21 750	13 500
16 750	3 500	22 000	14 000
17 000	4 000	22 250	14 500
17 250	4 500	22 500	15 000
17 500	5 000	22 750	15 500
17 750	5 500	23 000	16 000
18 000	6 000	23 250	16 500
18 250	6 500	23 500	17 000
18 500	7 000	23 750	17 500
18 750	7 500	24 000	18 000
19 000	8 000	24 250	18 500
19 250	8 500	24 500	19 000
19 500	9 000	24 750	19 500
19 750	9 500	25 000	20 000
20 000	10 000		

　　表 3 - 23 表示的剩余价值 s_t 与流动资本 c_{avt} 的关系，可以用图 3 - 23 表示。

　　在图 3 - 23 中，当流动资本 c_{avt} 分别为 15 000，17 500，20 000，22 500，25 000（镑）时，购买原料的流动资本 c_{at} 分别为 5 000，7 500，10 000，12 500，15 000（镑）；相应地，剩余价值 s_t 分别为 0，5 000，10 000，15 000，20 000（镑）。

　　由表 3 - 23 和图 3 - 23 可以看出，剩余价值 s_t 是流动资本 c_{avt} 的单调递增的线性函数。如果如西尼耳所说的"纯利润"或剩余价值要从 10 000

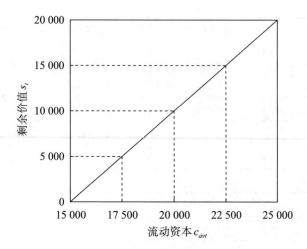

图 3 - 23   剩余价值 s_t 与流动资本 c_{avt} 的关系

镑"增加一倍"达到 20 000 镑，那么，流动资本不是增加 2 608.695 652 2 $\left(即\dfrac{60\,000}{23}\right)$镑，而是必须增加 5 000 镑，即从 20 000 镑增加到 25 000 镑。

（二）剩余价值与劳动时间的关系的数例

假设不增加工资、不改变必要劳动时间，只改变剩余劳动时间，剥削程度变化，流动资本形式的不变资本就是购买原料的流动资本。如果所有已知条件与上例中西尼耳的数例中的已知条件相同，劳动时间 $t=5.75$，6，6.25，…，17.25（小时），那么，由（3 - 140）式，剩余价值 s_t 与劳动时间 t 的关系，可以用表 3 - 24 表示。

表 3 - 24　　　　　　　　　剩余价值 s_t 与劳动时间 t 的关系

劳动时间 t （小时）	剩余价值 s_t （镑）	劳动时间 t （小时）	剩余价值 s_t （镑）
5.75	0.000 00	11.75	10 434.782 61
6.00	434.782 61	12.00	10 869.565 22
6.25	869.565 22	12.25	11 304.347 83
6.50	1 304.347 83	12.50	11 739.130 43
6.75	1 739.130 43	12.75	12 173.913 04
7.00	2 173.913 04	13.00	12 608.695 65
7.25	2 608.695 65	13.25	13 043.478 26

续表

劳动时间 t（小时）	剩余价值 s_t（镑）	劳动时间 t（小时）	剩余价值 s_t（镑）
7.50	3 043.478 26	13.50	13 478.260 87
7.75	3 478.260 87	13.75	13 913.043 48
8.00	3 913.043 48	14.00	14 347.826 09
8.25	4 347.826 09	14.25	14 782.608 70
8.50	4 782.608 70	14.50	15 217.391 30
8.75	5 217.391 30	14.75	15 652.173 91
9.00	5 652.173 91	15.00	16 086.956 52
9.25	6 086.956 52	15.25	16 521.739 13
9.50	6 521.739 13	15.50	16 956.521 74
9.75	6 956.521 74	15.75	17 391.304 35
10.00	7 391.304 35	16.00	17 826.086 96
10.25	7 826.086 96	16.25	18 260.869 57
10.50	8 260.869 57	16.50	18 695.652 17
10.75	8 695.652 17	16.75	19 130.434 78
11.00	9 130.434 78	17.00	19 565.217 39
11.25	9 565.217 39	17.25	20 000.000 00
11.50	10 000.000 00		

表 3-24 表示的剩余价值 s_t 与劳动时间 t 的关系，可以用图 3-24 表示。

在图 3-24 中，当劳动时间 t 分别为 5.75，10，10.5，11.5，13，17.25（小时）时，相应地，剩余价值 s_t 分别为 0，7 391.304 35，8 260.869 57，10 000，12 608.695 65，20 000（镑）。

由表 3-24 和图 3-24 可以看出，剩余价值 s_t 是劳动时间 t 的单调递增的线性函数。当劳动时间增加 $1\frac{1}{2}$ 小时，即从 $11\frac{1}{2}$ 小时增加到 13 小时时，"纯利润"或剩余价值只增加了 2 608.695 65 镑，也就是只增加了 26.086 956 5%，并没有像西尼耳所说的那样"增加一倍"；如果要实现西尼耳所说的"纯利润"或剩余价值从 10 000 镑"增加一倍"达到 20 000

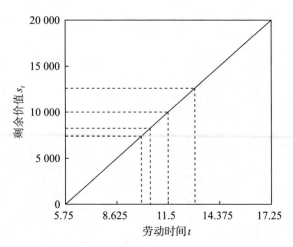

图 3 - 24　剩余价值 s_t 与劳动时间 t 的关系

镑，那么，劳动时间不是增加 $1\frac{1}{2}$ 小时，即从 $11\frac{1}{2}$ 小时增加到 13 小时，而是必须增加 $5\frac{3}{4}$ 小时，即从 $11\frac{1}{2}$ 小时增加到 $17\frac{1}{4}$ 小时。

　　由表 3 - 24 和图 3 - 24 还可以看出，当劳动时间减少 1 小时，即从 $11\frac{1}{2}$ 小时减少到 $10\frac{1}{2}$ 小时时，还有 8 260.869 57 镑"纯利润"或剩余价值，西尼耳所说的"纯利润"或剩余价值并没有"消失"；如果西尼耳所说的"纯利润"或剩余价值要"消失"，那么，劳动时间要减少 $5\frac{3}{4}$ 小时，从 $11\frac{1}{2}$ 小时减少到 $5\frac{3}{4}$ 小时，即减少到原来的劳动时间的一半，而不是如西尼耳所说的"劳动时间每天缩短 1 小时，纯利润就会消失"；当劳动时间减少 $1\frac{1}{2}$ 小时，即从 $11\frac{1}{2}$ 小时减少到 10 小时，仍然有 7 391.304 35 镑"纯利润"或剩余价值，西尼耳所说的"总利润"是"纯利润"加损耗的固定资本，显然，西尼耳所说的"总利润"也不可能"消失"。

　　可见，西尼耳认为工人的劳动中只有"最后一小时"生产"纯利润"或剩余价值的观点是完全错误的。

（三）流动资本与劳动时间的关系的数例

　　假设不增加工资、不改变必要劳动时间，只改变剩余劳动时间，剥削程度变化，流动资本形式的不变资本就是购买原料的流动资本。如果所有已知条件与上例中西尼耳的数例中的已知条件相同，劳动时间 $t=5.75$，6，6.25，…，17.25（小时），那么，由（3-136）式，流动资本 c_{avt} 与劳动时间 t 的关系，可以用表 3-25 表示。

表 3-25　　　　　　　流动资本 c_{avt} 与劳动时间 t 的关系

劳动时间 t （小时）	流动资本 c_{avt} （镑）	劳动时间 t （小时）	流动资本 c_{avt} （镑）
5.75	15 000.000 00	11.75	20 217.391 30
6.00	15 217.391 30	12.00	20 434.782 61
6.25	15 434.782 61	12.25	20 652.173 91
6.50	15 652.173 91	12.50	20 869.565 22
6.75	15 869.565 22	12.75	21 086.956 52
7.00	16 086.956 52	13.00	21 304.347 83
7.25	16 304.347 83	13.25	21 521.739 13
7.50	16 521.739 13	13.50	21 739.130 43
7.75	16 739.130 43	13.75	21 956.521 74
8.00	16 956.521 74	14.00	22 173.913 04
8.25	17 173.913 04	14.25	22 391.304 35
8.50	17 391.304 35	14.50	22 608.695 65
8.75	17 608.695 65	14.75	22 826.086 96
9.00	17 826.086 96	15.00	23 043.478 26
9.25	18 043.478 26	15.25	23 260.869 57
9.50	18 260.869 57	15.50	23 478.260 87
9.75	18 478.260 87	15.75	23 695.652 17
10.00	18 695.652 17	16.00	23 913.043 48
10.25	18 913.043 48	16.25	24 130.434 78
10.50	19 130.434 78	16.50	24 347.826 09
10.75	19 347.826 09	16.75	24 565.217 39
11.00	19 565.217 39	17.00	24 782.608 70
11.25	19 782.608 70	17.25	25 000.000 00
11.50	20 000.000 00		

表 3-25 表示的流动资本 c_{avt} 与劳动时间 t 的关系，可以用图 3-25 表示。

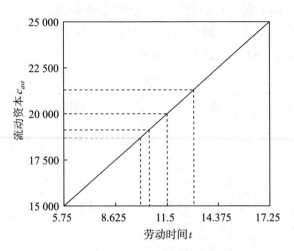

图 3 - 25　流动资本 c_{avt} 与劳动时间 t 的关系

在图 3 - 25 中，当劳动时间 t 分别为 5.75，10，10.5，11.5，13，17.25（小时）时，相应地，流动资本 c_{avt} 分别为 15 000，18 695.652 17，19 130.434 78，20 000，21 304.347 83，25 000（镑）。

由表 3 - 25 和图 3 - 25 可以看出，流动资本 c_{avt} 是劳动时间 t 的单调递增的线性函数。当劳动时间增加 $1\frac{1}{2}$ 小时，即从 $11\frac{1}{2}$ 小时增加到 13 小时时，流动资本从 20 000 镑只增加到 21 304.347 83 镑，流动资本只增加了 1 304.347 83 镑，并没有像西尼耳所说的那样"增加大约 2 600 镑流动资本（按照西尼耳的计算方法，准确的数值应该是 2 608.695 652 2 镑——笔者注）"；如果要实现西尼耳所说的"使纯利润增加一倍"，流动资本就必须增加 5 000 镑，即从 20 000 镑增加到 25 000 镑，如西尼耳所说的"增加大约 2 600 镑流动资本"，是远远不够的。

综上所述，通过这里的数学分析，严格地证明了西尼耳的"最后一小时"的观点是错误的。

第四节　工作日

一、工作日的界限

工作日等于必要劳动时间和剩余劳动时间之和。剩余价值率等于剩余劳动时间与必要劳动时间的比率。在必要劳动时间确定之后，如果不能确定剩余劳动时间，或不能确定剩余价值率，工作日就是一个可变量。工作日的长度随着剩余劳动时间的变化而变化。如果不仅必要劳动时间确定，而且剩余劳动时间也确定，那么，工作日和剩余价值率都可以确定。在资本主义生产中，通常必要劳动时间是确定的，剩余劳动时间不确定，因此，工作日不是一个固定的量，随着剩余劳动时间的延长而延长。但是，工作日不是随意变化的，只能在一定范围内变动。

马克思认为，"工作日虽然不是固定的量，而是流动的量，但是它只能在一定的界限内变动。不过它的最低界限是无法确定的。……剩余劳动＝0，我们就得出一个最低界限，即工人为维持自身而在一天当中必须从事必要劳动的那部分时间。但是在资本主义生产方式的基础上，必要劳动始终只能是工人的工作日的一部分，因此，工作日决不会缩短到这个最低限度。可是工作日有一个最高界限。它不能延长到超出某个一定的界限。这个最高界限取决于两点。第一是劳动力的身体界限。人在一个 24 小时的自然日内只能支出一定量的生命力。正象一匹马天天干活，每天也只能干 8 小时。这种力每天必须有一部分时间休息、睡觉，人还必须有一部分时间满足身体的其他需要，如吃饭、盥洗、穿衣等等。除了这种纯粹身体的界限之外，工作日的延长还碰到道德界限。工人必须有时间满足精神的和社会的需要，这种需要的范围和数量由一般的文化状况决定。因此，工作日是在身体界限和社会界限之内变动的。但是这两个界限都有极大的伸缩性，有极大的变动余地。例如我们看到有 8 小时、10 小时、12 小时、14 小时、16 小时、18 小时的工作日，也就是有各种各样长度的工作日。"①

资本家支付了劳动力的日价值，购买劳动力。这个劳动力在一个工作日内的使用价值，就由资本家占有。资本家有权支配工人在一个工作日内为他劳动。商品交换的性质没有为工作日规定任何界限，也就是没有为剩余劳动规定任何界限。资本家作为劳动力商品的购买者，为了得到更多剩余价值，总是尽量延长工作日。工人作为劳动力商品的出卖者，为了恢复体力，保持健康，能够将劳动力作为商品连续不断地出售，而不是在短时间内被资本家耗费完，他必须维护自己的权利，限制过度劳动，限制资本家过度延长工作日，要求把工作日限制在一定的正常量内。

资本家的权利与工人的权利相对抗，这两种权利都是商品交换规律所

---

①　马克思恩格斯全集：第 23 卷. 中文 1 版. 北京：人民出版社，1972：259 - 260.

承认的。在平等的权利之间，力量对比就起决定作用。马克思认为，"在资本主义生产的历史上，工作日的正常化过程表现为规定工作日界限的斗争，这是全体资本家即资本家阶级和全体工人即工人阶级之间的斗争。"①

二、对剩余劳动的贪欲。日工和夜工。争取正常工作日的斗争

剩余劳动并不是资本主义生产方式独有的。马克思认为，"资本并没有发明剩余劳动。凡是社会上一部分人享有生产资料垄断权的地方，劳动者，无论是自由的或不自由的，都必须在维持自身生活所必需的劳动时间以外，追加超额的劳动时间来为生产资料的所有者生产生活资料……如果在一个社会经济形态中占优势的不是产品的交换价值，而是产品的使用价值，剩余劳动就受到或大或小的需求范围的限制，而生产本身的性质就不会造成对剩余劳动的无限制的需求。……一旦卷入资本主义生产方式所统治的世界市场，而这个市场又使它们的产品的外销成为首要利益，那就会在奴隶制、农奴制等等野蛮灾祸之上，再加上一层过度劳动的文明灾祸。"②

资本家对剩余劳动的贪欲表现为最大限度地延长工作日，而不顾及工人的健康与死活。虽然资本在英国受到法律的约束，但是，这种法律并没有真正地得到执行，资本家仍然在毫无拘束地压榨劳动力，几乎不受限制地延长剩余劳动时间。通常，资本家采用延长剩余劳动时间、使用廉价的女工和童工、实行日工和夜工（即换班制度）、星期日劳动等方式，最大限度地榨取剩余价值。

马克思认为，"资本由于无限度地盲目追逐剩余劳动，象狼一般地贪求剩余劳动，不仅突破了工作日的道德极限，而且突破了工作日的纯粹身体的极限。它侵占人体成长、发育和维持健康所需要的时间。它掠夺工人呼吸新鲜空气和接触阳光所需要的时间。它克扣吃饭时间，尽量把吃饭时间并入生产过程……资本是不管劳动力的寿命长短的。它唯一关心的是在一个工作日内最大限度地使用劳动力。它靠缩短劳动力的寿命来达到这一目的……可见，资本主义生产——实质上就是剩余价值的生产，就是剩余劳动的吸取——通过延长工作日，不仅使人的劳动力由于被夺去了道德上和身体上的正常发展和活动的条件而处于萎缩状态，而且使劳动力本身未老先衰和死亡。它靠缩短工人的寿命，在一定期限内延长工人的生产

---

① 马克思恩格斯全集：第 23 卷. 中文 1 版. 北京：人民出版社，1972：262.

② 马克思恩格斯全集：第 23 卷. 中文 1 版. 北京：人民出版社，1972：263 - 264.

时间。"①

工人为争取正常工作日不断进行斗争。工人为了再生产劳动力，必须有足够的休息时间。马克思认为，工人至少需要"个人受教育的时间，发展智力的时间，履行社会职能的时间，进行社交活动的时间，自由运用体力和智力的时间"② 和星期日的休息时间。因为"劳动力的价值包含再生产工人或延续工人阶级所必需的商品的价值。既然资本无限度地追逐自行增殖，必然使工作日延长到违反自然的程度，从而缩短工人的寿命，缩短他们的劳动力发挥作用的时间，因此，已经消费掉的劳动力就必须更加迅速地补偿"③。

工人与资本家关于工作日的斗争从来没有停止。直至 1848 年，英国的男工的劳动时间还长达 12 小时至 15 小时。④ 通过工人阶级的斗争，1848 年法国的二月革命催生了十二小时工作日法律。1866 年美国和欧洲的工人阶级提出了八小时工作日的目标。⑤ 为了实现这个目标，工人阶级进行了长达百年的斗争。正如马克思所说，为了对抗资本家的剥削，"工人必须把他们的头聚在一起，作为一个阶级来强行争得一项国家法律，一个强有力的社会屏障，使自己不致再通过自愿与资本缔结的契约而把自己和后代卖出去送死和受奴役。"⑥

第五节　剩余价值率和剩余价值量的数学分析

这里假定劳动力的价值为一个常数，也就是维持劳动力必要的工作日部分是一个已知的不变的量。在这个条件下，只要知道了剩余价值率，就可以知道一个工人在一定的时间内（例如，一天、一星期、一月或一年）为资本家创造的剩余价值量。

如果维持一个劳动力的必要劳动是每天 6 小时，表现为金额 3 先令，那么，3 先令就是一个劳动力的日价值，是资本家购买一个劳动力预付的可变资本价值。如果剩余价值率为 100％，那么，一个工人每天创造 6 小

① 马克思恩格斯全集：第 23 卷. 中文 1 版. 北京：人民出版社，1972：294 - 295.
② 马克思恩格斯全集：第 23 卷. 中文 1 版. 北京：人民出版社，1972：294.
③ 马克思恩格斯全集：第 23 卷. 中文 1 版. 北京：人民出版社，1972：295 - 296.
④ 马克思恩格斯全集：第 23 卷. 中文 1 版. 北京：人民出版社，1972：323.
⑤ 马克思恩格斯全集：第 23 卷. 中文 1 版. 北京：人民出版社，1972：333 - 334.
⑥ 马克思恩格斯全集：第 23 卷. 中文 1 版. 北京：人民出版社，1972：335.

时的剩余劳动量。

　　一个资本家雇用的工人越多，也就是购买的劳动力越多，需要预付的可变资本就越多。需要预付的可变资本量与雇用的工人人数成正比。即

$$V = nv \tag{3-142}$$

式中，V 为预付的可变资本量，n 为雇用的工人人数，v 为一个劳动力的日价值，或购买一个劳动力预付的可变资本价值。

　　剩余价值量与剥削程度有关。由（3-26）式可以看出，剥削程度等于剩余价值与可变资本之比、等于剩余劳动与必要劳动之比，也等于剩余劳动时间与必要劳动时间之比。

　　一个资本家得到的剩余价值量与一个工人一个工作日创造的剩余价值成正比，与剩余价值率成正比，与预付的可变资本量成正比，也就是与一个平均劳动力的价值成正比，与一个工人每天平均的剩余劳动成正比，与雇用的工人人数成正比；与购买一个劳动力每天预付的可变资本成反比，也就是与维持一个劳动力每天平均的必要劳动成反比。一个资本家得到的剩余价值量可以表示为

$$M = \begin{cases} \dfrac{s}{v} \times V = eV \\ k \times \dfrac{l_s}{l_v} \times n = k \times \dfrac{t_s}{t_v} \times n = nek \end{cases} \tag{3-143}$$

式中，M 为一个资本家得到的剩余价值量，s 为一个工人一个工作日创造的剩余价值，v 为购买一个劳动力每天预付的可变资本，V 为预付的可变资本量，e 为剩余价值率或受剥削的程度，k 为一个平均劳动力的价值，l_s 为剩余劳动，l_v 为必要劳动，t_s 为剩余劳动时间，t_v 为必要劳动时间，n 为雇用的工人人数。

　　如果可变资本减少，同时剩余价值率按同一比例提高，那么，生产的剩余价值量不变。如果雇用的工人人数减少了一半，同时剩余劳动增加了一倍或剩余劳动时间延长了一倍，那么，生产的剩余价值量也不变。

　　当然，用延长工作日的方式补偿工人人数减少或可变资本量减少，必然遇到不可超越的绝对界限。无论劳动力价值如何变化，一个工人每天生产的总价值必然小于 24 小时的劳动物化的价值。资本家追求更多剩余价值的愿望必然转变为延长劳动时间的行动。这种获取剩余价值的方式，就是绝对剩余价值的生产。资本家延长劳动时间，不仅必然受到雇佣劳动者的反抗，而且由于损害工人的健康，使得劳动力只能在萎缩的条件下生

产，不利于全体资本家连续不断地获取更多剩余价值。

如果劳动力受剥削的程度与劳动力价值确定，那么，要获得更多剩余价值，只能通过增加可变资本的方式来实现。可变资本越多，生产的价值量与剩余价值量就越大。因此，不是任何一个货币额都可以转化为资本。相反，单个货币所有者必须具有最低限额的货币，才能进行资本主义生产，他才能变为真正的资本家。货币的量的变化到一定点时才能转变为资本，量的变化才能转化为质的区别。

第四章 相对剩余价值的生产的数学分析

第一节 相对剩余价值的概念与数学分析

一、相对剩余价值的概念

通过延长剩余劳动时间或延长工作日的方式获取更多剩余价值，总要遇到一个界限。在资本数量确定的条件下，无法通过无限延长工作日的方式得到更多剩余价值。

既然在必要劳动时间可以生产出资本支付的劳动力价值的等价物，那么，在资本数量确定的条件下，通过缩短必要劳动时间的方式，可以生产更多剩余价值。

在工作日确定的条件下，缩短必要劳动时间，就延长了剩余劳动时间。在这种条件下，"工人实际上一直为自己耗费的劳动时间的一部分，要变成为资本家耗费的劳动时间。这里，改变的不是工作日的长度，而是工作日中必要劳动和剩余劳动的划分。"[1]

必要劳动时间是生产工人需要的生活资料所必须耗费的劳动时间。要减少必要劳动、缩短必要劳动时间，必须提高生产生活资料的效率，即提高生产生活资料的劳动生产率。

马克思认为，"劳动生产力的提高，在这里一般是指劳动过程中的这样一种变化，这种变化能缩短生产某种商品的社会必需的劳动时间，从而使较小量的劳动获得生产较大量使用价值的能力。在研究我们上面考察的那种形式的剩余价值的生产时，我们曾假定生产方式是既定的。而现在，对于由必要劳动变成剩余劳动而生产剩余价值来说，资本只是占有历史上

---

① 马克思恩格斯全集：第 23 卷. 中文 1 版. 北京：人民出版社，1972：348.

遗留下来的或者说现存形态的劳动过程，并且只延长它的持续时间，就绝对不够了。必须变革劳动过程的技术条件和社会条件，从而变革生产方式本身，以提高劳动生产力，通过提高劳动生产力来降低劳动力的价值，从而缩短再生产劳动力价值所必要的工作日部分。我把通过延长工作日而生产的剩余价值，叫做绝对剩余价值；相反，我把通过缩短必要劳动时间、相应地改变工作日的两个组成部分的量的比例而生产的剩余价值，叫做相对剩余价值。"①

要降低劳动力的价值，就必须提高生产日常生活资料的部门的生产率。耗费较少的活劳动生产较多的生活资料的使用价值，单位生活资料的价值降低，劳动力的价值就降低。生产生活资料不仅要耗费工人的活劳动，而且要耗费生产资料。生产生产资料的部门的生产率提高，也可以降低劳动力的价值。那些既不制造必要生活资料、也不为制造必要生活资料提供生产资料的生产部门的生产率提高，例如，生产奢侈品的部门的生产率提高，不影响劳动力的价值。

当某个资本家率先提高他的企业的劳动生产率时，这个资本家就能够使得他的产品的个别价值低于同类产品的社会价值。他按照这种产品的市场价值出售自己的产品，能够得到一部分多余的剩余价值，即超额剩余价值。当大多数资本家都提高劳动生产率时，这种产品的社会价值降低，超额剩余价值就消失了。

马克思认为，"采用改良的生产方式的资本家比同行业的其余资本家，可以在一个工作日中占有更大的部分作为剩余劳动。他个别地所做的，就是资本全体在生产相对剩余价值时所做的。但是另一方面，当新的生产方式被普遍采用，因而比较便宜地生产出来的商品的个别价值和它的社会价值之间的差额消失的时候，这个超额剩余价值也就消失。……商品的价值与劳动生产力成反比。劳动力的价值也是这样，因为它是由商品价值决定的。相反，相对剩余价值与劳动生产力成正比。……提高劳动生产力来使商品便宜，并通过商品便宜来使工人本身便宜，是资本的内在的冲动和经常的趋势。"②

在早期资本主义生产发展的时期和没有新技术出现的时期，资本家普遍采用绝对剩余价值生产的方式来增加剩余价值。资本主义生产越发展，相对剩余价值生产越成为主要的增加剩余价值的方式。

---

① 马克思恩格斯全集：第 23 卷. 中文 1 版. 北京：人民出版社，1972：350.
② 马克思恩格斯全集：第 23 卷. 中文 1 版. 北京：人民出版社，1972：354-355.

马克思认为，"因为相对剩余价值的增加和劳动生产力的发展成正比，而商品价值的降低和劳动生产力的发展成反比，也就是说，因为同一过程使商品便宜，并使商品中包含的剩余价值提高，所以就揭示了一个谜：为什么只是关心生产交换价值的资本家，总是力求降低商品的交换价值；……可见，在资本主义生产条件下，通过发展劳动生产力来节约劳动，目的绝不是为了缩短工作日。它的目的只是为了缩短生产一定量商品所必要的劳动时间。……在资本主义生产中，发展劳动生产力的目的，是为了缩短工人必须为自己劳动的工作日部分，以此来延长工人能够无偿地为资本家劳动的工作日的另一部分。"[①]

值得注意的是，每个资本家都会由于必要劳动时间的缩短而延长剩余劳动时间，从而获得相对剩余价值。即使他没有提高本企业的劳动生产率，也可以获得相对剩余价值。资本家在市场竞争过程中，经常出现不同资本家之间的利益矛盾和冲突，但是，在得到相对剩余价值方面，全体资本家存在共同的利益——共同占有更多剩余价值。

二、劳动力价值与工人的生活资料的劳动生产率的关系

在资本的数量不变和工作日确定的条件下，资本家要获得更多剩余价值只能缩短必要劳动时间，获得相对剩余价值。他能够获得多少相对剩余价值，取决于必要劳动时间能够缩短到何种程度。必要劳动时间能够缩短到何种程度，取决于工人需要的生活资料的劳动生产率能够提高到何种程度。

工人维持生活需要多种生活资料，但是，不需要奢侈品。工人维持生活需要的各种生活资料的数量占这种产品的数量的比例不同。如果生产工人维持生活需要的各种生活资料的劳动生产率的平均值为 p_{lua}，简称生活资料劳动生产率，生产工人的生活资料耗费的劳动为 l_{ua}，生产劳动力每天平均需要的商品量为 q_{ua}，那么，工人的生活资料劳动生产率可以表示为

$$p_{lua} = \frac{q_{ua}}{l_{ua}} \tag{4-1}$$

值得注意的是，在（4-1）式中，生产劳动力每天平均需要的商品量 q_{ua} 是一个综合商品的数量，简称工人需要的商品量。工人生活需要多种具有不同使用价值的商品，每种商品的数量不同、计量单位不同，也就是量纲不同，无法直接相加。但是，每个工人每天需要的这些商品的种类和数量是确定的。可以用一个综合商品来代替这些商品，即所谓"一篮子"

① 马克思恩格斯全集：第 23 卷. 中文 1 版. 北京：人民出版社，1972：356-357.

商品，用综合商品的数量来代替这些商品的总数量。因此，这种综合商品是加权商品，每种具体的商品有各自的权重。生产工人的生活资料耗费的劳动 l_{ua} 是生产这种综合商品耗费的劳动。生产工人维持生活需要的各种生活资料的劳动生产率的平均值 p_{lua} 是这种综合商品中的各种商品的劳动生产率的加权平均值。

由（4-1）式，生产工人的生活资料耗费的劳动可以表示为

$$l_{ua} = \frac{q_{ua}}{p_{lua}} \qquad\qquad (4-2)$$

由（4-2）式可以看出，生产工人的生活资料耗费的劳动，与生产劳动力每天平均需要的商品量成正比，与生活资料劳动生产率成反比。

劳动力价值与生产工人的生活资料耗费的劳动成正比。即

$$v_{ua} = k_{lua} l_{ua} \qquad\qquad (4-3)$$

式中，v_{ua} 为生产出来的工人的生活资料的价值，其数值等于劳动力价值；k_{lua} 为单位劳动创造的价值。

由（4-2）式、（4-3）式，生产出来的工人的生活资料的价值可以表示为

$$v_{ua} = \frac{k_{lua} q_{ua}}{p_{lua}} \qquad\qquad (4-4)$$

由（4-4）式可以看出，生产出来的工人的生活资料的价值，或劳动力价值，与生产劳动力每天平均需要的商品量成正比，与生活资料劳动生产率成反比。

三、劳动力价值与工人的生活资料的劳动生产率的关系的数例

如果单位劳动创造的价值 $k_{lua}=1$，生产劳动力每天平均需要的商品量 $q_{ua}=6$，工人的生活资料的劳动生产率 $p_{lua}=1$，1.25，1.5，…，6，那么，由（4-4）式，劳动力价值 v_{ua} 与生活资料劳动生产率 p_{lua} 的关系，可以用表4-1表示。

表4-1　　　　劳动力价值 v_{ua} 与生活资料劳动生产率 p_{lua} 的关系

生活资料劳动生产率 p_{lua}	劳动力价值 v_{ua}	生活资料劳动生产率 p_{lua}	劳动力价值 v_{ua}
1.00	6.000 000 00	3.75	1.600 000 00

续表

生活资料劳动生产率 p_{lua}	劳动力价值 v_{ua}	生活资料劳动生产率 p_{lua}	劳动力价值 v_{ua}
1.25	4.800 000 00	4.00	1.500 000 00
1.50	4.000 000 00	4.25	1.411 764 71
1.75	3.428 571 43	4.50	1.333 333 33
2.00	3.000 000 00	4.75	1.263 157 89
2.25	2.666 666 67	5.00	1.200 000 00
2.50	2.400 000 00	5.25	1.142 857 14
2.75	2.181 818 18	5.50	1.090 909 09
3.00	2.000 000 00	5.75	1.043 478 26
3.25	1.846 153 85	6.00	1.000 000 00
3.50	1.714 285 71		

表 4-1 表示的劳动力价值 v_{ua} 与生活资料劳动生产率 p_{lua} 的关系，可以用图 4-1 表示。

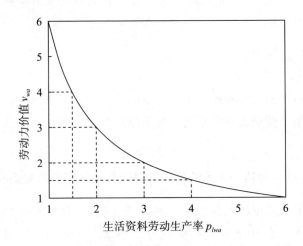

图 4-1　劳动力价值 v_{ua} 与生活资料劳动生产率 p_{lua} 的关系

由图 4-1 可以看出，劳动力价值 v_{ua} 为生活资料劳动生产率 p_{lua} 的单调递减的倒数函数或双曲函数。该双曲线的垂直渐近线为 $p_{lua}=0$，水平渐近线为 $v_{ua}=0$。当生活资料劳动生产率 p_{lua} 分别为 1，1.5，2，3，4，6 时，劳动力价值 v_{ua} 分别为 6，4，3，2，1.5，1。可见，工人生活需要的生活资料的劳动生产率越高，劳动力价值越低。工人生活需要的生活资料的劳动生产率与劳动力价值成反比。

四、剩余价值与必要劳动时间的关系

劳动量用劳动持续的时间表示。必要劳动是生产工人的生活资料耗费的劳动，必要劳动时间是生产工人的生活资料耗费的劳动时间。劳动力价值是物化在工人的生活资料中的劳动。因此，劳动力价值与生产工人的生活资料耗费的劳动时间成正比。即

$$v_{ua} = k_{vua} t_v \qquad (4-5)$$

式中，k_{vua} 为单位劳动时间创造的价值，t_v 为必要劳动时间。

值得注意的是，价值是凝聚或物化在产品中的劳动，劳动的量用平均劳动强度下的劳动时间表示，价值就是用社会平均劳动时间表示。因此，在平均劳动强度或正常劳动强度下，单位劳动时间创造的价值 $k_{vua} = 1$。单位劳动时间创造的价值 k_{vua} 不等于单位劳动创造的价值 k_{lua}。如果劳动强度变化，例如劳动强度提高，那么，生产过程中耗费的劳动量和商品价值等比例增加，单位劳动创造的价值 k_{lua} 不变，但是，单位劳动时间创造的价值 k_{vua} 增加。因此，在劳动强度变化的条件下，单位劳动创造的价值 k_{lua} 是一个常数，而单位劳动时间创造的价值 k_{vua} 是一个变量。这个变量是劳动强度的单调递增的线性函数。

同样值得注意的是，劳动力价值等于工人必需的生活资料价值，可变资本是资本家购买劳动力的资本。在资本家购买劳动力之前，劳动力是属于工人的商品，可变资本是属于资本家的货币，虽然二者的数量相同，但是，二者分别属于不同的所有者，不是同一个变量。在资本家按照劳动力价值购买劳动力之后，对资本家来说劳动力价值就是他的资本中的一部分——可变资本。因此，可变资本等于劳动力价值。即

$$v = v_{ua} \qquad (4-6)$$

式中，v 为可变资本。

由（4-5）式、（4-6）式，可以得到

$$v = k_{vua} t_v \qquad (4-7)$$

由（4-5）式、（4-6）式、（4-7）式，剩余价值可以表示为

$$s = ev = \frac{v t_s}{t_v} = \frac{v(t_d - t_v)}{t_v} = \frac{v_{ua}(t_d - t_v)}{t_v} = k_{vua}(t_d - t_v) \quad (4-8)$$

式中，s 为剩余价值，e 为剩余价值率，t_s 为剩余劳动时间，t_d 为工作日。

如果生活资料劳动生产率 p_{lvaa} 提高，必要劳动时间 t_v 缩短，工作日 t_d 不变，那么，剩余劳动时间 t_s 延长，剩余价值 s 增加，即产生相对剩余价值。

五、剩余价值与必要劳动时间的关系的数例

如果单位劳动时间创造的价值 $k_{vaa}=1$，工作日 $t_d=12$ 小时，必要劳动时间 $t_v=1$，1.25，1.5，…，6（小时），那么，由（4-8）式，剩余价值 s 与必要劳动时间 t_v 的关系，可以用表 4-2 表示。

表 4-2　　　　　　　　　剩余价值 s 与必要劳动时间 t_v 的关系

必要劳动时间 t_v（小时）	剩余价值 s	必要劳动时间 t_v（小时）	剩余价值 s
1.00	11.00	3.75	8.25
1.25	10.75	4.00	8.00
1.50	10.50	4.25	7.75
1.75	10.25	4.50	7.50
2.00	10.00	4.75	7.25
2.25	9.75	5.00	7.00
2.50	9.50	5.25	6.75
2.75	9.25	5.50	6.50
3.00	9.00	5.75	6.25
3.25	8.75	6.00	6.00
3.50	8.50		

表 4-2 表示的剩余价值 s 与必要劳动时间 t_v 的关系，可以用图 4-2 表示。

由图 4-2 可以看出，剩余价值 s 为必要劳动时间 t_v 的单调递减的线性函数。当必要劳动时间 t_v 分别为 6，5，4，3，2，1 小时时，剩余价值 s 分别为 6，7，8，9，10，11。可见，必要劳动时间越短，剩余价值越多。剩余价值与必要劳动时间成反比。

值得注意的是，在表 4-2 与图 4-2 中，必要劳动时间采用逐渐增加的方式表示。这是考虑到横坐标采用逐渐增加的方式符合读者的阅读习

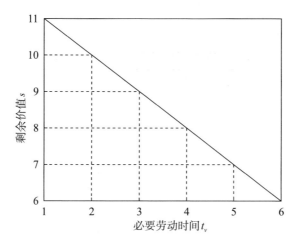

图 4-2　剩余价值 s 与必要劳动时间 t_v 的关系

惯，并不表示必要劳动时间逐渐延长，正相反，必要劳动时间逐渐缩短，剩余价值逐渐增加。

同样值得注意的是，因为价值用社会平均劳动时间表示，只要劳动强度不变，无论社会平均的劳动生产率如何变化，在相同劳动时间内生产的产品价值总是相同的，产品数量可以不同，所以，单位劳动时间创造的价值 k_{vua} 不变。如果必要劳动时间 t_v 变化，那么，意味着工人必需的生活资料数量变化，或生产生活资料的社会平均的劳动生产率变化。按照我们的假设，工人必需的生活资料数量不变，那么，只能是生产生活资料的社会平均的劳动生产率变化，简称劳动生产率变化。

六、剩余价值率与必要劳动时间的关系

由（4-8）式，剩余价值率可以表示为

$$e = \frac{t_s}{t_v} = \frac{t_d - t_v}{t_v} = \frac{t_d}{t_v} - 1 \tag{4-9}$$

由（4-9）式可以看出，剩余价值率是必要劳动时间、剩余劳动时间和工作日的函数，在工作日确定的条件下，剩余价值率是必要劳动时间的单调递减的倒数函数或双曲函数。随着必要劳动时间 t_v 缩短，剩余价值率 e 提高。

七、剩余价值率与必要劳动时间的关系的数例

如果工作日 $t_d = 12$ 小时，必要劳动时间 $t_v = 1, 1.25, 1.5, \cdots, 6$

（小时），那么，由（4－9）式，剩余价值率 e 与必要劳动时间 t_v 的关系，可以用表 4－3 表示。

表 4－3　　　　　剩余价值率 e 与必要劳动时间 t_v 的关系

必要劳动时间 t_v （小时）	剩余价值率 e	必要劳动时间 t_v （小时）	剩余价值率 e
1.00	11.000 000 00	3.75	2.200 000 00
1.25	8.600 000 00	4.00	2.000 000 00
1.50	7.000 000 00	4.25	1.823 529 41
1.75	5.857 142 86	4.50	1.666 666 67
2.00	5.000 000 00	4.75	1.526 315 79
2.25	4.333 333 33	5.00	1.400 000 00
2.50	3.800 000 00	5.25	1.285 714 29
2.75	3.363 636 36	5.50	1.181 818 18
3.00	3.000 000 00	5.75	1.086 956 52
3.25	2.692 307 69	6.00	1.000 000 00
3.50	2.428 571 43		

　　表 4－3 表示的剩余价值率 e 与必要劳动时间 t_v 的关系，可以用图 4－3 表示。

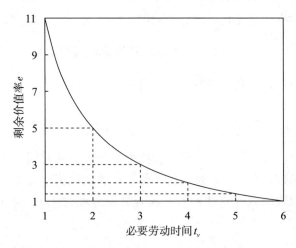

图 4－3　剩余价值率 e 与必要劳动时间 t_v 的关系

由图 4-3 可以看出，剩余价值率 e 为必要劳动时间 t_v 的单调递减的倒数函数或双曲函数。该双曲线的垂直渐近线为 $t_v=0$，水平渐近线为 $e=-1$。当必要劳动时间 t_v 分别为 6，5，4，3，2，1 小时时，剩余价值率 e 分别为 1，1.4，2，3，5，11。可见，必要劳动时间越短，剩余价值率越高。剩余价值率与必要劳动时间成反比。这一结论与由（4-9）式得到的结论一致。

值得注意的是，在表 4-3 与图 4-3 中，必要劳动时间采用逐渐增加的方式表示，与表 4-2、图 4-2 中的表示方式相同，原因同上，不再赘述。

八、剩余价值对必要劳动时间的一阶导数，剩余价值与必要劳动时间的一阶微分，剩余价值与必要劳动时间的一阶差分

如果工作日 t_d 与单位劳动时间创造的价值 k_{vua}（$k_{vua}>0$）不变，那么，由（4-8）式，剩余价值 s 对必要劳动时间 t_v 的一阶导数为

$$\frac{\mathrm{d}s}{\mathrm{d}t_v}=\frac{\mathrm{d}}{\mathrm{d}t_v}\big[k_{vua}(t_d-t_v)\big]=-k_{vua} \tag{4-10}$$

由（4-10）式可以看出，如果工作日 t_d 不变，单位劳动时间创造的价值 k_{vua} 不变，那么，随着必要劳动时间 t_v 缩短，剩余价值 s 增加。剩余价值 s 与必要劳动时间 t_v 的变化方向相反。

如果必要劳动时间 t_v 与剩余价值 s 采用微分形式，那么，由（4-10）式可以得到

$$\mathrm{d}s=-k_{vua}\,\mathrm{d}t_v \tag{4-11}$$

式中，$\mathrm{d}s$ 为剩余价值的一阶微分，$\mathrm{d}t_v$ 为必要劳动时间的一阶微分。

由（4-11）式可以看出，剩余价值的一阶微分与必要劳动时间的一阶微分的变化方向相反。

如果必要劳动时间 t_v 与剩余价值 s 采用差分形式，那么，由（4-11）式可以得到

$$\Delta s=-k_{vua}\,\Delta t_v \tag{4-12}$$

式中，Δs 为剩余价值的一阶差分，Δt_v 为必要劳动时间的一阶差分。

由（4-12）式可以看出，剩余价值的一阶差分与必要劳动时间的一阶差分的变化方向相反。

如果单位劳动时间创造的价值 $k_{vua}=1$，必要劳动时间的一阶差分

$\Delta t_v = -0.25$ 小时，那么，由（4 - 12）式，剩余价值的一阶差分 $\Delta s =$ 0.25，即当必要劳动时间 t_v 分别为 6，5.75，5.5，5.25，…，1 小时，剩余价值 s 分别为 6，6.25，6.5，6.75，…，11。剩余价值 s 为必要劳动时间 t_v 的单调递减的线性函数。显然，这个结果与表 4 - 2、图 4 - 2 的结果一致。

九、剩余价值率对必要劳动时间的一阶导数，剩余价值率与必要劳动时间的一阶微分，剩余价值率与必要劳动时间的一阶差分

如果工作日 t_d（$t_d > 0$）不变，那么，由（4 - 9）式，剩余价值率 e 对必要劳动时间 t_v 的一阶导数为

$$\frac{\mathrm{d}e}{\mathrm{d}t_v} = \frac{\mathrm{d}}{\mathrm{d}t_v}\left(\frac{t_d}{t_v} - 1\right) = -\frac{t_d}{t_v^2} \tag{4 - 13}$$

由（4 - 13）式可以看出，如果工作日 t_d 不变，那么，随着必要劳动时间 t_v 缩短，剩余价值率 e 提高。剩余价值率 e 与必要劳动时间 t_v 的变化方向相反。

如果必要劳动时间 t_v 与剩余价值率 e 均采用微分形式，那么，由（4 - 13）式可以得到

$$\mathrm{d}e = -\frac{t_d}{t_v^2}\mathrm{d}t_v \tag{4 - 14}$$

式中，$\mathrm{d}e$ 为剩余价值率的一阶微分，$\mathrm{d}t_v$ 为必要劳动时间的一阶微分。

由（4 - 14）式可以看出，剩余价值率的一阶微分与必要劳动时间的一阶微分的变化方向相反。

如果必要劳动时间 t_v 与剩余价值率 e 均采用差分形式，那么，由（4 - 14）式可以得到

$$\Delta e = -\frac{t_d}{t_v^2}\Delta t_v \tag{4 - 15}$$

式中，Δe 为剩余价值率的一阶差分，Δt_v 为必要劳动时间的一阶差分。

由（4 - 15）式可以看出，剩余价值率的一阶差分与必要劳动时间的一阶差分的变化方向相反。

十、剩余价值率的一阶差分与必要劳动时间的关系的数例

如果工作日 $t_d = 12$ 小时，必要劳动时间的一阶差分 $\Delta t_v = -0.001$ 小时，

必要劳动时间 $t_v=1$，1.25，1.5，…，6（小时），那么，由（4-15）式，剩余价值率的一阶差分 Δe 与必要劳动时间 t_v 的关系，可以用表4-4 表示。

表4-4　　剩余价值率的一阶差分 Δe 与必要劳动时间 t_v 的关系

必要劳动时间 t_v（小时）	剩余价值率的一阶差分 Δe	必要劳动时间 t_v（小时）	剩余价值率的一阶差分 Δe
1.00	0.012 000 00	3.75	0.000 853 33
1.25	0.007 680 00	4.00	0.000 750 00
1.50	0.005 333 33	4.25	0.000 664 36
1.75	0.003 918 37	4.50	0.000 592 59
2.00	0.003 000 00	4.75	0.000 531 86
2.25	0.002 370 37	5.00	0.000 480 00
2.50	0.001 920 00	5.25	0.000 435 37
2.75	0.001 586 78	5.50	0.000 396 69
3.00	0.001 333 33	5.75	0.000 362 95
3.25	0.001 136 09	6.00	0.000 333 33
3.50	0.000 979 59		

表4-4 中的剩余价值率的一阶差分 Δe 的数量级很小。为了更清楚地表示表4-4 中的剩余价值率的一阶差分 Δe 与必要劳动时间 t_v 的关系，将剩余价值率的一阶差分 Δe 扩大 1 000 倍。剩余价值率的一阶差分 $\Delta e \times 1\,000$ 与必要劳动时间 t_v 的关系，可以用图4-4 表示。

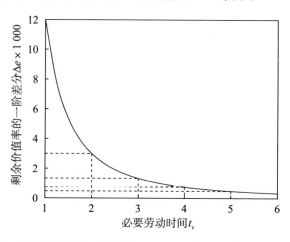

图4-4　剩余价值率的一阶差分 $\Delta e \times 1\,000$ 与必要劳动时间 t_v 的关系

由表 4-4 和图 4-4 可以看出，剩余价值率的一阶差分 Δe 为必要劳动时间 t_v 的单调递减的非线性函数。如果必要劳动时间的一阶差分 $\Delta t_v =$ -0.001 小时，必要劳动时间 t_v 分别为 6，5，4，3，2，1 小时，那么，剩余价值率的一阶差分 Δe 分别为 0.000 333 33，0.000 48，0.000 75，0.001 333 33，0.003，0.012。可见，必要劳动时间越短，剩余价值率的一阶差分越大，即剩余价值率的提高率越高。剩余价值率的一阶差分与必要劳动时间成反比，剩余价值率的提高率也与必要劳动时间成反比。

值得注意的是，在表 4-4 与图 4-4 中，必要劳动时间采用逐渐增加的方式表示，与表 4-2、图 4-2 中的表示方式相同，原因同上，不再赘述。

十一、剩余价值的一阶导数与剩余价值率的一阶导数的比较，或剩余价值的一阶差分与剩余价值率的一阶差分的比较

将 (4-13) 式与 (4-10) 式对比，或将 (4-15) 式与 (4-12) 式对比，可以看出，随着必要劳动时间越来越短，剩余价值与剩余价值率中哪个变量增长快，取决于单位劳动时间创造的价值 k_{vua}、工作日 t_d、必要劳动时间 t_v 这三个变量的数值。当 $t_v > \sqrt{t_d / k_{vua}}$ 时，剩余价值比剩余价值率增长快；当 $t_v = \sqrt{t_d / k_{vua}}$ 时，剩余价值与剩余价值率增长同样快；当 $t_v < \sqrt{t_d / k_{vua}}$ 时，剩余价值比剩余价值率增长慢。

如果单位劳动时间创造的价值 $k_{vua} = 1$，工作日 $t_d = 12$ 小时，那么，当必要劳动时间 $t_v > 3.464\ 101\ 615$ 小时时，剩余价值比剩余价值率增长快；当必要劳动时间 $t_v = 3.464\ 101\ 615$ 小时时，剩余价值与剩余价值率增长同样快；当必要劳动时间 $t_v < 3.464\ 101\ 615$ 小时时，剩余价值比剩余价值率增长慢。

在工作日 t_d 与单位劳动时间创造的价值确定的条件下，剩余价值 s 只随着必要劳动时间 t_v 缩短而增加，或只随着剩余劳动时间 t_s 延长而增加。剩余价值率 e 不仅随着必要劳动时间 t_v 缩短而增加，而且随着剩余劳动时间 t_s 延长而增加。

由 (4-12) 式可以看出，剩余价值的变化 Δs 只与必要劳动时间的变化 Δt_v 有关，与必要劳动时间 t_v 的数值无关。由 (4-15) 式可以看出，剩余价值率的变化 Δe 不仅与必要劳动时间的变化 Δt_v 有关，而且与必要劳动 t_v 的数值有关。这是相对剩余价值的变化不同于绝对剩余价值的变化的最重要的数学特征。

第二节　协作

相对剩余价值的生产要以劳动生产率提高为前提。提高劳动生产率有多种方式或途径。协作是提高劳动生产率的一种重要的方式或途径。

在资本主义生产发展的早期阶段，工场手工业，除了同一个资本家雇用较多工人，按照资本主义生产的工场手工业与传统的行会手工业几乎没有什么区别。起初只是雇用工人的数量上的区别，无论工人单独进行生产，还是在同一资本的指挥下联合起来进行生产，都没有改变剥削程度或剩余价值率。

当雇用工人的数量增加到一定程度时，大量工人共同劳动，有些生产资料可以共同使用，从而提高劳动资料的利用率，节约一部分生产资料。生产资料的节约，一方面使商品便宜，从而使劳动力价值降低；另一方面改变剩余价值同全部预付资本的比例，从而提高利润率。

马克思提出，"许多人在同一生产过程中，或在不同的但互相联系的生产过程中，有计划地一起协同劳动，这种劳动形式叫做协作。"[①]

在生产劳动中，较多工人共同劳动必然产生较多社会接触。社会接触会激发每个人的竞争心和振奋他们的精神，从而提高每个人的劳动效率。因此，12个工人共同劳动12小时或一个工作日生产的产品，比12个工人每人单独劳动12小时或者一个工人每天劳动12小时连续劳动12天生产的产品多得多，虽然都是144小时的劳动。

许多工人协同劳动可以节约劳动。例如，许多瓦匠站成一排，把砖从脚手架的下面传递到上面，比每个工人独立地把砖从脚手架的下面搬运到上面节省劳动。假设每次传递或搬运砖的重量为20千克，一个人的体重为60千克。如果许多工人协同传递砖，那么，基本上只要对20千克重的砖作功或耗费能量（传递砖时手臂运动耗费的能量可以忽略）。如果每个工人独立地搬运砖，那么，不仅要对20千克重的砖作功或耗费能量，而且还要对60千克体重作功或耗费能量。因此，每个工人单独劳动耗费的能量，比许多工人协同劳动耗费的能量多了3倍。如果每次搬运砖的重量少于20千克，那么，每个工人单独劳动耗费的能量，将比许多工人协同劳动耗费的能量多更多倍。

---

① 马克思恩格斯全集：第23卷. 中文1版. 北京：人民出版社，1972：362.

对于比较复杂的劳动过程，如果许多工人共同劳动，那么，可以将不同的操作分给不同的人，可以减少生产总产品所必要的劳动时间。

许多工人协同劳动占用的生产场所，比一个工人劳动占用的生产场所大，但是，比这些工人分散生产占用的生产场所的总和小。在工人协同劳动的过程中，某些利用率较低但是不可缺少的生产工具可以共同使用。这就是说，协作可以减少不变资本的耗费。

马克思认为，"和同样数量的单干的个人工作日的总和比较起来，结合工作日可以生产更多的使用价值，因而可以减少生产一定效用所必要的劳动时间。不论在一定的情况下结合工作日怎样达到生产力的这种提高：是由于提高劳动的机械力，是由于扩大这种力量在空间上的作用范围，是由于与生产规模相比相对地在空间上缩小生产场所，是由于在紧急时期短时间内动用大量劳动，是由于激发个人的竞争心和集中他们的精力，是由于使许多人的同种作业具有连续性和多面性，是由于同时进行不同的操作，是由于共同使用生产资料而达到节约，是由于使个人劳动具有社会平均劳动的性质，在所有这些情形下，结合工作日的特殊生产力都是劳动的社会生产力或社会劳动的生产力。这种生产力是由协作本身产生的。劳动者在有计划地同别人共同工作中，摆脱了他的个人局限，并发挥出他的种属能力。"①

协作工人的数量或协作的规模取决于单个资本家能够支付多少资本用于购买劳动力，以及购买大量工人劳动需要的生产资料。

规模较大的共同劳动的大量工人需要有人指挥才能协调每个工人的活动。当从属于资本的劳动成为协作劳动时，这种管理、监督和调节的职能就成为资本的特殊职能。资本的管理者除了拥有协调与管理工人协作劳动的职能以外，还拥有榨取剩余价值的职责。因为资本主义生产的目的是尽可能多地生产剩余价值，也就是尽可能多地剥削劳动力，随着同时雇用的工人增加，工人的反抗加剧，资本为压制这种反抗所施加的压力也增加。

起初，资本家直接管理和监督参加协作的工人的劳动，后来，这种管理和监督的职能交给特种的雇佣工人——工头和经理。

资本主义的管理具有二重性：一方面是生产产品的社会劳动过程，另一方面是资本的价值增殖过程。因此，马克思认为，"一方面，资本主义生产方式表现为劳动过程转化为社会过程的历史必然性，另一方面，劳动过程的这种社会形式表现为资本通过提高劳动过程的生产力来更有利地剥

①　马克思恩格斯全集：第 23 卷. 中文 1 版. 北京：人民出版社，1972：365 - 366.

削劳动过程的一种方法。"①

协作是资本主义生产方式的基本形式。

第三节 分工和工场手工业

一、工场手工业的二重起源

工场手工业以分工为基础，以两种方式产生。

工场手工业的一种产生方式是：过去不同工种的独立手工业的工人，现在受雇于同一个资本家，在他的管理和监督下，进行联合生产。工场手工业把不同的手工业者联合在一个工场内进行生产，不同工种的工人仍然从事与过去独立生产产品时各自相同的加工过程，这种生产仍然是简单协作。

随着生产的发展和生产规模的扩大，逐渐产生了本质的变化。从事手工生产的不同工种的工人，逐渐失去全面地从事原有手工业生产的习惯和能力。每个工人只从事一种最适合于他的片面的生产活动和相应的工种。每一种操作成为一个工人的专门职能。全部操作由众多局部工人联合体完成。他们在同一个资本的指挥下，联合起来进行生产。

工场手工业的另外一种产生方式是：出现了劳动分工。多种操作不再由同一个手工业者按照时间的先后顺序独立地完成，而是每一种操作由一个手工业者进行，全部操作由全体参与协作的工人共同进行。

这种偶然的分工不断重复，逐渐固定成为系统的分工。商品从一个独立手工业者的个人产品，转变为每个工人只完成一种局部操作的手工业者的联合体的社会产品。各种操作进一步划分，独立化为不同工人的各种专门职能。各种操作不断分化，每个工人只完成一种操作过程，劳动的熟练程度提高，提高了生产效率。

马克思认为，"为了正确地理解工场手工业的分工，把握住下列各点是很重要的。首先，在这里生产过程分解为各个特殊阶段是同手工业活动分成各种不同的局部操作完全一致的。不管操作是复杂还是简单，它仍然是手工业性质的，因而仍然取决于每个工人使用工具时的力量、熟练、速度和准确。手工业仍旧是基础。这种狭隘的技术基础使生产过程得不到真

---

① 马克思恩格斯全集：第 23 卷. 中文 1 版. 北京：人民出版社，1972：372.

正科学的分解，因为产品所经过的每一个局部过程都必须作为局部的手工业劳动来完成。正因为手工业的熟练仍旧是生产过程的基础，所以每一个工人都只适合于从事一种局部职能，他的劳动力变成了终身从事这种局部职能的器官。最后，这种分工是一种特殊的协作，它的许多优越性都是由协作的一般性质产生的，而不是由协作的这种特殊形式产生的。"①

二、局部工人及其工具

一个工人终生从事同一种简单操作，有利于把注意力集中在有限的操作动作上，有利于从经验中学习用最少的力量消耗生产较多产品，有利于劳动技能的熟练与完善。好几代工人在手工工场内共同劳动，比较容易获得技术上的诀窍，能巩固、积累、传播和继承生产技术和经验。这些因素提高了劳动生产率。

工场手工业将手工业的各种劳动的操作分化，生产出局部工人的技艺，并把局部劳动变为一个人的终生职业。不仅一个人终生只从事一种职业，而且使手工业变成世袭职业。

劳动生产率不仅与劳动者的技艺有关，而且与劳动者使用的工具的完善程度有关。生产过程中各种操作的分化使得每个工人只从事片面的局部的劳动，有利于工具的专门化。劳动工具的分化和专门化，是工场手工业的基本特征。

马克思认为，"工场手工业时期通过劳动工具适合于局部工人的专门的特殊职能，使劳动工具简化、改进和多样化。这样，工场手工业时期也就同时创造了机器的物质条件之一，因为机器就是由许多简单工具结合而成的。"②

三、工场手工业的两种基本形式——
混成的工场手工业和有机的工场手工业

工场手工业的组织有两种基本形式：混成的工场手工业和有机的工场手工业。

第一种工场手工业是混成的工场手工业，这种形式的工场手工业是工场手工业的初级形式。这种形式的工场手工业的特征是：以一种产品为纽带，构成这种产品的不同的零配件分别由不同的工人分散生产，这些工人

---

① 马克思恩格斯全集：第 23 卷. 中文 1 版. 北京：人民出版社，1972：375 - 376.
② 马克思恩格斯全集：第 23 卷. 中文 1 版. 北京：人民出版社，1972：379.

为一个资本家供应零配件，最后，这些零配件在一个资本家的手工业工场中组装成产品。

以钟表生产为例。一个钟表由多个零配件构成。每一个零配件由专门的工人分别生产。这些零配件的生产是并列、同时、同步进行的。最后，将这些零配件集中到一起组装起来，形成一件产品。这些零配件分散在不同工人的家里分别制造，很少在本手工工场内集中制造。人们不太可能使用共同的劳动资料。分散生产有利于资本家节省厂房的费用。当然，这些分散在家里为一个资本家劳动的局部工人的地位，与为自己的顾客劳动的独立手工业者的地位完全不同。

第二种工场手工业是有机的工场手工业，这种形式的工场手工业是工场手工业的完成形式。这种形式的工场手工业的特征是：生产的产品要顺序地经过一系列的阶段过程，这些过程是相互联系的不同发展阶段。

以制针手工工场的生产为例。从针条开始，要先后依次经过 72 个专门的局部工人之手，甚至经过 92 个专门的局部工人之手，才能制成针。在不同的生产工序中，前一个生产过程的产品是后一个生产过程的原料，一个工人的劳动结果成了另一个工人劳动的起点，半成品依次从一个工人手中转移到下一个工人手中，每个生产阶段的工人对产品进行部分加工，最终制成产品。这些工序不是并列、同时进行的，而是按照时间先后串列、顺序进行的。

这种工场手工业将分散的手工业结合在一起，缩短了中间产品在每个生产阶段之间的空间距离，节省了从一个阶段转移到另一阶段需要的时间，减少了用于转移中间产品的劳动。与每个劳动者独立劳动的手工业相比，提高了劳动生产率。

在这种工场手工业中，一个局部工人成为总体工人的一个器官，生产的专门化减少了劳动者的学习费用，降低了劳动力价值，增加了剩余价值的生产。

四、工场手工业内部的分工和社会内部的分工

这里考察工场手工业内部的分工与构成一切商品生产基础的社会内部的分工的关系。

社会生产可以分为农业、工业等大类，称为一般的分工；这些生产人类可以分为种和亚种，即分为生产不同产品的工场，称为特殊的分工；工场手工业内部的分工，称为个别的分工。

马克思认为，"社会内部的分工和工场内部的分工，尽管有许多相似

点和联系，但二者不仅有程度上的差别，而且有本质的区别。……社会内部的分工以不同劳动部门的产品的买卖为媒介；工场手工业内部各局部劳动之间的联系，以不同的劳动力出卖给同一个资本家，而这个资本家把它们作为一个结合劳动力来使用为媒介。工场手工业分工以生产资料积聚在一个资本家手中为前提；社会分工则以生产资料分散在许多互不依赖的商品生产者中间为前提。"①

他还认为，"整个社会内的分工，不论是否以商品交换为媒介，是各种社会经济形态所共有的，而工场手工业分工却完全是资本主义生产方式的独特创造。"②

五、工场手工业的资本主义性质

苏格拉底、柏拉图和色诺芬等古希腊思想家，只重视商品的质和使用价值，不重视商品的量和交换价值。柏拉图与色诺芬都是苏格拉底的学生，至今尚未发现苏格拉底的著述。他的经济思想是通过他的学生色诺芬与柏拉图的著作流传下来的。苏格拉底与色诺芬提出，财富是具有使用价值的产品。色诺芬认为，"同一种东西是不是财富，要看人会不会使用它。例如，一支笛子对于会吹它的人是财富，而对于不会吹它的人，则无异于毫无用处的石头。"③ "如果他把它卖出，换进一些他不会使用的东西，就连这种出卖也不能把它变为财富。"④ 苏格拉底与柏拉图提出了社会分工的思想。柏拉图在《理想国》中认为，分工是国家制度的基本原则，是各等级自由市民严格分工：哲学家负责管理国家，军人负责打仗和保卫安全，农民和手工业者负责生产和提供生活资料。他认为，"每个人在恰当的时候干适合他性格的工作，放弃其它的事情，专搞一行，这样就会每种东西都生产得又多又好"⑤。

工场手工业的发展促进了分工的发展，分工的发展促进了劳动工具的专门化和生产技术的发展，也促进了每个工人的生产技能片面地、畸形地发展，工人成为局部工人。不同工人的片面的生产技术和知识技能只有在资本的统治下，才能结合成完整的生产力。劳动过程中产生和积累的生产技术或物质生产过程的智力，成为资本家的财产。这种财产与统治工人的

---

① 马克思恩格斯全集：第 23 卷. 中文 1 版. 北京：人民出版社，1972：392 - 393.
② 马克思恩格斯全集：第 23 卷. 中文 1 版. 北京：人民出版社，1972：397 - 398.
③ 色诺芬. 经济论，雅典的收入. 北京：商务印书馆，1961：3.
④ 色诺芬. 经济论，雅典的收入. 北京：商务印书馆，1961：3.
⑤ 柏拉图. 理想国. 北京：商务印书馆，1986：60.

力量结合在一起，同工人相对立。

生产工艺和科学技术掌握在资本家手中，形成新的生产力。这种生产力同工人相分离。在简单协作的生产过程中，这种分离过程已经开始，在工场手工业中，这种分离过程得到发展，在大工业中，这种分离过程已经完成。

马克思认为，"在简单协作中，资本家在单个工人面前代表社会劳动体的统一和意志，工场手工业使工人畸形发展，变成局部工人，大工业则把科学作为一种独立的生产能力与劳动分离开来，并迫使它为资本服务。"①

他还认为，"工场手工业分工通过手工业活动的分解，劳动工具的专门化，局部工人的形成以及局部工人在一个总机构中的分组和结合，造成了社会生产过程的质的划分和量的比例，从而创立了社会劳动的一定组织，这样就同时发展了新的、社会的劳动生产力。工场手工业分工作为社会生产过程的特殊的资本主义形式，——它在当时的基础上只能在资本主义的形式中发展起来，——只是生产相对剩余价值即靠牺牲工人来加强资本（人们把它叫做社会财富，'国民财富'等等）自行增殖的一种特殊方法。工场手工业分工不仅只是为资本家而不是为工人发展社会劳动生产力，而且靠使各个工人畸形化来发展社会劳动生产力。它生产了资本统治劳动的新条件。因此，一方面，它表现为社会经济形成过程中的历史进步和必要的发展因素，另一方面，它又是文明的、精巧的剥削手段。"②

随着工场手工业的发展，产生了机器。机器使手工业不再成为支配社会生产的原则。

第四节 机器和大工业

一、机器的发展

分工的发展，一方面使得工人从事的生产技能畸形地发展，另一方面使得每个生产阶段的操作变得更简单，为机器的产生奠定了基础。资本家在生产过程中使用机器，是为了使他的商品的个别价值低于社会价值，从

---

① 马克思恩格斯全集：第 23 卷. 中文 1 版. 北京：人民出版社，1972：400.
② 马克思恩格斯全集：第 23 卷. 中文 1 版. 北京：人民出版社，1972：403.

而获得超额剩余价值。大部分资本家广泛地使用机器，降低了生活资料的价值，缩短了必要劳动时间，延长了剩余劳动时间。在这个意义上，机器是生产剩余价值的手段。

工场手工业以劳动力为起点，大工业以劳动资料为起点。

机器是代替只使用一个工具的工人对劳动对象进行加工的机构。所有发达的、完善的机器都由三部分构成：发动机，传动机构，工作机。工作机是对劳动对象进行加工的机构。发动机是提供动力的机构。传动机构是将发动机提供的动力传导到工作机上的机构。其中，工作机是机器最核心的组成部分。发动机和传动机构是发达的、完善的机器的组成部分，但不是必须具有的组成部分。有些简单的、原始的机器可以没有发动机和传动机构，但是，不能没有工作机。例如，由人力推动的纺织机。

多种机器共同运行、协同生产，构成机器体系。机器体系不同于许多同种机器的协作。机器和机器体系构成大工业的基础。

马克思认为，"劳动资料取得机器这种物质存在方式，要求以自然力来代替人力，以自觉应用自然科学来代替从经验中得出的成规。在工场手工业中，社会劳动过程的组织纯粹是主观的，是局部工人的结合；在机器体系中，大工业具有完全客观的生产机体，这个机体作为现成的物质生产条件出现在工人面前。"[①]

二、机器的价值向产品的转移

机器的使用价值全部参加生产过程，其价值中只有一部分转移到生产的产品中。

生产机器的价值不同于机器损耗的部分的价值。生产机器耗费的劳动可能高于一次生产过程中机器所取代的活劳动，但是，生产过程中耗费的机器价值，即物化在转移到产品中的价值，总是小于机器所取代的过去的活劳动创造的价值。也就是说，机器的价值要经过多次生产过程才全部转移到产品的价值中，在多次生产过程中，生产机器耗费的总劳动必然低于机器所取代的活劳动的总和。

马克思认为，"在考察协作和工场手工业时，我们知道，共同消费某些共同的生产条件（如建筑物等），比单个工人消费分散的生产条件要节约，因而能使产品便宜一些。在机器生产中，不仅一个工作机的许多工具共同消费一个工作机的躯体，而且许多工作机共同消费同一个发动机和一

---

① 马克思恩格斯全集：第 23 卷. 中文 1 版. 北京：人民出版社，1972：423.

部分传动机构。"① 因此，使用机器代替人力劳动能使产品更便宜，或获得更多剩余价值。

资本家没有支付工人的全部活劳动创造的价值，只支付所使用的劳动力的价值。因此，对资本来说，只有在机器的价值低于它代替的劳动力的价值时，资本家才会使用机器进行生产。

三、机器生产对工人的直接影响

（一）资本对补充劳动力的占有。妇女劳动和儿童劳动

机器在生产中的使用降低了劳动过程对工人的体力的要求，使得妇女和儿童也能加入劳动大军。这样，一方面增加了雇佣工人的人数，使得剥削的对象扩大；另一方面降低了劳动力价值，提高了剩余价值率。在扩大资本剥削领域的同时，也提高了剥削程度。

（二）工作日的延长

机器会产生损耗。机器的损耗有两种形式：有形损耗与无形损耗。

机器的有形损耗有两种形式：一种是由于使用产生的磨损，另一种是由于不使用产生的磨损，例如，生锈。这后一种损耗是由于自然力的作用。前一种损耗与机器的使用成正比，后一种损耗基本上与机器的使用无关，甚至在一定程度上与机器的使用成反比。

机器的无形损耗是由于出现了新的更便宜的机器，或出现了更好的机器，原有机器的交换价值就会降低，出现贬值。

资本家为了减少机器的这种有形损耗与无形损耗，尽力延长劳动时间，也就是延长工作日，充分利用机器设备、工具、厂房等劳动资料。

（三）劳动的强化

工作日的延长不仅损害了工人的身体健康，损害了工人的利益，而且损害了全体资本家不断剥削劳动的长远利益。社会的反应导致法律限制正常工作日。在工作日受到限制的条件下，资本家只能提高劳动强度。机器的运转速度提高，每个工人看管的机器数量增加。

延长剩余劳动时间是以外延方式获得更多剩余价值，提高劳动强度是以内涵方式获得更多剩余价值。

四、工厂

工厂是有组织的机器体系。工厂的机器系统通过占有妇女劳动和儿童

---

① 马克思恩格斯全集：第 23 卷. 中文 1 版. 北京：人民出版社，1972：426.

的劳动增加资本剥削的对象，通过延长工作日剥夺工人的生活时间，通过
提高劳动强度榨取更多的剩余劳动。

在工厂中，工人变成局部机器的一部分，从使用机器转变为服侍机
器，跟随劳动资料同步运动。现在不再是工人使用劳动条件，而是劳动条
件使用工人。

马克思认为，"正如前面已经指出的那样，生产过程的智力同体力劳
动相分离，智力变成资本支配劳动的权力，是在以机器为基础的大工业中
完成的。变得空虚了的单个机器工人的局部技巧，在科学面前，在巨大的
自然力面前，在社会的群众性劳动面前，作为微不足道的附属品而消失
了；科学、巨大的自然力、社会的群众性劳动都体现在机器体系中，并同
机器体系一道构成'主人'的权力。"①

克扣工资、恶劣的生产环境、工伤事故，所有这一切都是为了节约社
会生产资料和增加剩余价值。

五、工人和机器之间的斗争

在工厂中，机器提高了劳动生产率，排挤了工人，成为工人的竞争
者。资本家和雇佣劳动者之间的对抗，在广泛使用机器以后，发展成为工
人大规模破坏劳动资料的斗争，即反对作为资本主义生产方式的物质基
础。这为资产阶级政府采取最反动的暴力行动提供了借口。工人要区别机
器和机器的资本主义应用，从破坏物质生产资料转向反对物质生产资料的
社会使用形式，这需要时间和经验。

六、关于被机器排挤的工人会得到补偿的理论

詹姆斯·穆勒、麦克库洛赫、托伦斯、西尼耳、约翰·斯图亚特·穆
勒等资产阶级经济学家断言，机器在排挤工人的同时，游离出相应的资
本，如数雇用被排挤的工人。他们认为，被机器排挤的工人会得到补偿。

事实正好相反。资本家在生产过程中使用机器，一方面减少了雇用工
人的数量，减少了可变资本；另一方面增加了购买生产力更高的机器的费
用，增加了不变资本，不能在排挤工人的同时，游离出相应的资本。因
此，资本主义工厂广泛使用机器的结果是将工人抛向街头。被机器排挤的
工人得不到补偿。

马克思认为，"同机器的资本主义应用不可分离的矛盾和对抗是不存

---

① 马克思恩格斯全集：第 23 卷. 中文 1 版. 北京：人民出版社，1972：464.

在的，因为这些矛盾和对抗不是从机器本身产生的，而是从机器的资本主义应用产生的！因为机器就其本身来说缩短劳动时间，而它的资本主义应用延长工作日；因为机器本身减轻劳动，而它的资本主义应用提高劳动强度；因为机器本身是人对自然力的胜利，而它的资本主义应用使人受自然力奴役；因为机器本身增加生产者的财富，而它的资本主义应用使生产者变成需要救济的贫民"①。

从本质上看，排挤工人的不是机器，而是机器的资本主义应用，是追求越来越多的剩余价值的资本主义生产方式。

七、工人随机器生产的发展而被排斥和吸引。棉纺织业的危机

生产过程中使用机器的工厂的劳动生产率，高于工场手工业的劳动生产率，更高于分散的手工业的劳动生产率。在竞争中，工场手工业和分散的手工业处于不利地位，机器生产排挤和代替了大量工人，工场手工业工人或手工业工人的人数减少，使用机器的工厂的工人的人数增加。尽管如此，二者并不互相抵消。

机器生产的发展不仅有排斥工人的一方面，而且有吸引工人的一方面。虽然机器生产排挤和代替了大量工人，但是，随着机器生产的发展，使用机器的工厂不断增加，生产规模不断扩大，最终，工厂工人的人数比被机器生产排挤的工场手工业工人或手工业工人的人数多。

利用机器生产提高了利润率。高利润率又吸引越来越多的社会追加资本投入采用更多、更新的机器的生产部门。更高生产率的机器的使用，进一步提高了生产率。随着机器越来越多的使用，产品大量增加，造成对世界市场的依赖，造成商品充斥市场。这种螺旋式上升总有到达顶点的时候。而当市场收缩时，会出现相反的状况。工业生产规模呈现活跃、繁荣、生产过剩与危机、停滞这四个时期的周期性循环。

在生产繁荣时期，资本家之间争夺棉花，导致出现了棉荒。除了繁荣时期以外，在其他时期，资本家之间争夺市场。资本家为了争夺有限的市场份额（包括国内市场份额和世界市场份额），就要使自己的商品比其他资本家的商品更便宜。为了使自己的商品更便宜，就要强制性地将工资压低到劳动力价值之下。

这种生产的周期性变化的现象在各行各业中都存在，但是，在英国棉纺织业表现得最为明显。在英国棉纺织业的危机时期，生产瘫痪、织机停

---

① 马克思恩格斯全集：第 23 卷. 中文 1 版. 北京：人民出版社，1972：483.

工、小工厂主破产、工人失业、工资降低。

有时机器生产排挤工人，将工人逐出工厂；有时随着工厂生产规模的扩大，不仅把被驱逐的工人吸收进来，而且还吸收新的人员。工人就这样不断被排斥又被吸引，不断变化。

八、大工业所引起的工场手工业、手工业和家庭劳动的革命

（一）以手工业和分工为基础的协作的消灭

由于大工业使用机器生产，生产率提高，消灭了以手工业为基础的协作与以手工业分工为基础的工场手工业。

通常，这种转变过程先经过手工业生产，随后经过工场手工业生产这些短暂的过渡阶段，最后实现工厂生产。

对于钟表生产、钢笔生产等并列、同时生产零配件，然后将零配件集中组装起来的生产过程，要实现这种形态变化特别困难。但是，对于按照时间先后顺序展开的生产过程，这种形态变化则比较容易实现。

即使在马克思之后一百多年的现代化的大工业生产中，最先进的生产过程仍然离不开科学的分工与紧密的协作。以集成电路的生产为例。集成电路的生产，首先，要对单晶硅的晶片进行切割，晶片抛光，制版。其次，涂覆感光剂，掩模照相，显影，冲洗，腐蚀，真空蒸发沉积，扩散。这些工序要多次进行。最后，涂覆保护层，切割，将芯片安装到集成电路的基座上，焊接引线，测试，检验，包装。这些工序是按照时间先后串列顺序进行的。这些生产环节环环相扣、缺一不可。只要有一个环节的生产出现问题，生产过程就无法进行。

（二）工厂制度对于工场手工业和家庭劳动的反作用

采用机器生产的大工业的工厂制度将生产过程分解为不同的组成阶段，用自然科学的方法解决一切阻碍生产力充分发挥作用的问题。

工厂制度是从工场手工业、手工业和家庭劳动发展而来的，现在工厂制度对于工场手工业、手工业和家庭劳动又产生反作用。机器也进入工场手工业的某个局部过程，旧的工场手工业组织逐渐瓦解，并不断发生变化。大工业广泛使用机器生产，工场手工业和手工业如果不愿意被消灭，也逐渐开始使用机器生产。同时，总体工人也发生了变革。同工场手工业时期相反，现在的分工计划把基点放在能够使用妇女劳动、儿童劳动和非熟练工人劳动上。这一情况也适用于家庭工业。现代工场手工业中对妇女、儿童和非熟练工人的剥削，比真正的工厂中更严重，劳动条件更差。

九、工厂法（卫生条款和教育条款）。它在英国的普遍实行

工厂法是从大工业的历史发展进程中产生的。工厂法的卫生条款充满使资本家容易规避的措辞，内容贫乏。其中，关于每个工人应有必要空间的强制规定，动摇了资本主义生产方式的根基，破坏了资本实现自行增殖。因此，工厂法在每个工人起码要有 500 立方呎的空间面前碰壁了。卫生机关、工业调查委员会、工厂视察员都认为，不可能强迫资本接受这一点。工厂法的教育条款也是这样。

尽管如此，马克思仍然认为，"工厂法的制定，是社会对其生产过程自发形式的第一次有意识、有计划的反作用。……是大工业的必然产物。……尽管工厂法的教育条款整个说来是不足道的，但还是把初等教育宣布为劳动的强制性条件。这一条款的成就第一次证明了智育和体育同体力劳动相结合的可能性，从而也证明了体力劳动同智育和体育相结合的可能性。"[1]

对已满一定年龄的儿童，采用生产劳动同智育和体育相结合的教育方式，不仅是提高社会生产力的一种方法，而且是造就均衡地、全面地发展的人的唯一方法。

十、大工业和农业

大工业在农业领域内所起的最革命的作用，是将农民转变为雇佣工人。机器在农业中的使用，造成农业工人"过剩"。陈旧和不合理的经营，被科学在工艺上的应用代替。农业与工场手工业的原始的家庭联系，被资本主义生产方式破坏。

马克思认为，"资本主义生产方式同时为一种新的更高级的综合，即农业和工业在它们对立发展的形式的基础上的联合，创造了物质前提。资本主义生产使它汇集在各大中心的城市人口越来越占优势，这样一来，它一方面聚集着社会的历史动力，另一方面又破坏着人和土地之间的物质变换，也就是使人以衣食形式消费掉的土地的组成部分不能回到土地，从而破坏土地持久肥力的永恒的自然条件。这样，它同时就破坏城市工人的身体健康和农村工人的精神生活。但是资本主义生产在破坏这种物质变换的纯粹自发形成的状况的同时，又强制地把这种物质变换作为调节社会生产的规律，并在一种同人的充分发展相适合的形式上系统地建立起来。在农

---

[1]　马克思恩格斯全集：第 23 卷. 中文 1 版. 北京：人民出版社，1972：527，529.

业中，象在工场手工业中一样，生产过程的资本主义转化同时表现为生产者的殉难历史，劳动资料同时表现为奴役工人、剥削工人和使工人贫困的手段，劳动过程的社会结合同时表现为对工人个人的活力、自由和独立的有组织的压制。农业工人在广大土地上的分散，同时破坏了他们的反抗力量，而城市工人的集中却增强了他们的反抗力量。在现代农业中，也和在城市工业中一样，劳动生产力的提高和劳动量的增大是以劳动力本身的破坏和衰退为代价的。此外，资本主义农业的任何进步，都不仅是掠夺劳动者的技巧的进步，而且是掠夺土地的技巧的进步，在一定时期内提高土地肥力的任何进步，同时也是破坏土地肥力持久源泉的进步。一个国家，例如北美合众国，越是以大工业作为自己发展的起点，这个破坏过程就越迅速。因此，资本主义生产发展了社会生产过程的技术和结合，只是由于它同时破坏了一切财富的源泉——土地和工人。"①

---

①　马克思恩格斯全集：第 23 卷. 中文 1 版. 北京：人民出版社，1972：552 - 553.

第五章　绝对剩余价值和相对剩余价值的生产的数学分析

第一节　绝对剩余价值和相对剩余价值

资本主义生产不仅是商品生产，而且是剩余价值生产。工人不是为自己劳动，而是为资本劳动。工人不仅要生产产品，而且要生产剩余价值。只有为资本家生产剩余价值的工人才是生产工人。

工作日超过只生产劳动力价值的等价物的时间，由资本占有剩余劳动，就是绝对剩余价值生产。在绝对剩余价值生产中，要生产更多剩余价值，只能延长工作日。绝对剩余价值生产构成资本主义生产体系的一般基础，是相对剩余价值生产的起点。在相对剩余价值生产中，要生产更多剩余价值，只能缩短必要劳动时间，也就是提高生活资料生产部门的劳动生产率。相对剩余价值生产使劳动的技术过程与社会组织发生了根本的革命。

资本关系能够利用的已有的劳动生产率，是几十万年人类历史长期发展的成果。除了社会生产的不同发展程度，劳动生产率与自然条件有关。必须满足的需要的数量越少，土壤越肥沃，气候越好，维持和再生产劳动者必需的劳动时间就越少，从而生产者能够为别人提供的剩余劳动就越多。但是，不能认为最肥沃的土壤最适于资本主义生产方式的产生和成长。

马克思认为，"资本主义生产方式以人对自然的支配为前提。过于富饶的自然'使人离不开自然的手，就象小孩子离不开引带一样'。它不能使人自身的发展成为一种自然必然性。资本的祖国不是草木繁茂的热带，而是温带。不是土壤的绝对肥力，而是它的差异性和它的自然产品的多样性，形成社会分工的自然基础，并且通过人所处的自然环境的变化，促使他们自己的需要、能力、劳动资料和劳动方式趋于多样化。……良好的自然条件始终只提供剩余劳动的可能性，从而只提供剩余价值或剩余产品的可能性，而绝不能提供它的现实性。劳动的不同的自然条件使同一劳动量在不同的国家可以满足不同的需要量，因而在其他条件相似的情况下，使得必要劳动时间各不相同。这些自然条件只作为自然界限对剩余劳动发生影响，就是说，它们只确定开始为别人劳动的起点。产业越进步，这一自然界限就越退缩。"①

要进一步提高劳动生产率，就要采用新的技术和生产工艺，就要利用新的科学成果。提高劳动生产率是生产更多剩余价值的主要途径。在考察中，必须区分是一个企业提高劳动生产率，还是全社会提高劳动生产率。如果是一个企业提高劳动生产率，那么，必要劳动时间不变，这个企业的单位产品价值低于这种产品的社会价值，按照社会价值出售，可以获得超额剩余价值。如果全社会的生活资料生产部门提高劳动生产率，那么，单位生活资料的价值降低，必要劳动时间缩短，所有企业都得到相对剩余价值。如果全社会的生产资料生产部门提高劳动生产率，那么，单位生产资料的价值降低，生活资料生产部门的成本降低，单位生活资料的价值也降低，从而必要劳动时间缩短，所有企业同样得到相对剩余价值。但是，全社会的奢侈品生产部门提高劳动生产率，不会降低劳动力价值，从而不会增加生产资料生产部门和生活资料生产部门的剩余价值。

增加剩余价值的另一个途径是提高劳动强度。如果一个企业提高劳动强度，那么，这个企业的雇佣劳动者每时每刻的劳动都能创造更多价值。马克思认为，"劳动力的价格和剩余价值可以同时按照相同的或不同的程度增加"②。如果劳动力价格和剩余价值按照相同的程度增加，那么，剩余价值率不变，只是生产规模增大。因为资本家必须按照劳动强度提高的比例支付等比例提高的工资。如果剩余价值增加的程度超过劳动力价格增加的程度，那么，剩余价值率提高，资本家得到相对剩余价值。

第二节　劳动力价格和剩余价值的量的变化的数学分析

一、劳动力价值、剩余价值与工作日、劳动强度、劳动生产率的关系

马克思认为，"劳动力价值是由平均工人通常必需的生活资料的价值

---

① 马克思恩格斯全集：第 23 卷. 中文 1 版. 北京：人民出版社，1972：561 - 562.
② 马克思恩格斯全集：第 23 卷. 中文 1 版. 北京：人民出版社，1972：573.

决定的。这些生活资料在形式上虽然可能有变化，但是在一定社会的一定时代，它们的量是一定的，所以应该看作是一个不变量。变化的是这个量的价值。"①

这里假定，商品按照其价值出售，劳动力的价格有时高于其价值，但是不低于其价值。

按照这种假定，劳动力价值和剩余价值取决于几种情况：（1）工作日长度，或劳动的外延量；（2）正常的劳动强度，或劳动的内含量；（3）劳动生产率，即等量劳动在同样时间内生产的产品数量；（4）工人需要的生活资料数量。

如果平均工人通常必需的生活资料的数量不变，那么，影响工人必需的生活资料的价值的因素是劳动强度和劳动生产率。

值得注意的是，这里提到的劳动生产率不仅是生产新产品的劳动生产率，而且是生产工人需要的生活资料的劳动生产率。

（一）工作日、劳动强度、劳动生产率、工人需要的生活资料数量对劳动力价值的影响

劳动力价值与工作日的长度无关。工作日的长度必须超过必要劳动时间，劳动力价值相当于工人需要的生活资料价值，在数量上等于必要劳动时间内生产的产品价值。工作日的长度不影响必要劳动时间，也就不影响劳动力价值。

由第四章（4-2）式、（4-4）式，劳动力价值可以表示为

$$v_{ua} = \frac{k_{lua} q_{ua}}{p_{lua}} = k_{lua} l_{ua} \tag{5-1}$$

式中，v_{ua} 为生产出来的工人的生活资料的价值，其数值等于劳动力价值；k_{lua} 为单位劳动创造的价值；q_{ua} 为生产劳动力每天平均需要的商品量（简称工人需要的商品量）；p_{lua} 为生产工人维持生活需要的各种生活资料的劳动生产率的平均值（简称生活资料劳动生产率）；l_{ua} 为生产工人的生活资料耗费的劳动。

由（5-1）式可以看出，劳动力价值 v_{ua} 是工人需要的商品量 q_{ua}、生活资料劳动生产率 p_{lua} 的函数，也是生产工人的生活资料耗费的劳动 l_{ua} 的函数。因为单位劳动创造的价值 k_{lua} 为常数，所以，生产出来的工人的生活资料的价值或劳动力价值 v_{ua} 与工人需要的商品量 q_{ua} 成正比，与生活

---

① 马克思恩格斯全集：第23卷. 中文1版. 北京：人民出版社，1972：567.

资料劳动生产率 p_{lua} 成反比。

（二）工作日、劳动强度、劳动生产率、工人需要的生活资料数量对剩余价值的影响

由第四章（4-4）式、（4-5）式、（4-8）式，剩余价值可以表示为

$$s = k_{vua}(t_d - t_v) = k_{vua}t_d - v_{ua} = k_{vua}t_d - \frac{k_{lua}q_{ua}}{p_{lua}} \qquad (5-2)$$

式中，s 为剩余价值，k_{vua} 为单位劳动时间创造的价值，t_d 为工作日，t_v 为必要劳动时间。

由（5-2）式可以看出，如果劳动强度不变，那么，单位劳动时间创造的价值 k_{vua} 与单位劳动创造的价值 k_{lua} 均为常数，剩余价值 s 为工作日 t_d、工人需要的商品量 q_{ua}、生活资料劳动生产率 p_{lua} 的函数。在工人需要的商品量 q_{ua} 确定的条件下，剩余价值 s 为工作日 t_d、生活资料劳动生产率 p_{lua} 的函数。

剩余价值 s 与工作日 t_d 成正比，与劳动力价值 v_{ua}、工人需要的商品量 q_{ua} 成反比。此外，剩余价值 s 的变化方向与生活资料劳动生产率 p_{lua} 的变化方向相同，成正比，而不是成正比例，因为剩余价值 s 是生活资料劳动生产率 p_{lua} 的单调递增的倒数函数或双曲函数。

如果劳动强度提高，那么，在同样的劳动时间内，耗费的劳动增加，生产的产品数量增加，单个产品的价值不变，总产品的价值提高。因为劳动时间延长增加了劳动量的外延，劳动强度提高增加了劳动量的内涵，无论劳动量的外延还是内涵增加，产品的价值都增加。如果在一段时间内全社会劳动强度都提高（不是永远提高，从而成为新的正常劳动强度），那么，工人需要的生活资料数量都增加，工人需要的生活资料数量增加的比例与劳动强度提高的比例相同，必要劳动时间和剩余劳动时间都不变，剩余价值增加，剩余价值增加的比例与劳动强度提高的比例相同。（5-2）式中的单位劳动时间创造的价值 k_{vua} 增加，不再是一个常数，单位劳动时间创造的价值增加的比例与劳动强度提高的比例相同。

如果第二章中的劳动开始时刻 $t_1 = 0$，劳动结束时刻 $t_2 = t_d$，活劳动 l_a 变为一个工作日耗费的活劳动 l_{ad}，劳动时间内的劳动强度 i_{laf} 变为劳动强度为 i_l，那么，第二章（2-10）式可以表示为

$$l_{ad} = i_l t_d \qquad (5-3)$$

由（5-3）式可以看出，如果工作日 t_d 不变，劳动强度 i_l 变化，那么，一个工作日耗费的活劳动 l_{ad} 与劳动强度 i_l 成正比。

由第四章（4-3）式、（4-5）式，可以得到

$$k_{vua}t_v = k_{lua}l_{ua} \qquad (5-4)$$

如果必要劳动时间 t_v 变为工作日 t_d，生产工人的生活资料耗费的劳动 l_{ua} 变为一个工作日耗费的活劳动 l_{ad}，那么，（5-4）式可以表示为

$$k_{vua} = \frac{k_{lua}l_{ad}}{t_d} \qquad (5-5)$$

式中，l_{ad} 为一个工作日耗费的活劳动。

由（5-5）式可以看出，如果工作日 t_d 不变，劳动强度 i_l 变化，那么，单位劳动时间创造的价值 k_{vua} 与一个工作日耗费的活劳动 l_{ad} 成正比，不再是一个常数。

由（5-2）式、（5-3）式、（5-5）式，可以得到

$$s = k_{vua}t_d - v_{ua} = k_{vua}t_d - \frac{k_{lua}q_{ua}}{p_{lua}}$$

$$= k_{lua}l_{ad} - \frac{k_{lua}q_{ua}}{p_{lua}} = k_{lua}\left(i_l t_d - \frac{q_{ua}}{p_{lua}}\right) \qquad (5-6)$$

由（5-6）式可以看出，如果工作日 t_d、工人需要的商品量 q_{ua}、生活资料劳动生产率 p_{lua} 不变，劳动强度 i_l 变化，那么，剩余价值 s 为劳动强度 i_l 的单调递增的线性函数。其中，单位劳动创造的价值 k_{lua} 为常数。

因此，劳动力价值和剩余价值取决于工作日、劳动强度、劳动生产率、工人需要的生活资料数量这四个因素。

如果工人需要的生活资料数量确定，那么，劳动力价值和剩余价值取决于上述前三个因素，即取决于工作日、劳动强度、劳动生产率这三个因素。

工作日、劳动强度、劳动生产率这三个因素可以产生多种组合：可以是其中一个因素不变，其余两个因素变化；或者其中两个因素不变，一个因素变化；也可以是三个因素同时变化。

下面分别考察工作日、劳动强度、劳动生产率这三个因素中，两个因素不变、一个因素变化对劳动力的价值和剩余价值的影响，以及三个因素同时变化对劳动力的价值和剩余价值的影响。

二、工作日的长度和劳动强度不变（已定），劳动生产力可变

无论劳动生产率如何变化，在一定长度的工作日内，正常强度或中等

强度的活劳动创造的新价值总是相同的。随着劳动生产率提高，劳动力价值减少，剩余价值增加。劳动力价值与剩余价值变化的方向相反。剩余价值的增加是劳动力价值的减少的结果，而不是原因。

这里提到的劳动生产率提高，是指工人需要的生活资料生产部门的劳动生产率提高和生产资料生产部门的劳动生产率提高，而不是指奢侈品生产部门的劳动生产率提高。工人需要的生活资料生产部门的劳动生产率提高，直接降低了单个生活资料的价值，从而直接降低了劳动力价值，增加了剩余价值。生产资料生产部门的劳动生产率提高，单个生产资料的价值降低，加入工人需要的生活资料的价值降低，间接降低了单个生活资料的价值，从而间接降低了劳动力价值，增加了剩余价值。

马克思认为，"只有在有关的产业部门的产品加入工人的日常消费的情况下，劳动生产率的变化才能引起劳动力价值量的变化，从而引起剩余价值量的变化。"[①]

考虑到奢侈品不进入或极少进入工人的日常消费，因此，生产奢侈品的劳动生产率提高，基本上不会影响劳动力价值，从而基本上不会影响剩余价值。对资本主义生产关系进行最基本的考察时，通常假设奢侈品不进入工人的日常消费。在这种条件下，奢侈品生产部门的劳动生产率提高，既不影响劳动力价值，也不影响剩余价值。当然，这里没有考虑社会资本再生产平衡关系。

（一）劳动力价值与劳动生产率的关系的数例

如果工作日的长度、劳动强度、工人需要的生活资料数量确定，劳动生产力变化，那么，劳动力价值与劳动生产率的关系由（5-1）式决定。

如果单位劳动创造的价值 $k_{lua}=1$，生产劳动力每天平均需要的商品量 $q_{ua}=6$，工人的生活资料的劳动生产率 $p_{lua}=1$，1.25，1.5，…，6，那么，劳动力价值 v_{ua} 与生活资料劳动生产率 p_{lua} 的关系，由（5-1）式或第四章的（4-4）式决定，其结果已经在第四章的表4-1和图4-1中表示，不再赘述。

（二）剩余价值与劳动生产率的关系的数例

如果工作日的长度、劳动强度、工人需要的生活资料数量确定，劳动生产率变化，那么，剩余价值与劳动生产率的关系由（5-2）式决定。

如果单位劳动时间创造的价值 $k_{vua}=1$，工作日 $t_d=12$ 小时，单位劳动创造的价值 $k_{lua}=1$，工人需要的商品量 $q_{ua}=6$，生活资料劳动生产率

---

①　马克思恩格斯全集：第23卷. 中文1版. 北京：人民出版社，1972：573.

$p_{lwa}=1$，1.25，1.5，…，6，那么，由（5-2）式，剩余价值 s 与生活资料劳动生产率 p_{lwa} 的关系，可以用表5-1表示。

表5-1　　　　剩余价值 s 与生活资料劳动生产率 p_{lwa} 的关系

生活资料劳动生产率 p_{lwa}	剩余价值 s	生活资料劳动生产率 p_{lwa}	剩余价值 s
1.00	6.000 000 00	3.75	10.400 000 00
1.25	7.200 000 00	4.00	10.500 000 00
1.50	8.000 000 00	4.25	10.588 235 29
1.75	8.571 428 57	4.50	10.666 666 67
2.00	9.000 000 00	4.75	10.736 842 11
2.25	9.333 333 33	5.00	10.800 000 00
2.50	9.600 000 00	5.25	10.857 142 86
2.75	9.818 181 82	5.50	10.909 090 91
3.00	10.000 000 00	5.75	10.956 521 74
3.25	10.153 846 15	6.00	11.000 000 00
3.50	10.285 714 29		

表5-1表示的剩余价值 s 与生活资料劳动生产率 p_{lwa} 的关系，可以用图5-1表示。

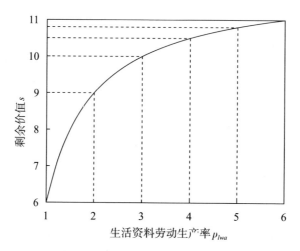

图5-1　剩余价值 s 与生活资料劳动生产率 p_{lwa} 的关系

由图5-1可以看出，剩余价值 s 为生活资料劳动生产率 p_{lwa} 的单调递增的倒数函数或双曲函数。当生活资料劳动生产率 p_{lua} 分别为 1，2，3，4，5，6 时，剩余价值 s 分别为 6，9，10，10.5，10.8，11。可见，在工人需要的商品量和工作日确定的条件下，生活资料劳动生产率越高，劳动力价值越低，必要劳动时间越短，剩余劳动时间越长，剩余价值越多。剩余价值与生活资料劳动生产率成正比（不是成正比例）。

值得注意的是，不是所有部门的劳动生产率提高都可以增加剩余价值。在工作日确定的条件下，奢侈品生产部门的劳动生产率提高，只能增加生产的奢侈品的数量，不能改变生产的奢侈品的价值，不能改变社会总产品的价值，不能降低工人需要的生活资料的价值，不能降低劳动力价值，从而既不能增加奢侈品生产部门的剩余价值，也不能增加其他生产部门的剩余价值。

同样值得注意的是，通过提高生活资料劳动生产率增加剩余价值的生产方式，是相对剩余价值生产。

三、工作日和劳动生产力不变，劳动强度可变

（一）个别企业的劳动强度变化与大多数企业的劳动强度变化，对劳动力价值与剩余价值的不同影响

在一个工作日内，劳动强度提高与劳动生产率提高都可以生产更多数量的产品。不同之处在于，在同样的时间内，如果个别企业的劳动生产率提高，那么，这个企业的产品数量增加，这个企业的单个产品的个别价值降低，低于这种产品的社会价值，若按照社会价值出售，则可以得到超额剩余价值。一个企业的单个产品的个别价值降低，不影响单个这种产品的价值，不影响劳动力价值。一种产品的价值不是由个别企业耗费的劳动和生产率决定的，而是由全社会生产这种产品耗费的劳动决定的。如果生产同类产品的大多数企业的劳动生产率提高，工作日不变，那么，全社会生产的这种产品的数量增加，这种产品的总价值不变，单个产品的价值降低，只要这种产品不是奢侈品，劳动力价值就会降低，所有企业都得到相对剩余价值，也就是所有企业的剩余价值都增加。

如果个别企业的劳动强度提高，那么，这个企业生产的产品数量增加，产品的价值提高，单个产品的价值不变，剩余价值增加。因为劳动时间延长增加劳动量的外延，劳动强度提高增加劳动量的内涵，无论劳动量的外延增加还是内涵增加，产品的价值都增加。如果工人需要的生活资料数量、工作日、劳动生产率不变，那么，劳动力价值不变，产品价值和剩余价值都增加，剩余价值率提高，这种增加剩余价值的方式是绝对剩余价

值生产。如果工作日、劳动生产率不变，工人需要的生活资料数量与劳动强度等比例提高，那么，劳动力价值提高，产品价值和剩余价值都增加，剩余价值率不变。这种增加剩余价值的方式是外延扩大再生产。如果生产一种产品的大多数企业的劳动强度普遍提高，总劳动时间不变，那么，提高之后的劳动强度就成为社会的正常劳动强度，这种产品的总价值不变，单个产品价值降低。只要这种产品不是奢侈品，劳动力价值就会降低，剩余价值就会增加。即使没有提高劳动强度的企业的剩余价值也会增加。这种增加剩余价值的方式是相对剩余价值生产。当然，提高劳动强度的企业的剩余价值增加得更多。因为提高劳动强度的企业不仅增加相对剩余价值，而且增加绝对剩余价值。

（二）剩余价值与个别企业的劳动强度的关系的数例

如果工作日的长度、劳动生产率、工人需要的生活资料数量确定，个别企业的劳动强度变化，那么，剩余价值与一个企业的劳动强度的关系，由（5-6）式决定。

由（5-6）式可以看出，如果工作日 t_d、工人需要的商品量 q_{ua}、生活资料劳动生产率 p_{lua} 不变，劳动强度 i_l 变化，那么，剩余价值 s 为劳动强度 i_l 的单调递增的线性函数。其中，单位劳动创造的价值 k_{lua} 为常数。

如果单位劳动创造的价值 $k_{lua}=1$，工作日 $t_d=12$ 小时，工人需要的商品量 $q_{ua}=6$，生活资料劳动生产率 $p_{lua}=1$，劳动强度 $i_l=1$，1.025，1.05，…，1.5，那么，由（5-6）式，剩余价值 s 与劳动强度 i_l 的关系可以用表5-2表示。

表5-2　　　　　　　　**剩余价值 s 与劳动强度 i_l 的关系**

劳动强度 i_l	剩余价值 s	劳动强度 i_l	剩余价值 s
1.000	6.0	1.275	9.3
1.025	6.3	1.300	9.6
1.050	6.6	1.325	9.9
1.075	6.9	1.350	10.2
1.100	7.2	1.375	10.5
1.125	7.5	1.400	10.8
1.150	7.8	1.425	11.1
1.175	8.1	1.450	11.4

续表

劳动强度 i_l	剩余价值 s	劳动强度 i_l	剩余价值 s
1.200	8.4	1.475	11.7
1.225	8.7	1.500	12.0
1.250	9.0		

　　表 5-2 表示的剩余价值 s 与劳动强度 i_l 的关系，可以用图 5-2 表示。

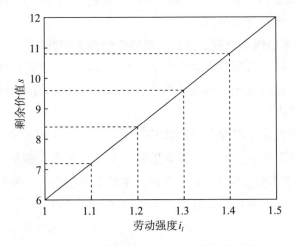

图 5-2　剩余价值 s 与劳动强度 i_l 的关系

　　由图 5-2 可以看出，剩余价值 s 为劳动强度 i_l 的单调递增的线性函数。当劳动强度 i_l 分别为 1，1.1，1.2，1.3，1.4，1.5 时，剩余价值 s 分别为 6，7.2，8.4，9.6，10.8，12。可见，在工人需要的商品量和工作日确定的条件下，劳动强度越高，生产过程中耗费的劳动越多，生产的产品数量越多，产品的价值越高，剩余价值越多。剩余价值与劳动强度成正比。

　　值得注意的是，这里的劳动强度 i_l 是一个企业的劳动强度，而不是大多数企业的劳动强度。在一个企业的劳动强度提高的过程中，单个产品的价值不变，从而劳动力价值不变。如果大多数企业的劳动强度都提高，这种劳动强度成为一个社会正常的劳动强度，那么，产品的总价值不变，单个产品的价值降低，从而劳动力价值降低，将产生相对剩余价值。

　　同样值得注意的是，一个企业通过提高本企业的劳动强度增加剩余价值的生产方式，是绝对剩余价值生产。

将表5-2与表5-1对比，或将图5-2与图5-1对比，可以看出，一个企业的劳动强度提高与生活资料劳动生产率提高都可以增加这个企业的剩余价值，但对剩余价值的影响不同。

四、劳动生产力和劳动强度不变，工作日可变

（一）工作日变化对劳动力价值和剩余价值的影响

工作日缩短或延长，不改变单个产品的价值，不改变工人需要的生活资料数量和价值，从而不改变劳动力价值。

在劳动生产率和劳动强度不变的条件下，虽然工作日缩短不改变劳动力价值，从而不改变必要劳动时间，但是，会减少剩余劳动和剩余价值。如果没有工人阶级的斗争，那么，资本家不会主动缩短工作日。除非劳动生产率的提高和劳动强度的提高能够弥补工作日缩短对剩余价值的影响。

在劳动生产率和劳动强度不变的条件下，通常资本家会延长工作日而不是缩短工作日。

（二）剩余价值与工作日的关系的数例

如果劳动生产率、劳动强度、工人需要的生活资料数量确定，工作日的长度变化，那么，剩余价值与工作日的关系，由（5-2）式或（5-6）式决定。

在单位劳动时间创造的价值 k_{vua} 已知、劳动强度 i_l 未知的条件下，剩余价值与工作日的关系，由（5-2）式决定。

在劳动强度 i_l 已知、单位劳动时间创造的价值 k_{vua} 未知的条件下，剩余价值与工作日的关系，由（5-6）式决定。

如果单位劳动创造的价值 $k_{lua}=1$，劳动强度 $i_l=1$，工人需要的商品量 $q_{ua}=6$，生活资料劳动生产率 $p_{lua}=1$，工作日 $t_d=12$，12.25，12.5，…，17（小时），那么，由（5-6）式，剩余价值 s 与工作日 t_d 的关系，可以用表5-3表示。

表 5-3   剩余价值 s 与工作日 t_d 的关系

工作日 t_d（小时）	剩余价值 s	工作日 t_d（小时）	剩余价值 s
12.00	6.000 000 00	14.75	8.750 000 00
12.25	6.250 000 00	15.00	9.000 000 00
12.50	6.500 000 00	15.25	9.250 000 00

续表

工作日 t_d（小时）	剩余价值 s	工作日 t_d（小时）	剩余价值 s
12.75	6.750 000 00	15.50	9.500 000 00
13.00	7.000 000 00	15.75	9.750 000 00
13.25	7.250 000 00	16.00	10.000 000 00
13.50	7.500 000 00	16.25	10.250 000 00
13.75	7.750 000 00	16.50	10.500 000 00
14.00	8.000 000 00	16.75	10.750 000 00
14.25	8.250 000 00	17.00	11.000 000 00
14.50	8.500 000 00		

表 5-3 表示的剩余价值 s 与工作日 t_d 的关系，可以用图 5-3 表示。

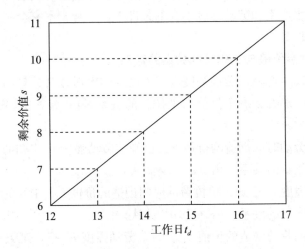

图 5-3 剩余价值 s 与工作日 t_d 的关系

由图 5-3 可以看出，剩余价值 s 为工作日 t_d 的单调递增的线性函数。当工作日 t_d 分别为 12，13，14，15，16，17（小时）时，剩余价值 s 分别为 6，7，8，9，10，11。可见，在工人需要的商品量和劳动强度确定的条件下，工作日越长，生产过程中耗费的劳动越多，生产的产品数量越多，产品的价值越高，剩余价值越多。剩余价值与工作日成正比。

值得注意的是，如果奢侈品生产部门的工作日延长，那么，奢侈品生产部门的剩余价值增加，劳动力价值不变。虽然不改变劳动力价值，但是，生产资料生产部门和生活资料生产部门的剩余价值也会增加。这是因为，奢侈品生产部门要用奢侈品交换生产资料和用于雇用工人的生活资料，生产资料生产部门和生活资料生产部门的剩余价值必须增加。这属于社会资本再生产问题，这里不进行详细的考察。

同样值得注意的是，通过延长劳动时间增加剩余价值的生产方式，与通过提高劳动强度增加剩余价值的生产方式一样，都增加活劳动数量，都是绝对剩余价值生产。只不过前者增加劳动量的外延，后者增加劳动量的内涵。

五、劳动的持续时间、劳动生产力和劳动强度同时变化，对劳动力价值和剩余价值的影响

在前面的考察中已经说明，如果工作日、劳动强度、劳动生产率同时变化，那么，劳动力价值与这三个变量的关系是上述三种情况的组合，同理，剩余价值与这三个变量的关系也是上述三种情况的组合。

不仅如此，还必须明确考察的对象是什么，是考察个别企业的工作日、劳动强度、劳动生产率变化，还是考察大多数企业的工作日、劳动强度、劳动生产率变化。考察的对象不同，这三个变量对劳动力价值的影响不同，对剩余价值的影响也不同。

考察这三个变量对劳动力价值的影响的目的，仍然是考察其对剩余价值的影响。

如果工作日、劳动强度、劳动生产率这三个因素中的一个因素不变、两个因素变化，或者三个因素都变化，那么，不同因素引起的剩余价值变化的方向可能相反，对剩余价值的影响部分地或全部地互相抵消，也可能变化的方向相同，对剩余价值的影响因叠加而加强。绝对剩余价值与相对剩余价值的生产可能同时存在。

下面通过数例说明两个因素变化对剩余价值的影响。

（一）劳动强度不变，生活资料劳动生产率提高，同时工作日延长

如果工人需要的生活资料数量、劳动强度确定，劳动生产率提高，工作日延长，那么，剩余价值与劳动生产率、工作日的关系，可以由（5-6）式决定。

如果单位劳动创造的价值 $k_{lua}=1$，劳动强度 $i_l=1$，工人需要的商品量 $q_{ua}=6$，工作日 $t_d=12$，14，16，18（小时），生活资料劳动生产率 $p_{lua}=1$，1.25，1.5，…，6，那么，由（5-6）式，剩余价值 s 与生活资料劳动生产率 p_{lua}、工作日 t_d 的关系，可以用表 5-4 表示。

表 5-4　　剩余价值 s 与生活资料劳动生产率 p_{lwa}、工作日 t_d 的关系

生活资料 劳动生产率 p_{lwa}	剩余价值 s			
	$t_d = 12$	$t_d = 14$	$t_d = 16$	$t_d = 18$
1.00	6.000 0	8.000 0	10.000 0	12.000 0
1.25	7.200 0	9.200 0	11.200 0	13.200 0
1.50	8.000 0	10.000 0	12.000 0	14.000 0
1.75	8.571 4	10.571 4	12.571 4	14.571 4
2.00	9.000 0	11.000 0	13.000 0	15.000 0
2.25	9.333 3	11.333 3	13.333 3	15.333 3
2.50	9.600 0	11.600 0	13.600 0	15.600 0
2.75	9.818 2	11.818 2	13.818 2	15.818 2
3.00	10.000 0	12.000 0	14.000 0	16.000 0
3.25	10.153 8	12.153 8	14.153 8	16.153 8
3.50	10.285 7	12.285 7	14.285 7	16.285 7
3.75	10.400 0	12.400 0	14.400 0	16.400 0
4.00	10.500 0	12.500 0	14.500 0	16.500 0
4.25	10.588 2	12.588 2	14.588 2	16.588 2
4.50	10.666 7	12.666 7	14.666 7	16.666 7
4.75	10.736 8	12.736 8	14.736 8	16.736 8
5.00	10.800 0	12.800 0	14.800 0	16.800 0
5.25	10.857 1	12.857 1	14.857 1	16.857 1
5.50	10.909 1	12.909 1	14.909 1	16.909 1
5.75	10.956 5	12.956 5	14.956 5	16.956 5
6.00	11.000 0	13.000 0	15.000 0	17.000 0

　　表 5-4 表示的剩余价值 s 与生活资料劳动生产率 p_{lwa}、工作日 t_d 的关系，可以用图 5-4 表示。

　　在图 5-4 中，从下至上四条曲线分别表示工作日 $t_d = 12$，14，16，18（小时）的条件下，剩余价值 s 与生活资料劳动生产率 p_{lwa} 的关系。

　　由图 5-4 可以看出，工作日 t_d 分别为 12，14，16，18（小时），剩余价值 s 均为生活资料劳动生产率 p_{lwa} 的单调递增的倒数函数或双曲函

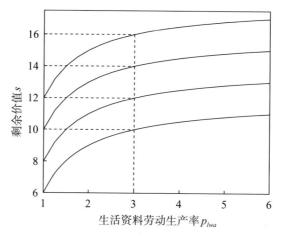

图 5 - 4　剩余价值 s 与生活资料劳动生产率 p_{lwa}、工作日 t_d 的关系

数。如果生活资料劳动生产率 $p_{lwa}=3$，那么，剩余价值 s 分别为 10，12，14，16。可见，在工人需要的生活资料数量和劳动强度确定的条件下，生活资料劳动生产率越高，剩余价值越多；工作日越长，剩余价值越多。

值得注意的是，通过提高生活资料劳动生产率增加剩余价值的生产方式，是相对剩余价值生产；通过延长工作日增加剩余价值的生产方式，是绝对剩余价值生产。在本例中，存在两种不同的剩余价值生产方式。

（二）工作日不变，劳动强度提高，同时生活资料劳动生产率提高

如果工人需要的生活资料数量、工作日确定，劳动强度提高，同时劳动生产率提高，那么，剩余价值与劳动强度、劳动生产率的关系，可以由（5 - 6）式决定。

如果单位劳动创造的价值 $k_{lwa}=1$，工作日 $t_d=12$ 小时，劳动强度 $i_l=1$，1.1，1.2，1.3，工人需要的商品量 $q_{wa}=6$，生活资料劳动生产率 $p_{lwa}=1$，1.25，1.5，…，6，那么，由（5 - 6）式，剩余价值 s 与劳动强度 i_l、生活资料劳动生产率 p_{lwa} 的关系，可以用表 5 - 5 表示。

表 5 - 5　剩余价值 s 与劳动强度 i_l、生活资料劳动生产率 p_{lwa} 的关系

生活资料 劳动生产率 p_{lwa}	剩余价值 s			
	$i_l=1$	$i_l=1.1$	$i_l=1.2$	$i_l=1.3$
1.00	6.000 0	7.200 0	8.400 0	9.600 0
1.25	7.200 0	8.400 0	9.600 0	10.800 0

续表

生活资料 劳动生产率 p_{lua}	剩余价值 s			
	$i_l = 1$	$i_l = 1.1$	$i_l = 1.2$	$i_l = 1.3$
1.50	8.000 0	9.200 0	10.400 0	11.600 0
1.75	8.571 4	9.771 4	10.971 4	12.171 4
2.00	9.000 0	10.200 0	11.400 0	12.600 0
2.25	9.333 3	10.533 3	11.733 3	12.933 3
2.50	9.600 0	10.800 0	12.000 0	13.200 0
2.75	9.818 2	11.018 2	12.218 2	13.418 2
3.00	10.000 0	11.200 0	12.400 0	13.600 0
3.25	10.153 8	11.353 8	12.553 8	13.753 8
3.50	10.285 7	11.485 7	12.685 7	13.885 7
3.75	10.400 0	11.600 0	12.800 0	14.000 0
4.00	10.500 0	11.700 0	12.900 0	14.100 0
4.25	10.588 2	11.788 2	12.988 2	14.188 2
4.50	10.666 7	11.866 7	13.066 7	14.266 7
4.75	10.736 8	11.936 8	13.136 8	14.336 8
5.00	10.800 0	12.000 0	13.200 0	14.400 0
5.25	10.857 1	12.057 1	13.257 1	14.457 1
5.50	10.909 1	12.109 1	13.309 1	14.509 1
5.75	10.956 5	12.156 5	13.356 5	14.556 5
6.00	11.000 0	12.200 0	13.400 0	14.600 0

　　表5-5表示的剩余价值s与劳动强度i_l、生活资料劳动生产率p_{lua}的关系，可以用图5-5表示。

　　在图5-5中，从下至上四条曲线分别表示劳动强度$i_l = 1$，1.1，1.2，1.3的条件下，剩余价值s与生活资料劳动生产率p_{lua}的关系。

　　由图5-5可以看出，当劳动强度i_l分别为1，1.1，1.2，1.3时，剩余价值s均为生活资料劳动生产率p_{lua}的单调递增的倒数函数或双曲函数。如果生活资料劳动生产率$p_{lua} = 3$，那么，剩余价值s分别为10，11.2，12.4，13.6。可见，在工人需要的生活资料数量和工作日确定的条件下，生活资料劳动生产率越高，剩余价值越多；劳动强度越高，剩余价值越多。

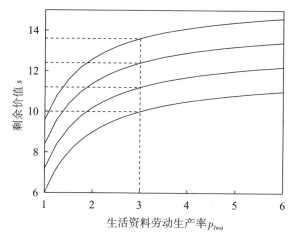

图 5-5　剩余价值 s 与劳动强度 i_l、生活资料劳动生产率 p_{lwa} 的关系

值得注意的是，通过提高生活资料劳动生产率增加剩余价值的生产方式，是相对剩余价值生产；通过提高劳动强度增加剩余价值的生产方式，是绝对剩余价值生产。在本例中，存在两种不同的剩余价值生产方式。

（三）生活资料劳动生产率不变，劳动强度提高，同时工作日缩短

如果工人需要的生活资料数量、生活资料劳动生产率确定，劳动强度提高，工作日缩短，那么，剩余价值与劳动强度、工作日的关系，可以由（5-6）式决定。

如果单位劳动创造的价值 $k_{lwa}=1$，生活资料劳动生产率 $p_{lwa}=1$，工人需要的商品量 $q_{wa}=6$，工作日 $t_d=14$，12，10，8（小时），劳动强度 $i_l=1$，1.25，1.5，…，6，那么，由（5-6）式，剩余价值 s 与劳动强度 i_l、工作日 t_d 的关系，可以用表 5-6 表示。

表 5-6　　　剩余价值 s 与劳动强度 i_l、工作日 t_d 的关系

劳动强度 i_l	剩余价值 s			
	$t_d=14$	$t_d=12$	$t_d=10$	$t_d=8$
1.00	8.0	6	4.0	2
1.25	11.5	9	6.5	4
1.50	15.0	12	9.0	6
1.75	18.5	15	11.5	8
2.00	22.0	18	14.0	10

续表

劳动强度 i_l	剩余价值 s			
	$t_d = 14$	$t_d = 12$	$t_d = 10$	$t_d = 8$
2.25	25.5	21	16.5	12
2.50	29.0	24	19.0	14
2.75	32.5	27	21.5	16
3.00	36.0	30	24.0	18
3.25	39.5	33	26.5	20
3.50	43.0	36	29.0	22
3.75	46.5	39	31.5	24
4.00	50.0	42	34.0	26
4.25	53.5	45	36.5	28
4.50	57.0	48	39.0	30
4.75	60.5	51	41.5	32
5.00	64.0	54	44.0	34
5.25	67.5	57	46.5	36
5.50	71.0	60	49.0	38
5.75	74.5	63	51.5	40
6.00	78.0	66	54.0	42

　　表 5-6 表示的剩余价值 s 与劳动强度 i_l、工作日 t_d 的关系，可以用图 5-6 表示。

　　在图 5-6 中，从上至下四条射线分别表示工作日 $t_d = 14$，12，10，8（小时）的条件下，剩余价值 s 与劳动强度 i_l 的关系。这四条射线均为过 $\left(0, \dfrac{q_{wa}}{p_{lwa}t_d}\right)$ 点的射线。

　　由表 5-6 和图 5-6 可以看出，当工作日 t_d 分别为 14，12，10，8（小时）时，剩余价值 s 均为劳动强度 i_l 的单调递增的线性函数。如果劳动强度 $i_l = 4$，那么，剩余价值 s 分别为 50，42，34，26。可见，在工人需要的生活资料数量和生活资料劳动生产率确定的条件下，劳动强度越高，剩余价值越多；工作日越短，剩余价值越少。

　　由表 5-6 和图 5-6 还可以看出，当工作日 t_d 从 14 小时缩短到 8 小

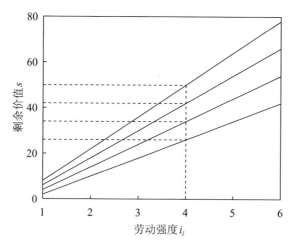

图 5-6　剩余价值 s 与劳动强度 i_l、工作日 t_d 的关系

时时，劳动强度 i_l 从 1 提高到 1.75，剩余价值 s 均为 8；当工作日 t_d 从 14 小时缩短到 8 小时时，劳动强度 i_l 从 2 提高到 3.5，剩余价值 s 均为 22；当工作日 t_d 从 14 小时缩短到 8 小时时，劳动强度 i_l 从 3 提高到 5.25，剩余价值 s 均为 36；当工作日 t_d 从 12 小时缩短到 8 小时时，劳动强度 i_l 从 1 提高到 1.5，剩余价值 s 均为 6；当工作日 t_d 从 12 小时缩短到 8 小时时，劳动强度 i_l 从 2 提高到 3，剩余价值 s 均为 18；当工作日 t_d 从 12 小时缩短到 8 小时时，劳动强度 i_l 从 3 提高到 4.5，剩余价值 s 均为 30；当工作日 t_d 从 12 小时缩短到 8 小时时，劳动强度 i_l 从 4 提高到 6，剩余价值 s 均为 42。

这就是说，在工作日 t_d 从 14 小时缩短到 8 小时的条件下，只要劳动强度 i_l 从 1 提高到 1.75 以上，即劳动强度提高超过 75%，那么，剩余价值就增加，而不是减少；同理，只要劳动强度 i_l 从 2 提高到 3.5 以上，劳动强度 i_l 从 3 提高到 5.25 以上，剩余价值都会增加。在工作日 t_d 从 12 小时缩短到 8 小时的条件下，只要劳动强度 i_l 从 1 提高到 1.5 以上，即劳动强度提高超过 50%，那么，剩余价值就增加，而不是减少；同理，只要劳动强度 i_l 从 2 提高到 3 以上，劳动强度 i_l 从 3 提高到 4.5 以上，劳动强度 i_l 从 4 提高到 6 以上，剩余价值都增加。

更一般地，剩余价值增加的条件可以用代数方式表示。在（5-6）式中，劳动强度 i_l 与工作日 t_d 为乘积形式。只要劳动强度 i_l 提高的比例超过工作日 t_d 缩短的比例，剩余价值就增加。

剩余价值增加的条件也可以用几何方式表示。在图 5-5 中作一条相交于这几条射线的水平虚线，从一个左边的交点到一个右边的交点，既表示工作日 t_d 缩短，也表示劳动强度 i_l 提高，右边的交点以上射线上的任何一点都表示工作日缩短之后的劳动强度和剩余价值。具体地说，交点以上射线上的任何一点的横坐标都表示工作日缩短之后的劳动强度，纵坐标都表示工作日缩短之后的剩余价值。

如果工人阶级通过斗争能够实现 8 小时工作制，那么，仍然有足够高的剩余价值或剥削率，并且剥削率仍然在提高。从马克思生活的时代到现在，工作日大约缩短了一半，但是，劳动强度的提高远远超过一倍。现在的劳动强度提高，不是体现为单位劳动时间耗费的体力增加，而是体现为耗费的脑力增加。现代工业的劳动，不是高强度体力劳动，而是高强度脑力劳动。

统计资料证明，与过去的劳动相比，现在的劳动耗费的体力减少，耗费的脑力增加，总劳动强度是提高了，而不是降低了。

值得注意的是，提高劳动强度和缩短工作日都属于绝对剩余价值生产，二者对剩余价值的影响有互相抵消的作用。资本家缩短工作日，必须以提高劳动强度或提高劳动生产率为前提，也就是以增加剩余价值或提高剩余价值率为前提。统计资料证明，从马克思生活的时代到现在一百多年的时间内，剩余价值率或剥削率不是降低了，而是提高了。

无论工作日、劳动强度或劳动生产率如何变化，资本家必然不断增加剩余价值，不断提高剩余价值率。这是一个不变的规律。资本家对剩余价值的追求是无限的，而通过提高劳动强度或延长工作日的方式生产的绝对剩余价值是有限的，通过提高劳动生产率的方式生产的相对剩余价值是无限的。因此，相对剩余价值生产越来越成为资本家生产剩余价值的主要方式。在资本主义制度下，将工作日缩短到必要劳动时间是不可能的。只有用新的生产方式代替资本主义生产方式，才能将工人的全部劳动限制在必要劳动上。

马克思提出了共产主义的新的生产方式应该具备的基本特征。他认为，"只有消灭资本主义生产形式，才允许把工作日限制在必要劳动上。但是，在其他条件不变的情况下，必要劳动将会扩大自己的范围。一方面，是因为工人的生活条件日益丰富，他们的生活需求日益增长。另一方面，是因为现在的剩余劳动的一部分将会列入必要劳动，即形成社会准备基金和社会积累基金所必要的劳动。……在劳动强度和劳动生产力已定的情况下，劳动在一切有劳动能力的社会成员之间分配得越平均，一个社会阶层把劳动的自然必然性从自身上解脱下来并转嫁给另一个社会阶层的可能性越小，社会工作日中必须用于物质生产的部分就越小，从而个人从事自由活动，脑力活动和社会活动的时间部分就越大。从这一方面来说，工作日的缩短的绝对界限就是劳动的普遍化。在资本主义社会里，一个阶级享有自由时间，是由于群众的全部生活时间都转化为劳动时间了。"[①]

第三节 剩余价值率的各种公式的数学分析

一、剩余价值率的公式

资本家对工人的剥削程度用剩余价值率表示。即

$$\frac{剩余价值}{可变资本}\left(\frac{m}{v}\right)=\frac{剩余价值}{劳动力价值}=\frac{剩余劳动}{必要劳动} \tag{5-7}$$

这个公式可以用数学符号表示。由第三章（3-26）式和第四章（4-6）式，剩余价值率可以表示为

$$e=\frac{s}{v}=\frac{s}{v_{ua}}=\frac{l_s}{l_v}=\frac{t_s}{t_v} \tag{5-8}$$

式中，e 为剩余价值率，s 为剩余价值，v 为可变资本，v_{ua} 为工人的生活资料的价值或劳动力价值，l_s 为剩余劳动，l_v 为必要劳动，t_s 为剩余劳动时间，t_v 为必要劳动时间。

值得指出的是，可变资本是总资本中用于购买劳动力的部分，其形式为货币资本。劳动力价值是工人将自己的劳动能力作为商品出售时的价值，也就是工人需要的生活资料价值。虽然可变资本 v 与劳动力价值 v_{ua} 的数值相等，但是，在资本家购买劳动力之前，二者作为商品已经存在，并且分别属于不同的所有者，因此，二者不是同一个变量。为了方便，有时将可变资本和劳动力价值看作一个变量。

（5-8）式表示的剩余价值率公式的概念是严格的。

由第三章（3-56）式，商品的价值由不变资本、可变资本、剩余价值这三部分构成。即

$$w=c+v+s=c+v_{ll} \tag{5-9}$$

① 马克思恩格斯全集：第23卷. 中文1版. 北京：人民出版社，1972：578-579.

式中，w 为商品价值，v_u 为活劳动创造的价值，即新价值。

由第三章（3-31）式、（3-57）式，生产商品的总劳动由物化劳动、必要劳动、剩余劳动这三部分构成。即

$$l_w = l_c + l_v + l_s = l_c + l_l \qquad (5-10)$$

式中，l_w 为生产商品的总劳动，l_c 为物化劳动，l_l 为活劳动。

由第三章（3-37）式，全部劳动时间或工作日由必要劳动时间、剩余劳动时间这两部分构成。即

$$t_d = t_v + t_s \qquad (5-11)$$

式中，t_d 为全部劳动时间或工作日。

二、剩余价值率的派生公式

在古典政治经济学中，我们看到的是与剥削程度有关的剩余价值率的派生公式：

$$\frac{剩余劳动时间}{工作日} = \frac{剩余价值}{产品价值} = \frac{剩余产品}{总产品} \qquad (5-12)$$

这个与剥削程度有关的派生公式不严谨。首先，产品价值只能理解为工作日的价值产品，也就是只包括活劳动创造的价值，不包括生产过程中耗费的不变资本价值。其次，总产品只能理解为相当于活劳动创造的产品部分，不包括耗费的生产资料价值转移并物化在产品中的部分。最后，剩余产品和总产品都是使用价值，如果用产品的数量表示，那么，只有当产品为一种使用价值形式时，二者的量纲或单位才相同、才可通约；如果一个企业生产多种产品，那么，这些产品的量纲或单位不同，不可通约、不可比较、不可相加。解决的方法是：用剩余劳动代替剩余产品，用活劳动代替活劳动创造的产品部分。

这个公式也可以用数学符号表示。即

$$\frac{t_s}{t_d} = \frac{s}{v_u} = \frac{l_s}{l_l} \qquad (5-13)$$

（5-13）式的经济意义是：工作日中必要劳动时间所占的比例，或新价值中剩余价值所占的比例，或活劳动中剩余劳动所占的比例。

（5-13）式表示的与剥削程度有关的剩余价值率的派生公式，可以由（5-8）式得到。由（5-8）式，可以得到

$$\frac{1}{e} = \frac{v}{s} = \frac{v_{ua}}{s} = \frac{l_v}{l_s} = \frac{t_v}{t_s} \tag{5-14}$$

由（5-14）式，可以得到

$$\frac{1+e}{e} = \frac{v+s}{s} = \frac{l_v+l_s}{l_s} = \frac{t_v+t_s}{t_s} \tag{5-15}$$

由（5-9）式、（5-10）式、（5-11）式、（5-15）式，可以得到（5-13）式。

三、剩余价值率的派生公式不能准确反映剥削程度

只要生产过程中耗费的剩余劳动时间大于或等于生产过程中耗费的必要劳动时间，那么，（5-8）式中的剩余价值率就大于或等于1。

因为剩余劳动时间只是工作日的一部分，或剩余价值只是新价值的一部分，或剩余劳动只是活劳动的一部分，所以，（5-13）式中的剩余劳动时间与工作日的比例不可能大于或等于1，只能小于1。

例如，如果必要劳动时间为6小时，剩余劳动时间为6小时，那么，由（5-8）式得到剩余价值率或剥削程度为100%，而由（5-13）式得到新价值中剩余价值所占的比例仅为50%。显然，由（5-13）式得到的比例，远远低于由（5-8）式得到的比例。

又例如，19世纪的英国农业工人只得到产品或其价值的1/4，资本家（租地农场主）得到3/4，由（5-8）式，剥削率应该是300%，而由（5-13）式得到的比例仅为75%。

因为资本家只为工人的必要劳动支付了报酬，而没有为工人的剩余劳动支付报酬，所以，必要劳动为有酬劳动，剩余劳动为无酬劳动。

这样，（5-8）式表示的剥削程度，也可以用无酬劳动与有酬劳动之比表示。即

$$\frac{剩余价值}{劳动力价值} = \frac{剩余劳动}{必要劳动} = \frac{无酬劳动}{有酬劳动} \tag{5-16}$$

因此，（5-13）式表示的与剥削程度有关的剩余价值率的派生公式，不能准确地反映剥削程度，只有（5-8）式才能准确地反映剥削程度。

马克思认为，"资本不仅象亚·斯密所说的那样，是对劳动的支配权。按其本质来说，它是对无酬劳动的支配权。一切剩余价值，不论它后来在利润、利息、地租等等哪种特殊形式上结晶起来，实质上都是无酬劳动时间的物化。资本自行增殖的秘密归结为资本对别人的一定数量的无酬劳动

的支配权。"①

第四节　剩余价值的生产与分配、资本的直接生产过程与总过程

　　资本主义生产的唯一目的是占有剩余价值。每个资本家通过雇佣劳动的方式生产剩余价值之后，经过流通过程产品价值和其中的剩余价值才能实现，并且他不能独自占有这些剩余价值。每个工厂的工人创造的剩余价值不仅被雇用他的资本家占有，每个部门的工人创造的剩余价值不仅被本部门的资本家占有，总剩余价值要在全体资本家和土地所有者之间分配。

　　剩余价值生产决定剩余价值分配。劳动是创造价值与剩余价值的唯一因素。虽然资本和土地不是创造价值与剩余价值的因素，但是是生产商品的使用价值的重要因素。资本和土地影响剩余价值分配。

　　如果考察资本主义生产的总过程，那么，不仅要考察劳动对产品价值实现和剩余价值分配的影响，而且要考察资本、土地、垄断等因素对产品价值实现和剩余价值分配的影响，即必须考察一元价值转形、二元价值转形和三元价值转形等对产品价值实现和剩余价值分配的影响。不仅要考察生产过程中耗费的劳动对产品价值实现和剩余价值分配的影响，而且要考察生产过程中没有耗费的劳动的影响，即必须考察固定资本对产品价值实现和剩余价值分配的影响。

　　资本主义生产的总过程不仅考察产品价值实现和剩余价值分配，而且考察资本运动中呈现的各种具体形式，考察各种形式的资本与土地在再生产过程中的作用。在此过程中，劳动的产物表现为资本的产物，等量资本要求得到等量利润，价值转化为生产价格，剩余价值转化为利润，利润转化为平均利润，产业资本分化为企业主自有资本、商业资本、借贷资本，产业利润转化为企业主收入、商业利润和利息，肥沃土地上多生产的农产品既不被视为劳动的产物，也不被视为资本的产物，而被视为土地的产物，由此产生的超额利润转化为地租。城市住宅地租是一种比农业地租具有更强垄断程度的地租。在这一系列过程中，剩余价值不断改变表现的具体形式，不断接近现象而远离本质，直至彻底掩盖与剩余劳动的联系。

　　关于《资本论》第三卷的研究对象，马克思指出："这一卷要揭示和

---

①　马克思恩格斯全集：第 23 卷. 中文 1 版. 北京：人民出版社，1972：584.

说明资本运动过程作为整体考察时所产生的各种具体形式。资本在自己的现实运动中就是以这些具体形式互相对立的，对这些具体形式来说，资本在直接生产过程中采取的形态和在流通过程中采取的形态，只是表现为特殊的要素。因此，我们在本卷中将要阐明的资本的各种形式，同资本在社会表面上，在各种资本的互相作用中，在竞争中，以及在生产当事人自己的通常意识中所表现出来的形式，是一步一步地接近了。"①

马克思认为平均利润、企业主收入、商业利润、利息、地租等剩余价值的具体形式不仅是剩余价值分配形式，而且是生产形式，反对将资本主义生产的总过程仅仅视为剩余价值分配过程。他指出："从这里可以看出那些把剩余价值的不同形式单纯看作分配形式的人的愚钝。它们同样是生产形式。"②

对于有些学者认为《资本论》结构是生产、流通和分配的观点，胡钧提出："如果认为这就是马克思《资本论》划分为三卷的科学根据，那就表明他们仍然没有摆脱三分法结构的影响，因此他们也就不能正确规定第三卷的研究对象。如果把第三卷只规定为是研究剩余价值分配过程，那么，人们首先就会提出这样一个问题，为什么产业资本能以企业主收入的形式参加分配呢？商业资本、生息资本、土地所有者又为什么能以商业利润、利息、地租的形式参与分配呢？如果不分析这各种资本在再生产过程中的作用，能说明剩余价值所采取的这些具体形式吗？……分配关系和分配方式只是表现为生产要素的另一面，人们以怎样的形式参与生产，就以怎样的形式参与分配。离开对参与再生产过程的研究，分配形式也就成为不可理解的了，而离开分配关系，生产就成为生产一般了。"③

《资本论》（第一卷）与《资本论》（第三卷）研究生产过程的差别就在这里。《资本论》（第一卷）研究资本的直接生产过程，《资本论》（第三卷）研究生产过程与流通过程统一的资本主义生产的总过程。

产业资本家、商业资本家、货币资本家、土地所有者正是凭借他们拥有的自有资本、商业资本、借贷资本、土地等生产要素参与生产过程和价值增殖过程，才获得参与剩余价值分配的权利。

马克思的分析方法包括研究方法与叙述方法。

在研究过程中，通过对复杂的具体的商品生产和商品交换的经济现象

①　马克思恩格斯全集：第25卷.中文1版.北京：人民出版社，1974：29-30.
②　马克思恩格斯全集：第26卷Ⅲ.中文1版.北京：人民出版社，1974：532-533.
③　胡钧.《资本论》第三卷的研究对象、结构和意义.经济问题探讨，1982（7）//胡钧自选集.北京：中国人民大学出版社，2007：195.

的考察，在影响商品生产和商品交换的各种因素中，舍弃包括垄断在内的各种次要因素，发现劳动、资本和土地是生产商品的使用价值的主要因素，劳动是生产商品的价值的唯一因素。

在叙述过程中，首先，考察劳动对商品交换的影响。在生产过程中，耗费的生产资料的价值转移到产品的价值中，活劳动创造产品的新价值，活劳动中的必要劳动创造相当于劳动力价值的价值，活劳动中的剩余劳动创造剩余价值。劳动决定产品价值，产品按照价值交换。

其次，研究资本的流通过程，即研究资本的运动过程。生产过程要由流通过程来接续。在流通过程中，资本以货币资本的形式进入生产和流通过程，依次经过购买阶段、生产阶段、售卖阶段，然后回到最初的形式并不断循环。资本在运动过程中，分别采取货币资本循环、生产资本循环、商品资本循环的形式。马克思认为，"产业资本的连续进行的现实循环，不仅是流通过程和生产过程的统一，而且是它的所有三个循环的统一。"①

再次，在劳动创造价值的基础上，加入资本对剩余价值分配和商品交换的影响。不同生产部类或不同生产部门的资本有机构成不同，价值形式的利润率不同。资本所有权要求等量资本必须得到等量利润。总剩余价值必须在不同生产部类或不同生产部门的资本家之间分配。这就是一元价值转形。相应的生产价格和平均利润率，为一元价值转形的生产价格和一元价值转形的生产价格形式的平均利润率。

又次，加入土地对剩余价值分配和商品交换的影响。不同生产部类或不同生产部门租用的土地的面积和等级不同，缴纳的地租不同。资本主义土地私有权要求分到相应的一份剩余价值。总剩余价值要在资本家和土地所有者之间分配。这就是二元价值转形。相应的生产价格和平均利润率，为二元价值转形的生产价格和二元价值转形的生产价格形式的平均利润率。

最后，加入垄断对剩余价值分配和商品交换的影响。垄断有多种形式。不同形式的垄断对剩余价值分配和商品交换的影响不同。总剩余价值要在资本家、农业土地所有者和各种生产条件的垄断者之间分配。这就是三元价值转形。相应的生产价格和平均利润率，为三元价值转形的生产价格和三元价值转形的生产价格形式的平均利润率。加入不同形式的垄断因素，相应的三元价值转形也不同。

一元价值转形、二元价值转形和三元价值转形分别为叙述过程中由浅

①　马克思恩格斯全集：第 24 卷. 中文 1 版. 北京：人民出版社，1972：119.

入深的不同认识阶段。

产品的价值转变为产品的生产价格和剩余价值分配是在流通过程中实现的。在价值转形过程中，不仅要满足价值形式的再生产条件，而且要满足生产价格形式的再生产条件。在价值转形中，资本家关注的利润率是生产价格形式的利润率，而不是价值形式的利润率。如果各部门的利润率有差别，那么，将引导资本更多投入利润率高的部门，从而改变总劳动在不同生产部门的分配。如果对谷物的需求增加，原有的土地已经得到充分利用，那么，增加的谷物只能在原有的土地上或在更差的土地上，通过追加资本和劳动来生产，边际劳动生产率降低，从而改变总劳动在不同生产部门的分配，改变生产单位谷物耗费的劳动，改变单位产品价值。

用于农业生产的土地有限，是一种垄断因素，土地所有者正是依据对这种重要的生产资料的垄断，才能够分到属于他们的那份剩余价值——农业地租。因为同样的农产品（例如，谷物）在市场上的销售价格相同，从而不同地区的相同等级的单位面积土地的地租相同或接近，所以，用于农业生产的土地的垄断程度不高。相应的价值转形为二元价值转形。农业资本家预付地租是获得土地使用权的条件，从而是生产条件。

城市住宅占用的土地是一种高度垄断因素。这种垄断因素极大地影响剩余价值分配关系和商品交换关系。相应的价值转形为三元价值转形。城市住宅是雇佣劳动者生存的条件，也是劳动力形成与再生产的条件，从而是必不可少的生产条件。

随着价值转变为生产价格，生产资料和生活资料表现为生产价格形式，资本和成本表现为生产价格形式，剩余价值分配形成的企业主收入、商业利润和利息也表现为生产价格形式。这些剩余价值分配形式也是生产形式，本次剩余价值分配的结果成为下次生产的条件。资本经过运动回到起点——新的起点。

社会对不同生产部门的劳动的承认程度不同或对复杂劳动的承认程度不同，决定了不同部门的产品的生产价格偏离其价值的程度，改变了对不同部门的产品的需求，从而改变了复杂劳动在总劳动中的比例。生产技术进步、分工发展和生产规模扩大，一方面提高了劳动的复杂程度，另一方面使得每一个生产过程得到简化。这种转变必然改变复杂劳动在总劳动中的比例。

随着生产力的不断发展，复杂劳动在总劳动中的比例不断提高，复杂劳动和简单劳动的内涵不断变化，一些新的难度更高的复杂劳动出现，一些过去的复杂劳动转变为现在的简单劳动，复杂劳动与简单劳动的折算比例不断变化。因此，复杂劳动和简单劳动都是历史范畴。在生产力发展的不同历史时代，复杂劳动和简单劳动的内涵不同。对复杂劳动和简单劳动的认识，必须与生产力发展的不同阶段相适应。生产力发展到较高级阶段，对复杂劳动和简单劳动的认识也必须达到较高级阶段。

　　生产力不断发展，与之相适应的经济规律也不断变化。对复杂劳动和简单劳动的关系的认识过程，是连续不断的否定之否定的认识过程，是对经济规律不断深入的认识过程。

第六章　工资的数学分析

第一节　劳动力的价值或价格转化为工资的数学分析

在资产阶级社会中，工资表现为劳动的价格，表现为一定量劳动支付的货币。但是，劳动本身没有价值，它是价值实体和价值的内在尺度。工人在商品市场上向资本家出卖的商品，是自己的劳动力，而不是劳动。当劳动过程开始的时候，它已经不属于工人，因而不能被工人出卖。与其他一切商品一样，劳动力商品在出售之前已经存在，这种商品具有使用价值与价值。但是，在劳动力出售之前不存在劳动。劳动是在资本家购买劳动力商品之后的劳动力执行职能期间才开始。

劳动力的日价值是按照工人的寿命通过计算得到的。具体地说，工人一生中出卖劳动力得到的价值，不仅包括他能够出卖劳动力期间需要的生活资料的价值，而且包括他不能出卖劳动力期间需要的生活资料的价值。当然，还包括他的家庭成员需要的生活资料的价值。这些价值的总和平均到每一天，就是劳动力的日价值。与此相适应的是一定长度的工作日。

如果工人的平均寿命为 n_1 年，每年 365 天，每天需要的生活资料价值为 v_{d1} 先令，工人能够出卖劳动力的时间为 n_2 年，充分就业条件下每年劳动 d_y 天（$d_y < 365$），那么，劳动力的日价值可以表示为

$$v_{d2} = \frac{365 n_1 v_{d1}}{d_y n_2} \tag{6-1}$$

式中，v_{d2} 为劳动力的日价值。

（6-1）式中没有考虑就业率的问题。劳动力的买卖具有偶然性和不确定性，工人一生中总有失业的时间。如果考虑就业率的因素，那么，需要对（6-1）式表示的劳动力的日价值进行修正。考虑就业率因素的劳动

力的日价值可以表示为

$$v_{d3} = \frac{365 n_1 v_{d1}}{b d_y n_2} \qquad (6-2)$$

式中，v_{d3} 为考虑就业率因素的劳动力的日价值，b 为就业率。

由（6-2）式可以看出，考虑就业率因素的劳动力的日价值 v_{d3}，是工人的平均寿命 n_1 年、每天需要的生活资料价值 v_{d1} 的单调递增的线性函数，是工人能够出卖劳动力的时间 n_2 年、充分就业条件下每年劳动天数 d_y、就业率 b 的单调递减的倒数函数或双曲函数。

例如，如果工人的平均寿命 $n_1 = 60$ 年，每年 365 天，用货币表示的每天需要的生活资料价值 $v_{d1} = 1.5$ 先令，工人能够出卖劳动力的时间 $n_2 = 40$ 年，每年劳动 $d_y = 310$ 天，就业率 $b = 90\%$，那么，考虑就业率因素的劳动力的日价值为

$$v_{d3} = \frac{365 n_1 v_{d1}}{b d_y n_2} = \frac{365 \times 60 \times 1.5}{0.9 \times 310 \times 40} = 2.943\ 5 （先令） \qquad (6-3)$$

如果工人的平均寿命 $n_1 = 60$ 年，每年 365 天，工人能够出卖劳动力的时间为 $n_2 = 40$ 年，每年劳动 $d_y = 310$ 天，就业率 $b = 90\%$，92%，94%，96%，用货币表示的每天需要的生活资料价值 $v_{d1} = 1.5$，1.525，1.55，…，2（先令），那么，由（6-2）式，就业率因素的劳动力的日价值（简称劳动力日价值）v_{d3} 与就业率 b、用货币表示的每天需要的生活资料价值（简称生活资料价值）v_{d1} 的关系，可以用表 6-1 表示。

表 6-1　　劳动力日价值 v_{d3} 与就业率 b、生活资料价值 v_{d1} 的关系

生活资料价值 v_{d1} （先令）	劳动力日价值 v_{d3} （先令）			
	$b=90\%$	$b=92\%$	$b=94\%$	$b=96\%$
1.500	2.943 55	2.879 56	2.818 29	2.759 58
1.525	2.992 61	2.927 55	2.865 26	2.805 57
1.550	3.041 67	2.975 54	2.912 23	2.851 56
1.575	3.090 73	3.023 54	2.959 21	2.897 56
1.600	3.139 78	3.071 53	3.006 18	2.943 55
1.625	3.188 84	3.119 52	3.053 15	2.989 54
1.650	3.237 90	3.167 51	3.100 12	3.035 53

续表

生活资料价值 v_{d1} （先令）	劳动力日价值 v_{d3} （先令）			
	$b=90\%$	$b=92\%$	$b=94\%$	$b=96\%$
1.675	3.286 96	3.215 51	3.147 09	3.081 53
1.700	3.336 02	3.263 50	3.194 06	3.127 52
1.725	3.385 08	3.311 49	3.241 03	3.173 51
1.750	3.434 14	3.359 48	3.288 01	3.219 51
1.775	3.483 20	3.407 48	3.334 98	3.265 50
1.800	3.532 26	3.455 47	3.381 95	3.311 49
1.825	3.581 32	3.503 46	3.428 92	3.357 48
1.850	3.630 38	3.551 46	3.475 89	3.403 48
1.875	3.679 44	3.599 45	3.522 86	3.449 47
1.900	3.728 49	3.647 44	3.569 84	3.495 46
1.925	3.777 55	3.695 43	3.616 81	3.541 46
1.950	3.826 61	3.743 43	3.663 78	3.587 45
1.975	3.875 67	3.791 42	3.710 75	3.633 44
2.000	3.924 73	3.839 41	3.757 72	3.679 44

表 6-1 表示的劳动力日价值 v_{d3} 与就业率 b、生活资料价值 v_{d1} 的关系，可以用图 6-1 表示。

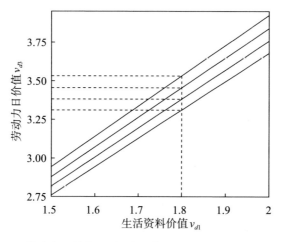

图 6-1　劳动力日价值 v_{d3} 与就业率 b、生活资料价值 v_{d1} 的关系

在图 6-1 中，从上至下四条射线分别表示就业率 $b=90\%$，92%，94%，96%的条件下，劳动力日价值 v_{d3} 与生活资料价值 v_{d1} 的关系。

由表 6-1 和图 6-1 可以看出，就业率 b 分别为 90%，92%，94%，96%的条件下，劳动力日价值 v_{d3} 均为生活资料价值 v_{d1} 的单调递增的线性函数。如果每天需要的生活资料价值 $v_{d1}=1.8$ 先令，那么，劳动力日价值 v_{d3} 分别为 3.532 26，3.455 47，3.381 95，3.311 49。可见，在工人需要的生活资料数量、生活资料劳动生产率确定的条件下，生活资料价值越高，劳动力日价值越高，二者同方向变化；就业率越高，劳动力日价值越低，二者反方向变化。

由表 6-1 和图 6-1 还可以看出，当生活资料价值 v_{d1} 从 1.5（先令）提高到 1.6（先令）时，就业率 b 从 90%提高 96%，劳动力日价值 v_{d3} 均为 2.943 55；如果就业率 b 提高到 96%以上，那么，劳动力日价值 v_{d3} 将降低，而不是提高。

因此，在工人的平均寿命、工人能够出卖劳动力的时间、每年劳动天数确定的条件下，劳动力日价值 v_{d3} 为就业率 b 和生活资料价值 v_{d1} 的二元函数。

统计资料证明，就业率长期保持在一个稳定的水平，但是，随着劳动生产率的快速提高，尽管工人每天需要的生活资料的数量增加，但是每天需要的生活资料的价值降低，从而剩余价值增加，剩余价值率提高。

资本家必然使劳动力执行职能的时间——即劳动时间——超过再生产劳动力需要的时间。

如果考虑就业率因素的劳动力的日价值为 3 先令，雇佣劳动者每小时的劳动创造的新价值相当于 0.5 先令，那么，3 先令的劳动力的日价值相当于 6 小时劳动创造的新价值。资本家不可能只让工人劳动 6 小时，他要让工人劳动 12 小时，12 小时劳动创造的新价值相当于 6 先令，比劳动力的日价值 3 先令多的 3 先令成为剩余价值。在这种条件下，必要劳动时间和剩余劳动时间都是 6 小时，剥削率为 100%。如果劳动时间超过 12 小时，那么，雇佣劳动者创造的剩余价值更多，剩余价值率更高。

工作日分为必要劳动时间和剩余劳动时间，雇佣劳动分为必要劳动和剩余劳动。表现为"劳动的价格"的工资形式，掩盖了这些差别的一切痕迹。似乎工人的全部劳动都得到报酬，似乎所有劳动都是有酬劳动。

马克思认为，"在徭役劳动下，服徭役者为自己的劳动和为地主的强制劳动在空间上和时间上都是明显地分开的。在奴隶劳动下……他的全部劳动都表现为无酬劳动。相反地，在雇佣劳动下，甚至剩余劳动或无酬劳动也表现为有酬劳动。在奴隶劳动下，所有权关系掩盖了奴隶为自己的劳动，而在雇佣劳动下，货币关系掩盖了雇佣工人的无偿劳动。因此可以懂得，为什么劳动力的价值和价格转化为工资形式，即转化为劳动本身的价值和价格，会具有决定性的重要意义。这种表现形式掩盖了现实关系，正好显示出它的反面。工人和资本家的一切法权观念，资本主义生产方式的一切神秘性，这一生产方式所产生的一切自由幻觉，庸俗经济学的一切辩护遁词，都是以这个表现形式为依据的。"①

在现实经济活动中，资本家通常在劳动过程之后向工人支付报酬。这就是说，不仅是工人给资本家以信贷，而且资本家并没有向工人支付他们的活劳动创造的全部新价值。

马克思认为，"工人提供给资本家的'使用价值'，实际上不是他的劳动力，而是劳动力的职能，即一定的有用劳动"②。这种劳动不仅创造新产品的使用价值，而且创造新产品的价值。

在工资的实际运动中的一些现象，似乎显示资本家支付的工资不是劳动力的价值，而是劳动力的职能即劳动的价值。这些现象包括两类：第一类，工资随着工作日长度一同变化；第二类，因为每个工人的劳动存在差别，导致他们的工资存在差别。

劳动力的价值和价格，只有通过科学才能揭示出来。

马克思认为，"古典政治经济学几乎接触到事物的真实状况，但是没有自觉地把它表述出来。只要古典政治经济学附着在资产阶级的皮上，它就不可能做到这一点。"③

第二节　计时工资的数学分析

一、计时工资

劳动力按照一定时间出售，表现为劳动力的日价值、劳动力的周价值等转化形式，就是"计时工资"的基本形式。

前面叙述过的劳动力价格和剩余价值变化的规律，改变形式就可以转化为工资规律。劳动力的交换价值与得到的生活资料数量的区别，表现为

---

① 马克思恩格斯全集：第 23 卷. 中文 1 版. 北京：人民出版社，1972：590 - 591.
② 马克思恩格斯全集：第 23 卷. 中文 1 版. 北京：人民出版社，1972：592.
③ 马克思恩格斯全集：第 23 卷. 中文 1 版. 北京：人民出版社，1972：593.

名义工资与实际工资的区别。

计时工资有如下特点。

工人通过日劳动和周劳动得到的货币额，形成名义工资。工人在不同长度的工作日中耗费的劳动量不同，不同长度的工作日得到的货币工资就不同。这样，由不同长度的工作日得到不同的货币工资，也可以得到小时工资。

如果不考虑就业率的因素，那么，小时工资可以由日工资得到。即

$$v_h = \frac{v_d}{h_d} \tag{6-4}$$

式中，v_h 为小时工资，v_d 为日工资，h_d 为每天劳动的小时数。

小时工资可以由周工资得到。即

$$v_h = \frac{\dfrac{v_w}{d_w}}{h_d} = \frac{v_w}{d_w h_d} \tag{6-5}$$

式中，v_w 为周工资，d_w 为每周劳动的天数。

小时工资也可以由月工资得到。即

$$v_h = \frac{\dfrac{v_m}{d_m}}{h_d} = \frac{v_m}{d_m h_d} \tag{6-6}$$

式中，v_m 为月工资，d_m 为每月劳动的天数。

由（6-5）式、（6-6）式，周工资可以由月工资得到。即

$$v_w = \frac{v_m}{w_m} \tag{6-7}$$

式中，w_m 为每月劳动的周数。

同理，月工资可以由年工资得到。即

$$v_m = \frac{v_y}{m_y} \tag{6-8}$$

式中，v_y 为年工资，m_y 为每年劳动的月数。

由（6-6）式、（6-8）式，小时工资同样可以由年工资得到。即

$$v_h = \frac{\dfrac{v_y}{m_y}}{d_m h_d} = \frac{v_y}{h_d d_m m_y} \tag{6-9}$$

如果劳动力的日价值为 3 先令，每小时劳动创造的新价值相当于 0.5 先令，工作日为 12 小时，那么，由（6-4）式，必要劳动时间为 6 小时，1 劳动小时的价格＝3 先令/12＝0.25 先令（或 3 便士）。从本质上看，资本家只支付了 6 小时劳动创造的价值，从现象上看，似乎工人每个小时的劳动都得到了报酬。

如果工作日延长，那么，在劳动价格下降的条件下，日工资、周工资、年工资都可以不变。例如，如果过去一个工作日为 10 小时，劳动力的日价值为 3 先令，那么，1 劳动小时的价格为 0.3 先令；如果现在一个工作日延长到 12 小时或 15 小时，那么，1 劳动小时的价格就降低到 0.25 先令或 0.2 先令。在这种情况下，日工资或周工资不变。资本家经常让工人延长劳动时间，不给工人任何补偿。相反，如果劳动价格不变甚至下降，日工资或周工资可以增加。例如，过去一个工作日为 10 小时，劳动力的日价值为 3 先令，那么，1 劳动小时的价格为 0.3 先令；如果现在一个工作日延长到 12 小时或 15 小时，并且 1 劳动小时的价格不变，那么，日工资就增加到 3.6 先令或 4.5 先令。在这种情况下，劳动价格不变。如果增加劳动的内涵量，而不是增加劳动的外延量，例如，劳动强度增加，而不是劳动时间延长，那么，结果相同。可见，在名义日工资或周工资提高的条件下，劳动价格可能不变或下降。

如果日劳动或周劳动的量确定，那么，日工资或周工资由劳动价格决定。如果劳动价格确定，那么，日工资或周工资由日劳动或周劳动的量决定。

1 劳动小时的价格为劳动力的日价值与工作日的小时数之比。如果工作日为 12 小时，劳动力的日价值为 3 先令，即 6 劳动小时的价值产品，那么，1 劳动小时的价格为 0.25 先令，但是，价值产品为 6 先令。如果工人每天劳动少于 12 小时（或者每周劳动少于 6 天），那么，工人得到的工资就与劳动时间等比例地减少。例如，如果工人每天劳动 8 小时或 6 小时，那么，他只能得到 2 先令或 1.5 先令的日工资。因为资本家认为，他为 12 小时劳动支付 3 便士工资，这 12 小时中的 6 小时为工人自己劳动，其余 6 小时为资本家劳动。由（6-4）式可以看出，资本家首先按照一天劳动 12 小时支付 3 便士日工资的水平确定小时工资 v_h，然后按照一天实际劳动时间 h_d 确定劳动时间缩短之后的日工资 v_d。如果劳动时间缩短，那么，工资等比例减少，并且仍然是全部劳动时间中的一半为工人自己劳动，另一半时间为资本家劳动。可见，工人过度劳动会造成破坏性的严重后果，就业不足同样造成了工人的苦难。

二、剩余价值、计时工资与劳动时间的关系

（一）剩余价值与劳动时间的关系

如果资本家支付日工资，那么，他必然让工人的劳动时间达到或超过工作日。如果由于某种原因工人的劳动时间少于工作日，那么，资本家得到的剩余价值就减少。如果资本家预付了日工资，劳动时间又少于必要劳动时间，那么，资本家不仅得不到剩余价值，而且将发生亏损。

如果资本家不是支付日工资或周工资，而是支付小时工资，那么，他就可以按照自己的需要，愿意雇用工人劳动多少小时就支付多少小时的报酬，也就是说，即使不让工人做满维持生存所需要的劳动时间，也能榨取剩余劳动。在前面的考察中提到，从现象看，"超过必要劳动时间才开始生产剩余价值"的观点，与"每时每刻的劳动都创造剩余价值"的观点存在矛盾，但是从本质看二者并不矛盾，工人每时每刻的劳动都包含相同比例的必要劳动和剩余劳动。这里可以看到，虽然后者来自前者，但是，后者能够方便地解释计时工资。只要工人的劳动时间能够得到维持生存的工资或生活资料，那么，资本家必然能够得到足够的剩余价值。

有时资本家延长劳动时间。当工作日超过一定时间的过度劳动，劳动力的损耗的增加，比劳动力正常执行职能的时间（即正常工作日的劳动时间）增加得更快。虽然工人超过一定点（例如 10 小时）的劳动能够得到增加的正常工作日的小时工资，但是，这不足以补偿劳动力的过度损耗。

有时资本家缩短劳动时间。马克思认为，"劳动价格越低，工人为了保证得到哪怕是可怜的平均工资而付出的劳动量必然越大，或者说，工作日必然越长。劳动价格的低廉在这里起了刺激劳动时间延长的作用。"①

随着劳动价格下降，工人为了维持生存，不得不延长劳动时间，劳动时间延长又会引起劳动价格进一步下降，进而引起日工资的下降或周工资的下降。因为延长劳动时间，增加了劳动的供给，引起了工人之间的竞争，工人之间的竞争为资本家进一步压低劳动价格创造了条件。对于工人来说，劳动时间延长与劳动价格下降互为因果关系，形成恶性循环。对于资本家来说，这成了致富的手段。

不仅工人之间存在竞争，资本家之间也存在竞争。对超过平均水平的无酬劳动的支配权，是资本家竞争的手段。为了竞争，资本家可以将商品价格中由无酬劳动形成的部分送给商品购买者，甚至可以将由延长工作日产生的

---

①　马克思恩格斯全集：第 23 卷. 中文 1 版. 北京：人民出版社，1972：600.

异常剩余价值的一部分也排除在商品价格之外。在竞争过程中，虽然商品价格异常低廉，但是，只要商品能够出售，资本家就能在竞争中获得剩余价值。这种低廉的商品逐渐固定下来，成为劳动时间过长和工资极低的基础。

马克思认为，"反映在资本家头脑中的只是生产关系的假象。资本家不知道，劳动的正常价格也包含着一定量的无酬劳动，并且正是这种无酬劳动是他的利润的正常源泉。剩余劳动时间这个范畴对他说来是根本不存在的，因为剩余劳动时间包含在正常的工作日之内，而后者在他看来已经在日工资中支付了。但是，额外时间，即工作日超过与普通的劳动价格相适应的界限的延长部分，对他来说却是存在的。为了对付他的低价出售的竞争者，他甚至主张对这种额外时间支付额外报酬。但是他仍然不知道，这种额外报酬，和普通的劳动小时的价格一样，也包含着无酬劳动。"[①]

如果资本家已经为正常工作日支付了固定的日工资 v_d，对工人的额外劳动支付额外报酬，即在超过正常工作日的劳动时间之外支付超过正常工作日的劳动时间内的工资，那么，由（6-4）式、第五章（5-2）式，资本家得到的剩余价值为

$$s=\begin{cases} k_{vua}(t-t_v)=k_{vua}t-v_{ua}=k_{vua}t-v_d \\ \qquad\qquad =k_{vua}t-h_dv_h\ldots\ldots\ldots(t_v<t\leqslant t_d) \quad (6-10) \\ k_{vua}(t-t_v)-(v_h+v_{h2})(t-t_d)\ldots(t>t_d) \end{cases}$$

式中，s 为剩余价值，k_{vua} 为单位劳动时间创造的价值，t_d 为正常工作日，t_v 为必要劳动时间，t 为劳动时间，v_{ua} 为工人的生活资料价值或劳动力价值，h_d 为正常工作日的小时数，v_d 为固定的日工资，v_h 为正常工作日之内的小时工资，v_{h2} 为正常工作日之外额外增加的小时工资。

值得注意的是，在（6-10）式中，如果劳动时间比正常工作日短，那么，日工资不变，资本家得到的剩余价值减少。如果劳动时间比正常工作日长，那么，资本家得到的剩余价值随着劳动时间增加而增加。

如果资本家不是支付日工资，而是支付小时工资，并且在正常工作日之内支付正常的小时工资，在正常工作日之外额外增加小时工资，那么，（6-10）式变为

$$s=\begin{cases} k_{vua}t-v_ht=(k_{vua}-v_h)t\ldots\ldots\ldots\ldots(t_v<t\leqslant t_d) \\ k_{vua}t-v_ht-v_{h2}(t-t_d) \\ \qquad =(k_{vua}-v_h-v_{h2})t+v_{h2}t_d\ldots(t>t_d) \end{cases} \qquad (6-11)$$

---

① 马克思恩格斯全集：第 23 卷. 中文 1 版. 北京：人民出版社，1972：602.

在（6-11）式中，如果劳动时间比正常工作日短，那么，资本家按小时支付的工资比按日支付的工资少，资本家得到的剩余价值比同样劳动时间内按日支付工资得到的剩余价值多。如果劳动时间比正常工作日长，那么，资本家得到的剩余价值与同样劳动时间内按日支付工资得到的剩余价值同样多。

可见，（6-11）式与（6-10）式的差别，在于劳动时间比正常工作日短的条件下，资本家支付的工资不同，得到的剩余价值也不同。

（二）一般情况下的计时工资与劳动时间的关系

在一般情况下，如果资本家支付日工资，那么，工人得到的工资与劳动时间成正比。工资可以表示为

$$v = v_d t \tag{6-12}$$

式中，v 为工资，t 为以工作日为单位的劳动时间。

在一般情况下，如果资本家支付小时工资，那么，工人得到的工资同样与劳动时间成正比。工资可以表示为

$$v = v_h t \tag{6-13}$$

式中，t 为以小时为单位的劳动时间。

（三）对额外时间支付额外报酬的条件下的计时工资与劳动时间的关系

在对额外时间支付额外报酬的条件下，如果资本家支付小时工资，那么，工人得到的工资与劳动时间的关系为分段函数关系。工资可以表示为

$$v = \begin{cases} v_h t \dots\dots\dots\dots\dots\dots\dots\dots\dots\dots\dots\dots\dots (t_v < t \leqslant t_d) \\ v_h t + v_{h2}(t - t_d) = (v_h + v_{h2})t - v_{h2}t_d \dots\dots (t > t_d) \end{cases} \tag{6-14}$$

三、对额外时间支付额外报酬的条件下的剩余价值、计时工资与劳动时间的关系的数例

（一）《资本论》中对额外时间支付额外报酬的数例

如果资本家对额外时间支付额外报酬，按小时支付工资，单位劳动时间创造的价值 $k_{vua} = 6$ 便士/小时，正常工作日 $t_d = 12$ 小时，12 小时工作日的日工资为 3 先令或 36 便士，相当于正常工作日之内的小时工资 $v_h = 3$ 便士/小时，即 1/2 个劳动小时的价值产品，一个额外劳动小时的价格是 4 便士，即 2/3 个劳动小时的价值产品，相当于正常工作日之外额外增加的小时工资 $v_{h2} = 1$ 便士/小时，劳动时间 $t = 12$ 小时，那么，由（6-11）

式、（6-14）式，一个工作日的计时工资 $v=36$ 便士或 3 先令，一个工作日的剩余价值 $s=36$ 便士或 3 先令。

如果劳动时间 $t=13$ 小时，那么，一个工作日的计时工资 $v=40$ 便士或 $3\frac{1}{3}$ 先令，一个工作日的剩余价值 $s=38$ 便士或 $3\frac{1}{6}$ 先令。

（二）对额外时间支付额外报酬、劳动时间连续变化的条件下，剩余价值、计时工资与劳动时间的关系的数例

如果资本家对额外时间支付额外报酬，按小时支付工资，单位劳动时间创造的价值 $k_{vaa}=6$ 便士/小时，正常工作日 $t_d=12$ 小时，12 小时工作日的日工资为 2 先令或 24 便士，相当于正常工作日之内的小时工资 $v_h=2$ 便士/小时，即 1/3 个劳动小时的价值产品，正常工作日之内的剩余价值率 $e=2$，必要劳动时间 $t_v=4$ 小时，一个额外劳动小时的价格是 4 便士，即 2/3 个劳动小时的价值产品，相当于正常工作日之外额外增加的小时工资 $v_{h2}=2$ 便士/小时，正常工作日之外的剩余价值率 $e=0.5$，劳动时间 $t=6$、6.5、7、…、16（小时），那么，由（6-11）式、（6-14）式，剩余价值 s、工资 v 与劳动时间 t 的关系，可以用表 6-2 表示。

表 6-2　　　　**剩余价值 s、工资 v 与劳动时间 t 的关系**

劳动时间 t（小时）	工资 v（便士）（$t_v<t\leqslant t_d$）	工资 v（便士）（$t>t_d$）	剩余价值 s（便士）（$t_v<t\leqslant t_d$）	剩余价值 s（便士）（$t>t_d$）
4.0	8		16	
4.5	9		18	
5.0	10		20	
5.5	11		22	
6.0	12		24	
6.5	13		26	
7.0	14		28	
7.5	15		30	
8.0	16		32	
8.5	17		34	
9.0	18		36	
9.5	19		38	

续表

劳动时间 t （小时）	工资 v （便士） ($t_v < t \leqslant t_d$)	工资 v （便士） ($t > t_d$)	剩余价值 s （便士） ($t_v < t \leqslant t_d$)	剩余价值 s （便士） ($t > t_d$)
10.0	20		40	
10.5	21		42	
11.0	22		44	
11.5	23		46	
12.0	24	24	48	48
12.5		26		49
13.0		28		50
13.5		30		51
14.0		32		52
14.5		34		53
15.0		36		54
15.5		38		55
16.0		40		56

表 6-2 表示的剩余价值 s、工资 v 与劳动时间 t 的关系，可以用图 6-2 表示。

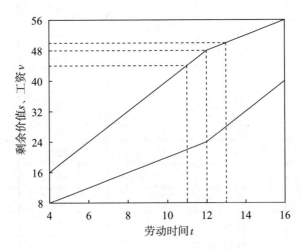

图 6-2　剩余价值 s、工资 v 与劳动时间 t 的关系

在图 6-2 中，下面的分段直线表示工资 v 与劳动时间 t 的关系，（12，24）点为斜率转折点。上面的分段直线表示剩余价值 s 与劳动时间 t 的关系，（12，48）点为斜率转折点。在（4，8）点与（12，24）点之间，表示正常工作日之内工资 v 与劳动时间 t 的关系，在（12，24）点与（16，40）点之间，表示正常工作日之外工资 v 与劳动时间 t 的关系。在（4，16）点与（12，48）点之间，表示正常工作日之内剩余价值 s 与劳动时间 t 的关系，在（12，48）点与（16，56）点之间，表示正常工作日之外剩余价值 s 与劳动时间 t 的关系。

由表 6-2 和图 6-2 可以看出，工资 v 是劳动时间 t 的连续的分段函数，剩余价值 s 也是劳动时间 t 的连续的分段函数。

在每一段中，工资 v 都是劳动时间 t 的单调递增的线性函数。同理，在每一段中，剩余价值 s 都是劳动时间 t 的单调递增的线性函数。当劳动时间 t 分别为 11，12，13（小时）时，剩余价值 s 分别为 44，48，50（便士）。

当劳动时间 t 比工作日 t_d 短时，工人每劳动一小时，工人得到 1/3 个劳动小时的工资，相当于 2 便士；资本家无偿地占有 2/3 个劳动小时，相当于 4 便士。当劳动时间 t 比工作日 t_d 长时，工人每劳动一小时，工人得到 2/3 个劳动小时的工资，相当于 4 便士；资本家无偿地占有 1/3 个劳动小时，相当于 2 便士。可见，虽然资本家为工人在正常工作日之外增加的劳动支付了额外的小时工资，但是，资本家仍然能够获得剩余价值。工人的劳动时间越长，资本家得到的剩余价值就越多。对于资本家来说，还有一个好处：延长劳动时间可以减少自己的固定资本闲置的时间，提高资本周转率。

令人感兴趣的是，在本例中，正常工作日之内的剩余价值率 $e=2$，必要劳动时间 $t_v=4$ 小时，如果资本家不是采用小时工资，而是采用日工资形式，那么，当劳动时间 $t=4$ 小时时，生产的剩余价值 $s=0$。如果资本家采用小时工资，那么，当劳动时间 $t=4$ 小时时，生产的剩余价值 $s=16$ 便士。这是因为，如果资本家采用小时工资，那么，工人每小时耗费的劳动都按照一定比例划分为必要劳动和剩余劳动，都生产剩余价值。在本例中，在正常工作日之内每小时耗费的劳动中，都包括 1/3 的必要劳动和 2/3 的剩余劳动，剩余价值率 $e=2$ 或 200%；在正常工作日之外每小时耗费的劳动中，都包括 2/3 的必要劳动和 1/3 的剩余劳动，剩余价值率 $e=0.5$ 或 50%。

综上所述，如果保证劳动时间达到正常工作日，那么，对于资本家来说，小时工资比日工资更灵活。

第三节　计件工资的数学分析

一、计件工资

计件工资是计时工资的转化形式，如同计时工资是劳动力的价值或价格的转化形式一样。

在一定劳动时间内，生产不同产品的数量不同。如果既不考虑就业率因素的影响，也不考虑劳动时间超过正常工作日的劳动力过度耗费的情况，那么，计件工资可以由计时工资转化得到。更具体地说，每一件第 i 种产品的计件工资，既可以由日工资转化得到，也可以由小时工资转化得到。由第六章（6-4）式，每一件第 i 种产品的计件工资为

$$v_i = \frac{v_d}{q_{di}} = \frac{v_d}{h_d q_{hi}} = \frac{v_h}{q_{hi}} \tag{6-15}$$

式中，v_i 为每一件第 i 种产品的计件工资（$i=1, 2, 3, \cdots, n$，共有 n 种产品），q_{di} 为一个工人每天生产的第 i 种产品的数量，q_{hi} 为一个工人每小时生产的第 i 种产品的数量，v_h 为小时工资，v_d 为日工资，h_d 为每天劳动的小时数。

由（6-15）式可以看出，每一件第 i 种产品的计件工资，与日工资 v_d 成正比，与一个工人每天生产的第 i 种产品的数量 q_{di} 成反比。每一件第 i 种产品的计件工资，与小时工资 v_h 成正比，与一个工人每小时生产的第 i 种产品的数量 q_{hi} 成反比。

更具体地说，每一件第 i 种产品的计件工资是日工资 v_d 的单调递增的线性函数，是一个工人每天生产的第 i 种产品的数量 q_{di} 的单调递减的倒数函数或双曲函数。每一件第 i 种产品的计件工资是小时工资 v_h 的单调递增的线性函数，是一个工人每小时生产的第 i 种产品的数量 q_{hi} 的单调递减的倒数函数或双曲函数。

如果工人的劳动时间不是一小时，或不是一个正常工作日，而是变化的时间，生产的产品数量随着劳动时间的变化等比例地变化，那么，工资与生产第 i 种产品的数量的关系，可以表示为

$$v = v_i q_i \tag{6-16}$$

式中，v 为生产第 i 种产品的工资，q_i 为生产第 i 种产品的数量。

二、剩余价值与计件工资的关系

由（6-15）式，生产每一件第 i 种产品创造的剩余价值，为每一件第 i 种产品的计件工资与剩余价值率之积。即

$$s_i = ev_i = \frac{ev_d}{q_{di}} = \frac{ev_d}{h_d q_{hi}} = \frac{ev_h}{q_{hi}} \qquad (6-17)$$

式中，s_i 为生产每一件第 i 种产品创造的剩余价值，e 为剩余价值率。

由（6-17）式可以看出，在日工资 v_d 确定的条件下，生产每一件第 i 种产品创造的剩余价值 s_i，不仅与剩余价值率 e 有关，而且与一个工人每一天生产的第 i 种产品的数量 q_{di} 有关。在日工资 v_d 确定的条件下，生产每一件第 i 种产品创造的剩余价值 s_i，不仅与剩余价值率 e 有关，而且与每天劳动的小时数 h_d、一个工人每小时生产的第 i 种产品的数量 q_{hi} 有关。在小时工资 v_h 确定的条件下，生产每一件第 i 种产品创造的剩余价值 s_i，不仅与剩余价值率 e 有关，而且与一个工人每小时生产的第 i 种产品的数量 q_{hi} 有关。

由（6-17）式，可以得到

$$h_d = \frac{q_{di}}{q_{hi}} \qquad (6-18)$$

（6-18）式表示，每天劳动的小时数 h_d 等于一个工人每天生产的第 i 种产品的数量 q_{di} 与一个工人每小时生产的第 i 种产品的数量 q_{hi} 之比。

由（6-17）式、（6-18）式，一个工人每天创造的剩余价值为

$$s = q_{di} s_i = ev_i q_{di} = ev_d = ev_h h_d \qquad (6-19)$$

式中，s 为一个工人每天创造的剩余价值。

由（6-19）式可以看出，一个工人每天创造的剩余价值 s，与一个工人每天生产的第 i 种产品的数量 q_{di} 成正比，与剩余价值率 e 成正比。一个工人每天生产的第 i 种产品的数量 q_{di}，不仅与劳动生产率有关，而且与工作日的长度或每天劳动的小时数 h_d 有关。当然，因为劳动生产率的提高要经历较长时期，所以，通常在劳动生产率确定的条件下，考察一个工人每天创造的剩余价值 s 与他每天生产的第 i 种产品的数量 q_{di} 的关系。

如果工人的劳动时间不是一小时，或不是一个正常工作日，那么，工人创造的剩余价值 s 与生产的第 i 种产品的数量的关系，可以表示为

$$s = ev = ev_i q_i \qquad (6-20)$$

三、剩余价值与计件工资的关系的数例

（一）《资本论》中剩余价值与计件工资的关系的数例

例如，如果普通工作日为 12 小时，其中 6 小时的劳动为有酬劳动，6 小时的劳动为无酬劳动，一个工作日的价值产品为 6 先令或 72 便士，一个劳动小时的价值产品为 6 便士，一个中等技术水平的工人以平均劳动强度每天生产 24 件产品，那么，扣除产品价值中包含的不变资本部分，每件产品价值（指活劳动创造的价值）为 3 便士，工人生产每件第 i 种产品的计件工资 $v_i = 1.5$ 便士，一个工人每小时生产的第 i 种产品的数量 $q_{hi} = 2$ 件，小时工资 $v_h = 3$ 便士，日工资 $v_d = 36$ 便士或 3 先令，一个工人每天创造的剩余价值 $s = 36$ 便士或 3 先令。

（二）产品数量连续增加的条件下，剩余价值、计时工资与劳动时间的关系的数例

如果资本家实行计件工资，单位劳动时间（每小时）创造的价值 $k_{vua} = 6$ 便士，正常工作日 $t_d = 12$ 小时，其中 4 小时的劳动为有酬劳动，8 小时的劳动为无酬劳动，一个中等技术水平的工人以平均劳动强度每天生产 24 件产品，一个工人每小时生产的第 i 种产品的数量 $q_{hi} = 2$ 件，每件产品中活劳动创造的价值为 3 便士，第 i 种产品的计件工资 $v_i = 1$ 便士/件，剩余价值率 $e = 2$，生产第 i 种产品的数量 $q_i = 0，2，4，\cdots，40$（件），那么，由（6-16）式、（6-20）式，剩余价值 s、工资 v 与产品数量 q_i 的关系，可以用表 6-3 表示。

表 6-3　　　　　　　剩余价值 s、工资 v 与产品数量 q_i 的关系

产品数量 q_i （件）	工资 v （便士）	剩余价值 s （便士）
0	0	0
2	2	4
4	4	8
6	6	12
8	8	16
10	10	20
12	12	24
14	14	28

续表

产品数量 q_i （件）	工资 v （便士）	剩余价值 s （便士）
16	16	32
18	18	36
20	20	40
22	22	44
24	24	48
26	26	52
28	28	56
30	30	60
32	32	64
34	34	68
36	36	72
38	38	76
40	40	80

表 6-3 表示的剩余价值 s、工资 v 与产品数量 q_i 的关系，可以用图 6-3 表示。

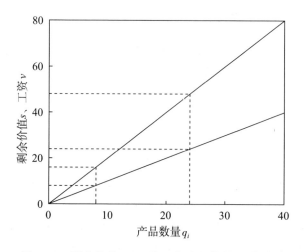

图 6-3　剩余价值 s、工资 v 与产品数量 q_i 的关系

在图 6-3 中，下面的直线表示工资 v 与产品数量 q_i 的关系，上面的直线表示剩余价值 s 与产品数量 q_i 的关系。

由表 6-3 和图 6-3 可以看出，工资 v 与剩余价值 s 都是产品数量 q_i 的单调递增的线性函数。当产品数量 q_i＝24 件时，工资 v＝24 便士，剩余价值 s＝48 便士；当产品数量 q_i＝8 件时，工资 v＝8 便士，剩余价值 s＝16 便士。

令人感兴趣的是，在本例中，生产 8 件产品要耗费 4 小时劳动，剩余价值率 e＝2，如果资本家不是采用计件工资，而是采用计时工资形式，并且支付日工资，那么，当工作日 t_d＝12 小时时，必要劳动时间为 4 小时，当劳动时间 t＝4 小时时，生产的剩余价值 s＝0。如果资本家采用计件工资，那么，当劳动时间 t＝4 小时时，生产的剩余价值 s＝16 便士。这是因为，如果资本家采用计件工资，那么，无论劳动时间多长，都有剩余价值，工人生产每件产品耗费的劳动都按照一定比例划分为必要劳动和剩余劳动，都生产剩余价值。在本例中，工人生产每件产品耗费的劳动都包括 1/3 的必要劳动和 2/3 的剩余劳动。

更令人感兴趣的是，既然资本家按照工人生产的产品数量支付工资，那么，他就不必为超过正常工作日的额外劳动时间支付额外报酬，也就是说，无论是正常工作日之内的劳动，还是正常工作日之外的劳动，只要生产的产品数量相同，资本家就支付相同的工资，当然，剩余价值率也相同。

四、计件工资是最适合资本主义生产方式的工资形式

由（6-15）式可以看出，既然计件工资是由计时工资转化而来，那么，无论资本家实行计件工资还是实行计时工资，对工人来说，得到的工资似乎应该相同。事实上，这两种工资形式仍然存在差别。

在资本家实行计时工资的情况下，似乎工人每个小时的劳动都得到工资，已经掩盖了全部劳动分为必要劳动与剩余劳动两部分的本质。在资本家实行计件工资的情况下，似乎工人出卖的劳动力的使用价值不是劳动力的职能即活劳动，而是物化在产品中的劳动，似乎这种劳动的价格由工人的工作效率决定，从而进一步掩盖了资本主义剥削的本质。

不是任何行业或部门都适宜实行计件工资。在某些生产过程中，一个工人一天能够生产多件同样质量的产品，例如，服装、鞋等产品的生产，这种行业或部门适宜实行计件工资。在某些生产过程中，由于技术原因，产品不能按件计算，或一个工人一天不能生产多件同样质量的产品，甚至

很多工人在比较长的时间内共同生产同一件产品，例如，建造楼房、造船、建造水电站、建造铁路、建造桥梁、建造码头、建造核电站等大工程，这种行业或部门不适宜实行计件工资，只能实行计时工资。

在既能够实行计时工资，也能够实行计件工资的很多行业中，两种工资形式并存。这说明，资本家实行哪种工资形式，取决于哪种工资形式更有利于资本主义生产的发展，取决于哪种工资形式能产生更多的剩余价值。

无论资本家实行哪种工资形式，也无论哪种工资形式更有利于资本主义生产的发展，都不能改变工资的本质。无论实行哪种工资形式，工人的劳动都分为必要劳动与剩余劳动两部分。

马克思认为，"在实行计时工资的情况下，不管是假定工人 6 小时为自己劳动，6 小时为资本家劳动，还是假定他每小时一半为自己劳动，一半为资本家劳动，都是没有区别的；同样在这里，不管是说每一件产品一半是有酬的，一半是无酬的，还是说 12 件产品的价格只是补偿劳动力的价值，而另外 12 件产品体现为剩余价值，也是没有区别的。"[①]

在实行计时工资的情况下，工人耗费的劳动量由生产持续的时间来计量。在实行计件工资的情况下，工人耗费的劳动量由生产的产品数量来计量。

从本质看，"超过必要劳动时间才开始生产剩余价值"的观点，与"每时每刻的劳动都创造剩余价值"的观点并不矛盾，生产每件产品的劳动都包含相同比例的必要劳动和剩余劳动。这里可以看到，后者能够更方便地解释计件工资。只要工人生产的产品数量能够得到维持生存的工资或生活资料，那么，资本家必然能够得到足够的剩余价值。

在能够实行计件工资的行业中，通常计件工资比计时工资更有利于资本主义剥削。

实行计件工资时，只有当体现在一个预先规定的商品量中的劳动时间才被承认为社会必要劳动时间，并支付相应的报酬。因此，计件工资提供了确定的计算劳动强度的尺度，避免了资本家与工人之间为生产某件产品的劳动是否等于一小时的劳动等问题发生争执。如果工人没有达到平均的工作效率，就会被解雇。

实行计件工资省去了资本家对劳动进行监督。劳动的质量或强度由合格的产品数量决定，也就是由工资形式本身来控制。计件工资形式构成现代家庭劳动的基础，也有利于实行层层剥削的包工制。资本家与工头签订按件计酬的合同，工头招募工人并向工人支付计件工资。资本对工人的剥削，通过工人对工人的剥削实现。

实行计件工资时，工人为了提高日工资或周工资，会更紧张地发挥自己的劳动力，提高劳动强度，主动延长工作日。因为在过度劳动的条件下，劳动力耗费的增长高于工资的增长，所以，即使计件工资保持不变，劳动强度提高、工作日延长、过度劳动，也表明劳动价格在下降。

在实行计时工资的情况下，通常对同样的职能，资本家支付同样的工资；在实行计件工资的情况下，由于不同工人的技能、体力、精力、耐力不同，生产的产品数量不同，他们的日工资或周工资也不同。实行计件工资加剧了工人之间的竞争。工人之间的竞争，一方面，把个别工资提高到平均工资水平以上；另一方面，把平均工资水平本身降低了。

这样，计件工资成了延长劳动时间和降低工资的手段。因此，计件工资是进行资本主义欺诈的最丰富的源泉，是最适合资本主义生产方式的工资形式。

受工厂法的约束，工作日的长度受到限制。实行计件工资，资本家可以绕开工厂法对工作日长度或对劳动的外延的限制，以提高劳动强度或增加劳动的内含的方式扩大工作日。

五、劳动生产率对计件工资的影响

（一）计件工资与劳动生产率的关系

计件工资是一种假象，掩盖了资本主义剥削的本质，似乎工人生产每件产品耗费的劳动都得到了足额的劳动报酬。

假设劳动力价值不变，单位劳动时间得到的工资就不变。随着某种产品的劳动生产率提高，生产每件这种产品耗费的劳动减少，生产这种产品的计件工资就会降低。

生产第 i 种产品的劳动生产率等于耗费单位劳动生产第 i 种产品的数量。即

$$p_{li} = \frac{q_{di}}{l_{di}} \qquad (6-21)$$

式中，p_{li} 为生产第 i 种产品的劳动生产率，q_{di} 为一个工人每天生产的第 i 种产品的数量，l_{di} 为一个工人每天生产的第 i 种产品耗费的劳动。

由（6-15）式、（6-21）式，每件第 i 种产品的计件工资为

$$v_i = \frac{v_d}{q_{di}} = \frac{v_d}{p_{li} l_{di}} \tag{6-22}$$

由 (6-22) 式可以看出，在日工资 v_d、一个工人每天生产的第 i 种产品耗费的劳动 l_{di} 不变的条件下，每件第 i 种产品的计件工资 v_i，为生产第 i 种产品的劳动生产率 p_{li} 的单调递减的倒数函数或双曲函数。

（二）《资本论》中计件工资与劳动生产率的关系的数例

如果 12 小时的日工资 $v_d = 3$ 先令或 36 便士，一个工人每天 12 小时的劳动生产的第 i 种产品的数量 $q_{di} = 24$ 件，那么，每件产品吸收了 1/2 个劳动小时，由 (6-22) 式，每件第 i 种产品的计件工资 $v_i = 1.5$ 便士。

如果劳动生产率提高一倍，一个工人每天 12 小时的劳动生产第 i 种产品的数量 $q_{di} = 48$ 件，那么，在其他条件不变的情况下，每件产品吸收了 1/4 个劳动小时，由 (6-22) 式，每件第 i 种产品的计件工资 v_i 降低到 3/4 便士。$v_d = q_{di} v_i = 48$ 件/天×3/4 便士/件＝36 便士/天或 3 先令/天。可见，日工资不变，即劳动力价值不变。

（三）劳动生产率连续变化的条件下，计件工资与劳动生产率的关系的数例

如果 12 小时的日工资 $v_d = 2$ 先令或 24 便士，一个工人每天 12 小时生产第 i 种产品耗费的劳动 $l_{di} = 12$ 劳动小时，生产第 i 种产品的劳动生产率（简称劳动生产率）$p_{li} = 5，6，7，\cdots，25$（件/小时）那么，由 (6-22) 式，每件第 i 种产品的计件工资（简称计件工资）v_i 与劳动生产率 p_{li} 的关系，可以用表 6-4 表示。

表 6-4　　　　　　计件工资 v_i 与劳动生产率 p_{li} 的关系

劳动生产率 p_{li} （件/小时）	计件工资 v_i （便士）	劳动生产率 p_{li} （件/小时）	计件工资 v_i （便士）
5	0.400 000 00	16	0.125 000 00
6	0.333 333 33	17	0.117 647 06
7	0.285 714 29	18	0.111 111 11
8	0.250 000 00	19	0.105 263 16
9	0.222 222 22	20	0.100 000 00
10	0.200 000 00	21	0.095 238 10
11	0.181 818 18	22	0.090 909 09
12	0.166 666 67	23	0.086 956 52

续表

劳动生产率 p_{li} （件/小时）	计件工资 v_i （便士）	劳动生产率 p_{li} （件/小时）	计件工资 v_i （便士）
13	0.153 846 15	24	0.083 333 33
14	0.142 857 14	25	0.080 000 00
15	0.133 333 33		

表 6-4 表示的计件工资 v_i 与劳动生产率 p_{li} 的关系，可以用图 6-4 表示。

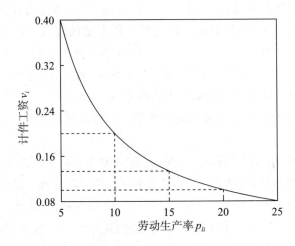

图 6-4　计件工资 v_i 与劳动生产率 p_{li} 的关系

由表 6-4 和图 6-4 可以看出，计件工资 v_i 是劳动生产率 p_{li} 的单调递减的倒数函数或双曲函数。该双曲线的水平渐近线为 $v_i=0$，该双曲线的垂直渐近线为 $p_{li}=0$。

当劳动生产率 p_{li} 分别为 5，10，15，20，25（件/小时）时，计件工资 v_i 分别为 0.4，0.2，0.133 333 33，0.1，0.08（便士）。

由表 6-4 和图 6-4 可以看出，当劳动生产率 p_{li} 从 5 件/小时提高到 25 件/小时时，劳动生产率 p_{li} 是原来的 5 倍，计件工资 v_i 从 0.4 便士降低到 0.08 便士，计件工资 v_i 降低到原来的 1/5。

因此，生产一种产品的劳动生产率以什么比例提高，这种产品的计件工资就以同一比例降低。

六、计件工资的假象

马克思认为,"计件工资的下降是与同一时间内所生产的产品件数的增加成比例的,从而,是与耗费在同一件产品上的劳动时间的减少成比例的。计件工资的这种变动虽然纯粹是名义上的,但也会引起资本家和工人之间的经常不断的斗争:或者是因为资本家以此为借口来实际降低劳动的价格,或者是因为在劳动生产力提高的同时也提高了劳动强度;或者是因为工人当真看待计件工资的假象,认为被支付的是他的产品,而不是他的劳动力,因此反对在商品的出售价格没有相应地降低的情况下降低工资。"①

工人得到的计件工资不是生产这件产品耗费的全部活劳动创造的价值,而只是其中的必要劳动创造的价值。如果全社会的大多数企业的劳动生产率没有普遍地提高,而只是生产一种产品的一个企业的劳动生产率提高,那么,工人维持生活必需的生活资料的价值不变,劳动力价值不变,在全部活劳动创造的价值中必要劳动创造的价值的比例不变,单位时间内工人的劳动得到的工资就不变。

生产一种产品的劳动生产率提高,只能降低生产每件这种产品耗费的活劳动创造的价值,在剩余价值率不变的条件下,生产每件这种产品的计件工资降低。

只有将计件工资还原为计时工资,将工人每时每刻耗费的劳动都划分为必要劳动与剩余劳动,从而将生产每件商品耗费的劳动都划分为必要劳动与剩余劳动,才能揭露计件工资的假象。

第四节 工资的国民差异

不同国家的国民工资存在差异。不同国家的商品在世界市场上交易,不同国家的工人生产的相同数量和质量的产品,被承认为相同的劳动。因为计件工资本身已经反映了劳动生产率和劳动内含量(劳动强度)的尺度,所以,计时工资必须换算为计件工资。

马克思认为,"在比较国民工资时,必须考虑到决定劳动力的价值量的变化的一切因素:自然的和历史地发展起来的首要的生活必需品的价格

---

① 马克思恩格斯全集:第23卷. 中文1版. 北京:人民出版社,1972;611.

和范围，工人的教育费，妇女劳动和儿童劳动的作用，劳动生产率，劳动的外延量和内含量。即使作最肤浅的比较，首先也要求把不同国家同一行业的平均日工资化为长度相等的工作日。在对日工资作了这样换算以后，还必须把计时工资换算为计件工资，因为只有计件工资才是计算劳动生产率和劳动内含量的尺度。"①

不同国家的中等劳动强度不同。在相同时间内，高强度国民劳动比低强度国民劳动生产更多价值，表现为更多货币。

在国际贸易中，价值规律仍然成立，但是，会由于一些原因发生变化。商品交换比例不仅取决于劳动强度。在相同的劳动时间内，较高劳动生产率的劳动与较高强度的劳动都能生产较多产品。因此，只要竞争没有迫使劳动生产率较高的国家将它们的商品价格降低到商品价值的程度，在世界市场上，较高劳动生产率的国民劳动，通常被视为较高强度的劳动。

发达的资本主义国家的国民劳动的强度和劳动生产率高于国际平均水平，在相同的劳动时间内生产的同种商品数量多，具有较高的国际价值，表现为较高的价格。资本主义生产方式发达的国家的货币的相对价值，低于资本主义生产方式不发达的国家的货币的相对价值。因此，发达国家的名义工资高于不发达国家的名义工资。但是，发达国家的劳动强度和劳动生产率高于不发达国家的劳动强度和劳动生产率，同时，发达国家的剩余价值率高于不发达国家的剩余价值率。

英国在东欧和亚洲承包过铁路建筑工程的一些公司，不仅雇用当地工人，而且雇用一定数量的英国工人。这些公司根据自己的经验知道，工资水平与劳动强度基本上相符的，但是，劳动的相对价格（同产品相比较的价格）的变动方向相反，也就是说，英国工人的劳动强度和工资都比当地工人的高，但是，英国工人的工资与他们生产的产品的价格的比例低，从而与剩余价值的比例低。

资产阶级经济学家亨·凯里依据工资的这种国民差异的国际对比试图证明，工资与劳动生产率成正比。马克思关于剩余价值生产的全部分析，证明亨·凯里的这个推论是荒谬的。

在任何一个国家内，劳动生产率越高，单位产品的价值越低，劳动力价值越低，工资越低。工资与劳动生产率成反比，而不是成正比。

---

①　马克思恩格斯全集：第 23 卷. 中文 1 版. 北京：人民出版社，1972：613.

第七章　资本的积累过程的数学分析

　　资本运动的第一阶段，将货币资本转化为生产资料和劳动力，这个运动在流通领域内进行。资本运动的第二阶段，劳动与生产资料结合，进行生产，当劳动力耗费完毕，生产资料转化为商品时，生产过程结束，如果忽略固定资本，那么，生产的商品的价值等于原预付资本价值与剩余价值之和。资本运动的第三阶段，生产出来的商品必须再投入流通领域，出售这些商品，将商品的价值实现为货币。货币再次转化为资本，资本周而复始地不断运动，这种连续不断的运动和循环，形成资本流通。

　　资本家从工人身上榨取到的剩余价值，要在全体产业资本家、执行其他职能的资本家、土地所有者之间进行分配。

　　马克思认为，"生产剩余价值即直接从工人身上榨取无酬劳动并把它固定在商品上的资本家，是剩余价值的第一个占有者，但决不是剩余价值的最后所有者。以后他还必须同在整个社会生产中执行其他职能的资本家，同土地所有者等等，共同瓜分剩余价值。因此，剩余价值分为各个不同的部分。它的各部分归不同类的人所有，并具有不同的、互相独立的形式，如利润、利息、商业利润、地租等等。"[①]

　　这里假定，一方面，资本按正常的方式进行流通过程，不研究资本在流通领域里的新形式，不研究实现再生产的具体条件；另一方面，资本家作为全部剩余价值的所有者，或当作所有参加分赃的人的总代表。这里，将积累视为直接生产过程的一个要素，对积累过程进行纯粹的分析，暂时抛开掩盖它的一切现象。

---

　　① 马克思恩格斯全集：第23卷. 中文1版. 北京：人民出版社，1972：619－620.

第一节　简单再生产的数学分析

一、简单再生产

马克思认为，"不管生产过程的社会形式怎样，它必须是连续不断的，或者说，必须周而复始地经过同样一些阶段。一个社会不能停止消费，同样，它也不能停止生产。因此，每一个社会生产过程，从经常的联系和它不断更新来看，同时也就是再生产过程。生产的条件同时也就是再生产的条件。任何一个社会，如果不是不断地把它的一部分产品再转化为生产资料或新生产的要素，就不能不断地生产，即再生产。在其他条件不变的情况下，社会在例如一年里所消费的生产资料，即劳动资料、原料和辅助材料，只有在实物形式上为数量相等的新物品所替换，社会才能在原有的规模上再生产或保持自己的财富，这些新物品要从年产品总量中分离出来，重新并入生产过程。因此，一定量的年产品是属于生产的。"①

就实物形式来说，能够作为生产资料的产品中的大部分，只能作为生产资料用于生产消费，不能用于生活消费，只有其中很少一部分产品，既能够作为生产资料，也能够作为生活消费资料。

在资本主义生产过程中，劳动过程只是价值增殖的手段，再生产过程也只表现为不断重复的价值自行增殖的手段，即不断地生产剩余价值。如果每次再生产过程中产生的剩余价值全部成为资本家的生活消费基金，那么，这种再生产就是简单再生产。

虽然在理论上假设资本家用预付资本中的一部分购买生产资料，用预付资本中的另外一部分购买劳动力，但是，在现实经济活动中，只有在工人的劳动力发挥了作用，生产出商品的价值和其中包括的剩余价值之后，才能够得到报酬。因此，工人不仅生产了暂时视为资本家的生活消费基金的剩余价值，而且生产了付给自己的报酬的基金或可变资本。只有工人不断地再生产资本家的生活消费基金，他才可能被雇用。

在一切社会生产制度下，维持和再生产劳动者必需的生活资料基金或劳动基金，都由劳动者本身生产和再生产。在资本主义生产制度下，可变资本成为雇佣劳动者生产这种基金的一种特殊的历史表现形式。

---

① 马克思恩格斯全集：第 23 卷. 中文 1 版. 北京：人民出版社，1972：621.

二、资本家消费掉自己的预付资本的生产周期

如果一个资本家拥有资本 C，其中，不变资本为 c，可变资本为 v，这些资本在每个生产周期（例如每年）得到的剩余价值为 s，这些剩余价值 s 被资本家作为自己的生活消费基金全部消费掉，n_1 个生产周期（例如 n_1 年）生产的剩余价值 $n_1 s$，正好等于这个资本家拥有的资本 C，那么，在不考虑固定资本的条件下，n_1 个生产周期（n_1 年）之后，相当于他的预付资本 C 被自己全部消费掉。

n_1 个生产周期（n_1 年）生产的剩余价值与资本家的预付资本的关系，可以表示为

$$n_1 s = C = c + v \qquad\qquad (7-1)$$

式中，n_1 为生产周期，s 为每个生产周期（或每年）得到的剩余价值，C 为预付资本，c 为不变资本，v 为可变资本。

由（7-1）式，资本家全部消费掉自己的预付资本的生产周期为

$$n_1 = \frac{C}{s} = \frac{c+v}{s} \qquad\qquad (7-2)$$

如果一个资本家拥有 1 000 镑资本，每年资本循环一次，为他创造 200 镑剩余价值，这 200 镑剩余价值被资本家作为自己的生活消费基金消费掉，那么，由（7-2）式，5 个生产周期（5 年）之后，消费的剩余价值为 1 000 镑，相当于他的 1 000 镑预付资本被自己全部消费掉。

如果每个生产周期（例如每年）生产的剩余价值的一部分，作为生活消费基金被资本家自己消费掉的剩余价值占生产的剩余价值的比例为 b，那么，在不考虑固定资本的条件下，n_2 个生产周期（n_2 年）之后，相当于他的预付资本 C 被自己全部消费掉。

n_2 个生产周期（n_2 年）生产的剩余价值与资本家的预付资本的关系，可以表示为

$$n_2 b s = C = c + v \qquad\qquad (7-3)$$

式中，n_2 为生产周期，b 为作为生活消费基金被资本家消费掉的剩余价值的比例。

由（7-3）式，资本家全部消费掉自己的预付资本的生产周期为

$$n_2 = \frac{C}{bs} = \frac{c+v}{bs} \qquad\qquad (7-4)$$

如果一个资本家拥有 1 000 镑资本，每年资本循环一次，为他创造 200 镑剩余价值，这 200 镑剩余价值的一半被资本家作为自己的生活消费基金消费掉，那么，由（7-4）式，10 个生产周期（10 年）之后，消费的剩余价值为 1 000 镑，相当于他的 1 000 镑预付资本被自己全部消费掉。

如果剩余价值的 1/3 被资本家作为自己的生活消费基金消费掉，那么，15 个生产周期（15 年）之后，相当于他的 1 000 镑预付资本被自己全部消费掉。

由（7-3）式或（7-4）式可以看出，无论是否考虑固定资本，资本家全部消费掉自己的预付资本的生产周期，都取决于两个因素：第一，在预付资本确定的条件下的剩余价值，或剩余价值与预付资本的比例；第二，作为生活消费基金被资本家消费掉的剩余价值的比例。

值得注意的是，在（7-3）式或（7-4）式中，以及相应的数例中，只考虑了资本家的生活消费对资本家全部消费掉自己的预付资本的生产周期 n_2 的影响，没有考虑一部分剩余价值转化为追加的资本，从而增大资本额和增加每个生产周期生产的剩余价值的影响。可以认为，没有作为生活消费基金被资本家消费掉的那部分剩余价值，尚处于积累货币资本阶段，但是还没有达到能够转化为追加实物资本的阶段。如果考虑一部分剩余价值转化为追加资本，这些追加资本为资本家带来追加的剩余价值，那么，资本家全部消费掉自己的预付资本的时间，将比（7-4）式表示的时间更短。

这里没有考察在劳动因素之外加入资本因素对剩余价值分配的影响[①]，更没有考察同时加入资本和土地因素对剩余价值分配的影响。[②] 因为这些影响属于剩余价值分配的范畴，也就是属于《资本论》（第三卷）考察的问题，这里不作考察。这里只考察资本直接生产过程中各种经济变量对剩余价值的影响。

三、资本家消费掉自己的预付资本的生产周期的数例

为了简化分析，这里只分析最基本的因素对资本家全部消费掉自己的预付资本的生产周期的影响，忽略赠与、地租、税负等属于剩余价值分配的范畴的因素的影响，也忽略一部分剩余价值转化为追加的资本的因素的影响。剩余价值转化为追加的资本的问题，将在下一节考察。

---

① 沈民鸣. 资本主义生产总过程的数学分析. 北京：经济科学出版社，2009；沈民鸣. 价值形. 第一、二、三卷. 北京：中国人民大学出版社，2014.

② 沈民鸣. 二元价值转形：第一、二、三卷. 北京：中国人民大学出版社，2015；沈民鸣. 利润率下降与价值转形：第一、二、三卷. 北京：中国人民大学出版社，2017.

如果一个资本家拥有资本 $C=1\,000$ 镑，每年资本循环一次，作为生活消费基金被资本家消费掉的剩余价值的比例（简称消费剩余价值的比例）$b=25\%$，50%，75%，100%，每年得到的剩余价值（简称年剩余价值）$s=50$，60，70，$\cdots$，250（镑/年），那么，由（7-4）式，资本家全部消费掉自己的预付资本的生产周期（简称生产周期）n_2 与消费剩余价值的比例 b、年剩余价值 s 的关系，可以用表 7-1 表示。

表 7-1　　生产周期 n_2 与消费剩余价值的比例 b、年剩余价值 s 的关系

年剩余价值 s（镑/年）	生产周期 n_2（年）			
	$b=25\%$	$b=50\%$	$b=75\%$	$b=100\%$
50	80.000 00	40.000 00	26.666 67	20.000 00
60	66.666 67	33.333 33	22.222 22	16.666 67
70	57.142 86	28.571 43	19.047 62	14.285 71
80	50.000 00	25.000 00	16.666 67	12.500 00
90	44.444 44	22.222 22	14.814 81	11.111 11
100	40.000 00	20.000 00	13.333 33	10.000 00
110	36.363 64	18.181 82	12.121 21	9.090 91
120	33.333 33	16.666 67	11.111 11	8.333 33
130	30.769 23	15.384 62	10.256 41	7.692 31
140	28.571 43	14.285 71	9.523 81	7.142 86
150	26.666 67	13.333 33	8.888 89	6.666 67
160	25.000 00	12.500 00	8.333 33	6.250 00
170	23.529 41	11.764 71	7.843 14	5.882 35
180	22.222 22	11.111 11	7.407 41	5.555 56
190	21.052 63	10.526 32	7.017 54	5.263 16
200	20.000 00	10.000 00	6.666 67	5.000 00
210	19.047 62	9.523 81	6.349 21	4.761 90
220	18.181 82	9.090 91	6.060 61	4.545 45
230	17.391 30	8.695 65	5.797 10	4.347 83
240	16.666 67	8.333 33	5.555 56	4.166 67
250	16.000 00	8.000 00	5.333 33	4.000 00

表 7-1 表示的生产周期 n_2 与消费剩余价值的比例 b、年剩余价值 s 的关系，可以用图 7-1 表示。

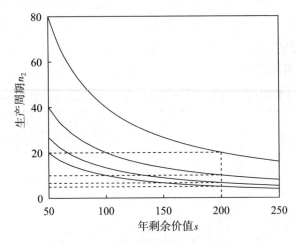

图 7-1　生产周期 n_2 与消费剩余价值的比例 b、年剩余价值 s 的关系

在图 7-1 中，从上至下四条曲线分别表示消费剩余价值的比例 $b=$ 25%，50%，75%，100% 的条件下，生产周期 n_2 与年剩余价值 s 的关系。

由表 7-1 和图 7-1 可以看出，消费剩余价值的比例 $b=25\%$，50%，75%，100% 的条件下，生产周期 n_2 均为年剩余价值 s 的单调递减的倒数函数或双曲函数。这四条双曲线共同的水平渐近线为 $n_2=0$，共同的垂直渐近线为 $s=0$。

在年剩余价值 $s=200$ 镑/年的条件下，如果消费剩余价值的比例 $b=$ 25%，那么，生产周期 $n_2=20$ 年；如果消费剩余价值的比例 $b=50\%$，那么，生产周期 $n_2=10$ 年；如果消费剩余价值的比例 $b=75\%$，那么，生产周期 $n_2=6.666\,67$ 年；如果消费剩余价值的比例 $b=100\%$，那么，生产周期 $n_2=5$ 年。与《资本论》中得到的结果一致。[①]

可见，在资本家的预付资本确定的条件下，作为生活消费基金被资本家消费掉的剩余价值的比例越高，资本家全部消费掉自己的预付资本的生产周期越短，二者反方向变化。每年得到的剩余价值越多，资本家全部消费掉自己的预付资本的生产周期越短，二者同样反方向变化。

这里没有考虑一部分剩余价值转化为追加的资本的影响。这个问题将在下一节考察。

---

① 马克思恩格斯全集：第 23 卷. 中文 1 版. 北京：人民出版社，1972：625.

四、资本家的全部资本和生活消费基金来自雇佣劳动者的剩余劳动

在资本家看来，生产过程保存了自己原来的资本价值，他作为生活消费基金消费的生活资料是工人的无酬劳动的产品或剩余价值。但是，从简单再生产的观点来看，这种看法是完全错误的。

无论资本家原来的全部资本是多少，经过若干生产周期或若干年以后，他不付等价物占有的剩余价值额，或他消费的生活资料的价值额，必然等于原有的资本价值。虽然这个资本家仍然拥有数量没有改变的资本，其中一部分为厂房、机器等固定资本形式的生产资料，但是，这里的问题不在于资本的物质，而在于资本的价值。

资本家已经将自己的预付资本等价物消费掉了，那么，现存的资本价值代表他无偿占有的剩余价值额。他的原有资本已经不存在了。

马克思认为，"撇开一切积累不说，生产过程的单纯连续或者说简单再生产，经过一个或长或短的时期以后，必然会使任何资本都转化为积累的资本或资本化的剩余价值。即使资本在进入生产过程的时候是资本使用者本人挣得的财产，它迟早也要成为不付等价物而被占有的价值，成为别人无酬劳动的货币形式或其他形式的化身。"[1]

因此，资本家的全部资本和生活消费基金来自雇佣劳动者的剩余劳动。

五、工人的消费从属于资本主义再生产过程，为资本家的价值增殖服务

工人的消费包括生产消费和个人生活消费。从现象来看，工人的个人生活消费执行生活职能，属于工人自己，似乎是一种与资本主义生产过程无关的消耗。但是，从本质来看，也就是从在社会范围内不断进行的资本主义生产过程来看，情况就不同了。一方面，工人的个人生活消费是生活资料生产部门的产品实现和价值增殖的一个条件，生活资料生产部门的生产消费又是生产资料生产部门的产品实现和价值增殖的一个条件。另一方面，工人对生活资料的消费、维持自己的生存和繁殖后代，是为了再生产工人的劳动能力，是为资本家源源不断地提供可供资本重新剥削的劳动力，如同为蒸汽机添煤加水、为机轮上油一样。

因此，工人的个人生活消费是资本主义生产和再生产的一个要素，是

———————————
① 马克思恩格斯全集：第23卷. 中文1版. 北京：人民出版社，1972：625.

资本家实现价值增殖的必要条件。

在资本主义生产过程中，一方面，生产出商品和剩余价值；另一方面，再生产出劳动力与劳动条件的分离，并使这种分离固定化、永久化。资本主义生产方式迫使工人为了生存而出卖自己的劳动力，使资本家为了发财致富而购买劳动力。资本主义再生产过程，不断地将工人当作自己劳动力的卖者重新投回商品市场，又将工人自己的产品不断地变为资本家的购买手段。

正如马克思所说，"把资本主义生产过程联系起来考察，或作为再生产过程来考察，它不仅生产商品，不仅生产剩余价值，而且还生产和再生产资本关系本身：一方面是资本家，另一方面是雇佣工人。"①

第二节　剩余价值转化为资本的数学分析

一、规模扩大的资本主义生产过程。商品生产 所有权规律转变为资本主义占有规律

（一）扩大再生产过程

前面考察了剩余价值如何从资本产生，这里考察资本如何从剩余价值产生。将一部分剩余价值转化为资本，称为资本积累。

马克思以一个简化的数例，从单个资本家的角度解释剩余价值转化为资本的过程。如果一个纱厂主预付 10 000 镑资本，其中 4/5 为不变资本，其余 1/5 为可变资本，购买棉花、机器等用去 8 000 镑，支付工资用去 2 000 镑，每年生产棉纱 240 000 磅，价值 12 000 镑，每磅棉纱价值 0.05 磅，剩余价值率为 100%，那么，剩余价值为 2 000 镑，剩余价值占产品总价值的 1/6，剩余产品或纯产品为 40 000 磅棉纱，剩余产品占总产品的 1/6。产品出售之后，资本家除了收回货币形式的 10 000 镑预付资本，还得到货币形式的 2 000 镑剩余价值。如果纱厂主在第二次生产过程中将新增加的 2 000 镑货币转变为生产资本，那么，他的资本增大到 12 000 镑，不变资本与可变资本的比例不变，剩余价值率也不变，在第二次生产过程结束时，这个资本家得到 2 400 镑剩余价值。也就是说，新增加的 2 000 镑资本，按照原来的比例为纱厂主增加了 400 镑剩余价值。在第三次生产

---

① 马克思恩格斯全集：第 23 卷. 中文 1 版. 北京：人民出版社，1972：634.

过程中，他可以重复上述过程，400 镑剩余价值又资本化，变成第二个追加资本，第二个追加资本 400 镑又带来 80 镑新的剩余价值，依此类推。这个纱厂主的资本越来越多，剩余价值也越来越多。

当然，这是一个简化的数例，该数例只考察了资本家的资本如何来源于剩余价值，没有考虑资本家的生活消费资料也来源于剩余价值。前面对简单再生产的考察，只考察了资本家的生活消费资料如何来源于剩余价值，没有考察资本家的资本也来源于剩余价值。

在现实经济活动中，资本家总是将得到的一部分剩余价值用于他的生活消费，另外一部分剩余价值转化为增加的资本。

如果资本家将得到的全部包含剩余价值的纯产品或剩余产品，作为他们的消费基金的物品，那么，剩余价值就会被挥霍殆尽，只能按照原来的生产规模进行简单再生产。

如果要进行积累，那么，就必须把一部分剩余产品转化为资本。能够转化为资本的剩余产品，必须为追加的生产资料和追加的工人用以维持生存的生活资料等可使用的物品。奢侈品不能用于资本积累。一部分剩余价值转变为资本，实现了积累，资本主义再生产过程就成为资本的规模不断扩大的再生产。

资本家要将货币形式的原来数量的资本价值和由剩余价值转化来的新的资本价值再次投入生产过程，扩大生产规模，他必须在市场上购买到相应的生产资料和劳动力。对于全体资本家来说，在市场上能否都购买到所需要的生产资料和劳动力，取决于总产品的物质构成。一个社会的全部年产品有什么用途，取决于它本身的物质构成，取决于生产过程，不取决于流通过程。社会总产品的价值分解为补偿原来数量的不变资本价值和可变资本价值、追加的不变资本价值和可变资本价值、资本家的生活资料价值。社会总产品的物质构成必须与总价值构成相适应。

（二）第 t 期生产过程与资本积累过程

如果剩余价值率不变，剩余价值中用于资本家生活消费的部分与用于追加资本的部分的比例不变，追加的不变资本与追加的可变资本的比例，等于原来的不变资本与可变资本的比例，生产过程需要的生产资料和劳动力可以通过市场得到，生产的商品可以全部售出，没有剩余，即价值补偿和实物补偿条件同时满足，那么，第 t 期的资本分割为不变资本、可变资本的关系可以表示为

$$C_t = c_t + v_t = kv_t + v_t = (k+1)v_t \qquad (7-5)$$

式中，C_t 为第 t 期的资本，$t=1$，2，3，…，n，c_t 为第 t 期的不变资本，v_t 为第 t 期的可变资本，k 为资本有机构成。

第 t 期的产品价值与不变资本、可变资本、剩余价值的关系可以表示为

$$w_t = c_t + v_t + s_t = kv_t + v_t + ev_t$$
$$= (k+1+e)v_t = \frac{(k+1+e)C_t}{k+1} \tag{7-6}$$

式中，w_t 为第 t 期的产品价值，s_t 为第 t 期的剩余价值，e 为剩余价值率。

第 t 期生产过程结束后，剩余价值 s_t 分解为

$$s_t = s_{s,t} + s_{c,t} + s_{v,t} = (1-a)s_t + \frac{aks_t}{k+1} + \frac{as_t}{k+1} \tag{7-7}$$

式中，$s_{s,t}$ 为第 t 期的剩余价值中用于资本家的生活消费的部分，$s_{c,t}$ 为第 t 期的剩余价值中用于追加不变资本的部分，$s_{v,t}$ 为第 t 期的剩余价值中用于追加可变资本的部分，a 为工人创造的剩余价值中用于追加资本的比例，即积累率。

如果社会资本再生产是外延扩大再生产，那么，第 $t+1$ 期追加资本的有机构成等于原来的资本有机构成。即

$$\frac{s_{c,t}}{s_{v,t}} = \frac{c_t}{v_t} = k \tag{7-8}$$

第 t 期的剩余价值与资本之比为

$$\frac{s_t}{C_t} = \frac{s_t}{c_t + v_t} = \frac{ev_t}{kv_t + v_t} = \frac{e}{k+1} \tag{7-9}$$

第 t 期的产品价值与资本之比为

$$\frac{w_t}{C_t} = \frac{c_t + v_t + s_t}{c_t + v_t} = \frac{kv_t + v_t + ev_t}{kv_t + v_t} = \frac{k+1+e}{k+1} \tag{7-10}$$

第 t 期的资本家的生活消费部分与资本之比为

$$\frac{s_{s,t}}{C_t} = \frac{(1-a)s_t}{c_t + v_t} = \frac{(1-a)ev_t}{kv_t + v_t} = \frac{(1-a)e}{k+1} \tag{7-11}$$

当一部分剩余价值转变为追加的资本后，第 t 期的产品价值构成关系可以表示为

$$w_t = c_t + v_t + s_t = (c_t + s_{c,t}) + (v_t + s_{v,t}) + s_{s,t}$$

$$= \left(c_t + \frac{aks_t}{k+1}\right) + \left(v_t + \frac{as_t}{k+1}\right) + (1-a)s_t$$

$$= \left(kv_t + \frac{akev_t}{k+1}\right) + \left(v_t + \frac{aev_t}{k+1}\right) + (1-a)ev_t$$

$$= \left(k + \frac{ake}{k+1}\right)\frac{C_t}{k+1} + \left(1 + \frac{ae}{k+1}\right)\frac{C_t}{k+1} + \frac{(1-a)eC_t}{k+1} \tag{7-12}$$

在（7-12）式中，等式右边第一项为新形成的不变资本，第二项为新形成的可变资本，第三项为资本家用于生活消费的部分。第一项的物质形式由生产资料构成，第二项与第三项的物质形式由生活资料构成。实现社会资本扩大再生产的条件是：一部分剩余价值能够转变为追加的资本，为此，第 t 期全社会生产的生产资料与生活资料的价值构成比例，必须满足（7-12）式决定的价值构成比例，物质构成比例必须与价值构成比例相适应。

（三）第 $t+1$ 期生产过程与资本积累过程

在第 $t+1$ 期的生产开始时，资本分割为不变资本、可变资本的关系，可以表示为

$$C_{t+1} = c_{t+1} + v_{t+1} = (c_t + s_{c,t}) + (v_t + s_{v,t}) \tag{7-13}$$

式中，C_{t+1} 为第 $t+1$ 期的资本，c_{t+1} 为第 $t+1$ 期的不变资本，v_{t+1} 为第 $t+1$ 期的可变资本。

由（7-13）式可以看出，追加的资本与第 t 期的预付资本已经融合为第 $t+1$ 期的新资本。

由（7-9）式、（7-12）式、（7-13）式，第 $t+1$ 期的新资本与第 t 期的原有资本的关系可以表示为

$$C_{t+1} = c_t + v_t + s_{c,t} + s_{v,t} = c_t + v_t + \frac{aks_t}{k+1} + \frac{as_t}{k+1}$$

$$= C_t + \frac{aeC_t}{k+1} = \left(1 + \frac{ae}{k+1}\right)C_t \tag{7-14}$$

如果令（7-6）式中的 t 变为 $t+1$，那么，第 $t+1$ 期的产品价值与不变资本、可变资本、剩余价值的关系可以表示为

$$w_{t+1} = c_{t+1} + v_{t+1} + s_{t+1} = kv_{t+1} + v_{t+1} + ev_{t+1}$$

$$= (k+1+e)v_{t+1} = \frac{(k+1+e)C_{t+1}}{k+1} \tag{7-15}$$

式中，w_{t+1} 为第 $t+1$ 期的产品价值，s_{t+1} 为第 $t+1$ 期的剩余价值。

如果令（7-7）式中的 t 变为 $t+1$，那么，第 $t+1$ 期生产过程结束后，剩余价值 s_{t+1} 分解为

$$s_{t+1} = s_{s,t+1} + s_{c,t+1} + s_{v,t+1} = (1-a)s_{t+1} + \frac{aks_{t+1}}{k+1} + \frac{as_{t+1}}{k+1}$$

$$(7-16)$$

式中，$s_{s,t+1}$ 为第 $t+1$ 期的剩余价值中用于资本家的生活消费的部分，$s_{c,t+1}$ 为第 $t+1$ 期的剩余价值中用于追加不变资本的部分，$s_{v,t+1}$ 为第 $t+1$ 期的剩余价值中用于追加可变资本的部分。

如果令（7-8）式中的 t 变为 $t+1$，那么，第 $t+1$ 期追加资本的有机构成等于原来的资本有机构成。即

$$\frac{s_{c,t+1}}{s_{v,t+1}} = \frac{s_{c,t}}{s_{v,t}} = \frac{c_t}{v_t} = k \qquad (7-17)$$

如果令（7-9）式中的 t 变为 $t+1$，那么，第 $t+1$ 期的剩余价值与资本之比为

$$\frac{s_{t+1}}{C_{t+1}} = \frac{s_{t+1}}{c_{t+1} + v_{t+1}} = \frac{ev_{t+1}}{kv_{t+1} + v_{t+1}} = \frac{e}{k+1} \qquad (7-18)$$

如果令（7-10）式中的 t 变为 $t+1$，那么，第 $t+1$ 期的产品价值与资本之比为

$$\frac{w_{t+1}}{C_{t+1}} = \frac{c_{t+1} + v_{t+1} + s_{t+1}}{c_{t+1} + v_{t+1}} = \frac{kv_{t+1} + v_{t+1} + ev_{t+1}}{kv_{t+1} + v_{t+1}} = \frac{k+1+e}{k+1}$$

$$(7-19)$$

如果令（7-11）式中的 t 变为 $t+1$，那么，第 $t+1$ 期的资本家的生活消费部分与资本之比为

$$\frac{s_{s,t+1}}{C_{t+1}} = \frac{(1-a)s_{t+1}}{c_{t+1} + v_{t+1}} = \frac{(1-a)ev_{t+1}}{kv_{t+1} + v_{t+1}} = \frac{(1-a)e}{k+1} \qquad (7-20)$$

当一部分剩余价值转变为追加的资本，如果令（7-12）式中的 t 变为 $t+1$，那么，第 $t+1$ 期的产品价值构成关系可以表示为

$$w_{t+1} = c_{t+1} + v_{t+1} + s_{t+1} = (c_{t+1} + s_{c,t+1}) + (v_{t+1} + s_{v,t+1}) + s_{s,t+1}$$

$$= \left(c_{t+1} + \frac{aks_{t+1}}{k+1}\right) + \left(v_{t+1} + \frac{as_{t+1}}{k+1}\right) + (1-a)s_{t+1}$$

$$= \left(kv_{t+1} + \frac{akev_{t+1}}{k+1}\right) + \left(v_{t+1} + \frac{aev_{t+1}}{k+1}\right) + (1-a)ev_{t+1}$$

$$= \left(k + \frac{ake}{k+1}\right)\frac{C_{t+1}}{k+1} + \left(1 + \frac{ae}{k+1}\right)\frac{C_{t+1}}{k+1} + \frac{(1-a)eC_{t+1}}{k+1}$$

$$(7-21)$$

在（7-21）式中，等式右边第一项为新形成的不变资本，第二项为新形成的可变资本，第三项为资本家用于生活消费的部分。第一项的物质形式由生产资料构成，第二项与第三项的物质形式由生活资料构成。实现社会资本扩大再生产的条件是：一部分剩余价值能够转变为追加的资本，为此，第 $t+1$ 期全社会生产的生产资料与生活资料的价值构成比例，必须满足（7-21）式决定的价值构成比例，物质构成比例必须与价值构成比例相适应。

（四）多次扩大再生产之后的资本、剩余价值、产品价值、累计的剩余价值总和

上述过程重复 n 次，由（7-14）式，第 $t+n$ 期的新资本与第 t 期的资本的关系可以表示为

$$C_{t+n} = \left(1 + \frac{ae}{k+1}\right)C_{t+n-1} = \left(1 + \frac{ae}{k+1}\right)^2 C_{t+n-2}$$

$$= \left(1 + \frac{ae}{k+1}\right)^3 C_{t+n-3} = \cdots = \left(1 + \frac{ae}{k+1}\right)^n C_t \qquad (7-22)$$

如果令（7-9）式中的 t 变为 $t+n$，那么，第 $t+n$ 期的剩余价值与资本之比为

$$\frac{s_{t+n}}{C_{t+n}} = \frac{s_{t+n}}{c_{t+n} + v_{t+n}} = \frac{ev_{t+n}}{kv_{t+n} + v_{t+n}} = \frac{e}{k+1} \qquad (7-23)$$

由（7-9）式、（7-22）式、（7-23）式，第 $t+n$ 期的剩余价值与第 t 期的剩余价值的关系可以表示为

$$s_{t+n} = \frac{eC_{t+n}}{k+1} = \frac{e}{k+1}\left(1 + \frac{ae}{k+1}\right)^n C_t = \left(1 + \frac{ae}{k+1}\right)^n s_t \qquad (7-24)$$

如果令（7-10）式中的 t 变为 $t+n$，那么，第 $t+n$ 期的产品价值与资本之比为

$$\frac{w_{t+n}}{C_{t+n}} = \frac{c_{t+n} + v_{t+n} + s_{t+n}}{c_{t+n} + v_{t+n}} = \frac{kv_{t+n} + v_{t+n} + ev_{t+n}}{kv_{t+n} + v_{t+n}} = \frac{k+1+e}{k+1}$$

$$(7-25)$$

由（7-10）式、（7-22）式、（7-25）式，第 $t+n$ 期的产品价值与第 t 期的产品价值的关系可以表示为

$$w_{t+n}=\frac{(k+1+e)C_{t+n}}{k+1}=\frac{k+1+e}{k+1}\left(1+\frac{ae}{k+1}\right)^{n}C_{t}$$

$$=\left(1+\frac{ae}{k+1}\right)^{n}w_{t} \qquad (7-26)$$

由（7-9）式、（7-24）式，从第 t 期至第 $t+n$ 期累计的剩余价值总和构成一组时间序列之和。该时间序列之和也可以表示为第 t 期的剩余价值 s_{t} 的函数的等比数列之和：

$$s_{sn}=\sum_{t_{1}=0}^{n}s_{t+t_{1}}$$

$$=s_{t}+s_{t+1}+s_{t+2}+\cdots+s_{t+n}$$

$$=s_{t}+\left(1+\frac{ae}{k+1}\right)s_{t}+\left(1+\frac{ae}{k+1}\right)^{2}s_{t}+\cdots+\left(1+\frac{ae}{k+1}\right)^{n}s_{t}$$

$$=\left[1+\left(1+\frac{ae}{k+1}\right)+\left(1+\frac{ae}{k+1}\right)^{2}+\cdots+\left(1+\frac{ae}{k+1}\right)^{n}\right]s_{t}$$

$$=\frac{\left[\left(1+\frac{ae}{k+1}\right)^{n+1}-1\right]s_{t}}{\frac{ae}{k+1}}$$

$$=\frac{(k+1)\left[\left(1+\frac{ae}{k+1}\right)^{n+1}-1\right]s_{t}}{ae}$$

$$=\frac{\left[\left(1+\frac{ae}{k+1}\right)^{n+1}-1\right]C_{t}}{a} \qquad (7-27)$$

式中，t_{1} 为扩大再生产周期，$t_{1}=0$，1，2，$\cdots$，n，$t_{1}=0$ 表示扩大再生产之前的起点。

（五）扩大再生产的资本、剩余价值、产品价值、累计的剩余价值总和构成的序列

如果扩大再生产周期 $t_{1}=0$，1，2，$\cdots$，n，那么，由（7-22）式，扩大再生产的资本构成时间序列：C_{t}，C_{t+1}，C_{t+2}，$\cdots$，C_{t+n}。该时间序列也可以表示为等比数列：

$$C_{t}，\left(1+\frac{ae}{k+1}\right)C_{t}，\left(1+\frac{ae}{k+1}\right)^{2}C_{t}，\cdots，\left(1+\frac{ae}{k+1}\right)^{n}C_{t}$$

由（7－24）式，扩大再生产的剩余价值构成时间序列：s_t，s_{t+1}，s_{t+2}，…，s_{t+n}。该时间序列也可以表示为等比数列：

$$s_t，\left(1+\frac{ae}{k+1}\right)s_t，\left(1+\frac{ae}{k+1}\right)^2 s_t，…，\left(1+\frac{ae}{k+1}\right)^n s_t$$

由（7－26）式，扩大再生产的产品价值构成时间序列：w_t，w_{t+1}，w_{t+2}，…，w_{t+n}。该时间序列也可以表示为等比数列：

$$w_t，\left(1+\frac{ae}{k+1}\right)w_t，\left(1+\frac{ae}{k+1}\right)^2 w_t，…，\left(1+\frac{ae}{k+1}\right)^n w_t$$

由（7－27）式，t_1 次扩大再生产的累计的剩余价值总和构成时间序列：s_{s0}，s_{s1}，s_{s2}，…，s_{sn}。该时间序列也可以表示为等比数列：

$$s_t，\frac{(k+1)\left[\left(1+\frac{ae}{k+1}\right)-1\right]s_t}{ae}，\frac{(k+1)\left[\left(1+\frac{ae}{k+1}\right)^2-1\right]s_t}{ae}，$$

$$…，\frac{(k+1)\left[\left(1+\frac{ae}{k+1}\right)^n-1\right]s_t}{ae}$$

（六）扩大再生产过程与资本积累过程的数例

如果预付资本 $C_1=10\,000$ 镑，其中 4/5 为不变资本，其余 1/5 为可变资本，资本有机构成 $k=4$，剩余价值率 $e=1$ 或 100%，工人创造的剩余价值中用于追加资本的比例 $a=0.5$，扩大再生产之前的基准期 $t=0$，扩大再生产周期 $t_1=0$，1，2，…，20，那么，由（7－22）式、（7－24）式、（7－26）式、（7－27）式，资本 C_{t1}、剩余价值 s_{t1}、产品价值 w_{t1}、累计的剩余价值总和 s_{st1} 与扩大再生产周期 t_1 的关系，可以用表 7－2 表示。

表 7－2　　　　　资本 C_{t1}、剩余价值 s_{t1}、产品价值 w_{t1}、累计的
剩余价值总和 s_{st1} 与扩大再生产周期 t_1 的关系

扩大再生产周期 t_1	资本 C_{t1}	剩余价值 s_{t1}	产品价值 w_{t1}	累计的剩余价值总和 s_{st1}
0	10 000	2 000	12 000	2 000
1	11 000	2 200	13 200	4 620
2	12 100	2 420	14 520	8 010
3	13 310	2 662	15 972	12 354
4	14 641	2 928	17 569	17 877

续表

扩大再生产周期 t_1	资本 C_{t1}	剩余价值 s_{t1}	产品价值 w_{t1}	累计的剩余价值总和 s_{st1}
5	16 105	3 221	19 326	24 852
6	17 716	3 543	21 259	33 614
7	19 487	3 897	23 385	44 571
8	21 436	4 287	25 723	58 218
9	23 579	4 716	28 295	75 159
10	25 937	5 187	31 125	96 130
11	28 531	5 706	34 237	122 024
12	31 384	6 277	37 661	153 926
13	34 523	6 905	41 427	193 154
14	37 975	7 595	45 570	241 312
15	41 772	8 354	50 127	300 342
16	45 950	9 190	55 140	372 604
17	50 545	10 109	60 654	460 959
18	55 599	11 120	66 719	568 881
19	61 159	12 232	73 391	700 577
20	67 275	13 455	80 730	861 154

表 7-2 表示的资本 C_{t1}、剩余价值 s_{t1}、产品价值 w_{t1}、累计的剩余价值总和 $s_{st1}/10$ 与扩大再生产周期 t_1 的关系，可以用图 7-2 示。

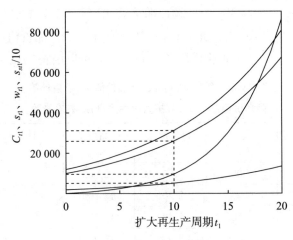

图 7-2　资本 C_{t1}、剩余价值 s_{t1}、产品价值 w_{t1}、累计的剩余

价值总和 $s_{st1}/10$ 与扩大再生产周期 t_1 的关系

在图 7-2 中，从上至下四条曲线分别表示产品价值 w_{t1} 与扩大再生产周期 t_1 的关系、资本 C_{t1} 与扩大再生产周期 t_1 的关系、累计的剩余价值总和 $s_{st1}/10$ 与扩大再生产周期 t_1 的关系、剩余价值 s_{t1} 与扩大再生产周期 t_1 的关系。其中，与其他曲线相交的曲线为累计的剩余价值总和 $s_{st1}/10$ 与扩大再生产周期 t_1 的关系曲线。累计的剩余价值总和 s_{st1} 的数值比其他变量的数值大一个数量级，为了表示得更清楚，在图 7-2 中，将其缩减为表 7-2 中的原值的 1/10。

由表 7-2 和图 7-2 可以看出，产品价值 w_{t1}、资本 C_{t1}、剩余价值 s_{t1}、累计的剩余价值总和 s_{st1} 均为扩大再生产周期 t_1 的单调递增的指数函数。当扩大再生产周期 $t_1 = 10$ 时，产品价值 w_{t1}、资本 C_{t1}、剩余价值 s_{t1}、累计的剩余价值总和 s_{st1} 分别为 31 125，25 937，5 187，96 130。当扩大再生产周期 $t_1 = 20$ 时，产品价值 w_{t1}、资本 C_{t1}、剩余价值 s_{t1}、累计的剩余价值总和 s_{st1} 分别为 80 730，67 275，13 455，861 154。进行 20 次扩大再生产之后，资本、剩余价值、产品价值均增大为第一次生产过程的 6.727 5 倍，而累计的剩余价值总和增大为第一次生产过程的 430.577 倍。

由表 7-2 可以看出，进行 20 次扩大再生产之后，累计的剩余价值总和等于预付资本的 86.115 4 倍（=861 154/10 000）。

值得注意的是，累计的剩余价值总和不仅包括资本家历年生活消费的总和，而且包括积累的资本。如果不是扩大再生产，而是简单再生产，那么，20 个生产周期之后，累计的剩余价值总和仅为 42 000（=2 000×(20+1)），即仅为预付资本的 4.2 倍（=42 000/10 000）。

可见，扩大再生产的累计的剩余价值总和比简单再生产的累计的剩余价值总和多得多。

雇佣劳动者的剩余劳动是资本家的生活消费资料和积累的资本的唯一来源。工人用他们这一年的剩余劳动创造出下一年雇用自己的追加劳动的资本，即"资本生资本"。资本家积累得越多，就越能更多地积累。

（七）资本家的全部生活资料和资本来自雇佣劳动者的剩余劳动

资本家预付的 10 000 镑资本来自何处？资产阶级经济学家认为，这些原始资本来自所有者本人的劳动及其祖先的劳动。

由表 7-2 和图 7-2 的数例可以看出，进行 20 次扩大再生产之后，累计的剩余价值总和等于预付资本的 86.115 4 倍，或大于预付资本的 85.115 4 倍。如果进行更多次扩大再生产，那么，累计的剩余价值总和将超过预付资本更多倍。资本家的所谓"原始资本"就是这样得到的。那种"原始资本来自所有者本人的劳动及其祖先的劳动"的观点无法成立。

由（7 - 27）式、表 7 - 2 和图 7 - 2 可以看出，扩大再生产的周期越多，剩余价值率越高，剩余价值中用于积累的比例越高，累计的剩余价值总和越多，资本积累得越快。资本家将剩余价值的一部分用于积累的唯一目的，就是获得更多剩余价值。

这里的考察证明：不仅资本家的全部生活资料来自雇佣劳动者创造的剩余价值，他的资本中的越来越大的组成部分也来自雇佣劳动者创造的剩余价值。经过一段比较长的历史时期，资本家的全部资本都来自雇佣劳动者创造的剩余价值。这就是说，资本家的全部生活资料和资本都来自雇佣劳动者的剩余劳动。因此，资产阶级经济学家的上述观点是完全错误的。

二、政治经济学关于规模扩大的再生产的错误见解

古典资产阶级政治经济学家亚当·斯密错误地认为，单个资本分为不变资本部分与可变资本部分，但是，全社会所有转化为资本的剩余价值都成为可变资本，也就是说，把剩余价值的资本化视为剩余价值转变为劳动力价值，全社会的资本只用于支付工资，或只用于工人的生活消费。他认为，如果一个资本家将他的货币转化为资本，这些资本中的一部分用于购买生产资料，另一部分用于雇佣工人或支付工资，出售生产资料的另一个资本家又将得到的货币资本中的一部分用于雇佣工人或支付工资，这一过程继续下去，直至全部资本都用于支付工资，最初的资本代表的全部产品都被生产工人消费掉。斯密在困难开始的地方停止了他的研究。这是一个错误见解。李嘉图和其他经济学家都在一再重复斯密的这个错误观点。

事实上，不仅预付资本要分解为不变资本与可变资本，由剩余价值转化而来的追加的资本也要分解为不变资本与可变资本，分为生产资料与劳动力。

产生这种错误的观点的原因在于，每年生产的所有产品都投入市场，不同资本的运动与个人收入的错综复杂的运动混合在一起，各种商品不断换位的流通过程迷惑了人们的视线。重农学派在《经济表》中，首次试图澄清社会资本再生产过程与流通过程中的这种混乱。最早对此问题进行分析、创造性地研究了社会各阶级之间的流通的人是英国古典经济学家、重农学派和亚当·斯密的先驱理查·康替龙，他于 1725 年用英文写了《试论一般商业的性质》[①] 一书，后来又译成法文。康替龙生前该书未能出版，直至 1755 年才由后人出版该书法文版，比写成时间晚了 30 年。康替

①　康替龙. 试论一般商业的性质//政论集：第 3 卷. 阿姆斯特丹版，1756.

龙的法文书稿在重农学派的老米拉波手中保存了长达 16 年，重农学派的主要学者都很熟悉康替龙的这部著作。康替龙的著作成为魁奈《经济表》[①] 的秘密的思想源泉。重农学派的代表弗朗索瓦·魁奈继承与发展了康替龙的思想，出版了《经济表》一书。由于两人经济思想的传承关系，约瑟夫·熊彼特[②]、吴易风[③]等经济学家将这一分析称为"康替龙和魁奈的经济表"。

马克思在批判重农学派的错误、继承重农学派科学部分的基础上，在《资本论》（第二卷）第三篇中，对社会资本再生产实现的条件做了进一步的考察，不仅考察资本的价值如何实现，而且考察实物如何补偿。在《资本论》（第三卷）中，对生产价格形式的社会资本再生产实现的条件做了更详细、更深入的考察。

三、剩余价值分为资本和收入。节欲论

每年生产的剩余价值总是有限的、确定的。用于资本家个人生活消费的部分越大，用于资本积累的部分就越小，反之亦然。在其他条件不变的情况下，剩余价值分割为两部分的比例决定了资本积累的数量。资本家认为，他积累的资本是减少自己个人生活消费的结果，因为他没有把全部剩余产品吃光用尽，他执行了作为资本家的职能，即执行了使自己致富的职能。用西尼耳的话来说，资本积累是资本家"节欲"的果实。这是一种错误的观点。

马克思认为，"资本家只有作为人格化的资本，他才有历史的价值……他的动机，也就不是使用价值和享受，而是交换价值和交换价值的增殖了。他狂热地追求价值的增殖，肆无忌惮地迫使人类去为生产而生产，从而去发展社会生产力，去创造生产的物质条件；……此外，资本主义生产的发展，使投入工业企业的资本有不断增长的必要，而竞争使资本主义生产方式的内在规律作为外在的强制规律支配着每一个资本家。竞争迫使资本家不断扩大自己的资本来维持自己的资本，而他扩大资本只能靠累进的积累。"[④]

在一定时期内，资本家减少自己的个人生活消费，一方面，是自身追求更多的剩余价值的生产目的和内在动力驱使他这样做，另一方面，是竞

---

① 魁奈. 经济表. 凡尔赛版，1758.
② 熊彼特. 从马克思到凯恩斯十大经济学家. 北京：商务印书馆，1965：277；经济分析史. 北京：商务印书馆，1991：336 - 345，374 - 376.
③ 吴易风. 英国古典经济理论. 北京：商务印书馆，1988：470 - 476.
④ 马克思恩格斯全集：第23卷. 中文1版. 北京：人民出版社，1972：649 - 650.

争的外部压力迫使他这样做，否则他会被竞争淘汰。

当资本积累发展到一定阶段，积累的资本足够多，占有的剩余价值足够他挥霍，资本家就不再"节欲"或"禁欲"了。挥霍成为炫耀富有和取得信贷的手段，成为营业上的一种必要手段，奢侈被列入资本的交际费用。资本家的财富的增长，不是与他的个人消费的节约成比例，而是与他榨取别人的剩余劳动成比例，与迫使工人放弃生活享受的程度成比例。资本家的挥霍与他的资本积累一同增加，一方不会妨害另一方。

由表7-2和图7-2的数例可以看出，不仅"原始资本来自所有者本人的劳动及其祖先的劳动"的观点无法成立，"节欲论"的观点同样无法成立。资本家每年的生活消费和积累的资本都属于资本家，并且都来自雇佣劳动者的剩余劳动。如果不是来自雇佣劳动者的剩余劳动，那么，不仅无法解释累计的剩余价值总和超过预付资本，无法解释为何他的生活消费越来越多，也无法解释扩大再生产累计的剩余价值总和相比简单再生产累计的剩余价值总和增加的部分来自何处。

用"节欲论"来掩盖和歪曲资本积累的真正来源是为资本家剥削工人辩护的观点。

四、几种同剩余价值分为资本和收入的比例无关但决定积累量的情况：劳动力的剥削程度；劳动生产力；所使用的资本和所消费的资本之间差额的扩大；预付资本的量

如果剩余价值分为资本和收入（即资本家用于个人生活消费的部分）的比例确定，那么，积累的资本量取决于剩余价值量。一切决定剩余价值量的因素也决定积累的资本量。对劳动力的剥削程度越高，即剩余价值率越高，积累的资本量就越多。虽然我们假定工资等于劳动力价值，但是，资本家总是力图将工资压低到劳动力价值之下，即将工人的必要消费基金转变为资本的积累基金。延长劳动时间或增大劳动强度，加强对工人的剥削，可以在不增加不变资本的条件下，增加剩余产品和剩余价值。

劳动生产力或劳动生产率的水平是影响资本积累的一个重要因素。如果一个资本的劳动生产率提高，那么，这个资本的产量提高，它的单个产品的价值降低到这种产品的社会价值之下，按照这种产品的社会价值出售，这个资本可以获得超额剩余价值。如果生产某种产品的大部分资本的劳动生产率提高或全社会的劳动生产率都提高，这种产品的数量增加，全社会生产这种产品的社会必要劳动时间不变，那么，由生产这种产品耗费的社会必要劳动时间决定的这种产品的总价值就不变，每件产品的价值降

低，劳动力价值下降，必要劳动时间缩短，剩余劳动时间延长，每个资本家都可以获得相对剩余价值。当然，那些没有提高劳动生产率的资本家也可以获得相对剩余价值。资本积累可以更快。

劳动生产力的发展会对处于生产过程中的资本产生反作用。如果制造生产资料的部门的劳动生产力提高了，一方面，造成正在执行职能的资本部分地贬值，另一方面，同样数量的劳动推动的生产资料价值和数量增加，由劳动转移到产品中的旧资本价值增加。

随着资本的增加，使用的资本与消费的资本的差额扩大。消费的资本所驱动的活劳动才是创造新价值的动力，其中的剩余劳动才是资本积累的真正来源。资本积累的来源绝不是资本家的"节欲"。

在劳动力的剥削程度确定的条件下，剩余价值量取决于被剥削的工人的数量，而工人的数量与资本量成比例。预付资本越多，雇佣工人越多，生产的剩余价值越多，积累的资本就越多。生产规模随着预付资本量一同扩大。

五、所谓劳动基金

资产阶级庸俗经济学家耶利米·边沁将古典经济学认为社会资本是固定量的观点确立为教条。他和马尔萨斯、詹姆斯·穆勒、麦克库洛赫等人利用这一教条达到辩护的目的。他将可变资本视为一个固定的量。可变资本的物质所代表的工人生活资料或所谓"劳动基金"，被虚构为社会财富中受自然因素约束不能突破的特殊部分。

为了推动生产资料执行职能，必须有相应的活劳动。但是，推动这一劳动量需要的工人人数是不确定的，因为随着资本对劳动力的剥削程度的变化，生产过程中的工人人数不断变化，劳动力的价格也不确定，只知道劳动力的价格有一个具有很大伸缩性的最低界限。

边沁则认为，工人只有在例外的情况下才有可能扩大所谓的"劳动基金"。但事实却是，在资本主义生产的发展过程中，资本家不断将剩余价值转变为追加的资本，其中包括追加的可变资本，资本数量不断增加，可变资本或所谓的"劳动基金"不断增加，资本家从工人那里不付等价物而窃取的剩余价值或剩余产品每年都在不断增加。

六、各种因素对资本积累量的共同影响

（一）工人创造的剩余价值中用于追加资本的比例、剩余价值、剩余价值率、可变资本、预付资本、资本有机构成对资本积累量的影响

通过前面的考察可以看出，资本积累量受到多种因素的影响。这些影

响因素包括：工人创造的剩余价值中用于追加资本的比例、劳动力的剥削程度或剩余价值率、活劳动强度、劳动时间或工作日、劳动生产力或劳动生产率、预付资本 C、资本有机构成 k、使用的资本与消费的资本的差额 g。

资本积累量等于工人创造的剩余价值中用于追加资本的比例与剩余价值之积。即

$$u = as = aev \tag{7-28}$$

式中，u 为资本积累量，a 为工人创造的剩余价值中用于追加资本的比例，s 为剩余价值，e 为剩余价值率，v 为可变资本或劳动力价值。

不变资本等于不变资本中的固定资本与不变资本中的流动资本之和。即

$$c = c_f + c_a \tag{7-29}$$

式中，c 为不变资本，c_f 为不变资本中的固定资本，c_a 为不变资本中的流动资本。

预付资本等于不变资本与可变资本之和。即

$$C = c + v = c_f + c_a + v \tag{7-30}$$

式中，C 为预付资本。

不变资本中的固定资本与不变资本中的流动资本的比例为

$$b = \frac{c_f}{c_a} \tag{7-31}$$

式中，b 为不变资本中的固定资本与不变资本中的流动资本的比例。

由 (7-30) 式、(7-31) 式，使用的资本与消费的资本的差额，可以表示为

$$g = C - (dc_f + c_a + v) = (c + v) - (dc_f + c_a + v)$$
$$= (c_f + c_a + v) - (dc_f + c_a + v) = (1-d)c_f$$
$$= (1-d)bc_a = \frac{(1-d)bc}{1+b} \tag{7-32}$$

式中，g 为使用的资本与消费的资本的差额，d 为固定资本折旧率，C 或 $c+v$ 或 c_f+c_a+v 为使用的资本，dc_f+c_a+v 为消费的资本。

由 (7-29) 式、(7-30) 式、(7-31) 式，在考虑固定资本的条件下，资本有机构成可以表示为

$$k = \frac{c}{v} = \frac{c_f + c_a}{v} = \frac{(1+b)c_a}{v} = \frac{(1+b)c_f}{bv} = \frac{C-v}{v} = \frac{C}{v} - 1$$

$$(7-33)$$

式中，k 为资本有机构成。

由 (7-30) 式、(7-33) 式，预付资本可以表示为

$$C = c + v = (1+k)v \qquad (7-34)$$

由 (7-28) 式、(7-30) 式、(7-31) 式、(7-32) 式、(7-34) 式，资本积累量可以表示为

$$u = as = aev = \frac{aeC}{1+k} = \frac{ae(c_f + c_a + v)}{1+k}$$

$$= \frac{ae(g + dc_f + c_a + v)}{1+k} = \frac{ae\left[g + \dfrac{dbc}{1+b} + \dfrac{c}{1+b} + v\right]}{1+k}$$

$$= \frac{ae\left[g + \dfrac{(db+1)c}{1+b} + v\right]}{1+k} \qquad (7-35)$$

由 (7-35) 式可以看出，资本积累量 u 与工人创造的剩余价值中用于追加资本的比例 a、剩余价值 s、剩余价值率 e、可变资本 v、预付资本 C 成正比，与资本有机构成 k 成反比。

值得注意的是，由 (7-35) 式似乎可以得到资本积累量 u 和使用的资本与消费的资本的差额 g 成正比的结论，但是，这是一个误解。因为在一定条件下，使用的资本与消费的资本的差额 g 与资本有机构成 k 正相关。如果其他条件不变，那么，随着使用的资本与消费的资本的差额 g 不断增加，资本有机构成 k 也不断提高。但是，随着资本有机构成 k 不断提高，使用的资本与消费的资本的差额 g 不一定增加。例如，如果固定资本折旧率 $d=1$，那么，使用的资本与消费的资本的差额 $g=0$，并且不随着资本有机构成 k 提高而增加。这就是说，资本有机构成 k 提高是使用的资本与消费的资本的差额 g 增加的必要条件，但不是充分条件。

由 (7-32) 式可以看出，使用的资本与消费的资本的差额 $g=(1-d)c_f$，即生产过程中没有耗费的固定资本价值。这部分固定资本并不产生价值增殖，从而不产生资本积累。对于总资本来说，如果预付资本 C 和剩余价值率 e 确定，那么，使用的资本与消费的资本的差额 g 越大，资本有机构成 k 越高，从而资本积累量 u 越少。对于个别资本来说，使用的资本与消费

的资本的差额 g 越大，资本有机构成 k 越高，生产率高于其他企业，可以获得超额剩余价值，多得到的剩余价值来自其他企业的雇佣劳动者创造的剩余价值。

（二）劳动时间增加或工作日延长对资本积累量的影响

如果其他条件不变，劳动时间增加或工作日延长，那么，必要劳动时间不变，剩余劳动时间增加，剩余价值率提高，剩余价值增加，资本积累量增加。以延长工作日的方式增加剩余价值，属于绝对剩余价值生产。

由（7-35）式和第四章（4-8）式可以得到

$$u = as = ak_{vua}(t_d - t_v) \tag{7-36}$$

式中，k_{vua} 为单位劳动时间创造的价值，t_v 为必要劳动时间，t_d 为工作日。

由（7-36）式可以看出，在剩余价值中用于追加资本的比例 a 和必要劳动时间 t_v 不变的条件下，资本积累量 u 与工作日 t_d 成正比，资本积累量 u 为工作日 t_d 的单调递增的线性函数。

（三）劳动强度提高对资本积累量的影响

如果不考虑物化劳动转移强度 i_c，那么，这里提到的劳动强度 i_l 就是活劳动强度 i_{ll}。如果其他条件不变，劳动强度提高，那么，在一个工作日内会生产更多产品，创造更多价值和剩余价值，剩余价值率不变，单位劳动时间创造的价值增加，剩余价值增加，资本积累量增加。以提高劳动强度的方式增加剩余价值，同样属于绝对剩余价值生产。

单位劳动时间创造的价值可以表示为

$$k_{vua} = i_l k_{lua} \tag{7-37}$$

式中，i_l 为劳动强度，k_{lua} 为单位劳动创造的价值。

由（7-36）式、（7-37）式，可以得到

$$u = ak_{vua}(t_d - t_v) = ai_l k_{lua}(t_d - t_v) \tag{7-38}$$

显然，资本积累量 u 与劳动强度 i_l 成正比。

（四）劳动生产力提高对资本积累量的影响

劳动生产力与劳动生产率相关，但是不相同。劳动生产力是指生产产品的能力，即生产规模。劳动生产率是指单位时间生产产品的能力，即生产效率。提高劳动生产率要通过提高资本有机构成的途径来实现。提高劳动生产力既可以通过提高劳动生产率（也就是提高资本有机构成）的途径来实现，也可以通过增加资本的途径来实现。虽然提高劳动强度也可以提

高生产力，但这不是正常的、长久的途径，这里不考察这种途径。

劳动生产力提高包括三种情况：第一，劳动生产率不变，生产规模增大，即外延扩大再生产；第二，生产规模不变，劳动生产率提高，即内含扩大再生产；第三，生产规模增大，同时，劳动生产率提高，即不仅有外延扩大再生产，而且有内含扩大再生产。因为第三种情况是前两种情况的加权组合，所以，这里重点考察前两种情况。

在增大生产规模的外延扩大再生产的第一种情况下，预付资本 C 必须增加，劳动生产率不变，单位产品的价值不变，劳动力价值不变。因此，资本积累量与生产规模成正比，即与预付资本成正比。无论对于一个企业来说，还是对于全社会来说，这个结论都成立。

在提高劳动生产率的内含扩大再生产的第二种情况下，在同样的劳动时间内生产更多产品，单位产品的价值下降。

如果一个企业的劳动生产率提高，那么，这个企业的单位产品的个别价值低于单位这种产品的社会价值，按照社会价值出售，这个企业可以获得超额剩余价值，这个企业的资本积累量增加，但是，劳动力价值不变。因此，一个企业的资本积累量与这个企业的劳动生产率成正比，那些劳动生产率没有提高的企业的资本积累量不变。

如果多数企业的劳动生产率普遍提高，那么，单位这种产品的社会价值降低，无论这种产品是生产资料还是生活资料，单位生活资料的价值都降低，劳动力价值降低，必要劳动时间减少，剩余劳动时间增加，剩余价值率提高，所有企业都能得到相对剩余价值，即使那些劳动生产率没有提高的企业也能得到相对剩余价值，所有企业的资本积累量都增加。因此，每个企业的资本积累量都与全社会的劳动生产率成正比。

第三节　资本主义积累的一般规律的数学分析

一、资本构成不变，对劳动力的需求随积累的增长而增长

这里研究资本增长对工人阶级的命运产生的影响。在资本积累的过程中，资本的构成发生变化。这种变化会对工人阶级的命运产生影响。

资本的构成要从双重意义来理解。从价值方面看，资本的构成由资本分为不变资本与可变资本的比率决定，也就是说，由分为生产资料价值与劳动力价值的比率决定。从物质方面看，资本分为生产资料与劳动力。资

本的构成由使用的生产资料量与推动这些生产资料必需的劳动量的比率决定。

马克思说，"我把前一种构成叫做资本的价值构成，把后一种构成叫做资本的技术构成。二者之间有密切的相互关系。为了表达这种关系，我把由资本技术构成决定并且反映技术构成变化的资本价值构成，叫做资本的有机构成。凡是简单地说资本构成的地方，始终应当理解为资本的有机构成。"①

剩余价值转化为追加的资本，形成资本积累。资本的增长不仅包括追加不变资本，而且包括追加可变资本，或追加的劳动基金。如果资本的构成不变，那么，对劳动需求的增长与资本增长的比例相同。

有时，在特殊的情况下，只需改变剩余价值中用于积累的比例，资本积累的规模就能突然扩大。在这种情况下，资本积累的增加超过工人人数的增加，对工人的需求超过工人的供给，工资会提高。虽然这种情况有利于工人的生存和繁殖，但是，不会改变资本主义生产的基本性质。

马克思认为，"劳动力的再生产实际上是资本本身再生产的一个因素。因此，资本的积累就是无产阶级的增加。"②

二、在积累和伴随积累的积聚的进程中资本可变部分相对减少

在积累过程中，劳动生产率的发展成为积累的最强有力的手段。

社会劳动生产率是一定数量的工人，在同样时间内，以同样的劳动力强度，将生产资料转化为产品的数量。生产资料的增长有双重作用。有些生产资料的增长是劳动生产率增长的结果，劳动生产率越高，生产的产品越多，耗费的生产资料也越多，在相同时间内加工的原料和辅助材料增加。有些生产资料的增长则是劳动生产率增长的条件，有些工厂由于使用的机器增加，导致劳动生产率提高，从而产量增加。

无论生产资料的增长是条件还是结果，只要生产资料的增长比推动这些生产资料的劳动力的增长更快，就表示劳动生产率增长。劳动生产率的增长必然表现为劳动的量与它推动的生产资料的量之比降低。

资本技术构成提高、劳动生产率增长，表现为资本价值的可变组成部分与资本价值的不变组成部分之比降低，资本的可变组成部分相对减少。虽然随着生产规模扩大，资本增加，可变资本也增加，但是，比不变资本

　　①　马克思恩格斯全集：第23卷. 中文1版. 北京：人民出版社，1972：672.
　　②　马克思恩格斯全集：第23卷. 中文1版. 北京：人民出版社，1972：674.

的增加慢得多。

随着资本在单个资本家手中的积累，出现了两种资本积累的形式：资本积聚和资本集中。

资本积聚就是资本在个别资本家手中的资本积累。资本积聚的规模，由转化为资本的剩余价值决定，受到社会财富的绝对增长的界限的限制。

伴随着剩余价值转化为资本，资本积累的规模不断扩大，不同的资本之间必然出现竞争。一个资本家要在竞争中获胜，降低自己的商品价格是一种最重要的方法。如果其他条件不变，那么，商品的便宜程度取决于劳动生产率，劳动生产率取决于生产规模，也就是取决于资本的数量。因此，在竞争过程中，总是大资本战胜小资本。

当大资本战胜了小资本，就将原来多个分散的小资本集中成少数大资本。资本集中以资本积聚为基础，又不同于资本积聚。资本积聚是剩余价值资本化的结果，也就是资本家剥夺工人的结果，而资本集中则是大资本家剥夺小资本家的结果。资本集中的规模不受社会财富的绝对增长的界限的限制。资本在一个大资本那里大量增长，是因为它在许多小资本那里丧失了。竞争的激烈程度与参与竞争的资本的多少成正比，与参与竞争的资本的大小成反比。

伴随着竞争，信用事业逐渐形成并发展起来。信用事业将社会上分散的货币资金吸引到单个资本家或联合的资本家手中，成为竞争中的一个新的武器，是一种实现资本集中的重要的方式。信用事业变为一个实现资本集中的庞大的社会机构。随着资本主义生产和积累的发展，竞争和信用这两个实现资本集中的最强有力的杠杆不断发展。

股份公司是另一种实现资本集中的方式。通过股份公司转瞬之间就可以实现大规模的资本集中。股份公司实现资本集中的速度，比竞争和信用实现资本集中的速度更快。

资本规模的扩大，为生产过程中使用劳动生产率更先进的机器和机器系统奠定了基础。更先进的机器和机器系统的使用，一方面提高了劳动生产率，另一方面提高了资本的技术构成，从而提高了资本有机构成。资本有机构成提高，减少了对劳动的相对需求。

马克思认为，"一方面，在积累进程中形成的追加资本，同它自己的量比较起来，会越来越少地吸引工人。另一方面，周期地按新的构成再生产出来的旧资本，会越来越多地排斥它以前所雇用的工人。"①

① 马克思恩格斯全集：第23卷. 中文1版. 北京：人民出版社，1972：689.

三、相对过剩人口或产业后备军的累进生产

资本积累最初只表现为资本的量的扩大，但是，资本积累必然导致不同资本之间的竞争，不同资本之间的竞争必然导致资本集中，资本集中必然导致资本有机构成提高。资本有机构成提高条件下的再生产是内含扩大再生产。

由（7-5）式，在资本有机构成提高的条件下，可变资本占总资本的比例为

$$\frac{v_t}{C_t} = \frac{1}{k_t + 1} \tag{7-39}$$

式中，C_t 为第 t 期的资本，$t = 1, 2, 3, \cdots, n$；v_t 为第 t 期的可变资本；k_t 为第 t 期的资本有机构成。C_t、v_t、k_t 均为生产周期或时间 t 的函数。

由（7-39）式可以看出，随着资本有机构成提高，可变资本占总资本的比例降低。因此，资本有机构成提高必然导致资本的可变部分相对减少。

第 t 期的资本的有机构成可以表示为

$$k_t = \frac{c_t}{v_t} \tag{7-40}$$

第 t 期的追加资本的有机构成可以表示为

$$\Delta k_t = \frac{\Delta c_t}{\Delta v_t} \tag{7-41}$$

如果第 t 期的追加资本的有机构成高于第 t 期的资本的有机构成，即

$$\Delta k_t > k_t \tag{7-42}$$

那么，由（7-40）式、（7-41）式、（7-42）式，第 $t+1$ 期的资本的有机构成可以表示为

$$k_{t+1} = \frac{c_t + \Delta c_t}{v_t + \Delta v_t} = \frac{k_t v_t + \Delta k_t \Delta v_t}{v_t + \Delta v_t} > \frac{k_t v_t + k_t \Delta v_t}{v_t + \Delta v_t} = k_t \tag{7-43}$$

资本家提高资本有机构成的目的是为了提高劳动生产率，从而获得超额剩余价值。提高资本有机构成通过两种途径实现：第一种途径，固定资本更新时更换生产率更高从而有机构成更高的机器设备；第二种途径，追加资本的有机构成高于原有资本的有机构成，由（7-43）式证明。

由（7-39）式，可变资本占总资本的比例对时间求一阶导数为

$$\frac{\mathrm{d}}{\mathrm{d}t}\left(\frac{v_t}{C_t}\right)=\frac{\mathrm{d}}{\mathrm{d}t}\left(\frac{1}{k_t+1}\right)=\frac{-1}{(k_t+1)^2}\frac{\mathrm{d}k_t}{\mathrm{d}t} \tag{7-44}$$

由（7-44）式，当资本有机构成 k_t 提高后，$\dfrac{\mathrm{d}k_t}{\mathrm{d}t}>0$，$\dfrac{\mathrm{d}}{\mathrm{d}t}\left(\dfrac{v_t}{C_t}\right)<0$，即可变资本占总资本的比例降低，即出现了相对过剩人口。

对劳动的需求不由总资本决定，而是由其中的可变资本决定。

如果可变资本绝对减少，那么，工人的就业绝对减少。如果可变资本相对减少，也就是总资本的可变组成部分的增长比例低于总资本的增长比例，那么，工人的就业相对减少。因为工人人口的绝对增长总是比可变资本增长得快，超过资本增殖对劳动力的需要，所以，资本积累必然产生相对过剩的工人人口。过剩的工人人口不受工人人口实际增长的限制。

过剩的工人人口是资本积累的必然产物，又反过来成为资本主义积累的杠杆，成为资本主义生产方式存在的一个条件，成为一支随时可供支配的产业后备军。在现代工业特有的周期性的波动过程中，分别经历了中等活跃、繁荣、危机和停滞这几个时期。当资本规模扩大或缩小的时候，这支产业后备军成为劳动力的蓄水池。

相对过剩人口的存在和可供剥削的人口的增加，一方面，迫使就业工人过度劳动，便于资本家压低工资；另一方面，就业工人过度劳动又减少了资本对劳动力的需求，造成更多工人失业。

马克思认为，"如果说生产资料在扩大自己的规模和作用的同时，在越来越小的程度上成为工人的就业手段，那末，这种情况本身又会由于下述事实而有所变化：劳动生产力越是增长，资本造成的劳动供给比资本对工人的需求越是增加得快。工人阶级中就业部分的过度劳动，扩大了它的后备军的队伍，而后者通过竞争加在就业工人身上的增大的压力，又反过来迫使就业工人不得不从事过度劳动和听从资本的摆布。工人阶级的一部分从事过度劳动迫使它的另一部分无事可做，反过来，它的一部分无事可做迫使它的另一部分从事过度劳动，这成了各个资本家致富的手段，同时又按照与社会积累的增进相适应的规模加速了产业后备军的生产。"①

四、相对过剩人口的各种存在形式。资本主义积累的一般规律

工人在半失业或全失业时期都属于相对过剩人口。相对过剩人口有三

---

①　马克思恩格斯全集：第23卷. 中文1版. 北京：人民出版社，1972：697-698.

种形式：流动的形式、潜在的形式和停滞的形式。

现代工业的生产规模不断变动，有时资本对劳动力的需求多，有时资本对劳动力的需求少。一部分工人有时就业、有时失业，这些过剩人口处于流动的形式。

随着资本主义生产占领农业的程度提高，对农业工人人口的需求随着农业资本的积累绝对地减少，一部分农村人口准备加入城市无产阶级的队伍，等待着被非农业的产业资本家雇用。这部分农村人口流向城市，以农村经常存在潜在的过剩人口为前提。

停滞的过剩人口是就业极不规则的工人。这些工人的生活状况低于工人阶级的平均水平，他们的劳动时间最长、工资最低，经常处于失业和半失业状态。这些过剩人口为资本提供了可供支配的劳动力的蓄水池。

处于相对过剩人口最底层的是需要救济的赤贫的人、孤儿、贫民的子女、没有劳动能力的人等无产者。

马克思认为，"社会的财富即执行职能的资本越大，它的增长的规模和能力越大，从而无产阶级的绝对数量和他们的劳动生产力越大，产业后备军也就越大。可供支配的劳动力同资本的膨胀力一样，是由同一些原因发展起来的。因此，产业后备军的相对量和财富的力量一同增长。但是同现役劳动军相比，这种后备军越大，常备的过剩人口也就越多，他们的贫困同他们所受的劳动折磨成反比。最后，工人阶级中贫苦阶层和产业后备军越大，官方认为需要救济的贫民也就越多。**这就是资本主义积累的绝对的、一般的规律。**"①

在《资本论》（第一卷）的中译本中，关于"他们的贫困同他们所受的劳动折磨成反比"一句的译文，中文版译者做了一个明确的注释："马克思亲自校订过的法文版中是：'成正比'。"② 那么，究竟是德文版的"成反比"正确呢，还是法文版的"成正比"正确呢？有些学者认为"成反比"是正确的，"成正比"是错误的；有些学者认为"成正比"是正确的，"成反比"是错误的。

我的观点是："成反比"与"成正比"都是正确的。理由如下：

第一，虽然《资本论》（第一卷）法文版是马克思亲自校对过的最后一个版本，但是，并不能证明德文版的"成反比"是错误的。恩格斯在《资本论》（第一卷）德文第三版序言中曾经提到，"在马克思的遗物中，我发现了

① 马克思恩格斯全集：第 23 卷. 中文 1 版. 北京：人民出版社，1972：707.
② 马克思恩格斯全集：第 23 卷. 中文 1 版. 北京：人民出版社，1972：707n.

一个德文本，其中有些地方他作了修改，标明何处应参看法文版；同时还发现了一个法文本，其中准确地标出了所要采用的地方。这些修改和增补，除少数外，都属于本书的最后一部分，即资本的积累过程那一篇。"① 《资本论》（第一卷）中文第一版是根据《马克思恩格斯全集》德文版第二十三卷翻译的，《马克思恩格斯全集》德文版第二十三卷是按照《资本论》（第一卷）德文第四版刊印的。但是，在恩格斯亲自校定的《资本论》（第一卷）德文第三版和第四版，并没有改变德文第一版和第二版中"成反比"的表述。在德文第三版和第四版之间还出版了《资本论》（第一卷）英文版，仍然采用"成反比"的表述。可见不能理解为失误，即不能认为德文版的"成反比"是错误的。这种表述应该是马克思的原意，也得到恩格斯的认同。

第二，任何著作都要考虑读者的水平和阅读习惯。法文版是写给法国人看的。马克思在法文版序言中提到，"法国人总是急于追求结论，渴望知道一般原则同他们直接关心的问题的联系，因此我很担心，他们会因为一开始就不能继续读下去而气馁。这是一种不利，对此我没有别的办法，只有事先向追求真理的读者指出这一点，并提醒他们。在科学上没有平坦的大道，只有不畏劳苦沿着陡峭山路攀登的人，才有希望达到光辉的顶点。"② 可见法国人的民族特点是急于追求结论，重视阶级对立与阶级斗争问题。他们通常将无产阶级作为一个整体来看待。无论贫困折磨还是劳动折磨都是由无产阶级承受的，二者成正比。同理，德文版是写给德国人看的。德国人的民族特点是有比较高的哲学素养。他们能够分别考察和思考无产阶级内部的不同阶层的不同状况。就业工人暂时不受贫困折磨，但是，要受劳动折磨；失业工人暂时不受劳动折磨，但是，要受贫困折磨，二者成反比。

因此，德文版的"成反比"与法文版的"成正比"都是正确的。

五、工人通过罢工能够实现的工资提高的界限

（一）相对过剩人口导致劳动力价值下降

大量相对过剩人口的存在，不仅是资本主义积累的结果，也是资本主义积累的条件，不仅是随时可供支配的劳动力的蓄水池，也是资本家将工资压低到劳动力价值之下的物质基础。

劳动力价值是工人维持生存和再生产劳动力所必需的生活资料的价值。工资水平不仅取决于劳动者的生理需要、经济和社会发展的水平、历

---

① 马克思恩格斯全集：第 23 卷. 中文 1 版. 北京：人民出版社，1972：30.
② 马克思恩格斯全集：第 23 卷. 中文 1 版. 北京：人民出版社，1972：26.

史和道德等因素，而且取决于无产阶级与资产阶级的力量对比。

资本积聚和资本集中越发展，相对过剩人口越多，资本家就越有条件将工资压低到劳动力价值之下。当全社会大多数企业的工资降低后，劳动力价值就下降了。

（二）工人的罢工导致实际工资上升与劳动力价值下降是否互相矛盾

资本家为了取得更多剩余价值，总是尽可能地压低工资水平。无产阶级为了改善自己的经济地位，不可避免地要与资本家进行斗争。在大多数情况下，这种斗争的性质是经济性质的，目的是改善本企业和本系统的工人的生活状况。最常见的方式是消极怠工或罢工。罢工斗争能否取得胜利，工人的工资能够提高多少，不仅取决于工人与资本家的力量对比，而且取决于工人要求提高工资的幅度。从长期的工人罢工的结果来看，在一定程度上改善了工人的生活状况，工资水平有所提高。但是，这种斗争只是反对资本主义剥削造成的结果，不是反对造成这种结果的根本原因。这个原因就是劳动者与生产资料分离，资本家占有生产资料，是雇佣劳动制度，所以，罢工斗争不可能从根本上改变工人受奴役的地位。

在相对剩余价值的考察中可以发现，由于个别资本追求超额剩余价值，导致单位生活资料价值下降，劳动力价值下降，所有资本家都得到相对剩余价值。因此，工人不是只受本企业的资本家剥削，而是受全体资本家的剥削，工人阶级要获得自身的解放，必须联合起来推翻资本主义剥削制度，把生产资料掌握在自己手中。

在资本主义生产发展过程中，工人的罢工导致实际工资上升，相对剩余价值生产导致劳动力价值下降。实际工资上升与劳动力价值下降是否互相矛盾？

一方面，在资本主义生产长期发展的历史过程中，如果除去局部的、短时期的实际工资下降之外，从总趋势来看，主要资本主义国家的工人的实际工资总体上是缓慢地提高的。尽管由于价格水平上升，实际工资不如名义工资提高的幅度大，但是，实际工资缓慢提高的总趋势被统计资料证实了。另一方面，相对剩余价值的生产和劳动力价值下降是理论分析的结论。这两方面是否一致，是认识能否正确地反映存在的问题，是理论与实践是否统一的问题，或劳动价值论是否正确的重大问题。

我们对此进行分析。

（三）生活资料数量与实际工资的关系

假设实际工资提高率为 x（通常，$x \geqslant 0$），劳动生产率提高率为 y（通常，$y > 0$），物价提高率为 r，过去的实际工资为 w_0（例如，单位：

元），过去的生活资料价格为 p_0（例如，单位：元/千克面粉，这里用面粉作为生活资料的代表），过去的工作日为 t_{d0}（例如，单位：小时），过去的必要劳动时间为 t_0（例如，单位：小时），过去的劳动生产率为 l_0（例如，单位：千克面粉/小时），过去的生活资料数量为 q_0（例如，单位：千克面粉），过去的剩余价值率为 e_0，现在的实际工资为 w_1，现在的生活资料价格为 p_1，现在的工作日为 t_{d1}，现在的必要劳动时间为 t_1，现在的劳动生产率为 l_1，现在的生活资料数量为 q_1，现在的剩余价值率为 e_1。

值得注意的是，劳动力的价值由生产和再生产劳动力所必需的劳动时间决定，其数量等于雇佣劳动者需要的生活资料的价值，也就是等于可变资本。

过去的生活资料数量为

$$q_0 = \frac{w_0}{p_0} \tag{7-45}$$

在（7-45）式中，作为考察的起始时期的物价指数为 1，过去的实际工资与过去的名义工资的数量相同。

过去的劳动生产率等于过去的生活资料数量与过去的必要劳动时间之比，即

$$l_0 = \frac{q_0}{t_0} = \frac{\dfrac{w_0}{p_0}}{t_0} \tag{7-46}$$

过去的剩余价值率等于过去的剩余价值与可变资本之比，等于过去的剩余劳动与必要劳动之比，等于过去的剩余劳动时间与必要劳动时间之比，或等于过去的工作日与必要劳动时间之比减 1，即

$$e_0 = \frac{m_0}{v_0} = \frac{t_{d0} - t_0}{t_0} = \frac{t_{d0}}{t_0} - 1 \tag{7-47}$$

考虑到实际工资提高，现在的实际工资为

$$w_1 = (1+x)w_0 \tag{7-48}$$

考虑到劳动生产率提高，现在的劳动生产率为

$$l_1 = (1+y)l_0 \tag{7-49}$$

考虑到物价变化，现在的生活资料价格为

$$p_1 = (1+r)p_0 \tag{7-50}$$

现在的生活资料数量等于现在的名义工资与现在的生活资料价格之比，即

$$q_1 = \frac{(1+r)w_1}{p_1} = \frac{(1+r)(1+x)w_0}{(1+r)p_0} = \frac{(1+x)w_0}{p_0} \qquad (7-51)$$

其中，现在的名义工资等于现在的实际工资 w_1 与现在的物价指数 $(1+r)$ 之积。

值得注意的是，这里提到的物价提高率 r 是各种商品的价格平均的提高率，这里提到的现在的生活资料价格 p_1 是一种作为生活资料代表的商品——面粉——的单位价格。作为代表性商品，不仅应该为雇佣劳动者所需要，构成雇佣劳动者的生活消费资料的重要组成部分，而且其价格提高率应该接近或等于各种商品的价格平均的提高率。如果作为代表性商品面粉的价格的提高率等于各种商品的价格平均的提高率，那么，现在能够购买的这种生活资料数量 q_1 的提高率就等于现在的实际工资 w_1 的提高率。如果这种商品的价格的提高率高于或低于各种商品的价格平均的提高率，那么，现在能够购买的这种生活资料数量 q_1 的提高率就低于或高于现在的实际工资 w_1 的提高率。

如果作为代表性商品的价格提高率等于各种商品的价格的平均提高率 r，那么，作为代表性商品的生活资料的数量 q_1 不受物价提高率 r 变化的影响。

如果作为代表性商品的价格提高率 r_1 不等于各种商品的价格的平均提高率 r，那么，生活资料（例如，面粉）数量 q_1 与实际工资 w_1 的关系只能表示为

$$q_1 = \frac{(1+r)w_1}{p_1} = \frac{(1+r)w_1}{(1+r_1)p_0} \qquad (7-52)$$

而不能简化为

$$q_1 = \frac{(1+x)w_0}{p_0} \qquad (7-53)$$

如果作为代表性商品的价格提高率 r_1 不一定等于各种商品的价格的平均提高率 r，例如，现在的物价提高率 r 为 0.4，现在的面粉价格提高率 r_1 分别为 0.2，0.3，0.4，0.5，0.6，过去的生活资料价格 p_0 为 2，现在的实际工资为 $w_1 = 1\,000,\ 1\,250,\ 1\,500,\ \cdots,\ 6\,000$，那么，由 (7-52) 式，现在的生活资料（这里指面粉）数量 q_1 与现在的实际工资 w_1 的关系，可以用

表 7 – 3 表示。

表 7 – 3　　　现在的生活资料数量 q_1 与现在的实际工资 w_1 的关系

现在的实际工资 w_1	现在的生活资料数量 q_1（$r=0.4$）				
	$r_1=0.2$	$r_1=0.3$	$r_1=0.4$	$r_1=0.5$	$r_1=0.6$
1 000	583.33	538.46	500.00	466.67	437.50
1 250	729.17	673.08	625.00	583.33	546.88
1 500	875.00	807.69	750.00	700.00	656.25
1 750	1 020.83	942.31	875.00	816.67	765.63
2 000	1 166.67	1 076.92	1 000.00	933.33	875.00
2 250	1 312.50	1 211.54	1 125.00	1 050.00	984.38
2 500	1 458.33	1 346.15	1 250.00	1 166.67	1 093.75
2 750	1 604.17	1 480.77	1 375.00	1 283.33	1 203.13
3 000	1 750.00	1 615.38	1 500.00	1 400.00	1 312.50
3 250	1 895.83	1 750.00	1 625.00	1 516.67	1 421.88
3 500	2 041.67	1 884.62	1 750.00	1 633.33	1 531.25
3 750	2 187.50	2 019.23	1 875.00	1 750.00	1 640.63
4 000	2 333.33	2 153.85	2 000.00	1 866.67	1 750.00
4 250	2 479.17	2 288.46	2 125.00	1 983.33	1 859.38
4 500	2 625.00	2 423.08	2 250.00	2 100.00	1 968.75
4 750	2 770.83	2 557.69	2 375.00	2 216.67	2 078.13
5 000	2 916.67	2 692.31	2 500.00	2 333.33	2 187.50
5 250	3 062.50	2 826.92	2 625.00	2 450.00	2 296.88
5 500	3 208.33	2 961.54	2 750.00	2 566.67	2 406.25
5 750	3 354.17	3 096.15	2 875.00	2 683.33	2 515.63
6 000	3 500.00	3 230.77	3 000.00	2 800.00	2 625.00

表 7 – 3 表示的现在的生活资料数量 q_1 与现在的实际工资 w_1 的关系，可以用图 7 – 3 表示。

在图 7 – 3 中，从上至下五条直线分别表示生活资料价格提高率 r_1 为 0.2，0.3，0.4，0.5，0.6 条件下的现在的生活资料数量 q_1。其中，中间的虚线表示生活资料价格提高率 r_1 为 0.4 时的现在的生活资料数量 q_1，也就是作为代表性商品的价格提高率（即面粉价格提高率）r_1 等于各种商品的价格的平均提高率 r 的情况。

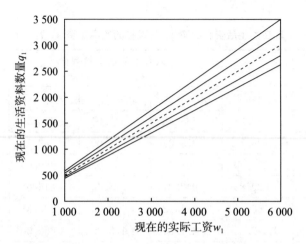

图 7 - 3　现在的生活资料数量 q_1 与现在的实际工资 w_1 的关系

由图 7 - 3 可以看出，无论生活资料价格提高率 r_1 是多少，随着实际工资 w_1 增加，生活资料数量 q_1 都增加。生活资料数量 q_1 是实际工资 w_1 的单调递增的线性函数。

在实际工资 w_1 确定的条件下，如果生活资料价格提高率 r_1 低于物价提高率 r，那么，生活资料数量 q_1 增加；如果生活资料价格提高率 r_1 高于物价提高率 r，那么，生活资料数量 q_1 减少。生活资料价格提高率 r_1 越低，生活资料数量 q_1 越多；生活资料价格提高率 r_1 越高，生活资料数量 q_1 越少。

表 7 - 3 和图 7 - 3 的数例考察的重点是：代表性商品的价格提高率 r_1 偏离各种商品的价格的平均提高率 r 条件下的生活资料数量 q_1 与实际工资 w_1 的关系。

既然这里没有提到雇佣劳动者的其他生活消费品，那么，就应该假设这种代表性商品（例如，面粉）的价格的提高率等于各种商品的价格平均的提高率。(7 - 51) 式所反映的正是这种经济关系。

（四）实际工资提高率的界限与劳动力价值下降

现在的劳动生产率等于现在的生活资料数量与现在的必要劳动时间之比，即

$$l_1 = \frac{q_1}{t_1} = \frac{\dfrac{(1+r)w_1}{p_1}}{t_1} \tag{7-54}$$

如果代表性商品（面粉）的价格的提高率 r_1 等于各种商品的价格的平均提高率 r，那么，由 (7 - 46) 式、(7 - 49) 式、(7 - 51) 式、(7 - 54) 式，

可以得到现在的劳动生产率

$$l_1 = \frac{q_1}{t_1} = \frac{\frac{(1+r)w_1}{p_1}}{t_1} = \frac{\frac{(1+x)w_0}{p_0}}{t_1} = \frac{\frac{(1+y)w_0}{p_0}}{t_0} \tag{7-55}$$

现在的剩余价值率等于现在的剩余价值与可变资本之比，等于现在的剩余劳动与必要劳动之比，等于现在的剩余劳动时间与必要劳动时间之比，或等于现在的工作日与必要劳动时间之比减1，即

$$e_1 = \frac{m_1}{v_1} = \frac{t_{d1} - t_1}{t_1} = \frac{t_{d1}}{t_1} - 1 \tag{7-56}$$

如果定义必要劳动时间比 r_{t10} 为现在的必要劳动时间 t_1 与过去的必要劳动时间 t_0 之比，那么，由（7-55）式，必要劳动时间比可以表示为

$$r_{t10} = \frac{t_1}{t_0} = \frac{1+x}{1+y} \tag{7-57}$$

（7-57）式表示，必要劳动时间比 r_{t10} 仅仅取决于实际工资提高率 x 与劳动生产率提高率 y，与过去的工作日无关，也与现在的工作日无关。这就是说，即使工作日缩短，这种关系仍然成立。

在一般情况下，$x \geq 0$，$y \geq 0$ 成立。如果 $x > y$，那么，$t_1 > t_0$，即必要劳动时间增加，劳动力价值提高。如果 $x = y$，那么，$t_1 = t_0$，即必要劳动时间不变，劳动力价值不变。如果 $x < y$，那么，$t_1 < t_0$，即必要劳动时间减少，劳动力价值下降。因此，当且仅当 $y > x$ 时，$t_1 < t_0$ 成立，即劳动生产率提高率超过实际工资提高率，是劳动力价值下降的充分必要条件。

实际工资提高率超过劳动生产率提高率，意味着劳动生产率提高带来的利益主要归工人所有。这表明劳动力价值提高。

实际工资提高率等于劳动生产率提高率，意味着劳动生产率提高带来的利益按照过去的比例分别归资本家和工人所有。这表明劳动力价值不变。

这两种情况都不符合资本主义的生产目的。资本家提高劳动生产率的唯一目的，是获得尽可能多的剩余价值，而不是为雇佣劳动者谋福利。资本家不可能允许实际工资提高率超过或等于劳动生产率提高率，只能允许实际工资提高率低于劳动生产率提高率，即劳动生产率提高带来的利益主要归资本家占有。这表明劳动力价值下降。因此，在实际工资提高的同时，劳动力价值下降必然成立。只要承认资本主义生产目的对剩余价值率的制约，就不得不承认这个结论。承认这个结论，就等于承认马克思的劳动价值论和剩余价值理论是正确的。

　　实际工资提高率低于劳动生产率提高率，是雇佣劳动者通过罢工方式有可能实现的工资提高的界限。超过这个界限的要求，无法通过罢工方式实现。

　　如果实际工资提高率 $x=20\%$，劳动生产率提高率 $y=50\%$，物价提高率 $r=30\%$，过去的工作日 $t_{d0}=8$ 小时，现在的工作日 $t_{d1}=8$ 小时，过去的实际工资 $w_0=100$ 元/日，过去的生活资料价格为 $p_0=5$ 元/千克面粉，过去的必要劳动时间 $t_0=4$ 小时，过去的劳动生产率为 $l_0=5$ 千克面粉/小时，过去的生活资料数量 $q_0=20$ 千克面粉，那么，由（7-47）式，过去的剩余价值率 $e_0=100\%$，由（7-48）式，现在的实际工资 $w_1=120$ 元/日，由（7-49）式，现在的劳动生产率为 $l_1=7.5$ 千克面粉/小时，由（7-50）式，现在的生活资料价格为 $p_1=6.5$ 元/千克面粉，由（7-51）式，现在的生活资料数量 $q_1=24$ 千克面粉，由（7-55）式，现在的必要劳动时间 $t_1=3.2$ 小时，由（7-56）式，现在的剩余价值率 $e_1=150\%$。

　　在本例中，价格水平从过去的 1.0 提高到现在的 1.3，名义工资从过去的 100 元/日提高到现在的 156 元/日，实际工资从过去的 100 元/日提高到现在的 120 元/日，劳动生产率提高率从过去的 5 千克面粉/小时提高到现在的 7.5 千克面粉/小时，生活资料价格从过去的 5 元/千克面粉提高到现在的 6.5 元/千克面粉，生活资料数量从过去的 20 千克面粉增加到现在的 24 千克面粉，必要劳动时间从过去的 4 小时减少到现在的 3.2 小时，剩余价值率从过去的 100% 提高到现在的 150%。工作日长度并没有增加，剩余价值率的提高是通过必要劳动时间减少实现的，也就是通过相对剩余价值的生产实现的。

　　在本例中，要满足实际工资提高率低于劳动生产率提高率，即满足劳动生产率提高带来的利益主要由资本家占有，工人通过罢工能够实现的提高工资的幅度只能低于 50%。

　　更一般地，如果劳动生产率提高率 $y=0,0.05,0.1,\cdots,1$，实际工资提高率 x 分别为劳动生产率提高率 y 的 20%，40%，60%，80%，那么，由（7-57）式，必要劳动时间比 r_{t10} 与劳动生产率提高率 y 的关系，可以用表 7-4 表示。

表 7-4　　　　必要劳动时间比 r_{t10} 与劳动生产率提高率 y 的关系

劳动生产率提高率 y	必要劳动时间比 r_{t10}			
	$x/y=0.2$	$x/y=0.4$	$x/y=0.6$	$x/y=0.8$
0.00	1.000 00	1.000 00	1.000 00	1.000 00

续表

劳动生产率提高率 y	必要劳动时间比 r_{t10}			
	$x/y=0.2$	$x/y=0.4$	$x/y=0.6$	$x/y=0.8$
0.05	0.961 90	0.971 43	0.980 95	0.990 48
0.10	0.927 27	0.945 45	0.963 64	0.981 82
0.15	0.895 65	0.921 74	0.947 83	0.973 91
0.20	0.866 67	0.900 00	0.933 33	0.966 67
0.25	0.840 00	0.880 00	0.920 00	0.960 00
0.30	0.815 38	0.861 54	0.907 69	0.953 85
0.35	0.792 59	0.844 44	0.896 30	0.948 15
0.40	0.771 43	0.828 57	0.885 71	0.942 86
0.45	0.751 72	0.813 79	0.875 86	0.937 93
0.50	0.733 33	0.800 00	0.866 67	0.933 33
0.55	0.716 13	0.787 10	0.858 06	0.929 03
0.60	0.700 00	0.775 00	0.850 00	0.925 00
0.65	0.684 85	0.763 64	0.842 42	0.921 21
0.70	0.670 59	0.752 94	0.835 29	0.917 65
0.75	0.657 14	0.742 86	0.828 57	0.914 29
0.80	0.644 44	0.733 33	0.822 22	0.911 11
0.85	0.632 43	0.724 32	0.816 22	0.908 11
0.90	0.621 05	0.715 79	0.810 53	0.905 26
0.95	0.610 26	0.707 69	0.805 13	0.902 56
1.00	0.600 00	0.700 00	0.800 00	0.900 00

　　表 7-4 表示的必要劳动时间比 r_{t10} 与劳动生产率提高率 y 的关系，可以用图 7-4 表示。

　　在图 7-4 中，从上至下四条曲线分别表示实际工资提高率 x 为劳动生产率提高率 y 的 80%，60%，40%，20% 条件下的必要劳动时间比 r_{t10}。

　　由图 7-4 可以看出，只要实际工资提高率 x 低于劳动生产率提高率 y，必要劳动时间比 r_{t10} 就是劳动生产率提高率 y 的单调递减的非线性函数。实际工资提高率 x 与劳动生产率提高率 y 的比例越高，必要劳动时间

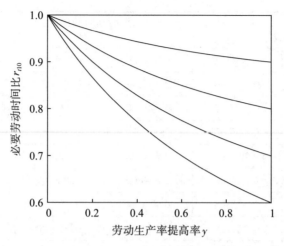

图 7 - 4　必要劳动时间比 r_{t10} 与劳动生产率提高率 y 的关系

比 r_{t10} 就越大。

由图 7 - 4 还可以看出，随着劳动生产率提高率 y 提高，必要劳动时间比 r_{t10} 降低，即随着劳动生产率 l_1 提高，必要劳动时间 t_1 减少，即劳动力价值下降。

（五）实际工资提高与劳动力价值下降证明无产阶级相对贫困化

如果定义剩余价值率比 r_{e10} 为现在的剩余价值率 e_1 与过去的剩余价值率 e_0 之比，那么，由（7 - 47）式、（7 - 56）式、（7 - 57）式，剩余价值率比可以表示为

$$r_{e10} = \frac{e_1}{e_0} = \frac{\dfrac{m_1}{v_1}}{\dfrac{m_0}{v_0}} = \frac{\dfrac{t_{d1} - t_1}{t_1}}{\dfrac{t_{d0} - t_0}{t_0}}$$

$$= \frac{t_0(t_{d1} - t_1)}{t_1(t_{d0} - t_0)} = \frac{(1+y)(t_{d1} - t_1)}{(1+x)(t_{d0} - t_0)} \tag{7-58}$$

如果工作日不变，即

$$t_{d1} = t_{d0} \tag{7-59}$$

那么，由（7 - 58）式、（7 - 59）式，剩余价值率比可以表示为

$$r_{e10} = \frac{e_1}{e_0} = \frac{(1+y)(t_{d0} - t_1)}{(1+x)(t_{d0} - t_0)} \tag{7-60}$$

考虑到实际工资提高率低于劳动生产率提高率和劳动力价值下降，即

$x<y$ 和 $t_1<t_0$，（7-60）式中的两个因子

$$\frac{1+y}{1+x}>1 \qquad\qquad (7-61)$$

和

$$\frac{t_{d0}-t_1}{t_{d0}-t_0}>1 \qquad\qquad (7-62)$$

由（7-60）式、（7-61）式、（7-62）式，可以得到

$$e_1>e_0 \qquad\qquad (7-63)$$

即剩余价值率提高。也就是随着资本主义生产发展，实际工资提高率低于劳动生产率提高率，劳动力价值下降，剩余价值率提高，这三者同时成立。

由（7-57）式、（7-58）式，剩余价值率比还可以表示为

$$r_{e10}=\frac{t_0(t_{d1}-t_1)}{t_1(t_{d0}-t_0)}=\frac{t_0 t_{d1}}{t_1(t_{d0}-t_0)}-\frac{t_0}{t_{d0}-t_0}$$
$$=\frac{(1+y)t_{d1}}{(1+x)(t_{d0}-t_0)}-\frac{t_0}{t_{d0}-t_0} \qquad\qquad (7-64)$$

（7-64）式表示，剩余价值率比 r_{e10} 不仅与实际工资提高率 x、劳动生产率提高率 y 有关，而且与过去的必要劳动时间 t_0、过去的工作日 t_{d0}、现在的工作日 t_{d1} 有关。

如果工作日不变，由（7-59）式，（7-64）式表示的剩余价值率比可以简化为

$$r_{e10}=\frac{(1+y)t_{d0}}{(1+x)(t_{d0}-t_0)}-\frac{t_0}{t_{d0}-t_0} \qquad\qquad (7-65)$$

（7-65）式表示，在工作日不变的条件下，剩余价值率比 r_{e10} 与实际工资提高率 x、劳动生产率提高率 y、过去的必要劳动时间 t_0、过去的工作日 t_{d0} 有关。

如果工作日不变，过去的工作日 $t_{d0}=8$ 小时，现在的工作日 $t_{d1}=8$ 小时，过去的必要劳动时间 $t_0=4$ 小时，劳动生产率提高率 $y=0$，0.05，0.1，$\cdots$，1，实际工资提高率 x 分别为劳动生产率提高率 y 的 20%、40%、60%、80%，那么，由（7-59）式、（7-64）式、（7-65）式，剩余价值率比 r_{e10} 与劳动生产率提高率 y 的关系，可以用表 7-5 表示。

表 7 - 5　　　　　剩余价值率比 r_{e10} 与劳动生产率提高率 y 的关系

劳动生产率提高率 y	剩余价值率比 r_{e10}			
	$x/y=0.2$	$x/y=0.4$	$x/y=0.6$	$x/y=0.8$
0.00	1.000 00	1.000 00	1.000 00	1.000 00
0.05	1.079 21	1.058 82	1.038 83	1.019 23
0.10	1.156 86	1.115 38	1.075 47	1.037 04
0.15	1.233 01	1.169 81	1.110 09	1.053 57
0.20	1.307 69	1.222 22	1.142 86	1.068 97
0.25	1.380 95	1.272 73	1.173 91	1.083 33
0.30	1.452 83	1.321 43	1.203 39	1.096 77
0.35	1.523 36	1.368 42	1.231 40	1.109 38
0.40	1.592 59	1.413 79	1.258 06	1.121 21
0.45	1.660 55	1.457 63	1.283 46	1.132 35
0.50	1.727 27	1.500 00	1.307 69	1.142 86
0.55	1.792 79	1.540 98	1.330 83	1.152 78
0.60	1.857 14	1.580 65	1.352 94	1.162 16
0.65	1.920 35	1.619 05	1.374 10	1.171 05
0.70	1.982 46	1.656 25	1.394 37	1.179 49
0.75	2.043 48	1.692 31	1.413 79	1.187 50
0.80	2.103 45	1.727 27	1.432 43	1.195 12
0.85	2.162 39	1.761 19	1.450 33	1.202 38
0.90	2.220 34	1.794 12	1.467 53	1.209 30
0.95	2.277 31	1.826 09	1.484 08	1.215 91
1.00	2.333 33	1.857 14	1.500 00	1.222 22

　　表 7-5 表示的剩余价值率比 r_{e10} 与劳动生产率提高率 y 的关系，可以用图 7-5 表示。

　　在图 7-5 中，从上至下四条曲线分别表示实际工资提高率 x 为劳动生产率提高率 y 的 20%，40%，60%，80% 条件下的剩余价值率比 r_{e10}。

　　由图 7-5 可以看出，只要实际工资提高率 x 低于劳动生产率提高率 y，剩余价值率比 r_{e10} 就是劳动生产率提高率 y 的单调递增的非线性函数。

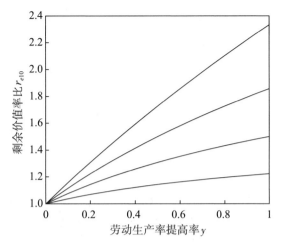

图 7-5　剩余价值率比 r_{e10} 与劳动生产率提高率 y 的关系

实际工资提高率 x 与劳动生产率提高率 y 的比例越高，剩余价值率比 r_{e10} 就越小。

由图 7-5 还可以看出，随着劳动生产率提高率 y 提高，剩余价值率比 r_{e10} 提高，即随着劳动生产率 l_1 提高，剩余价值率 e_1 提高。

（六）结论

从上面的分析可以得到无产阶级罢工能够实现的工资提高的界限。这个界限就是实际工资提高率必须低于劳动生产率提高率。这个界限不是通过数学分析得到的，而是由资本主义生产方式决定的。剩余价值率提高证明无产阶级相对贫困化。

从上面的分析可以看出，只要满足实际工资提高率低于劳动生产率提高率的条件，实际工资提高、劳动力价值下降与剩余价值率提高可以同时成立。即使实际工资提高，剩余价值率也可以不降低，甚至可以提高。这是相对剩余价值的生产的结果。因此，实际工资提高与劳动力价值下降并不矛盾，劳动价值论是正确的。

虽然工人的实际工资缓慢地提高，但是，随着剩余价值率提高，他们的工资总额在资本主义社会生产的总价值中所占的比例下降，在新创造价值中所占的比例也下降，相应地，剩余价值率不断提高。这表明，无产阶级的地位下降，工人受资本家剥削的生产关系不仅没有改变，而且受资本家剥削的程度不断提高。

实际工资提高率低于劳动生产率提高率的事实，证明随着资本主义生产发展，资本积累，资本有机构成提高，劳动生产率提高，虽然雇佣劳动者的生活有所改善，但是，劳动力价值下降，剩余价值率提高（即剥削程度提高），必然出现无产阶级相对贫困化。资本积累与无产阶级相对贫困化是资本主义积累的一般规律。

第四节　所谓原始积累

一、原始积累的秘密

资本积累的前提是剩余价值，剩余价值的前提是资本主义生产，资本主义生产的前提是商品生产者拥有生产资料和劳动力，拥有生产资料和劳动力的前提是拥有一定数量的货币资本，那么，资本家手中最初的货币资本来自何处？

亚当·斯密等经济学家假设在资本主义积累之前有一种"原始"积累，这种积累不是资本主义生产的结果，而是它的起点。

资本主义生产的前提条件是：资本家一方拥有货币、生产资料和生活资料，工人除了自己的劳动力之外一无所有。

马克思认为，"原始积累的方法决不是田园诗式的东西。……创造资本关系的过程，只能是劳动者和他的劳动条件的所有权分离的过程，这个过程一方面使社会的生活资料和生产资料转化为资本，另一方面使直接生产者转化为雇佣工人。因此，所谓原始积累只不过是生产者和生产资料分离的历史过程。这个过程所以表现为'原始的'，因为它形成资本及与之相适应的生产方式的前史。……新被解放的人只有在他们被剥夺了一切生产资料和旧封建制度给予他们的一切生存保障之后，才能成为他们自身的出卖者。而对他们的这种剥夺的历史是用血和火的文字载入人类编年史的。"[1]

在资本的原始积累的历史中，最重要的因素是：一方面，大量的人被强制地与自己的生存资料分离，被当作无产者抛向劳动市场；另一方面，剥夺了农民的土地，这些土地构成资本的原始积累的基础。

二、对农村居民土地的剥夺

在英国，在十五世纪到十六世纪，大封建主用把农民从土地上赶走的

---

[1]　马克思恩格斯全集：第 23 卷. 中文 1 版. 北京：人民出版社，1972：782－783.

方式夺走农民的土地，造成大量的无产阶级。在十六世纪的宗教改革中，天主教会将很大一部分教会地产送给了国王宠臣，或非常便宜地卖给投机的租地农场主，或以直接掠夺的方式合并到私人地产中。

在十八世纪，法律成为掠夺人民的土地的工具，掠夺的议会形式是"公有地圈围法"，这种法律是地主将人民的土地赠送给自己的法令，是剥夺人民的法令。失去土地的农民成为无产阶级。

一方面，统治者用掠夺、欺骗等方式盗窃公有土地，为资本主义农业夺得了土地，使土地与资本合并；另一方面，为城市工业造成了不受法律保护的工人的供给。

三、十五世纪末以来惩治被剥夺者的血腥立法。压低工资的法律

失去土地的一部分农民成为流浪者，而不是成为雇佣劳动者。为了迫使流浪者变成雇佣劳动者，为资本家劳动，十五世纪末和整个十六世纪，整个西欧都颁布了惩治流浪者的血腥法律。

在英国，流浪者第一次被捕时，被施以鞭刑和监禁；第二次被捕时，不仅被施以鞭刑，还要被割去半只耳朵；第三次被捕时，被当作重罪犯处死。

法国也有同样的法律。用鞭打、烙印、酷刑等方式，迫使被暴力剥夺了土地、被驱逐出来成为流浪者的农民，习惯于雇佣劳动制度所必需的纪律。

为了维护资本家的利益，英国的法律规定了工资水平。支付高于法定工资的人要被监禁，接受高工资的工人要受到更严厉的处罚。

英国和法国的资产阶级都反对工人通过集会结社等方式维护自己的利益的权利。

四、资本主义租地农场主的产生

租地农场主的产生，是一个延续了几个世纪的漫长过程。

在英国，最初形式的租地农场主是代替奴隶主管理农奴的管事。在十四世纪下半叶，管事被租地农民代替，这种租地农民剥削更多雇佣劳动。后来，真正的租地农场主取代了租地农民，他雇用工人为自己实现资本增殖，同时将剩余农产品的一部分以货币地租或实物地租的形式交给地主。

从十五世纪至十六世纪中叶进行的农业革命，造成农村居民破产，租地农场主致富。租地农场主对公有牧场进行疯狂的掠夺，使他几乎不费任何代价就增加了自己的牲畜数量和丰富的肥料。

在十六世纪，土地的租期很长，通常达到 99 年。贵金属价值不断下降，这种下降降低了工资，工资的一部分成为租地农场主的利润。农产品价格不断上升，增加了租地农场主的货币资本。当时，土地的租期很长，通常达到 99 年，而地租按照土地租赁契约规定的货币价值支付。因此，租地农场主不仅通过牺牲雇佣工人的利益致富，而且通过牺牲地主的利益致富。由此产生了资本主义租地农场主阶级。

五、农业革命对工业的反作用。工业资本的国内市场的形成

伴随土地所有权关系革命而来的是耕作方法的改进、协作范围的扩大、生产资料的积聚等。

伴随一部分农村居民被游离，他们的生活资料被游离出来，成为工业资本家的可变资本的物质要素。被驱逐出来的农民成为自己的新主人——工业资本家的工人。国内农业提供的工业原料和生活资料，成为工业资本家的不变资本的物质要素。对一部分农村居民断断续续的剥夺和驱逐，不仅为城市工业资本提供了大量无产者、生活资料和劳动材料，而且建立了国内市场。

过去，农民生产和加工绝大部分供自己消费的生活资料和原料。现在，这些生活资料和原料变成大租地农场主出售的商品，手工工场成了租地农场主的市场。过去由分散的农民家庭生产的供自己消费的纺织品，现在变为工场手工业的产品，农民变为销售的对象。过去分散在各地的许多买主，现在集中成为一个由工业资本供应的巨大市场。随着农村副业被消灭，工场手工业与农业分离，形成了资本主义生产方式需要的国内市场。

大工业提供的机器成为资本主义农业的牢固基础，彻底地剥夺了绝大多数农民，使农业与手工业完全分离，铲除了农村家庭手工业的根基。最终，工业资本彻底地征服了整个国内市场。

六、工业资本家的产生

中世纪产生了两种不同形式的资本：高利贷和商业。在资本主义生产方式产生之前，高利贷资本和商人资本被当作资本。

美洲金银产地的发现，土著居民的被剿灭、被奴役和被埋葬于矿井，对东印度的征服和掠夺，非洲变成猎获黑人的场所，对中国的鸦片战争等，这些过程完成了资本的原始积累，标志着资本主义生产时代到来的曙光。随后是欧洲各国进行的商业战争。这些方法的一部分以最残酷的暴力为基础，并且都利用国家权力，促进了从封建生产方式向资本主义生产方

式的转变过程。暴力是孕育新社会的旧社会的"助产婆"。

殖民制度促进了海外贸易和航运的发展。公共信用制度中的公债，成为最强有力的资本原始积累的手段之一。得到国家支持的大银行，成为私人投机家的公司。国债依靠国家税收支付年利息。现代税收制度成为国债制度的必要补充。税收制度是对雇佣工人和一切下层中产阶级分子的暴力剥夺。税收制度又被这个制度的一个组成部分即保护关税制度加强了。保护关税制度成为缩短从旧生产方式向现代生产方式过渡的一种手段。保护关税和出口补助金等手段，一方面掠夺了本国人民，另一方面摧毁了其附属邻国的一切工业。

要使资本主义生产方式充分表现出来，就要实现劳动者与劳动条件的分离：在一极使社会的生产资料和生活资料转化为资本，在另一极使人民群众转化为雇佣工人。

因此，马克思认为，"资本来到世间，从头到脚，每个毛孔都滴着血和肮脏的东西。"①

七、资本主义积累的历史趋势

资本的原始积累，意味着直接生产者被剥夺，意味着以自己的劳动为基础的私有制的解体。以剥削他人的剩余劳动为基础的私有制，排挤了依靠自己的劳动为基础的私有制。当旧的封建主义的生产关系充分瓦解后，个体劳动者转变为无产者，他们的劳动条件转变为资本，资本主义生产方式就确立了自己的统治地位。

随着资本集中，一个资本家打倒许多资本家，少数大资本家剥夺多数中小资本家。现在已经不仅是资本家剥削工人了，而且是资本家剥夺资本家。

随着劳动的进一步社会化以及各种生产资料进一步转化为社会公共的生产资料，对私有者的进一步剥夺就会采取新的形式——剥夺剥削工人的大资本家。

马克思认为，"随着那些掠夺和垄断这一转化过程的全部利益的资本巨头不断减少，贫困、压迫、奴役、退化和剥削的程度不断加深，而日益壮大的、由资本主义生产过程本身的机构所训练、联合和组织起来的工人阶级的反抗也不断增长。资本的垄断成了与这种垄断一起并在这种垄断之下繁盛起来的生产方式的桎梏。生产资料的集中和劳动的社会化，达到了

---

① 　马克思恩格斯全集：第 23 卷. 中文 1 版. 北京：人民出版社，1972：829.

同它们的资本主义外壳不能相容的地步。这个外壳就要炸毁了。资本主义私有制的丧钟就要响了。剥夺者就要被剥夺了。从资本主义生产方式产生的资本主义占有方式，从而资本主义的私有制，是对个人的、以自己劳动为基础的私有制的第一个否定。但资本主义生产由于自然过程的必然性，造成了对自身的否定。这是否定的否定。这种否定不是重新建立私有制，而是在资本主义时代的成就的基础上，也就是说，在协作和对土地及靠劳动本身生产的生产资料的共同占有的基础上，重新建立个人所有制。以个人自己劳动为基础的分散的私有制转化为资本主义私有制，同事实上已经以社会生产为基础的资本主义所有制转化为公有制比较起来，自然是一个长久得多、艰苦得多、困难得多的过程。前者是少数掠夺者剥夺人民群众，后者是人民群众剥夺少数掠夺者。"①

第五节　现代殖民理论

政治经济学混淆了两种不相同的私有制：一种私有制以生产者自己的劳动为基础，另一种私有制以剥削别人的劳动为基础。后者是在前者的坟墓上成长起来的。

在西欧，原始积累的过程已经基本完成，资本主义制度已经征服了整个国民生产，在资本主义生产关系不发达的地方，间接地控制着属于旧生产方式的、腐朽的社会阶层。

在殖民地那里，资本主义生产关系遇到了阻碍。殖民地的生产者拥有自己的生产资料，他们依靠自己的劳动生活，而不是使资本家致富。在殖民地，来自发达的资本主义国家的资本家，依靠宗主国的力量作为自己的后盾，以暴力方式清除当地的阻碍资本主义生产方式的以自身劳动为基础的生产方式。

英国试图用立法手段推行爱·吉·威克菲尔德的殖民理论②，试图在殖民地制造出雇佣工人。这位经济学家的巨大功绩是，他在殖民地发现了宗主国的资本主义生产关系，他发现，如果没有被迫自愿出卖自己的雇佣工人，只有货币、生活资料、机器和其他生产资料，那么，拥有这些财产的人不能成为资本家。他发现，资本不是物，是以物为媒介的人与人的社

---

① 马克思恩格斯全集：第 23 卷. 中文 1 版. 北京：人民出版社，1972：831 - 832.

② 威克菲尔德，爱德华·吉本. 略论殖民艺术. 伦敦版，1849.

会生产关系。

生产资料和生活资料还不能成为资本。这些财产只有在同时充当剥削工人的手段的条件下，才能成为资本。如果劳动者拥有生产资料，他就能为自己生产和积累。没有必需的雇佣工人，资本主义生产方式和资本主义积累是不可能的。

剥夺人民的土地，是资本主义生产方式产生的基础。在自由殖民地，有大量土地，每个移民都能够占有一部分土地，把这些土地变为自己的私有财产和生产资料，后来的移民也能这样做。一方面，这是殖民地繁荣的原因；另一方面，这也是殖民地难以推行资本主义生产方式的原因。

殖民地的劳动者没有与各种劳动条件和土地分离，农业没有与工业分离，农村家庭工业没有消灭，那么，不仅没有进行资本主义生产所必需的雇佣工人，而且没有资本主义生产所必需的市场。

资本主义生产不仅连续不断地再生产出雇佣工人，而且生产出与资本积累相适应的相对过剩人口。这样，不仅劳动力的供给和工资的变动就被限制在资本主义剥削容许的范围内，而且工人对资本家绝对的从属关系也得到了保证。

资产阶级政治经济学家在宗主国，可以把这种绝对的从属关系描绘成买卖双方之间的自由契约关系，描绘成资本商品所有者与同样独立的劳动商品所有者之间的平等的自由契约关系。

但是在殖民地，就再也无法掩盖资本主义生产关系的本质。在美洲大陆、澳大利亚、印度等殖民地，绝对人口增长得比宗主国（英国）快得多，但是劳动市场却供给不足。一方面，旧大陆（西欧主要的资本主义国家）不断地把渴望剥削的资本投入美洲大陆殖民地，另一方面，雇佣工人的再生产，无法生产出与资本积累相适应的过剩的雇佣工人；今天的雇佣工人，明天就成为独立经营的农民或手工业者；雇佣工人不断地转化为独立生产者，他们为自己劳动，而不是为资本家劳动；他们使自己变富，而不是使资本家变富。

在旧的文明国家（西欧资本主义国家），工人虽然自由，但是从属于资本家；在殖民地，必须用暴力的强制的手段建立起这种从属关系。

如何在殖民地推行资本主义生产方式呢？如果一下子把全部土地由人民财产变为私有财产，那么，就会消除殖民地。威克菲尔德为殖民地政府找到了一种一举两得的方法：一方面，对处女地规定了一种不以供求规律为转移的价格，即人为的较高价格，迫使移民从事较长时期的雇佣劳动，才能赚到足够的钱购买土地，从而成为独立的农民；另一方面，政府用出售土地得到的基金，即从雇佣工人的工资中榨取的货币基金，从欧洲把穷人输入殖民地，为资本家充实雇佣劳动市场。

威克菲尔德为英国政府制定的专门用于殖民地的"原始积累"方法，被英国政府采用了很多年。结果是使移民潮流从英国的澳大利亚、印度等殖民地转向美国。欧洲资本主义生产的进步和政府压迫的加重，使威克菲尔德方案成为多余。一方面，逐年涌入美洲的巨大人流在美国东部沉淀下来，从欧洲来的移民浪潮为那里的资本家提供了大量劳动力；另一方面，美国南北战争造成的巨额国债和沉重的赋税，产生了金融贵族，极大一部分公有土地被送给经营铁路、矿山等的投机家公司，最迅速地实现了资本集中。美国已经不再是从欧洲移入的工人的天堂了。在那里，资本主义生产正在快速地发展。威克菲尔德的现代殖民理论已经完成了它的历史使命，不再适用了。

马克思认为，"资本主义的生产方式和积累方式，从而资本主义的私有制，是以那种以自己的劳动为基础的私有制的消灭为前提的，也就是说，是以劳动者的被剥夺为前提的。"①

全世界的无产者只能通过革命的方式才能摆脱被剥夺和被奴役。

对资本的生产过程的数学分析到这里结束。这种分析是对《资本论》进行数学分析的第一部分，后面将对资本的流通过程进行数学分析。我的全部研究成果都献给全世界的无产者。

马克思和恩格斯在《共产党宣言》中曾经预言："无产者在这个革命中失去的只是自己头上的锁链。而他们所能获得的却是整个世界。"并号召"全世界无产者，联合起来！"② 各国无产者在法国巴黎公社起义、苏联十月革命和中国革命等艰难探索的过程中，不断寻找实现这种预言的道路。虽然无产者在摆脱自己头上的锁链的过程中经历了无数坎坷与挫折，虽然资本家用暴力镇压了巴黎公社，用"和平演变"的方式颠覆了苏联和东欧社会主义政权，甚至 1989 年在中国差一点得逞，但是，从长远的观点来看，无产者实现自身解放的历史总趋势是无法改变的，马克思的预言最终必将实现。在目前的中国，已经可以看到实现这种预言的曙光。

---

① 马克思恩格斯全集：第 23 卷. 中文 1 版. 北京：人民出版社，1972：843.
② 马克思恩格斯全集：第 4 卷. 中文 1 版. 北京：人民出版社，1958：504.

人名索引

B

边沁，耶利米（Bentham，Jeremy，1748—1832）——英国社会学家、哲学家和经济学家，功利主义理论的主要代表，主张效用原则是社会生活的基础。——337

柏拉图（Plato，约公元前 427—前 347）——古希腊哲学家，客观唯心主义的主要代表人物，奴隶主贵族的思想家，自然经济的拥护者，苏格拉底的学生，亚里士多德的老师；他记载的苏格拉底对话录是后人研究他们的思想的主要文献。——256

E

恩格斯，弗里德里希（Engels，Friedrich，1820—1895）——哲学家、经济学家、无产阶级革命家，马克思主义的创始人之一。——12，16，346，347

H

胡钧（1928—2022）——中国马克思主义经济学家。代表作《中国社会主义市场经济研究》《社会主义经济的结构、运行和管理》。——289

K

康替龙，理查（Cantillon，Richard，1680—1734）——英国经济学家，商人，重农学派和亚当·斯密的先驱；《试论一般商业的性质》一书的作者。——334

魁奈，弗朗索瓦（Quesnay，François，1694—1774）——法国经济学家，重农学派的创始人；职业是医生。——335

L

列宁，弗拉基米尔·伊里奇（Lenin，Vladimir Ilyich，1870—1924）——哲学家、马克思主义经济学家、无产阶级革命家，马克思列宁主义的创始人之一。——90

李嘉图，大卫（Ricardo，David，1772—1823）——英国经济学家，资产阶级古典政治经济学最著名的代表人物。——41，42，334

M

马尔萨斯，托马斯·罗伯特（Malthus，Thomas Robert，1766—1834）——英国经济学家，教士，人口论的主要代表。——337

马克思，卡尔（Marx，Karl，1818—1883）——哲学家、经济学家、无产阶级革命家，马克思主义的创始人。——1，2，3，4，6，10

麦克库洛赫，约翰·雷姆赛（又译：麦克库洛赫，约翰·拉姆赛）（McCulloch，John Ramsay，1789—1864）——英国资产阶级经济学家和统计学家，李嘉图经济学说的庸俗化者。——260，337

米拉波侯爵，维克多·里凯蒂（Mirabeau，Victor Riqueti，marquis de，1715—1789）——法国资产阶级经济学家，重农主义者；奥·加·维·里·米拉波侯爵的父亲。——335

穆勒，约翰·斯图亚特（Mill，John Stuart，1806—1873）——英国资产阶级经济学家和实证论哲学家；政治经济学古典学派的模仿者；詹·穆勒的儿子。——260

穆勒，詹姆斯（Mill，James，1773—1836）——英国资产阶级经济学家、历史学家和哲学家，李嘉图理论的庸俗化者；在哲学方面是边沁的追随者；《英属印度史》一书的作者。——260，337

P

配第，威廉（Petty，William，1623—1687）——英国经济学家和统计学家，资产阶级古典政治经济学的创始人。——10，17，40

S

色诺芬（Xenophon，约公元前430—前354）——古希腊历史学家和哲学家，奴隶主阶级的思想家；自然经济的拥护者；写有历史、经济和哲学方面的著作；苏格拉底的学生。——256

斯密，亚当（Smith，Adam，1723—1790）——英国经济学家，资产阶级古典政治经济学最著名的代表人物。——17，41，287，334，360

苏格拉底（Socrates，公元前 469—前 399）——古希腊哲学家，一生未曾著述，他的经济思想通过他的学生色诺芬和柏拉图的著作流传下来。他认识到产品具有使用价值和交换功能；一件物品对于同一个人来说，不能同时具有使用价值和交换功能。他认识到社会分工可以提高劳动生产率。——256

T

托伦斯，罗伯特（Torrens，Robert，1780—1864）——英国资产阶级经济学家，自由贸易论者，"通货原理"学派的代表人物，李嘉图经济学说的庸俗化者；否认劳动价值论适用于资本主义生产方式的条件。——260

W

威克菲尔德，爱德华·吉本（又译：韦克菲尔德，爱德华·吉本）（Wakefield，Edward Gibbon，1796—1862）——英国国务活动家和经济学家，曾提出资产阶级殖民理论。——364

吴易风（1932— ）——中国马克思主义经济学家。代表作《英国古典经济理论》《空想社会主义》《资产阶级政治经济学史》《西方经济学》等。——335

X

西尼耳，纳骚·威廉（又译：西尼耳，纳索·威廉）（Senior，Nassau William，1790—1864）——英国资产阶级庸俗经济学家，反对缩短工作日。——202‐213，216，218，221，223，225‐232，260，335

熊彼特，约瑟夫，阿洛伊斯（Schumpeter，Joseph Alois，1883—1950）——美籍捷克经济学家，代表作《经济发展理论》《经济分析史》。——335

Y

亚里士多德（Aristoteles，公元前 384—前 322）——古希腊哲学家，在哲学上摇摆于唯物主义和唯心主义之间，奴隶主阶级的思想家，按其经济观点来说是奴隶占有制自然经济的维护者，他最先分析了价值的形式；柏拉图的学生。——3，37，40

文献索引

B

柏拉图,《理想国》,载于《柏拉图全集》,拜特尔、奥雷利、温克尔曼编,1840 年苏黎世版第 13 卷（Plato：*De republica*. In：*Opera quae feruntur omnia*. Recon. Georgius Baiterus, Caspar Orellius, Augustus Guilielmus Winckelmannus. Vol. 13. Turici, 1840）；中译本《理想国》,郭斌和、张竹明译,北京,商务印书馆,1986 年（Πλατων, Πολιτεια, Civitas）依据的希腊文本收于娄卜丛书与 Jowett 译本（①Loeb Classical Library, ②Jowett & Campbell, Oxford）。——256

E

恩格斯,弗里德里希,《反杜林论》,《马克思恩格斯全集》,第 20 卷,北京,人民出版社,1973 年,中文 1 版。——12

恩格斯,弗里德里希,《资本论》第一卷德文第三版序言,载于《马克思恩格斯全集》,第 23 卷,北京,人民出版社,1972 年,中文 1 版。——346

H

胡钧,《资本论》第三卷的研究对象、结构和意义,《经济问题探讨》,1982 年第 7 期,《胡钧自选集》,北京,中国人民大学出版社,2007 年,第 190 - 207 页。——289

K

康替龙,理查,《试论一般商业的性质》,译自英文,1755 年伦敦版（Cantillon, R.：*Essai sur la nature du commerce en général. Trad. de l'anglois*. Londres 1755）；《试论一般商业的性质》,译自英文,载于《政

论集》，1756 年阿姆斯特丹版第 3 卷（Cantillon，R.：*Essai sur la nature du commerce en général. Trad. de l'anglois.* In：Discours politiques. T. 3. Amsterdam 1756）。初版为 1755 年法文版。——334

魁奈，弗朗索瓦，《经济表》，1758 年凡尔赛版（Quesnay，F.：*Tableau economique.* Versailles 1758）；《经济表分析》，载于《重农学派》，附欧・德尔的绪论和评注，1846 年巴黎版第 1 部（Quesnay，F.：*Analyse du tableau economique.* In：Physiocrates. Quesnay，Dupont de Nemours，Mercier de la Riviere，L' Abbe Baudeau，Le Tronsne，avec une introd. Sur la doctrine des physiocrates，des comm. et des notices historiques，par E. Daire. Pt. 1. Paris 1846）。——335

L

李嘉图，大卫，《政治经济学及赋税原理》，1821 年伦敦第 3 版（Ricardo，David：*On the Principles of Political Economy and Taxation.* Third edition. London，1821.）；中译本《政治经济学及赋税原理》，郭大力、王亚南译，北京，商务印书馆，1962 年，根据 1821 年伦敦第 3 版译出。初版 1817 年伦敦版。——41，42

列宁，弗拉基米尔・伊里奇，《列宁全集》，第 23 卷，北京，人民出版社，1990 年。——90

M

马克思，卡尔，恩格斯，弗里德里希，《共产党宣言》，《马克思恩格斯全集》，第 4 卷，北京，人民出版社，1958 年，中文 1 版。——366

马克思，卡尔，《马克思恩格斯全集》，第 13 卷，北京，人民出版社，1962 年，中文 1 版。——42

马克思，卡尔，《资本论》，第一卷，《马克思恩格斯全集》，第 23 卷，北京，人民出版社，1972 年，中文 1 版。——13，60，346－347

马克思，卡尔，《资本论》，第二卷，《马克思恩格斯全集》，第 24 卷，北京，人民出版社，1972 年，中文 1 版。——335

马克思，卡尔，《资本论》，第三卷，《马克思恩格斯全集》，第 25 卷，北京，人民出版社，1974 年，中文 1 版。——60，288－289，320，335

马克思，卡尔，《马克思恩格斯全集》，第 26 卷 II，北京，人民出版社，1973 年，中文 1 版。——41

马克思，卡尔，《马克思恩格斯全集》，第 26 卷 III，北京，人民出版

社，1974 年，中文 1 版。——289

P

配第，威廉，《赋税论》，1667 年伦敦版（Petty，W.：*A Treatise of Taxes and Contributions*. London，1667）；中译本《赋税论》，载于《赋税论，献给英明人士，货币略论》，陈冬野等译，北京，商务印书馆，1978 年。根据赫尔编《威廉·配第爵士经济论文集》1899 年版译出（Petty，W.：*The Economic Writings of Sir William Petty*，edited by C. H. Hull，1899）。《赋税论》初版 1662 年伦敦版。——40

S

色诺芬，《经济论》，载于《经济论，雅典的收入》，张伯健译，北京，商务印书馆，1961 年。根据马强特（E. C. Marchant）的英译本（The Loeb Classical Library 版）转译。（Xenophon：*Oeconomicus*，E. C. Marchant，The Loeb Classical Library）。——256

沈民鸣，《资本主义生产总过程的数学分析》，北京，经济科学出版社，2009 年。——320

沈民鸣，《价值转形》，第一、二、三卷，北京，中国人民大学出版社，2014 年。——320

沈民鸣，《二元价值转形》，第一卷、第二卷、第三卷，北京，中国人民大学出版社，2015 年。——60，320

沈民鸣，《利润率下降与价值转形》，第一、二、三卷，北京，中国人民大学出版社，2017 年。——320

斯密，亚当，《国民财富的性质和原因的研究》（又译：《国富论》）（两卷集），1776 年伦敦版（Smith，A.：*An Inquiry into the Nature and Causes of the Wealth of Nations*. In 2 vols. London，1776）；中译本《国民财富的性质和原因的研究》，上卷，郭大力、王亚南译，北京，商务印书馆，1972 年。根据牛津大学 1880 年版译出（Smith，A.：*An Inquiry into the Nature and Causes of the Wealth of Nations*. vol. 1，Second ed.，Oxford，At the Clarendon Press，1880）。初版 1776 年伦敦版（Smith，A.：*An Inquiry into the Nature and Causes of the Wealth of Nations*. In 2 vols. London，1776）。——41

W

威克菲尔德，爱德华·吉本（又译：韦克菲尔德，爱德华·吉本），《略论殖民艺术》，1849 年伦敦版（Wakefield，Edward Gibbon：*A View of the Art of Colonization，with Present Reference to the British Empire；in Letters Between A Statesman and A Colonist*. London，1849）。——364

吴易风，《英国古典经济理论》，北京，商务印书馆，1988 年。——335

X

西尼耳，纳骚·威廉（又译：西尼耳，纳索·威廉），《关于工厂法对棉纺织业的影响的书信。附伦纳德·霍纳给西尼耳先生的信以及埃·阿什沃思先生、汤普森先生和西尼耳先生之间的谈话记录》，1837 年伦敦版（Senior，Nassau William：*Letters on the Factory Act，as it Affects the Cotton Manufacture. To which are Appended，A Letter to Mr. Senior from Leonard Horner，and Minutes of A Conversation Between Mr. E. Ashworth，Mr. Thompson and Mr. Senior*. London，1837）。——203

熊彼特，《从马克思到凯恩斯十大经济学家》，宁嘉风译，北京，商务印书馆，1965 年。根据伦敦乔治阿兰与尤文出版有限公司 1952 年版译出。（Schumpeter，Joseph A.：*Ten Great Economists：from Marx to Keynes*. George Allen and Unwin Ltd. London，1952）。初版为纽约牛津大学 1951 年版。（Schumpeter，Joseph A.：*Ten Great Economists：from Marx to Keynes*. New York：Oxford University Press，1951）。——335

熊彼特，《经济分析史》，朱泱等译，北京，商务印书馆，1991 年。根据牛津大学出版社 1980 年第 11 次印刷本译出。（Schumpeter，Joseph A.：*History of Economic Analysis*. Eleventh Printing 1980，Oxford University Press，Inc.）。初版为 1954 年英文版。——335

Y

亚里士多德，《尼科马赫伦理学》（Ethica Nicomachea），载于伊曼努尔·贝克尔编《亚里士多德全集》，1837 年牛津版第 9 卷。（*Aristotelis opera ex recensione Immanuelis Bekkeri*. Tomus Ⅸ. Oxonii，1837）。——40

后　记

　　本书的写作开始于 1987 年 7 月，那时正在准备讲授政治经济学。在备课过程中，必须阅读和研究《资本论》。《资本论》是一个极为庞大的、逻辑结构极为严密的复杂系统，包括很多数学关系。其中很多经济变量之间的关系，马克思用数例的形式分析与阐述。如果能够用一般的数学形式分析与表述，那么，可能更容易被现在的学生与读者理解，特别是对于那些具有较好数学基础的学生与读者。深入地研究之后，才发现遇到的困难比预想的困难要大得多。例如，如何用数学形式表述价值形式的问题，耗费了大约 10 年的研究时间。在数学中，等式两边的变量的量纲或单位相同，而政治经济学中的价值形式是用一种商品的使用价值来表示另一种商品的价值，虽然用等式形式表示，但是，等式两边的变量的量纲或单位不同。通过很长时期的探索，才发现可以用相互关联的两个方程分别表示互相交换的不同商品的质的关系和量的关系，用一个方程表示一种商品的价值与另一种商品的使用价值的质的关系，用另一个方程表示一种商品的价值与另一种商品的使用价值的量的关系。其他问题耗费的研究时间相对少一些。

　　在本书的写作过程中，得到了很多老师的帮助。在对资本生产过程的数学关系的研究过程中，研究方法的选择是一个至关重要的问题。是仅仅使用数学方法或数理逻辑方法，还是使用辩证唯物主义和历史唯物主义方法，不仅分析方法不同，而且模型构造也不同。政治经济学中使用辩证法来分析一系列极为困难的问题，与物理学中分析波粒二象性问题的方法相似。这种方法的使用，得益于物理学和无线电电子学的学习。虽然经济学、物理学、无线电电子学分属不同学科，但是，基本的思维方式是一致的，很多研究方法可以借鉴。我的物理学、无线电电子学和数学基础是在延安大学建立的，为此感谢延安大学任廷祥、吴景汉、李启文、刘春贤、周季生、栾世忠、王恒荣等老师的培养。我的经济学和哲学基础是在中国人民大学建立的，为此感谢中国人民大学余学本、顾学荣、胡钧、高鸿业、吴易风、卫兴华、吴树青、陈益寿等老师的培养。本书中的很多方程和数学模型是在讲授政治经济学课程和《资本论》课程过程中积累的研究成果。在教学和研究过程中，得到过中国人民大学杨志、邱海平、杨达伟等同志，中国社会科学院程恩富、李成勋同志，北京大学胡代光、陈德华同志，北京师范大学白暴力同志，复旦大学孟捷同志，《求是》杂志社张宇同志的帮助。此外，还得到过清华大学很多老师的提携和帮助。在此一并表示感谢！

在承担繁重的教学任务的条件下，能够长期从事《资本论》数学模型的研究工作，离不开家人的支持。为此感谢雷大中、沈雷、黄培皓的支持、理解和帮助。

本书的出版得到国家社会科学基金后期资助项目的资助，项目批准号：19FJLB029，项目证书号：F20215469。在此表示感谢！

谨以本书献给追求真理的读者。

沈民鸣

2023 年 7 月 8 日

于北京，中国人民大学

图书在版编目（CIP）数据

资本生产过程的数学分析/沈民鸣著. -- 北京：
中国人民大学出版社，2024.2
国家社科基金后期资助项目
ISBN 978-7-300-32152-3

Ⅰ.①资… Ⅱ.①沈… Ⅲ.①马克思主义政治经济学
-研究 Ⅳ.①F0-0

中国国家版本馆 CIP 数据核字（2023）第 171296 号

国家社科基金后期资助项目
资本生产过程的数学分析
沈民鸣　著
Ziben Shengchan Guocheng de Shuxue Fenxi

出版发行	中国人民大学出版社	
社　　址	北京中关村大街 31 号	**邮政编码**　100080
电　　话	010 - 62511242（总编室）	010 - 62511770（质管部）
	010 - 82501766（邮购部）	010 - 62514148（门市部）
	010 - 62515195（发行公司）	010 - 62515275（盗版举报）
网　　址	http://www.crup.com.cn	
经　　销	新华书店	
印　　刷	唐山玺诚印务有限公司	
开　　本	720 mm×1000 mm　1/16	**版　　次**　2024 年 2 月第 1 版
印　　张	24.25 插页 2	**印　　次**　2024 年 2 月第 1 次印刷
字　　数	418 000	**定　　价**　98.00 元